THE EDUCATION JOURNEY TO BE FREE

Transnational Education in the Age of Digital Revolution

디지털 시대의 초국적 교육론

교육과 자유

| 천세영 저 |

학지사

"이 저서는 2008년 정부(교육인적자원부)의 재원으로
한국연구재단(구: 한국학술진흥재단)의 지원을 받아 수행된 연구임
(KRF-812-2008-2-B00102)."

머리말

책을 내는 일은 매우 부끄러운 일입니다. 그럼에도 책을 내고 싶은 마음은 사람이 가지는 참을 수 없는 욕심이기도 합니다. 그래서 부끄러움도 무릅쓰고 젖 먹던 힘을 내고 용기를 내서 책을 내기로 했습니다. 하고 싶은 이야기가 있었기 때문입니다. 말이라도 해야 답답한 가슴이 조금은 시원해질 것 같았습니다.

나중에 안 일이지만 대한민국의 맹모들과 그 맹모들의 손에 이끌려 조기해외유학에 나서는 대열이 만들어진 것은 IMF 경제위기 때문이었다고 합니다. 캐나다에서 유학생 업무를 담당했던 분의 증언에 따르면 한국에 큰일이 나도 단단히 난 것 아닌가 갸우뚱했답니다. 그렇지 않다면 갑작스레 그렇게 많은 어린이가 피난길 같은 대오를 지어 물밀듯 몰려올 수는 없다고 생각했답니다. 영어를 배우겠다는 것만으로는 쉽게 이해가 안 되더라는 것입니다. 그때 국내에서는 그들을 비난하는 소리가 더 높았습니다. 기러기아빠 독수리아빠 오리엄마 등 여러 가지 안타깝고 슬픈 이야기들도 있었지만 대개는 돈 많고 비겁한 부자들의 몰지각한 도피라고 했습니다. 그러고 보니 전쟁 나면 맨 먼저 도망간 자들은 임금이요 양반님네들이었다는 옛이야기도 생각났습니다.

이후 사태는 많이 진정된 듯합니다. 그러나 아직도 편치는 않아 보입니다. 아주 최근엔 국내 최고 부잣집 아들의 국제중학교 입학 문제가 도마에 오르기도 했습니다. 저는 궁금했습니다. 도대체 교육이 무엇이길래 가족들을 생이별시키는가 궁금했습니다. 그래서 교육학을 다시 공부해 보기로 했습니다. 그러나 공부는 쉽지 않았습니다. 국가의 울타리를 넘어서까지 공부를 떠나는 이유가 궁금했습니다.

이러한 궁금증을 풀고 책까지 나오게 하는 데는 여러 가지 도움이 있었습니다. 첫 번째 감사한 일은 공부에 동참해 준 학생들이었습니다. 제가 충남대학교 교육학과 교수로 온 1997년 가을 이후 너무나 많은 아름다운 제자들이 저와 같이 공부하는 동역자로 저의 공부에 함께했습니다. 특히나 이 책이 나오는 마지막 순간까지 윤독하고 교정하고 질문했던 남미정, 박소화, 방인자 선생님께 감사합니다. 사실 이분들은 이 책의 공동 저자인 셈입니다.

책을 내는 부끄러운 일을 감행하는 데는 이처럼 감사해야 할 사람들의 도움이 있었습니다. 연구재단에서 인문학저술지원사업을 기획하고 제게 그런 기회를 준 것도 이 책을 나오게 한 두 번째 감사의 사연입니다. 중간에 채찍질도 해 주고 무엇보다도 출판을 전제로 지원된 연구비인 만큼 정말 감사한 일입니다. 공부하는 사람들을 이렇게까지 도와줄 수 있게 번영한 조국 대한민국에 감사할 따름입니다.

원고를 탈고할 즈음 저에게는 책을 내 줄 출판사를 찾는 일이 또한 어려운 일이었습니다. 몇 곳 문을 두드렸지만 이 책이 도무지 팔릴 것 같지도 않고 또 제가 잘 알려지지도 않은 무명작가이어서인지 답은 돌아오지 않았습니다. 그래서 그냥 사정하기로 했습니다. 그래서 저의 사정을 들어준 분이 학지사의 김진환 사장님이셨습니다. 김진환 사장님은 출판에 대한 진정성으로 학지사를 최근 교육학 분야의 대표 출판사로 키우셨습니다.그러므로 이 책이 나오는데 세 번째 감사할 사연은 학지사 김진환 사장님과 편집담당 박혜미 선생님이십니다.

책의 제목은 『교육과 자유』로 하였습니다. 우리는 추위와 배고픔 그리고 맹수로부터 자유를 구해야 했습니다. 그리고 그 자유는 혼자 구하기보다는 서로 힘을 합쳐야 하고, 힘을 합치기 위해서 서로 소통해야 함을 깨우치기까지는 인고의 세월이 필요했습니다. 조기유학 현상을 초국적 교육으로 풀어 보려 했던 저의 첫 질문은 디지털 시대를 맞아 새로운 지평을 열어 주고 있는 소통과 공감의 영역으로 진화하였습니다. 그러나 책을 내는 마지막 순간까지도 저의 무지는 끝이 없었습니다. 이처럼 무지함에도 책을 내는 사연은 독자들로부터 매를 맞고 배우고 싶은 욕심 때문입니다. 가감 없는 질책과 조언을 기다리면서 글을 맺습니다.

2013년 3월, 봄을 맞이하며
충남대학교 연구실에서
천세영

차 례

제3부

다시 자유를 찾아서

prologue
프롤로그

prologue
프롤로그

자유를 향한 교육의 여정

본디 우주가 그러하듯이 세상의 모든 것은 처음부터 그 자리에 그 모습으로 있었다. 다만 우리의 눈에 안 보였을 따름이다. 보이고 난 후 그것은 세상에 처음 탄생한 것이 되었고 그것을 처음 본 사람은 그 것에 자기의 이름을 붙이고 급기야는 자기가 만든 것이라고 고집하고 어느 누구에게도 나누지 않게 되었다.

교육도 그러했으리라. 상제께서 처음 내려 주신 교육의 모습이 있었다. 델포이 신전에 이데아로 있었고 노자의 도道로 있었고 공자의 인仁으로, 부처의 자비로, 그리고 예수의 사랑으로 있었다. 다만 우리는 몰랐을 뿐이다. 처음 그 모습이 어떠하였는지 몰랐을 뿐이다.

세월이 흐르고 교육은 원래의 그 모습을 잃었다. 사람들은 교육 덕에 더 많은 자손을 번성시켰고, 더 윤택한 삶과 더 넓은 지경을 가꾸었다. 맹수의 위협, 추위, 배고픔으로부터 자유로워졌다. 그러는 사이 이 모든 번영이 상제께서 허락하신 뜻이었음도 잊었다. 삶이 생각대로 되지 아니하고 교육이 생각대로 되지 아니하자 사람들은 어미의 곁을 떠나고 고향을 떠나서 먼 타향 물 설은 곳으로 낙원을 찾아 고행을 나섰다. 천축국, 서역, 동방으로 여행을 나섰고 지구별을 벗어나 다른 별을 찾아 나서기도 했다.

다른 나라로 찾아 나서는 교육, 그것을 일러 유학이라 하였다. 사실을 말하자면 그리고 처음을 말하자면 교육만큼은 어미 곁에서 고향 땅에서 하는 것이 아니었나 싶다. 어미 또는 이웃에게서 배우는 것은 그리 어렵지 않았나 보다. 세상은 어미의 품이나 고향의 산하보다 훨씬 넓은 것이다. 그래서 선친과 선조들도 늘 청운의 뜻을 품고 고향을 떠났다 하였다. 먼 곳을 다녀온 사람들일수록 보다 넓은 지경을 경영한 것을 보아도 분명 세상은 어미의 품보다 넓은 것이 분명하였고 그것은 어미의 품을 벗어나 먼 여행길에서 배워야 하는 것이었다.

그랬다. 교육은 그러했다. 원래부터 동굴 밖으로 나가는 모험을 해야 했고 현관을 열어 제치고 나가야 하는 용기가 필요한 일이었다. 두려운 일을 접할 때는 용기가 필요한데 그 용기의 근원은 무엇일까? 현관 밖에, 동굴 밖에 무엇이 있는지 얼마나 무서운 맹수가 있는지 천길 낭떠러지가 있는지 조금만 알 수 있다면, 그 위험을 감당할 힘이 내게 얼마나 있는지 알 수 있다면, 용기를 내는 일이 어렵지만은 않을 듯하다. 문제는 알 길이 없는데 알려 주는 선생님이 계시면 용기는 좀 더 가까이에 있게 된다. 더할 나위 없이 좋은 것은 어머니의 손을 꼭 붙잡고 나서는 길이리라.

내가 모르는 세상으로 나아가는 삶의 여정에서 용기를 갖는 일은 이처럼 그 세상에 대해 알아 가는 일이며 그 세상으로 안내하는 선생님을 만나는 일이다. 이제 어머니의 품을 떠나 우리는 선생님의 인도를 받으러 나선다. 이것이 교육이니 교육은 곧 집 밖으로, 고향 밖으로, 그리고 마침내 머나먼 타국으로 나아가는 여정이다.

대한민국 사람들의 초국적 교육 여정

20세기 마지막에 험한 여정을 마친 대한민국의 사람들은 인류사 어디에서도 씌어지지 않았던 기적을 맛보았다. 세종대왕께서 창제해 주신 훈민정음 스물여덟 자의 도움을 받아 식민지에서의 40년 유랑과 분단과 동족상잔의 비극을 겪으면서도 학교를 다니지 않은 노인과 여성까지도 글을 깨쳤고 허리띠를 졸라매 가면서도 자식들을 모두 대학 공부를 시켰다. 그리고 마침내 세계 10대 경제대국의 지위를 거머쥐었다.

1998년 위기가 왔다. 국가 디폴트의 위기에 내몰렸다. 사람들은 장롱 속에 묻어 두었던 돌반지를 꺼내 국가의 빚을 갚는 대열에 나섰다. 위기는 지나갔다.

그러나 위기가 지나간 자국은 만만치 않았다. 무엇보다도 사람들은 더 큰 세계가 있음을 깨달았고 더 넓은 세상을 배우지 않으면 안 된다는 것을 알았다. 어린 자식들을 보다 일찍, 보다 더 먼 나라로 보내 가르치지 않으면 안 되었다. 대한민국은 21세기에 접어들면서 세계화의 급류를 탔다. 사람들은 세계로 나갔고 자녀들까지 세계로 내보냈다. 이른바 조기유학이 대세가 되었고 10만 명당 15인의 유학생이 유학대국 미국의 각급 학교로 공부를 떠났다. 13억 중국과 10억 인도가 절대 숫자로는 각각 15만, 10만으로 10만 명 인구당 1명 남짓 보내고 있음에 비해 15배나 많은 6만, 7만의 유학생들이 미국으로 향했다. 정부의 교육정책은 지탄을 받고 해외 유학을 보내지 못하는 부모들은 시기도 하고 비난도 했지만 해외 유학의 발길은 돌려지지 않았다. 이제는 아예 외국의 교육기관을 한국으로 유치하여 외국에 보내는 경비도 줄이고 멀리 떨어져 보내야 하는 불안감도 덜어야 한다는 요구가 비등했고 마침내 2011년에는 제주국제자유도시 영어교육도시에 영국의 명문 사학 North London Collegiate School http://www.nlcsjeju.co.kr 이 4000만 원 가까운 교육비를 받으면서도 인기리에 개교했다.

대체 사람들은 학교교육에서 무엇을 바라며 무엇에 상심하여 이리도 어려운 선택을 하는 것일까? 설령 그렇게 떠나는 사람들 중에 상심한 사람들의 수가 많지 않다 할지라도 반드시 그 연유는 생각해 볼 일이다. 그런데 교육의 본디 모습을 상고해 볼 때 이미 그 안에 답이 있다. 그것은 사람들이 늘 고향에 안주하기보다는 넓은 세상을 바라고 있고 고향의 선생님과 학교로부터 배움이 끝나면 언제나 떠날 준비가 되어 있다는 것이다. 그러니 고향의 선생님과 학교는 늘 타향의 선생님과 학교가 무엇을 가르치는지 소통하고 최신의 소식을 알려 주어야 한다. 사람들은 동물적인 육감으로 고향의 선생님과 학교가 넓은 세상과 소통하고 있지 않다고 느끼는 순간 바로 떠날 차비를 하여 왔다. 마치 그것은 어미의 품을 떠나는 일이 필연임과 같다 할 것이다.

자유를 향한 교육의 귀향길

세계로 나간 친구들이 부럽기만 했던 대한민국의 어린이들은 이제 손 안에서 손금 보듯이 친구들이 그곳에서 무엇을 배우는지 알게 될 날을 기대하게 되었다. 디지털 소통기술의 발전으로 앞당겨진 스마트 사회는 교육의 혁명을 예고하고 있다. 교육이 세상과 소통하는 과정이고 선생님의 가르침과 글자의 도움을 받아 그 소통을 배워 왔지만 그 과정은 지난하였다. 아인슈타인이 아무나 되는 일은 아니었다. 케네디 대통령도 아무나 되는 일은 아니었다. 세익스피어는 더더욱 꿈도 못 꾸는 사람이었다. 수학공부는 한없이 어려웠고, 대중을 휘

어잡는 웅변도 사람의 심금을 울리는 대사도 보통 사람들과는 아무런 인연도 없는 밤하늘의 별과 달이었다.

그런데 이제 조금씩 그 비밀의 문이 열리고 있다. 말 못하는 사람도, 글 모르는 사람도, 노래 못하는 사람도, 춤 못 추는 사람도, 토끼처럼 달음질 못하는 사람도, 저마다 가진 소질 하나로 세상과 소통할 수 있는 디지털 소통의 시대를 맞고 있다. 선생님의 가르침은 예전보다 훨씬 쉽게 이해되고 공부 못하는 아이도 예전보다 훨씬 쉽게 가르칠 수 있는 기술들이 다가오고 있다. 이집트의 피라미드를 직접 가 보지는 못해도 입체영상으로 다가가 볼 수 있고 고구려 시조 주몽의 화살 솜씨도 실감 나게 느껴 볼 수 있다. 피타고라스가 발견한 수와 삼각형의 원리를 생생하게 체험하고 모차르트 피아노협주곡의 아름다운 선율도 건반을 눌러 가며 감상할 수 있다. 두꺼운 책을 읽어야만 알 수 있었던 지식의 세계를 눈으로 보고 손으로 만져 볼 수 있게 된다. 머지않은 날 이런 세상이 펼쳐진다면 굳이 멀리까지 유학을 가지 않아도 될지 모른다.

교육은 본디 어미의 품을 떠나는 일이라 하였으나 이제 어미 곁에서도 공부할 수 있게 될 것이다. 물론 어미의 곁을 떠나 먼 타국 땅으로 간다 해도 매일매일 매 순간 아침저녁으로 소식과 안부를 전할 수 있게 되었으니 그 또한 걱정할 일은 아니다. 교육은 이처럼 늘 고향과 조국을 떠나 타향과 외국 그리고 더 넓은 세계를 배우는 초국가성을 본질로 하지만 동시에 그것은 또한 언제나 돌아올 고향과 조국을 향해 있다.

초국적 교육에서 길을 찾다

교육에 대해 물었다. 교육은 원래 무엇이었으며 교육으로 왜 사람들은 상심하고 고향을 떠나는가 물었다. 인류의 고향 아프리카를 떠나 다시 고향 아프리카로 돌아가는 데까지 200만 년의 세월이 흐른다.

이집트와 수메르에서 물을 가두고 농사를 지었으며 그리스인들은 인간의 유한함을 깨달았다. 황하 유역의 사람들은 공부하는 방법을 깨쳤고 인더스 강가의 사람들은 인생의 허무함과 고통을 받아들였다. 그럼에도 인간들은 서로 사랑하고 돕는 일만이 사는 길임을 마침내 깨달았다. 물론 이런 가르침들은 생각했던 것처럼 몸에 익혀지지 않고 훈련과 고통이 없이는 금방 망각되었다. 망각은 무지로 이어지고 무지는 오만과 죄악을 만들고 개인과 집단의 불행을 끊임없이 만들어냈다.

결국 교육의 본디 모습은 변하지 않았으나 사람들은 교육의 힘으로 살아남고 자식을 낳고 가족과 국가를 일구고 나면 이내 그 본디 모습을 잊어버린다. 그러나 사람들은 어딘지 알 수 없는 불안감으로 금방 고향을 등지고 새로운 삶의 터를 찾아 고행길에 나선다. 유학이 그러한 것이다. 교육은 그렇게 국가의 경계를 넘을 수밖에 없었다. 끝없이 계속되어 온 교육의 여정은 삶과 자유를 찾아다닌 인류의 진화사이며 역사 그 자체다.

제1부

자유를 품은 교육의 탄생

제1장

교육제도의 원형구조, 헬레니즘

헬레니즘이 사람들에게 가르친 것은 물론 필요에 의한 교과였지만, 가르치고 배우는 과정의 전부는 아니었다. 건강한 신체가 자신의 도시를 지키고, 아름다운 언어가 자신들의 신을 찬양하는 데 사용되며, 농사를 짓고 건물을 올리는 데 기하학이 이용되었지만, 그 가르쳐지는 내용들은 필요를 채우는 데서 끝나지 않았다. 필요를 채우고 나서도 끝나지 않았던 가르침과 배움은, 필요를 지나치고 나서도 계속되었던 질문과 대답은 헬레니즘이 사람들에게 가르쳤던 그 내용을 학문으로 성숙시켰다. 그렇게 헬레니즘은 교육의 원형으로서 역할을 모두 해냈다.

제1장
교육제도의 원형구조, 헬레니즘

이 세상에 존재하는 모든 것에 원형prototype, 原型이 있다는 믿음은 마치 모든 사람은 고향이 있다는 말처럼 당연한 듯 여겨진다. 우리가 언제부터 배우고 가르치는 일을 하면서 즐거워하였나 하는 질문을 던져 놓고 생각해 보자면, 교육과 교육제도는 그 원형이 뭘까 하는 근원적 질문을 이미 포함하고 있다는 것을 알게 된다. 그 무엇이든 그냥 존재하는 것은 없고, 그것은 교육의 경우에도 마찬가지여서 사람들은 교육의 원형도 당연히 궁금해한다.

제도의 아름다움

이홍우 교수는 한국교육학계가 낳은 대가 중의 대가다. 그의 1976년 처녀작 『교육과정탐구』 이후 『마음과 교육』 그리고 『대승기신론 통석』[1]은 가히 세계 교육학계의 주목을 받아야 마땅함에도 불구

1. 이홍우(1976). 『교육과정탐구』. 서울: 박영사; 이홍우(1994). 『증보 교육과정탐구』. 서울: 박영사; 이홍우 편(2000). 『마음과 교과』. 서울: 誠敬齋/교육과학사

하고 단지 그것이 변방의 언어, 세계 1%도 안 되는 인구가 쓰는 언어인 한글로 씌어졌다는 것 때문에 세계 교육학계와 인류의 역사를 재구성하는 데 크게 기여하지는 못했다. 이홍우 교수는 단 한 가지만을 말한다. 교육은 앎의 문제이고 앎은 지식의 문제이며 그 지식은 교육의 제도 안에서 다루어진다고 한다. 그래서 그는 제도의 아름다움을 옹호한다.

그가 옹호하는 제도의 아름다움은 소크라테스가 말한 '사랑의 성역'에 입문하는 과정에서 발견된다. 플라톤의 대화편 『향연』[2]에서 소크라테스는 거기에 입문하려는 사람이 밟아야 할 단계를 제시하고 있는데, 첫째 단계는 육체의 아름다움을 사랑하는 것, 둘째 단계는 영혼의 아름다움을 만나는 것, 셋째 단계는 제도의 아름다움을 발견하는 것, 그리고 넷째 단계는 학문의 아름다움으로 나아가는 것이라 하였다. 그리고 이러한 일련의 과정을 통하여 사랑에 대한 시야는 넓어지게 되며 마침내 눈이 밝아져 보편의 미와 대면하게 되는 것이라 하였다. 제도의 아름다움은 학문의 아름다움으로 나아가기 위해 반드시 거쳐야 하는 단계이며, 이 단계의 아름다움을 만나지 못하면 그다음 단계로는 나아갈 수 없는 것이다. 이에 대해 이홍우 교수는 그의 글 '제도의 아름다움'[3]에서 다음과 같이 말한다.

> "소크라테스의 말에 의하면, '제도의 아름다움'에 마치 사랑에 빠진 듯이 마음이 끌리는 것은 한 개인이 교육을 받아 나가는 과정의 필수적인 한 단계요, 또 만약 소크라테스가 지적한

[배포]; 이홍우(2006). 『대승기신론통석』. 파주: 김영사.
2. Plato 저(2010). 『*Symposion*』. 강철웅 역. 『향연』. 서울: 이제이북스.
3. 이홍우(1998). 『교육의 목적과 난점』. 경기: 교육과학사, pp. 255-284.

> 단계가 엄밀한 것이라면, 그것은 비록 '학문'보다는 낮은 단계이지만, 보편적 미를 상당히 완전하게 구현하고 있는 단계이며, '제도의 아름다움'을 인식하게 되는 것은 지성적으로 상당히 진보한 상태를 나타내는 것으로 보아야 할 것이다. 여기에서 말해지는 '제도'는 사회를 구성하는, 또는 사회 그 자체를 지칭하는 제도일 것이지만, 그 제도가 학문을 가능하게 하는 교육제도를 포함하고 있다는 것은 부인할 수 없는 사실이다."
>
> ❖ 이홍우(1998). p. 256.

교육제도는 가장 쉽게 말해서 오늘날 우리가 알고 있는 학교이며 대학이다. 물론 학교라는 명칭, 더 나아가서 교육이라는 용어가 자리를 잡은 것은 근대사회가 형성된 이후이니 기껏 500년 혹은 천년의 역사밖에 갖고 있지 않다. 그에 비해 대학은 비교적 오랜 기원을 갖는다. 볼로냐 대학만 해도 이튼 스쿨Eaton School에 비하면 200년은 앞서며 고구려의 태학이나 아테네의 아카데미아까지 범주에 넣는다면 분명히 대학이 학교보다는 혹은 학문이 교육보다는 그 연원이 깊다고 할 수 있다. 이홍우 교수가 지적하는 지식교육으로서의 그리고 앎으로서의 교육론은 오늘날의 학교보다는 대학에 좀 더 가까운 개념이라고 해야 할 것이다.

학문이 교육보다 그 연원이 깊다고 했다. 그와 같은 맥락으로 학교보다는 대학이 더 앞선다고 했다. 하지만 『학문과 교육』[4]을 쓴 장상호 교수의 논의를 살펴보자면 꼭 그런 것만은 아니다. 교육이 없었다면 어찌 학문이 가능할 수 있었을까. 학문이 성장하고 높이 쌓이는 그 순간까지 다만 교육이 발견되지 못했을 뿐, 그리고 그 교육이 학교라

---

4. 장상호(1997~2009). 『학문과 교육』 상중하 4책. 서울: 서울대학교 출판부.

는 제도의 아름다움으로 구현되는 데에 시간이 좀 걸렸을 뿐, 그것이 존재하지 않았다면 그 모든 학문은 존재하지 못했으리라. 그러니 우리가 조금 전 소크라테스를 통해 제도의 아름다움의 이야기를 시작했듯이 헬레니즘을 살펴보면 교육이 제도의 옷을 입는 과정을 엿볼 수 있을 것이다. 그리고 지금 교육의 원형이라고 여겨지는 플라톤의 동굴의 비유가 헬레니즘이 꽃피던 그 당시에 그려졌다는 것은 우연이 아닐 것이다. 바로 그때 교육은 제도의 옷을 입기 시작했다고 말할 수 있지 않을까.

동굴의 비유를 읽고 있자면 그 그림이 눈앞에 그려지면서 교육의 원형이 단박에 이해되는 놀라운 경험을 하게 된다. 다음은 플라톤의 『국가론』 제7편에 나오는 '동굴의 비유'다.

> 동굴 속에서 사람들은 쇠사슬에 묶여 있다. 그들의 얼굴은 그들 앞에 있는 암벽을 향하고 있으며, 그들 등 뒤에는 광원이 있다. 그러나 그들은 그 광원을 볼 수 없다. 그래서 그들은 빛이 벽에 형성하는 그림자들만을 마주보고 그림자들 간의 관계를 해명하려고 애쓴다. 그러다가 그들 중의 한 명이 사슬을 끊어 버리는 데 성공해서 그 광원을 추적하고 드디어 동굴 입구에 이르러 눈부신 태양을 쳐다본다. 처음에는 그것이 너무도 밝아서 제대로 볼 수가 없었으나 차츰 그 빛을 보는 데 익숙해진다. 그러나 이야기는 여기에서 해피엔딩으로 끝나지 않는다. 그의 임무는 동굴에 있는 동료들에게 내려가서 그들을 빛 쪽으로 데리고 올라오는 것이다. 그는 다시 동료들이 있는 곳으로 돌아와 그가 본 것을 동료들에게 더듬더듬 알린다. 그러나 한 번도 광원을 보지 못한 동료들은 그가 미쳤다고 힐난하며 따돌린다.

❖ 장상호(1997). 『학문과 교육(상)』, pp. 217-218에서 재인용.

여기에서 발견되는 교육은 두 가지 과정을 가지고 있다. 하나는 어느 한 인간이 어둠 속에서, 그 어느 것 하나 제대로 분간할 수 없었던 암흑 속에서 빛의 존재를 알게 되어 사물의 본 모습을 보게 되고, 드디어는 굴 입구까지 올라와 밝은 태양을 접하게 되는 과정이다. 다른 하나는 그가 다시 어두운 굴로 내려가 죽임을 당할 위험을 감수하고 무지한 동료들에게 빛의 진실을 전하고자 하는 과정이다. 플라톤의 동굴의 비유는 교육의 원형과 관련해 얼마나 많은 것을 함의하고 있는지. 장상호 교수는 그 과정 속에서 상구上求와 하화下化라는 교육의 두 가지 요소를 추출하여 배움과 가르침에 새로운 옷을 입혔다. 어쩌면 배움은 자신의 무지를 직면하여 절감하는 데서 시작하고어느 한 인간이 우연히 동굴 입구로 눈을 돌려 광원을 보았을 때의 깨달음처럼, 가르침은 죽임당할 것을 감수하고 어둠 속의 동굴로 다시 내려가는 사명감에서 시작하는 것이 아닐까? 그리고 그 사명감이 교육을 제도화하게 만드는 궁극의 시작이 된 것은 아닐까? 죽음의 두려움도 이겨 낸 사명감. 그러니 교육에 있어서 제도의 아름다움을 어찌 말하지 않을 수 있을까?

왜 그리스인가

왜 그리스인가라고 묻는 것은 헬레니즘이란 무엇인가라고 묻는 것이며 좀 더 근본적으로는 인본주의란 무엇이며 인간이란 어떤 존재인가라고 묻는 일이다.[5] 헬레니즘이 헬레나Hellena라는 미인을 둘러싼 다툼이라는 것은 아는가?[6] 그렇다. 헬레니즘은 헬레나라는 인류 최고

5. Romilly, Jacqueline de(2010). 『*Pourquoi la Grèce*』. 이명훈 역. 『왜 그리스인가』. 서울: 후마니타스. (원저는 1992년 출간)

의 미인을 둘러싼 인류 최강의 영웅과 전사들이 한바탕 벌인 싸움을 의미한다. 인류 최고의 시인 호메로스가 장쾌하게 읊어 간 위대한 서사시 『일리아스』를 읽어 보라.

|그림 1-1| **헬레나의 납치** 귀도 레니, 1626 **파리스와 헬레나의 사랑** 자크 루이 다비드, 1788
http://navercast.naver.com/contents.nhn?contents_id=4619

먼 옛날, 인간은 힘이 세고 사나운 동물들보다 하등한 존재였다. 하등의 의미는 먹이사슬 속에서 인간의 위치가 표범이나 사자, 하이에나보다 아래에 존재했다는 것이다. 인간은 이러한 동물들로부터의 위협과 두려움에서 벗어나기 위해 컴컴한 동굴 속, 그 거친 벽에 들소를 그렸고, 그려진 들소에게 창을 던졌으며, 수백 번도 더 반복된 이 행위를 통해 두려움을 누르고 사냥터로 나섰다. 이때 인간은 수많은 연약한 동물들과 별로 다르지 않았다.

6. 헬레나는 주신 제우스와 인간 레다의 사이에서 태어난 딸이다. 사람이 낳은 여인 가운데 가장 아름다웠다고 전해진다. 헬레나는 스파르타의 메넬라오스 왕의 아내였으나, 아프로디테의 뜻에 따라 트로이의 왕자 파리스를 따라 트로이로 도망갔다. 이 일이 트로이전쟁의 불씨가 되었다고 전해진다.

동굴벽화는 라스코나 알타미라가 유명한데 이는 인간의 석기시대 예술이라 일컬어진다. 그런데 궁금한 것은 이 인간의 예술이 햇빛이 들지 않는 캄캄한 동굴 깊숙한 벽에 그려졌다는 것이다. 또 한 가지, 이 예술은 동물들을 대상으로 했는데, 이 동물들은 따로따로 그린 것이 아니라 겹쳐져서 그려졌다. 들소 위에 또 다른 들소가 그려진 모양새다. 그리고 하나 더, 이 동물들의 그림 위에는 마카로니 모양의 상처가 수도 없이 새겨져 있었다. 왜 그랬을까? 이러한 의문점들은 아래의 인용문을 읽어 보면 알 수 있다.

> 프랑스 인류학자 일행이 남태평양 섬으로 조사를 나갔다. 그들은 조사를 다 마치고 추억 삼아 사냥이나 하려고 그동안 조사에 협력해 준 추장에게 "내일 사냥을 하고 싶은데, 길 안내를 해 줄 수 없겠소?"라고 물었다. 그런데 그때까지 무슨 부탁이든 흔쾌히 들어주던 추장이 "내일은 좀 어려울 것 같소만."이라고 대답했다. "당신이 준비할 건 아무것도 없고. 사냥할 때 길 안내만 해 주면 됩니다."라고 부탁했지만, 추장은 여전히 "글쎄 아무래도 내일은 힘듭니다. 사흘만 기다려 주시오."라고 말했다. 하는 수 없이 프랑스인들은 이삼일을 허비하는 셈치고 그곳에서 기다렸다. 그러자 추장은 그동안 이웃 섬으로 배를 띄워 주변 섬에 사는 추장들을 불러 모았다. 그리고는 이틀 밤 내내 장작불을 지펴 놓고, 땅에 동물 그림을 그리더니 창으로 그림을 찌르면서 장작불 주위를 도는 의식을 치렀다. 이것은 다음날 사냥할 동물에게 반드시 상처를 입혀 사로잡을 수 있게 해 달라는 주술이었다. 기드온은 이 보고서를 읽고 마카로니 모양의 상처가 무엇인지 알아냈다.
>
> ❖『단테 신곡 강의』 중 '서문' 및 '호메로스'의 일부, p. 21.

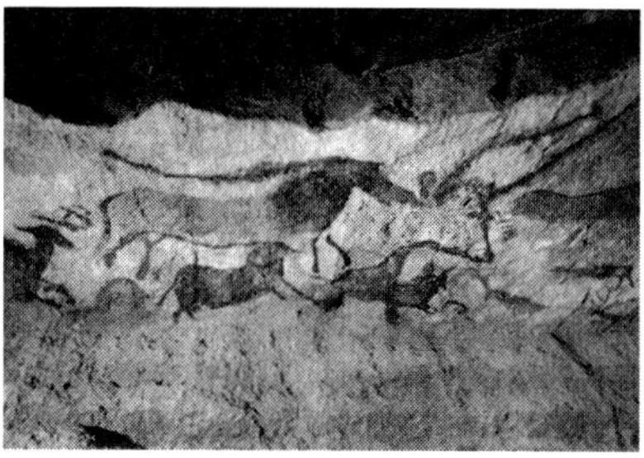

라스코 동굴벽화(부분)

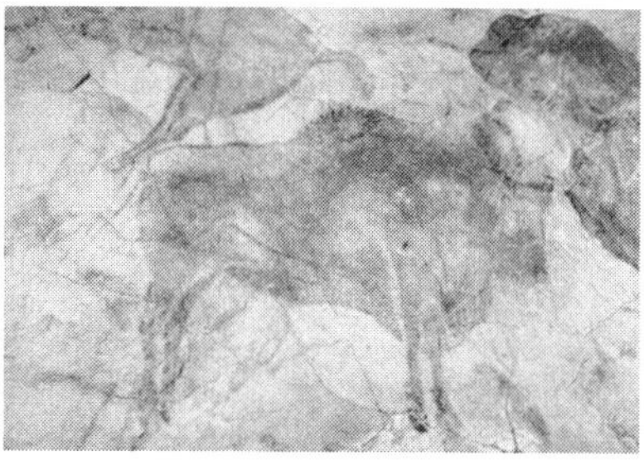

알타미라 동굴벽화(부분)

| 그림 1-2 | 라스코 동굴벽화와 알타미라 동굴벽화

http://navercast.naver.com/contents.nhn?contents_id=2179

인간은 이처럼 매우 나약한 존재였다. 인간은 벽에 그려진 동물그림을 창으로 찔러 죽이는 행위를 통해 마음을 다지지 않고는 사냥에 나설 수 없는 존재였다. 인간은 아무래도 나약한 동물 그 이상도 이하도 아니었다. 때문에 인간이 동물을 숭배하고 신격화한 것은 이상한 일이 아니었을 것이다. 이는 일종의 토테미즘인데, 이는 과거의 인간들에게 어떤 특정한 동물들을 정복할 힘이 없었기 때문에 생겨난 자연스러운 현상이다. 그런데 그리스 문화는 토테미즘, 즉 동물을 두려워하여 경외시하고 숭배하는 것에서 탈피하게 되는 시작이었다. 그리스-로마 문화가 왜 서양 문화의 원류일까? 두말할 것도 없이 그것은 토테미즘으로부터의 벗어남 때문이다. 이것이 그리스 문화가 가지는 가장 중요한 의미다.

그리하여 그리스인들은 인간의 형상을 한, 그러나 인간보다 더 크고, 힘이 세고, 용감하고, 아름다운 신을 만들어 냈다. 인간은 지혜를 이용해 동물을 정복하게 되었지만 여전히 자신들보다 뛰어난 인간 이상의 존재가 있다고 느꼈다. 그래서 인간은 그들보다 좀 더 아름답고 힘이 센 형상으로 신의 모습을 표현하였다. 인간은 그 신을 숭배하였고, 그 신들의 삶을 동경하였으며, 신들의 삶과 사랑을 시와 음악으로 찬양하였다. 그리고 그리스인들은 신과 인간의 사랑으로 태어난 영웅을 사랑하였으며, 그들의 인간적인 면모를 또한 사랑하였다. 호메로스의 『일리아스Ilias』와 『오디세이아Odysseia』는 모든 그리스 서사시의 원형으로 영웅의 인간다운 면모를 가장 잘 묘사한 작품이며 이후의 모든 그리스-로마 문학은 물론 서양 문학의 많은 부분은 『일리아스』의 또 다른 반복으로 일컬어진다.

『일리아스』에서 발견되는 영웅의 인간다운 면모는 영웅이라는 말과는 어울리지 않게 나약하다. 아이 앞에서 한없이 약해지는 아버지의 모습, 막역지우의 죽음 앞에서 슬피 우는 친구의 슬픔, 상관의 배신에 분노하는 모습 등이 그러하다. 그러나 영웅의 인간다운 면모의 정수는 '죽음'에 대한 자각과 받아들임이다. 또한 온갖 죽음에 대한 연민과 동정, 분노와 복수 같은 인간적인 대응에 대한 묘사다. 결국 이러한 표현들은 인간이든 영웅이든 인물들 모두가 공통으로 가진 조건, 즉 '죽기 마련인mortal' 존재라는 점을 끊임없이 환기하며 이를 통해 영웅은 위대하지만 유한한 존재라는 것을 보여 주고 있다.

| 그림 1-3 | 호메로스 흉상[7]

http://blog.naver.com/1019milk?Redirect=Log&logNo=80135064128

---

7. 기원전 8세기경에 살았던 것으로 추정되는 고대 그리스의 작가다. 서사시 『일리아스』와 『오디세이아』의 저자이며 일설에는 시각장애인 음유시인으로 알려

『일리아스』가 우리에게 일깨우는 내용적 의미가 이러하다면, 그 언어적 의미는 무엇일까? 이 작품은 기원전 14세기 트로이전쟁으로부터 수백 년이 흐른 후, 대략 기원전 10세기에서 9세기 사이에 쓰여졌을 것이라 여겨진다. 그 무렵에는 서사시가 사람의 입에서 입으로 전승되었으므로 문자로 기록된 것은 기원전 8세기에서 기원전 6세기 사이에 그리스인이 페니키아로부터 문자를 배워 그리스 문자를 만든 무렵이었을 것이라 추정된다. 따라서 『일리아스』는 문자 이전에 낭송되고 있었고, 1만 5693행의 방대한 양의 서사시 『일리아스』는 호메로스를 낭송하는 사람이라는 뜻의 호메리다이[8]의 기억에 의지해 전해졌다. 아마도 호메리다이가 낭송하고 사람들이 듣고 즐기는 방식으로 자연스럽게 구전되었을 것으로 추정된다. 호메리다이의 기억력은 『일리아스』를 200~300년 동안 보존하였고, 동시에 이러한 방식은 그 시대로 하여금 문자를 필요로 하도록 만들었을 것이라 생각한다.

예술의 여신 뮤즈가 기억의 여신 므네메의 딸이라는 것은 우연이 아닐 것이다.[9] 『일리아스』와 같은 서사시들이 호메리다이 같은 음유

져 있다. 출신지가 정확하지 않아서 이오니아를 비롯한 그리스 도시국가 일곱 군데가 '호메로스의 출생지'임을 자처한 바가 있다. 호메로스에 관한 정보는 구전되어 온 것으로 정확히 밝혀진 바는 없다. 출처: 네이버캐스트

8. 본래 이 명칭은 호메로스의 자손이라 자칭하며 음송吟誦의 권리를 세습적으로 보유한 소아시아 키오스 섬의 일족에 한하였으나 나중에는 다른 음송시인들까지 가리키게 되었다. 출처: 네이버 지식백과

9. 므네모시네라고도 불리운다. 기억이라는 추상적인 개념을 의인화한 존재로서, 하늘의 신 우라노스와 땅의 여신 가이아 사이에서 태어난 티탄 신족神族의 하나다. 또는 바다의 신 오케아노스와 테티스 사이에서 태어났다고도 한다. 피에리아에서 제우스와 아홉 밤을 함께 지낸 뒤, 칼리오페를 비롯한 9명의 뮤즈를 낳았다. 뮤즈는 올림포스 산의 신들의 축제에서 아폴론을 도와 음악을 연주했는데, 악보가 없는 시대에는 기억력에 의존하여 연주할 수밖에 없었으므로 기억을 의

시인들의 기억의 배에 온전히 실려 있지 않았다면, 그리스 문화는 서양 문화의 원류로서 그 역할을 다하지 못했을 것이다. 그 기억의 단초는 '리듬'에 있다. 호메로스 작품의 리듬은 '영웅 육각운'[10]으로 일컬어지는데, 이 운율을 이용하여 음유시인들은 호메로스를 암송했을 것이다. 『일리아스』는 쉬지 않고 낭송하면 사흘가량이 걸리는 길이라 한다. 따라서 실제로는 일부분만 낭송하는 형태를 취했을 것이다. 인간의 기억력은 무궁무진하며, 게다가 민족이 자신들을 위해 꼭 전해야 하는 노래라고 여겼다면, 그리고 리듬과 운율이 있다면 그 책임을 부여받은 사람은 반드시 기억해 그것을 전해 주었을 것이다. 이것은 지금도 문자가 없는, 문명과 조우하지 못한 부족들 사이에서 확인되는 바다.

인간이 동물숭배신앙에서 벗어나 인간의 생물학적 우위를 자각한 시대, 그 시작이라는 점에서 그리스 문화는 서양 문화의 기원이 된다고 이미 진술하였다. 그리고 그리스인들은 신과 영웅을 통해서 인간다움을 예술로 표현하였고, 그 대표적인 예로 호메로스의 『일리아스』를 들었다. 『일리아스』에서 시작된 구송언어예술의 시작은 그리스인들에게 발화언어의 아름다움을 일깨우고, 문자언어의 필요성을 촉발하였음을 알 수 있다. 그렇다면 이제 휴머니즘을 논의할 때가 되었다.

동물과의 비교에서 인간의 생물학적 우위의 자각을 또 다른 말로

인화한 므네모시네를 통해 태어나게 된 것으로 보인다. 출처: 네이버 지식백과

10. 그리스어로 '헤로이콘 헥사메트론'이라 한다. 영웅을 노래한 것으로 한 행이 여섯 개의 리듬으로 나뉜다. 이마미치 도모노부 교수의 『단테 신곡 강의』 pp. 23-33에 의하면 이 노래의 리듬은 '타-안타타'라는 리듬이 수없이 반복된다. '타-안타타, 타-안타타, 타-안타타, 타-안타타, 타-안타타, 타안-타안' 이것이 한 행의 기본 리듬이다. 특징은 각 행의 마지막 여섯 번째 음절이 예외 없이 '타안-타안'이라는 장음이다.

표현하자면 휴머니즘이라 할 것이다. 흔히는 휴머니즘을 인간애, 인간주의라고 번역하는데 원래 휴머니즘은 휴먼인 것을 강조하는 말, 즉 인간적인 것을 뜻하는 말이다. 휴먼은 라틴어로 후마누스humanus인데 이는 물질이나 동물과는 달리 인간에게 고유한 어떤 것을 가리키는 말이다. 이때 인간적인 것, 인간의 고유한 것은 무엇일까? 이 질문은 지금까지 논의한 '그리스인들의 동물과의 비교에서 생물학적 우위는 무엇일까?'와 같은 맥락의 질문이다. 그것은 바로 『일리아스』로 대표되는 '언어'다. 인간적인 것은, 여타의 물질과 그리고 다른 동물과 비교하였을 때 인간만이 지닌, 바로 그 인간적인 것은 '언어를 이해하고, 언어를 사용하고, 언어로써 살아가는' 것이다.[11] 인간은 평생 동안 언어를 배우고 터득하며, 언어를 통하여 사색하고, 행동한다. 따라서 언어적이라는 것이 인간적인 것이다.[12] 그리스 문학을 사랑했고, 특히 단테의 신곡을 평생 연구한 일본의 철학자 이마미치 도모노부今道友信는 인간이 평생 동안 언어를 익히고 숙달해 가는 것은 기술적으로 언어를 사용하는 것이 아니라, 언어에 걸맞도록 살아가는 것, 그리고 자기 자신이 한 말에 대해 책임감을 가지고 그에 맞게 행동하는 것까지 포함하는 말이라 하였다.[13]

---

11. 인간론에서 인간을 지칭하는 용어는 다양하다. Homo Ludens 놀이하는 인간, Homo Desiderans 욕망하는 인간, Homo Loquens 언어를 사용하는 인간, Homo Sapiens 슬기로운 인간, 이성의 인간, Homo Faber 노동하는 인간 등이다. 이 모든 인간을 가능하게 하는 전제이거나 때로는 슬기로운 인간의 필요충분조건인 인간됨은 Homo Loquens이다. 언어를 사용하는 인간은 다른 인간됨 중에서 하나가 아니라 그 모든 것을 가능하게 하거나 발전하게 하는 전제일 것이다.
12. 인문학을 지칭하는 'humanities'는 고전연구를 통해 언어를 익히고 숙달해 가는 것이 본래 의미다.
13. 이마미치 도모노부(2008). 『ダンテ 神曲 講義』. 이영미 역. 『단테 신곡 강의』

그리스 문화인 헬레니즘에서 교육의 의미를 발견해야 한다면 바로 이 지점이 아닐까 한다. 기원전 7, 8세기의 그리스인들이 언어의 중요성을 자각하고 그래서 언어와 그 문자를 만들며, 그것을 통해 자신들의 인간다움을 전하는 일을 통해 서양 문화의 원류가 되리라 다짐하며 그 시대를 살아내지는 않았으리라. 하지만 21세기 현재에서 대략 3,000년 전 그 시간을 되돌아보건대, 그들이 사랑한 신과 영웅, 그리고 그들이 그렇게 잊지 않고자 노력했던 서사시에 흐르는 인간다움과 그 인간다움을 구현하는 언어는 그 자체로 교육의 내용이자 목적이다. 21세기에는 그 교육의 목적이 다른가? 국가적으로는 역사를 기록하고 이어 가는 것, 그리고 개인적으로는 자신이 사용하는 언어에 걸맞게 살아가는 것, 그래서 자기 자신이 한 말에 대해 책임감을 가지고 그에 맞게 행동하는 것, 그것이 교육의 내용과 목적이 아니고 무엇이라 할 수 있을까.

죽을 수밖에 없는 운명

생화가 조화보다 아름다운 이유는 무엇일까? 그 아름다움은 살아 있는 꽃이 보여 주는 죽음의 그림자에서 연원한다. 살아 있는 꽃은 언젠가 죽는다. 아니, 곧 죽는다. 생화가 보여 주는 찬란한 아름다움은 곧 사라질 아름다움을 함의하므로 생겨난다. 생명이 가진 유한성은 아름다움의 근원이요, 가치개념의 시작이다.

또 다른 질문. 피노키오가 사람인가?[14] 사람이라면, 피노키오의 어

서울: 안티쿠스. (원저는 2004년 출간)

14. 양운덕(2001). 『피노키오는 사람인가? 인형인가?』. 서울: 창작과 비평사. 참조

떤 측면이 그것을 사람되게 하는가? 피노키오는 말을 한다. 말은 인간만이 할 수 있는 사고과정의 증명이자 사고의 결과물이다. 피노키오는 학교에 가서 공부를 한다. 학습 역시 인간이라는 또 하나의 증거다. 인간은 슬기로우므로. 피노키오는 웃는다. 피노키오는 노는 것을 좋아하고 즐기며 그것을 통해 행복한 미소를 짓는다. 놀이 하며 웃는 것도 인간됨의 하나다. 피노키오는 거짓말을 한다. 아…… 인정하기 싫지만 거짓말도 인간됨, 또 하나의 휴머니티다. 그러나 이 모든 인간됨을 넘어서는 인간됨이 있으니 그것은 인간은 스스로 자신이 죽을 존재라는 사실을 알고 있다는 것이다. 조금 더 극단적으로는, 그렇기 때문에 인간은 스스로의 생명을 중단할 결심을 할 수도 있는 존재다. 그렇다. 원작에 의하면 어린이의 친구 피노키오는 나무에 자신의 목을 매달아 자살을 한다. 스스로 죽는 존재가 되어 인간이 되어 버린 피노키오는 그야말로 궁극의 인간이다.

물론 개인으로서의 인간이 자신의 죽음을 자각하는 것은 또 다른 문제다. 어떤 개인이든 죽기 전에 자신이 죽는다는 사실을 기꺼이 혹은 어쩔 수 없이 인정하기는 하지만 말이다. 83세의 시벨리우스J. J. C. Sibelius는 "나는 최근에서야 처음으로 지상에서 내가 존재하는 시간에 한계가 있다는 사실을 깨우쳤다. 이제껏 인생을 살면서 그 생각이 현실적으로 마음에 와 닿은 적은 한 번도 없었다. 그런데 정원의 고목을 바라보는 동안에 몹시 또렷하게 그런 생각이 들었다. 우리가 이사 왔을 때 나무는 아주 작았고, 위에서 내려다볼 수 있었다. 이제 나무는 내 머리 위에서 나부끼면서 이렇게 말하는 듯하다. "당신은 곧 떠나겠지만 나는 앞으로도 수백 년을 더 머물 거야." 또 죽기 한 달 전 97세의 버트런드 러셀Bertrand Russell은 아내에게 "세상을 떠나는 게 정말 싫소."라고 말했다. 67세에 죽은 레오나르도 다 빈치Leonardo da Vinci는 이렇게 말했다. "나는 사는 법을 배우고 있다고 생각했지만 실은 죽는 법을 배워 왔다."[15]

개인으로서 인간은 죽음을 받아들이기가 죽을 만큼 힘들었다. 그럼에도 개인의 삶의 가치와 개인의 삶의 보편성은 모든 사람이 죽을 수밖에 없는 운명이라는 데서 확보된다. 잔인하다 하지 않을 수 없다. 이렇게 인간이 죽을 운명이라는 것을 받아들인 것의 시작은 다름 아닌 헬레니즘이다. 호메로스의 『일리아스』에서 신과 인간의 사랑의 결과인 영웅이 죽을 운명으로 그려지는 것은 그들, 즉 그리스인들이 불멸에는 가치를 부여하지 않았음을 보여 주는 것이다. 불멸성에 대한 인간의 염원은 그 역사가 매우 길 것인데, 헬레니즘의 중심에 있었던 호메로스는 불멸의 아이디어는 인간적이지 않음을 선언하였던 것이다. 여기에서 『일리아스』의 한 대목을 살펴보자.

> 호메로스는 제우스의 자식까지도 죽을 운명이라는 사실을 더욱 잘 느낄 수 있도록 제우스가 비장한 모습으로 고민하는 장면을 넣었다. 제우스는 아들 사르페돈이 곧 죽음을 맞이할 것을 안다. 그리고 안타까워하며 어떻게 해서든 그를 구할 방도를 찾으려 한다. 이때 헤라가 단호하게 항의한다. "아니, 뭐라고요? 이미 오래전에 운명이 정해진 인간을 그 가증스러운 죽음에서 도로 구하겠다는 건가요?" 그러자 제우스는 물러선다. 애도의 표시로 그는 땅에 피의 소나기를 뿌린다. 하지만 그의 자식은 죽게 내버려둘 수밖에 없다. 영웅은 아무리 신의 자

15. Shields, D. (2010). 『*The Thing about Life Is That One Day You'll Be Dead*』. 김명남 역. 『우리는 언젠가 죽는다』. 서울: 문학동네, p. 220에서 재인용. (원저는 2001년 출간)

> 식일지라도 죽음을 면할 길이 없다. 그리고 그들에게 죽음은 그대로 끝이다.
>
> ❖ Romilly(2010). 『왜 그리스인가』, p. 39.

'죽게 마련인' 인간의 삶에 대한 통찰은 그리스인들로 하여금 역사에 눈을 뜨게 만들었다. 그리스인들은 더 이상 비인간적인 신의 자비에 매달리지 않았고, 그렇다고 동물신앙을 숭배하지도 않았다. 그들은 죽을 수밖에 없는 인간의 운명을 받아들이는 한편, 죽지 않을 수 있는 방법을 구안해 낸다. 그것은 개개인의 삶을 연결하여 언어로 기록하는 일이었다. 그것의 이름이 역사다.

인간은 역사를 기록한다

"비만이 잘못된 식이요법의 결과이듯, 현재 자신의 모습은 자신이 선택의 결과다."라는 말이 종종 회자된다. 이 말이 시사하는 바는 현재는 과거의 현현이라는 것이다. 그래서 현대인들은 역사를 통해 현재를 이해하고 미래를 조심스레 예측하고자 한다. 게다가 현대인들에게 역사는 매우 정치적이다. 과거는 현대인들에게 모두 선택되지 않았으며, 역사가에 의해 선택된 것들만이 의미 있다고 받아들여지기 때문이다. 『역사란 무엇인가』를 쓴 카E. H. Carr의 말처럼 "수백만 명이 루비콘 강을 건넜지만 역사가들은 카이사르가 건넌 것만이 의미 있는 것이라고 우리에게 말한다." 게다가 '역사적 사실'이라는 말이 이미 패러독스로 받아들여질 만큼 과거의 사실은 재구성된다. 다시 말해 선택되고 해석된다. 현대인들에게 역사가 이런 것이라면, 과연 순수한 역사의 시작이 있기는 있었던 것일까? 기원전 5세기 헤로도토스의 그리스로 가 보자.

과거 그리스인들에게 우주의 질서를 부여해 주는 것은 신비하고 초자연적인 힘이었다. 그 내용은 주로 신화나 원시적인 표상에 남겨 있었다. 이 신화와 표상은 사람들에게 예측할 수 없음에서 오는 원초적인 불안과 공포를 막아 주는 의지처였다. 그런데 그리스 자연철학자들은 그 당시까지 자연계에 작용하리라고 가정된 여러 신과 토테미즘을 제거하고 관찰되는 자연현상에 합리적인 설명을 하려고 노력하기 시작했다. 이것은 당시에는 대단한 용기가 없으면 할 수 없었던 지적 모험이었을 것이다. 이러한 분위기는 신 중심으로 흘러가던 모든 이야기의 흐름을 자연스레 인간 중심의 사건으로 바뀌게 하였다.

호메로스의 시로부터 발견된 인간의 보편성을 실제 사건을 통해 기술하겠다는 것이 역사의 아버지인 헤로도토스의 생각이었다 한다. 그리고 그의 이러한 생각은 성공을 거두었는데, 그의 책 『역사』[16] 속에는 더 선명한 전쟁의 공포가 있고, 전쟁의 승리와 영광 대신에, 더 가

16. 『역사』 고대 그리스어: ἱστορίαι, historiai는 9권으로 된 헤로도토스의 역사서다. 아시아와 유럽 사이의 항쟁에 대한 유래로부터 페르시아 전쟁의 종결에 이르기까지 저술되어 있는데 제9권은 미완성이다. 과거의 위업을 후세의 기억 속에 남긴다는 지극히 서사시적 발상하에 지리 · 풍속 · 역사 · 삽화 · 종교 등 너무나도 다양한 사항이 수록되어 있어 이것이 때때로 주제에서 이탈함으로써 보기에 따라 전체의 통일성이 결여된 듯하다. 그러나 이러한 다양한 사항을 동서 간의 항쟁이라는 일관된 역사적 전체 속에 집어넣고 페르시아 전쟁도 그 한 부분으로서 파악한 데에 『역사』의 구성상 통일이 있고 그의 역사적 달관이 담겨 있다. 『역사』의 문체가 지니는 매력은 다양성과 유연성에 있다. 직설적인 묘사와 과학적 산문이라고 할 건조한 문체, 그리고 극적인 긴장감을 주는 표현 등 변화가 풍부하다. 또한 줄거리의 교묘함, 서사시적 웅대함, 즐거움을 주면서 가르치는 수완, 낭독하는 것을 목적으로 한 점 등이 헤로도토스가 '산문의 호메로스'로 불리는 이유다. http://ko.wikipedia.org/wiki/

슴 아픈 연민과 공감이 있다. 승리의 기쁨과 전리품의 분배 대신에 말이다. 그는 최초의 역사가로서 가능한 많은 곳에 가서 많은 사람과 대화하며 객관적 시각을 견지하려고 노력하였는데, 그는 결국 다른 문화의 사람들이 겪는 개별적인 사건에서 인간의 보편성을 발견하게 되었던 것이다. 그리고 그것이 바로 그의 '역사'가 되었다. 그의 역사는 주로 전쟁사이며 정치사인데, 그 결론도 마찬가지로 그 시대의 자연철학자들이 가졌던 질문, 즉 '자연현상의 기저를 이루고 있는 근본 물질은 무엇인가', 또는 플라톤이 꿈꾸었던 공통의 본질 '이데아' 찾기와 같았다. 인간을 중심으로 한 보편성 찾기, 바로 그것이었다.

헤로도토스에서 시작된 역사는 투키디데스로 흘러간다. 그리고 역사는 거기에서 조금 더 나아간다. 역사의 첫째 목적은 기억이고, 그다음은 과거에 속한 사실들의 연결이다. 그리고 그다음은 그것의 이해이고, 마지막은 결국 되풀이되어 나타나는 보편적 연관성의 이해다. 『펠로폰네소스 전쟁사 I』[17]에 언급된 다음을 읽어 보자.

> 이야기를 들을 때 관련 사실에서 신기한 이야기가 빠지면 확실히 흥미가 떨어질 것 같다. 그러나 과거 사건들과 그 사건들

17. 『펠로폰네소스 전쟁사』는 8권으로 된 투키디데스의 역사서다. 스파르타와 아테네가 그리스를 양분하여 서로 싸운 펠로폰네소스 전쟁을 기술한 이 역사서는 기원전 411년까지의 사건만을 기록한 채 미완성 작품으로 전해진다. 문체는 이 책의 약 1/4을 점하고 있는 연설 가운데서 가장 뛰어난 모습을 보여 주고 있다. 대조법과 같은 당시의 수사학 영향을 받으면서도 자신만의 독특한 문체를 창출해 내고 있다. 하나하나의 문장은 사상이 지나치게 응집되어 추상적 문구의 지나친 사용과 함께 때때로 난해한 흠이 있으나 사색의 발자취가 그대로 문장에 남아 있다는 점에 투키디데스 문체의 독특한 매력을 찾아볼 수 있다. http://ko.wikipedia.org/wiki/

> 의 인간적인 특징에 의해 장차 이와 유사함을 드러낼 사건들을 이해하기를 원하고, 그래서 그 사건들이 유용하다고 판단한다면 그것으로 충분할 것이다. 그 사건들은 지금의 청중을 위한 과시의 산물이라기보다는 영원한 보물이 되는 것이다.

투키디데스의 이러한 야망은 사건으로부터 더 정확한 정보, 인간적인 것으로의 더 엄격한 제한, 더 일관성 있는 그래서 더 제한된 주제를 필요로 하게 된다. 이러한 엄격한 조건들은 보편적 차원의 연관성을 이끌어 내는 데 필요한 것들이었다. 역사에서 이러한 개념의 발전은 역사의 '인과성'[18]이라는 개념으로 이어진다. 그리하여 '역사적 사실'이란 선택되고 해석된 사실이 될 수밖에 없는 역사적 패러독스가 시작되었다.

그리스 헬레니즘 문명 성립사

서양 문화의 근원과 원형은 고대 그리스에서 발견된다. 이러한 전통에서 비롯된 서양 문화의 전통을 이른바 헬레니즘Hellenism이라고 하는데 헤브라이즘Hebraism과 함께 유럽 문화의 근간을 이루는 한 축이다양진건, 2003, p. 102. 몬로Moneroe, 1999에 따르면 그리스 문화의 근본이념은 대략 자유주의, 주지주의, 인간주의로 정리될 수 있다.

오리엔트 여러 나라의 민중은 강대한 왕권 아래 노예 상태였다. 본래 자유로운 사람들로 구성되었던 공동체가 권력에 의하여 고정됨으

18. '인과성'이라는 말이 갖는 인간적 특성에 주목하기 바란다. 인간이 신의 세계에 함께 살아갈 때에는 사건의 인과성이란 생각할 수 없었다. 모든 것은 신이 결정하고, 결정적인 것은 운명에 맡겨지니 말이다.

로써 자연적인 발전이 저지되었다. 그러나 시민이 주체적으로 그 사회의 운명에 관여할 수 있었던 도시국가polis에서는 시민권이 제한되고 자유와 평등이 충분치 않다 하더라도 처음으로 자유롭고 자주적인 문화를 창조할 수 있었다는 데 자유주의로서의 의미를 찾을 수 있다. 또한 그리스인은 자연계, 인간계를 대상으로 뛰어난 관찰을 하였고 관찰의 결과를 비판하고 그것을 이론화하여 후세에 전했다. 그들이야말로 지식을 지식으로서 사랑한 민족으로, 주지주의적인 사람들이었다고 할 수 있다. 마지막으로 자유로운 정신은 초월적인 힘 뒤에서 인간의 세계를 이해하는 것이 아니라 인간을 인간으로서 인간세계를 그대로 이해하는 일에 관여한다. 그리스에서는 신조차도 인간적이었다. 올림포스 산 위에 산다고 믿어진 그리스 신들의 세계는 연애, 질투, 투쟁에 가득 찼고 인간세계 그대로였다. 이러한 그리스 문화의 근본이념은 그리스가 오랜 기간 동안 지중해를 배경으로 하여 지적 선진국이 될 수 있는 근간이 되었고, 이를 배우기 위해 많은 유럽의 지식인들이 그리스로 모여들게 되었던 것이다.

그리스 교육의 시대 구분은 보통 기원전 5세기 중엽을 경계로 하는 이른바 페리클레스 시대를 전후하여 고 그리스 시대the old greek-period와 신 그리스 시대the new greek-period로 나눈다. 전자는 다시 호메로스 시대the homeric age와 유사시대the historic age로 나누고 후자는 과도시대제1기와 세계주의Hellenism 시대제2기로 나눈다양진건, 2003, p. 103.

기원전 338년 아테네 및 테베Thebe 연합군이 마케도니아의 필립 왕에게 케로네아의 싸움에서 패배한 시기를 기점으로 과도시대가 끝나고 바야흐로 헬레니즘 시대가 시작된다. 알렉산더 대왕으로부터 시작되는 헬레니즘 세계에서는 이전과 달리 개인을 존중하는 개인주의가 지배적이었다. 민족적 차별을 뛰어넘어 인류를 같은 동포로 보는 코스모폴리타니즘cosmopolitanism은 알렉산더 대왕의 통치이념의 기조가 되었다조남진, 2006, p. 6. 이것은 2000년이 지난 지금 우리 지구에서 일어나고 있는 세계화와 맥락을 같이한다. 국가라는 개념보다는 개인에 더 관심이 있는 세계화 3.0을 맞고 있는 지금, 헬레니즘 시대의 코스모폴리타니즘이 바로 그것일 것이다. 알렉산더 대왕의 동방 원정으로 인해 그리스의 문화는 전 세계에 전파된다. 알렉산더의 세계시민주의를 이어 받은 카이사르의 갈리아에 대한 개방성과 그로 인한 새로운 문화의 출현처럼, 그리스의 문화 역시 각 나라 고유 문화와 풍습과 융합되어 세계주의적 문화 체계를 이루었다. 그리스의 문화가 도시국가를 유지하기 위한 목적에서 보편성을 띠며 세계문화로 옮겨간 것이다. 이는 앞에서 언급했던 문화적 종속의 문제와 관련된다. 한 나라의 문화는 강요됨으로써 변화하는 것이 아니라 우리의 것과 우리의 것이 아니었던 모든 것이 합쳐져 새로운 문화를 형성한다는 데에 그 의의가 있다.

이는 비단 문화의 형성뿐 아니라 교육에도 해당된다. 지식과 문화의 전파는 그 원류에 대한 내적 호기심을 불러일으키고, 순수하게 이 호기심을 좇은 사람들은 그것을 알기 위해, 배우기 위해, 공부하기 위해 주저 없이 떠난다. 당시에 수사학교와 철학학교가 발전하여 대학[19]이 되었는데, 이는 아테네 대학과 알렉산드리아 대학이 유명하였다. 아테네 대학은 플라톤, 아리스토텔레스 그리고 제논 등이 각각 설립한 학교가 합병되어 이루어진 것으로서 아테네 청년의 국가적 교육

19. 물론 이때의 대학은 중세 이후 성립된 근대 대학이라고 부르기보다는 아리스토텔레스의 아카데미아나 동양의 서당과 같은 학문공동체 수준에 머물렀는데 오늘날 근대대학의 원형은 이때부터 형성되었다고 볼 수 있을 것이다.

장이었다. 학장은 아테네 원로원에서 임명하였다. 이 대학에는 멀리 해외의 학생들이 몰려왔다. 대학의 과목은 철학, 수사학, 논리학이었고 역대의 로마 황제들은 이 대학을 로마 제국의 학문의 중심이라 보고 많은 보호를 해 왔다. 또 알렉산드리아 대학은 아테네 대학을 대신하여 세계의 학문적 중심이 되었다. 박물관과 도서관이 건립되고 그리스, 유대, 이집트 그리고 동양의 문헌이 수집되어 많은 학자가 국비로 체재하며 연구에 종사하였다양진건, 2003. 2,000년 전에도 그들의 교육에는 국가, 민족이라는 것은 문제가 되지 않았다. 학교가 세워진 나라는 그리스와 이집트이지만, 그것이 불만인 사람도 없었고 왜 그것을 배워야 하는가를 의심하는 사람도 없었다. 다만 그곳에는 공부하고자 하는 세계의 지식인들이 모여 새로운 세계주의 시대의 지식과 문화를 창조하였다. 아마 21세기 초엽에 들어서 세계화와 디지털 혁명을 타고 전 세계적으로 나타나고 있는 교육의 초국가성, 곧 초국적 교육론의 싹은 이렇게 이미 교육의 원상 속에 잉태되고 있었다고 해야 할 것이다.

헬레니즘은 무엇을 가르쳤을까

감히 말하자면 인류 최초의 교과목은 체육이었다. 인간들이 동물들과의 비교에서 간신히 우위를 차지하기 시작했지만, 완전한 승리를 거둔 것은 아니었기에 이 당시 인간에게 가장 필요한 것은 체력이었다. 게다가 인간들은 동물들과의 싸움에서만 이겨서는 살아남을 수 없었는데, 그것은 타 도시국가 사람들과의 전쟁에서도 이겨야만 했기 때문이다. 그러니 인류가 체계적으로 무언가를 가르치고 배워야 한다면 그것은 힘을 기르는 일, 건강한 인간을 만드는 일이었을 것이다.

인류 최초로 학교를 만든 사람들은 스파르타 도시민들이었다. 학교는 가정교육을 통해 자신의 삶을 가까운 가족과 후손에게 전수했던 사교육제도와는 전혀 다른 것이었다. 학교는 부족 또는 도시 공동체가 공동의 목적을 위해 만든 것으로 공교육제도의 실현태라 하겠다. 플라톤의 『공화국』[20]에서 설계하고 있듯이 그리스인들은 자녀는 개인의 소유이기보다는 도시국가의 소유였으며, 그 가장 구체적인 모습은 스파르타의 전사 훈련에서 나타났다.

아테네의 교육은 지혜를 갖춘 교양인을 양성하는 데 목적을 두었다. 일반적으로는 가정을 중심으로 한 개인적 차원의 교육이 이루어졌으나 간혹 사립학교에서도 교육이 이루어졌다. 사립학교에서의 교육은 음악과 체육을 중심으로 이루어졌고, 16세 이후의 교육은 주로 군사훈련과 관련된 체육교육이었다. 그리고 18세 이후의 교육은 군사교육이었다. 아테네에서는 개인을 존중하는 교육이 주를 이루었고, 남자만 교육을 받을 수 있었다. 헬레니즘 교육의 기초는 체육이었음에 분명하다. 하지만 그들의 교육은 수사학과 음악, 더 나아가 문학과 철학이 그 기저에 함께 공존하고 있었다.

체육이, 더 정확히는 신체를 단련하는 훈련이 공공의 목적을 위해 공적으로 가르쳤다면, 사유의 방법으로서의 철학이, 문자를 통한 서사시의 보존과 전달을 위한 문학literature, 文學이, 논리적인 설득과 언어의 아름다운 사용을 위한 수사학이, 그리고 종국에는 수 그 자체의 비밀과 논리를 파헤치기 위한 수학이 사적인 공동체를 통해, 그들만의 교리와 방법을 통해 가르쳐지고, 배워졌고, 전해졌다.

---

20. 기원전 380년경에 플라톤이 쓴 대화편對話篇의 하나다. 이상국가는 철학자인 왕이 지배하는 윤리국가임을 대화 형식으로 논하였다. 10권. 출처: 네이버 국어사전

헬레니즘이 사람들에게 가르친 것은 물론 필요에 의한 교과였지만, 그것이 가르치고 배우는 과정의 전부는 아니었다. 건강한 신체가 자신의 도시를 지키고, 아름다운 언어가 자신들의 신을 찬양하는 데 사용되며, 농사를 짓고 건물을 올리는 데 기하학이 이용되었지만, 가르치는 내용들은 필요를 채우는 데서 끝나지 않았다. 필요가 시작일 수는 있었으나 전부는 아니었던 것이다. 필요를 채우고 나서도 끝나지 않았던 가르침과 배움은, 필요를 지나치고 나서도 계속되었던 질문과 대답은 헬레니즘이 사람들에게 가르쳤던 그 내용을 학문으로 성숙시켰다.

제2장

동양의 전통, 또 하나의 인본주의

동양의 휴머니즘은 신과 자연, 인간과 인간이 서로 간의 조화와 평화를 이루고 그러한 조화와 평화는 대결과 정복보다는 협력과 공존에 의해 가능하다는 믿음에 기반한다. 동양은 있는 것을 있는 것대로 이해하는 것으로 만족하였다고 볼 것이다. 인쇄술을 발명해도 그것은 왕의 율령을 백성에게 전하기 위한 것이었고 지식은 스승이 제자와 한 세상을 이루는 소통의 장일 뿐, 그것이 번영과 풍요를 가져오는 생산기술이나 에너지원은 아니었다. 즉, 동양의 휴머니즘은 서양의 휴머니즘이 그런 것과는 달리 과학적 지식을 발견하고 공학적 도구를 발명하는 데 쓰이지 않았고 내 앞에 주어져 있는 것에 만족하며 사는 법을 가르쳐 주는 윤리적 지침에 그쳤다.

제2장

동양의 전통, 또 하나의 인본주의

휴머니즘 그리고 인본주의

호메로스가 발견한 인간 헬레나의 아름다움은 종국에 가서 죽을 수 있다는 천혜의 권리다. 죽음으로 인한 인간의 유한성에 대한 찬양은 다양한 스토리를 통해 변주되어 왔다. 그리스 신화 속 매미가 된 티토노스가 대표적인 사례다. 미소년이었던 티토노스는 본래 인간이었으나 새벽의 여신 에오스의 사랑을 받아 영생을 얻게 되었다. 그러나 에오스가 제우스 신에게 티토노스의 영생과 함께 젊음을 비는 것을 잊었기에 젊음을 잃고 추하게 되고도 죽지 않아 결국엔 사랑하는 사람에게 버림받아 갇힌 채 매미가 된다. 이렇게 신화 속 죽지 못하는 인간은 결국엔 추한 존재로 그려진다.

영화 〈Seventh Sign〉 칼 슐츠, 미국, 1987 에 보면 인류와 지구의 종말을 2,000년간이나 획책해 온 신부의 이야기가 나온다. 그는 빌라도의 문지기를 했다는 이유로 신으로부터 저주를 받았는데 그 저주는 다름 아닌 '죽지 않는다'는 것이었다. 흔히 우리가 가장 어려운 상황을 빗대어 죽지도 못한다는 상황을 이르는 것은 이런 경우를 두고 하는 말일 것이다. 신부는 죽고 싶었고 지긋지긋한 삶을 끝내고 싶었다. 그러나 그는 혼자는 죽을 수 없었으며 그가 죽을 수 있는 유일한 길은 인류의 종말이 오는 것이다. 그것은 『탈무드』에 나오는 영혼의 방 'Guf'[1]이 비워지는 날이다. 그러나 새로 태어나는 아기를 위해 영혼의 방을 채우고자 어머니가 스스로 희생하여 '죽음'으로써 세상은 종말의 위기에서 벗어나고 인간은 신으로부터의 사랑을 재확인한다. 신으로부터 사랑받는 인간은 종국에는 죽을 수밖에 없는 생명을 다시 탄생시키기 위해 자신을 희생하는 어머니의 희망이었다.

서양적 휴머니즘이 '죽을 수밖에 없는 운명mortality'에 근원한다는 것은 동양적 인본주의와 맥을 같이한다. 우선 부처의 경우에는 인간의 생로병사의 고리를 끊어 내는 것이야말로 해탈과 극락의 세계라고 하였다. 노자와 공자의 각성은 인간의 본성이 도道에 이르는 것이며 그 도는 자연의 이치에 순응하는 것이고 그 순응은 원래 있던 자연으로, 곧 한줌의 흙으로 돌아가는 길이었다.[2] 죽음 이후에 대한 생각이 어떠하였든 동양적 인본주의와 서양적 헬레니즘은 죽을 수밖에 없는 인생의 유한성에 대해 깊이 각성하고 있었다.

인간이 자신의 생명이 유한하다는 것을 깨닫게 되면 살아가는 동안 의미 있는 일을 추구하게 되고, 이것이 인간을 인간답게 만드는 원동

---

1. 유대교 전설에 나오는 히브리어로 'body'를 의미한다. 이것은 영혼의 방으로 여겨지는데, 그들의 경전에 의하면 일곱 번째 하늘seventh heaven에 위치하고 있다. 모든 인간의 영혼은 이곳에서 오게 되며, 이 방에 있는 영혼이 다 땅으로 내려가고 방이 비워지기 전까지는 세상을 구원할 메시야가 오지 않는 것으로 되어 있다. 출처: http://en.wikipedia.org/wiki/Guf
2. 『중용』 1장인 天命之謂性 率性之謂道 修道之謂教 하늘이 명한 것을 성이라 하고, 성에 따르는 것을 도라 하며, 도를 닦는 것을 교라 한다.에서 알 수 있듯 동양의 사상적 전통은 하늘의 이치를 깨닫고 이에 따르는 것을 중요하게 여겼다.

력이 된다. 인간은 반드시 죽어야 하는 존재라는 각성은 인간이 슬픔과 비극에 직면하여도 사소하게 마주하는 순간 순간에 웃음을 발견하여 코미디로 승화시킬 수 있는 힘이 된다. 죽음에 마주한 인간 존재에 대한 각성이야말로 영원히 죽을 수 없는 신이 인간에게 허락한 유일하며 가장 큰 선물이었다.

서양의 그것과는 달리 동양의 휴머니즘의 뿌리는 신이 허락하고 부러워하는 인간이 아니었다. 동양에서의 휴머니즘은 신으로부터의 허락이 아니라 인간답게 만들어진다는 것을 의미했다. 동양과 서양의 이러한 차이는 동양 사상의 뿌리인 『논어』가 학이學而 편으로 시작하고, 공자 자신을 비롯한 동양의 위인들이 끊임없이 공부를 통하여 자신을 수양하고, 이를 통해 인간다움을 이룩하고자 노력했다는 것으로 드러난다.

학이 편

공자의 『논어』는 학이 편으로 시작한다. '배우고…….'로 시작한다. 다시 말해서 공자는 인간의 근본을 배움에서 찾았다고 할 수 있다. 무엇을 배운다든지 왜 배워야 한다든지 묻지도 않고 따지지도 않았다. 그저 배우고 익히면 즐겁다고 했다. 공자는 도대체 무엇을 말하려 했던가?

> **子曰 學而時習之 不亦說乎** 자왈 학이시습지 불역열호
> 공자께서 말씀하시기를 배우고 때때로 익히면 또한 기쁘지 않겠는가?
> **有朋 自遠方來 不亦樂乎** 유붕 자원방래 불역락호

먼 곳에서 벗이 찾아오면 또한 즐겁지 않겠는가?

人不知而不慍 不亦君子乎 인부지이불온 불역군자호

남들이 알아주지 않아도 성내지 않으면 또한 군자가 아니겠는가?

|그림 2-1| 공자의 논어

© doopedia.co.kr
네이버 백과사전

『논어』의 시작 부분이자, 공자의 뜻과 삶을 함축적으로 표현하고 있는 이 부분에 대한 해석을 자세히 하는 것은 무리가 있다. 그럼에도 공자의 학이 편을 통하여 우리가 알 수 있는 것은 배우고 익히며 느끼는 학문의 즐거움과 뜻을 함께 나눌 수 있는 동료의 소중함, 뜻을 세상이 알아주지 않더라도 포기하지 않아야 진정한 군자가 될 수 있다는 것이다.

공자는 스스로가 정식 교육을 받지 못했음에도 학문을 갈고닦아 평범에서 비범으로 나아간 인물이다. 혼란한 시대에 먼 곳에서부터 뜻을 따르고자 찾아온 많은 제자가 있었고, 비록 현실 정치세계에서 그의 뜻을 반영시키지는 못했지만, 그 뜻이 후대에 끊임없이 국가의 근본으로 추구되었다.

군자는 『논어』를 통하여 이상적인 인간상으로 등장하는데, 군자는 철인이나, 초인과 같이 인간을 초월한 존재와도 비견될 수 있다. 그러나 공자가 말하는 군자는 인간이 '배움'을 통해 인간다움을 발현하는 존재라는 점에서 큰 차이가 있다. 또한 이러한 인간다움을 발현하는 길이 배우고 익히는 교육을 통하여 이루어질 수 있다는 점에서 이후 동양의 제도와 철학에 큰 영향을 미치게 된다.

공자의 유교무류

공자는 사람이 날 때 왕후장상의 씨로 따로 태어나는 것이 아니고 모두가 배우고 익혀 왕후장상에 이를 수 있다고 하였으니 교육을 통한 인간의 완성을 분명히 밝힌 셈이다. 이러한 공자의 사상을 한마디로 표현하는 생각이 유교무류有敎無類다. 『논어』를 살펴보면 공자가 제자들을 가르침에 있어 그 신분과 경제적 지위에 구애받지 않았다고 한다. 당시의 사회적 상황에 따라 유교무류라는 말은 여러 가지로 해석될 수 있겠지만, 적어도 공자와 유가에서는 그들의 교육사상과 관련하여 중요 주체의 하나인 '학습자'에 대한 태도를 유교무류를 통해 분명히 하고 있음을 알 수 있다.

공자가 살았던 시대는 분명 신분제 사회였지만, 그럼에도 공자는 가난하고 낮은 신분의 사람들을 제자로 받아들여 교육의 대상을 확대하려 노력했다. 한 · 당 시대부터 현대에 이르기까지의 중국 학자들의 대부분은 이러한 주장을 거의 정설로 받아들이고 있다. 또한 공자의 교수방법이나 교육내용에 관심을 가지고 있는 학자들은 대부분 '유교무류'에 대해 이러한 일반적인 해석을 따르고 있다. '유교무류'의 해석에 대해서는 현재 논쟁이 있으나, 일찍이 마융과 황간이 가한 주해보다 더 분명한 설명을 찾기 어렵다박연호, 2002.

> 마융의 설은 '사람이 있는 곳에서 교육을 받는 데는 종류가 없다語人所在見敎 無有種類'는 것이며, 황간의 소는 '사람에게는 귀천이 있으나 교육의 혜택은 동등하게 받는 것이 마땅하니, 그 종류가 서비라고 해서 가르치지 않는 것은 가하지 않다. 가르쳐서 선하게 만드는 데는 본래 종류가 없는 것이다人乃有貴賤 宜同資敎 不可以 其種類 庶婢而不敎之也. 敎之卽善 本無類也'라고 되어 있다. 마융의 주

> 는 간략한 반면, 황간의 소는 '귀천'으로 류를 해석하고, 또 '서비'로써 천을 해석했으니 아주 구체적이다. 귀천, 서비는 정치적 지위를 가르는 것이다. 평민은 그 당시의 표현으로 '서인'으로서 귀족에 상대되는 신분이며, 정치적 특권을 갖고 있지 못했다. '유교무류'의 본의는 교육대상에서 귀족과 평민을 나눔이 없이 모두 입학시킬 수 있다는 것이다.[3]

실제 공자의 제자들에 대한 연구를 살펴보게 될 때, 공자는 자신이 배움을 어느 정도 이루었다고 판단한 30세 정도에 처음 제자를 받아들였다는 것을 추측할 수 있다. 그리고 공자에게 배움을 얻기 위해 온 사람들이 결코 스승과 큰 나이 차이를 보이지 않았다는 것을 통해 공자가 '노소', 즉 '나이의 많고 적음'을 따지지 않았다는 것을 알 수 있다. 또한 그들의 직업이 '범죄자'에서 '귀족'에 이르기까지 굉장히 다양했다는 점을 통해 '빈부'와 '귀천'을 따지지 않았음도 확인할 수 있다. 또한 '스스로 속수 이상의 예를 행한 사람이면, 나는 아직까지 가르치지 않은 적이 없다.'는 말로 '속수束脩'[4]라는 최소한의 예를 갖추고 배움을 청한다면 모두 가르쳤다고 말한다. 여기서 '束脩'는 '마른 고기 한 묶음'의 의미로서 스승에 대한 경제적 치하를 의미한다. 즉, 일정 이상의 예의를 갖출 줄 아는 사람이라면 제자로 모두 받아들였고, '공부하고자 하는 의지'를 가치 있게 생각했다는 것 또한 알 수 있다.

---

3. 박연호(2002). "교사로서의 공자: 업적과 그 교육사적 의의", 『교육사학 연구』 12.
4. 속수束脩는 공자시대의 수업료라고도 할 수 있는데, 원래 뜻은 육포 묶음이며 처음으로 스승을 찾아갈 때 가지고 가던 간단한 예물속수지례(束脩之禮)을 의미한다.

유아독존과 색즉시공

동양의 정신사는 공자의 사상이 함축된 유교와 더불어 석가모니의 사상이 잘 드러난 불교를 통하여 뿌리를 내리고 있다. 석가모니의 인간에 대한 물음은 인간이 겪어 내야 하는 생로병사의 고통의 끝이 어디인가 하는 것이었다. 그리하여 그가 발견한 열반은 생로병사의 윤회에서 벗어나는 해탈의 경지였으며, 그 경지는 깨달음 그 자체였다. 무엇을 깨닫는다는 말인가? 과연 깨닫는 것만으로 고통은 끝이 나는가? 석가모니는 그렇다고 했다.

불교의 이러한 사상은 색즉시공色卽是空, 공즉시색空卽是色이라는 말에서도 잘 드러나 있다. 색즉시공, 공즉시색, 곧 모든 있는 것은 모든 없는 것이며, 모든 없는 것은 또한 모든 있는 것이라는 각성은 삶과 죽음이 하나라는 깨달음으로 귀결된다. 석가모니는 삶과 죽음이 결국 하나라는 깨달음을 얻는 순간이 곧 해탈의 경지라고 말했다.

석가모니가 태어나 일곱 발자국을 걷고 나서 외쳤다는 천상천하유아독존天上天下唯我獨尊은 하늘과 땅에 나 혼자 존귀하다는 뜻이다. 근래에 유아독존이라는 말은 나 혼자 잘난 사람을 비꼬는 말로 쓰이기도 한다. 그러나 나 혼자 존귀하다는 말 속의 '나'의 본래 뜻은 깨달음을 얻게 된 진정한 '나'를 의미한다. 깨달음을 얻게 된 '나'는 나 이외의 다른 모든 것의 존재 이유와 소중함을 알게 된 '나'이며 다른 모든 존재와의 구별 없이 소중해진 '나'를 의미한다. 결과적으로 '나'는 세상의 모든 존재가 되고, 하늘과 땅 사이에 있는 모든 존재는 구분 없이 모두 소중하다는 뜻이다. 생명 철학을 공부하는 사람들에 따르면 생명, 곧 살아 있음의 진정한 의미는 내가 남과는 다르다는 것, 곧 내가 남의 복제품clone이 아니라는 사실로부터 연원한다고 한다. 그러므로 석가모니의 독존은 생명의 근원을 설파하였다고 볼 수 있고, 그 생명은

|그림 2-2| **진주 보경사 단청 천상천하유아독존**

http://www.danchung.or.kr/bbs/board.php?bo_table=04_4&wr_id=144&sfl=&stx=&sst=wr_hit&sod=desc&sop=and&page=5

어느 하나 소중하지 않은 것이 없음을 의미한다.

인간이 일생을 통해 겪게 되는 고통은 '나'가 깨닫지 못했기 때문에 벌어지는 일이다. 깨닫지 못한 '나'인 인간은 깨닫는 그 순간까지 윤회를 거듭하며 깨닫도록 노력해야 하는 존재들이다.

공자와는 다르게 태어나는 그 순간부터 이미 깨달은 존재였던 석가모니는 누구라도 노력하여 깨닫게 되면 부처가 될 수 있다고 하였다. 삶과 죽음은 하나라는 각성, 나와 내가 아닌 것과의 경계를 허물어 내는 일은 깨달음을 통해 이루어질 수 있는 것으로 파악했다. 불교가 말하는 누구나 노력하면 해탈의 경지에 도달할 수 있다는 것은 유교에서 누구나 공부하면 군자의 길에 다다를 수 있다는 것과 일맥상통한다.

인간을 깨닫는 존재로 바라보는 것은 서양과는 다른 동양의 전통적 사상에서 드러나는 특징이다. 이것은 인간이 노력을 통하여 타고난 본성을 다스릴 수 있으며, 동시에 더 나은 인간이 되기 위하여 노력해야 한다는 의미를 함축하고 있다. 인간이 인간다워지는 것, 인간다워지기 위해 노력하는 것, 즉 교육의 시작이 되는 것이다.

춘추와 역사

『춘추春秋』[5]는 공자가 펴낸 역사서다. 공자 이전에 노나라에서 춘추라는 사관을 두어 역사를 기록하였는데, 이를 토대로 공자가 집필한 역사서가 『춘추』다. 공자는 『춘추』를 서술함에 있어, 객관적 사실을 충실히 전달하고자 노력하였기에 단어 하나하나에 의미를 두어 신중하게 선택하였다. 평소 제자들과의 공동 작업을 즐겼으나 이 『춘추』를 저술하는 데 있어서는 개인의 판단에 충실하였다. 그리하여 책이 완성되고 나서는 후세에 자신을 기억해 주는 것도 비난하는 것도 모두 『춘추』 때문이라고 하였다고 한다. 일어났던 일을 객관적으로 서술하려고 노력하면서 대의명분에 충실히 서술하였다는 점에서 『춘추』는 사관으로서의 공자 개인의 주관적인 관점이 담겨 있는 역사서라고 할 수 있다.

춘추라 했다. 봄과 가을이라고 했다. 해가 지나가는 것을 봄과 가을로 표현하였고, 봄과 가을에 있던 일을 서술한 것이 바로 역사다.

---

5. 기원전 5세기 초에 공자가 엮은 것으로 알려진 중국의 사서史書. 춘추시대 노魯의 은공隱公 원년元年, BC 722년부터 애공哀公 14년BC 481년까지의 사적事跡을 연대순으로 기록하고 있으며 유학儒學에서 오경五經의 하나로 여겨진다.
공자가 편수編修하기 이전에 이미 노魯에는 『춘추』라고 불리는 사관史官의 기록이 전해지고 있었던 것으로 알려진다. 『사기史記』 '공자세가孔子世家' 편篇에는 이와 관련해 다음과 같은 기록이 전해진다. "군자는 죽은 후에 이름이 알려지지 않을 것을 걱정한다. 나의 도가 행해지지 않았으니 그럼 나는 무엇으로 후세에 이름을 남기겠는가. 이에 공자는 역사의 기록에 근거해서 『춘추』를 지었다. 공자는 사실을 간략히 기록했을 뿐 비평이나 설명은 철저히 삼갔다. 다만 직분職分을 바로잡는 정명正名과 엄격히 선악善惡을 판별하는 포폄褒貶의 원칙에 따라 용어를 철저히 구별하여 서술하였다. 단순히 역사적 사실만을 전달하는 것이 아니라, 대의명분大義名分을 밝혀 그것으로써 천하의 질서를 바로 세우려 하였다.
출처: 네이버 백과사전

서양 사람들은 이를 그 사람의 이야기, 즉 'his+story = history'라고 했다. 그러니까 합해 보면 역사란 그 사람 혹은 내가 겪은 봄과 가을의 이야기다. 찬란했던 봄과 쓸쓸했던 가을의 이야기였다. 그런데 그 이야기는 왜 해야 하며 왜 들어야 하는가? 인류 문명사에 가장 독특한 역사를 가진 민족 중 하나는 유대인들Jews이다. 선민사상을 가진 지독히 배타적인 민족으로 주위 민족들로부터 늘 배척을 당했지만, 이들은 악과 선, 이성과 감성, 죽음과 생명이라는 이원론적 세계관을 바탕으로 인간의 생사화복을 절대자 여호와의 역사로 여긴다. 즉, 유대인들이야말로 역사를 나의 이야기가 아닌 그의 이야기로 환원한다. 여기서 '그'는 유대인들의 창조주 여호와 하나님이며 동시에 인류와 우주의 창조자이고 역사의 주관자다.

애굽에서 탈출하여 시내산에 이르러 유대의 지도자 모세는 하나님을 만나고 하나님으로부터 십계명을 받는다. 그리고 신명기 6장 4절 Shema, Israelti 이스라엘아 들어라로 시작되는 유명한 유대인의 역사 교육이 시작된다. 유대인들은 자녀들에게 자신들의 창조주가 어떻게 자신들을 창조하고, 자신들이 죄를 지을 때 어떤 벌을 주고, 회개하고 뉘우칠 때 어떻게 구원하는지의 역사를 생생하게 '인이 박히도록' 가르친다. 역사는 이렇게 이어진다. 훗날 20세기 스위스의 심리학자이며 교육학자인 피아제J. Piaget가 인지구조론을 세우면서 차용한 스키마Schema 이론의 원형이다. 스키마는 새로운 경험을 받아들이기 위해 사용하는 인지의 구조나 틀을 의미하는 말로 머릿속에 내재되어 있는 지식의 구조를 뜻한다.

이처럼 자신의 경험을 글로 남기고, 역사적 사실을 기록으로 남기는 것은 동서양을 막론하고 매우 중요한 일이었다. 역사를 서술하는 역사가는 객관적인 사실을 전달하여야 하고, 동시에 사관으로서의 관점을 담아 역사를 서술하게 되었다. 공자가 『춘추』를 집필할 때처럼, 객관적인 사실을 서술하려고 노력해도 결과적으로는 단어 하나하나에 역사가의 관점이 녹아 내릴 수밖에 없다. 공자가 후대에 자신을 평가할 근거로 많은 책 중 『춘추』를 지목한 것도 바로 그러한 이유였을 것이다.

따라서 객관적인 사실을 전달하되 사관으로서 관점을 담아 내는 일은 위험한 일이기도 했다. 이러한 역사서에는 어떤 식으로든 사관의 관점이 드러나고, 역사적으로 일어난 사건에 대한 평가가 나타나기 마련이다. 이러한 평가는 사관이 속해 있는 현재로부터 영향을 받기도 하고 현재에 영향을 미치기도 한다. 이러한 이유로 카E. H. Carr는 역사를 현재와 과거의 대화라고 하였다. 역사서를 통하여 나보다 먼저 여기를 살았던 사람들로부터의 충고를 듣게 되는 것이다.

학문의 제도화

춘추는 춘하추동이 되었으며 해가 바뀌고 역사가 되었다. 그러나 '내'가 겪은 춘추는 '네'가 겪은 춘추와 달랐다. 사람들이 모아지면서 춘추는 하나가 아니고 수십 수만 가지가 되었으며 어느 하나 중요하지 않은 것이 없었다. 다양한 관점을 가지고 있으며 어느 것 하나도 버릴 것이 없다는 것은 이 각각의 춘추가 각기 나름의 교훈을 가지고 있다는 의미다.

아마도 이러한 교훈은 처음에는 개인의 입을 통하여 전해 내려왔을 것이다. 문자가 없었던 시기에는 아마도 그림으로 그려져 전해지고, 문자가 생겨난 후에는 글로 전해져 왔을 것이다. 그러면서 꼭 전달되어야 할 중요한 것이 글로 전해 남겨졌을 것이다.

후세에게 무엇을 남겨야 하느냐의 문제는 어떠한 교훈을 후세에게 꼭 전달해야 하는가의 문제와 연결된다. 이는 기록과 교육에 직결되는 문제다. 후세에게 전달할 교훈이 교육내용이라면 전달방법은 교육방법이 된다. 원시시대의 경우라면 생존과 직결되는 사냥을 하는 법이나 농사를 짓는 법, 불을 피우는 방법이 가장 중요하게 여겨졌고, 이는 동굴벽화를 통해 현재까지도 흔적을 찾을 수 있다.

관료제도의 확립

동양의 엘리트는 상당히 이른 시기부터 힘센 사람이나 종교지도자로부터 탈피할 수 있었다. 이유는 여러 가지가 있을 수 있겠지만, 가장 대표적인 이유는 동양에 영향을 준 사상적 기틀에서 찾아볼 수 있다. 석가모니는 깨달음을 통하여 해탈의 경지에 이를 수 있고, 이는 보통 사람이 부처에 이르는 길임을 주장하였다. 동양사상에 있어 또 하나의 큰 축을 이루고 있는 공자를 비롯한 유학자들은 인간이 공부를 통하여 인간다워질 수 있다고 믿었다. 이 인간다워지기 위한 공부를 시작하는 것이다. 공부를 위해서는 선생도 필요하고, 학생을 가르치기 위한 교재, 학생들이 머무를 장소도 필요하게 된다. 이러한 모든 것이 학생의 필요에 부응하고자 하였다.

학교를 통해, 혹은 교사-학생 간의 학습으로 이루어지는 일련의 교육과정 운영을 통해 배출된 교육받은 집단에 대해, 배운 사람들은 그렇지 못한 사람들보다는 더 나은 사람이라는 합의가 사회적으로 은연중에 이루어지게 된다. 깨달은 사람들에게 그렇지 못한 사람들의 평범한 삶을 책임지도록 결정하는 것은 지극히 다행스러운 일이다. 통치계급을 결정하는 데 있어 보다 깨달은 사람을 통치계급으로 삼고자 하는 합의가 자연스럽게 이루어지게 된 것이다.

사회에서 구성원들이 통치계급을 결정하는 것은 상당한 모험이 따르는 일이었을 것이다. 초기 원시시대에는 신으로부터 특별히 선택받은 천자와 그 일족으로부터의 통치가 자연스럽게 이루어졌을 것이다. 이 시대의 통치란 일반 민중이 알 수 없는 하늘의 뜻을 읽어 날씨를 예측하고, 하늘의 변고를 미리 경고하는 역할이 가장 중요한 과업이었다. 사회가 커질수록 이렇게 비밀스럽게 유지되는 지식이 체계화되어 이를 더 잘 배우고 행할 수 있는 신흥 지배계층이 등장하였다. 보다 나은 사람을 지배계층으로 만들기 위해, 누가 '나'보다 나은 사람인가를 변별하고, 더 많이 공부해 깨달은 사람을 국가적 차원의 인재로 확보하기 위해서 다양한 제도가 시도되었다. 이 중 대표적인 것이 과거제도다.

과거제도의 확립

동양은 처음부터 물이 풍부하고 땅이 비옥했다. 오아시스 하나를 둘러싸고 눈에는 눈, 이에는 이의 원칙에 따라 철저히 선과 악, 적과 아군의 편을 가르고 죽고 사는 싸움을 할 필요가 없었다. 서로 어울려 살아야 했고 석가모니는 모든 만물이 서로 인연으로 묶여 있다고 설파하였다. 그러므로 신분상의 차이는 타고나기보다는 살아가면서 죄업을 쌓기 때문으로 해석되었다. 죄업을 씻기 위해서는 수양을 쌓고 공부를 해야 했다. 공자의 가르침을 따라 모두가 공부를 했다. 그리고 공부의 결과는 과거제도로 검증되었다. 혼자 공부하든 같이 공부하든 중요한 것은 공부를 통해 공부의 결과에 근거하여 엘리트가 될 수 있고 출세할 수 있었다. 공교육과 사교육의 구분도 필요 없었다. 다만 공부와 학문만이 있었을 뿐이다.

은殷나라가 있었고 그들은 갑골胛骨문자를 발명했다. 이어 주周나라가 들어섰고, 그다음에는 춘추전국시대와 백가시대가 열렸다. 공자가 그 모델을 보였다. 왕이 현자賢者를 얻어야 나라가 부강할 수 있다는 생각이 황하문명의 발상지 중국에 자리를 잡았다. 많은 사람이 공부를 하기 위해 현자들을 찾았고 공자의 제자들은 각자 스승의 뒤를 따라 서당을 열었다. 그리고 공자와는 다른 유파의 현자들이 백가쟁명하였다. 노자는 이미 공자 이전에 선을 보였지만 공자야말로 노자가 천명한 도道의 길을 도가도 비상도道可道 非常道와 같은 형이상학적 문구가 아니라 공자의 손자인 자사子思가 저술한 『중용』에 밝혔듯이 "天命之謂性 率性之謂道 修道之謂教"라 하여 도道를 가르치고 수행이 가능한 것이라 가르쳤다. 이후 많은 제자백가들이 쟁명하였으니 『한서漢書』의 '예문지藝文志'의 분류를 따르면 유가儒家·도가道家·음양가陰陽家·법가法家·명가名家: 논리학파·묵가墨家·종횡가縱橫家: 외교술파·잡가雜家·농가農家 등 9류에 소설가가 덧붙여진다.

진 효공 영거량秦孝公 嬴渠梁, 기원전 381~338년과 위앙衛鞅의 이야기는 이 중 법가가 당대의 제파를 누르고 변법을 통해 국가를 부흥시키고, 종래에는 효공의 손자 대에 이르러 드디어 진시황에 의해 최초의 통일국가를 이루는 것으로 되어 있다. 진 효공은 춘추전국 7웅 중 가장 꼴찌였던 진나라를 부흥시키는 유일한 길은 현자를 얻는 것이라 생각하고 전국의 현자를 초빙하는데, 이것이 바로 최초의 과거시험이었던 셈이다. 여러 현자 중 공손 앙의 인물됨을 알아차린 효공은 그와 함께 손을 잡고 3차에 걸친 변법, 곧 국가개혁을 이루었다. 그 골자는 하, 은, 주 3대와 춘추전국을 거쳐 내려온 봉건국가 시스템을 혁파하고 능력 본위의 중앙집권제 통일국가를 이루는 일이었다. 진효공과 위앙의 변법운동은 결코 쉽지 않은 길이었다. 무엇보다도 그것은 효공이 전국의 현자들을 중용하고 족벌귀족을 멀리한 정치적 투쟁이었다. 현자로 대표되는 위앙이 제안한 법들은 국가의 이익, 곧 전체 백성의 이익에는 도움이 되고 궁극에는 부국강병으로 전국을 통일하는 데는 도움이 되었으나, 기존 귀족의 이익은 단기적으로 볼 때 침해하는 것이 분명했다. 그러나 역사가 평하기로 진효공의 현자 발탁과 위앙의 변법은 중국 최초의 통일국가인 진나라를 서양 최초의 통일국가 로마에 버금가게 하였다. 물론 진나라는 통일 후 2대를 버티지 못하고 망했을 뿐만 아니라 분서갱유라는 현자 탄압 정책을 쓰기도 하였다. 하지만 이후 중국의 문명사는 과거제도에 입각하여 인재를 발탁하고 법률에 근거하여 나라를 다스리는 중화와 정관정요의 찬란한 역사의 출발점인 것은 분명하다.

중국의 황제 진시황의 몰락은 자신이 인간임을 잊고 신이 되려고 하였던 무모함에서 비롯된다. 불로초를 구하고 아방궁과 만리장성을

|그림 2-3| **진시황릉의 병마용**

http://pds15.egloos.com/pds/200904/21/23/f0017223_49ed41fdb6b7d.jpg

짓고 8,000병마용을 만들어 지하세계를 꾸며 영생하고자 했던 무모함은 곧 휴머니즘에 대한 반기였다. 그리스적 휴머니즘이 인간의 유한함과 무지함을 깨달음으로써 오늘날 인류문명의 풍요함을 만들었음을 기억할 때 진시황은 잠시 할아버지 효공이 이루었던 변법의 지혜를 잊고 몰락의 길을 걷는다. 사실 이러한 흥망의 역사는 동양과 서양을 막론하고 같은 길을 걷는데, 곧 그것은 인간이 스스로 인간의 유한함, 휴머니즘을 잃을 때였던 셈이다.

천자의 번민과 콘스탄티누스 대제의 닮은 꼴

동양의 왕은 그가 어린 시절 했던 공부를 잊어버리고 하늘의 아들, 천자가 되고 싶었고 영원히 죽고 싶지 않았다. 불로초를 구하려고 멀리 신하들을 파송했으며 사후 혹은 영원한 삶에 대한 희구는 급기야 수십 명 후궁의 순장으로도 모자라 8,000여 병마용 부대와 함께 지하세계에 묻혔다. 그러나 인간의 본성에 대한 거부가 왕국의 몰락을 낳을 수밖에 없다는 사실은 진시황제의 이야기에서 일본천황의 이야기에 이르기까지 불변의 진리로 발견된다.

그러나 천자가 됨으로써 보통 인간과는 다르고 싶은 인간의 탐욕과 무지는 인류사 이래 동서고금을 막론하고 끊이지 않는다. 결국 인류문명사는 휴머니즘에 근거할 때는 발전기였고 반대로 휴머니즘으로부터 멀어질 때는 쇠퇴기였다. 휴머니즘의 발견 이후 현대에 이르기까지 가장 위대한 역사를 이룩해 냈던 팍스 로마나는 프린켑스Princeps, 시민 중의 제일인자가 딕타토르Dictator, 집정관로서 통치하던 시대를 말하고, 기독교적 절대자이며 초월자인 여호와 하나님으로부터 기름부음받은카리스마 엠페로Empero가 되어 시민과 자신을 분리하였던 콘스탄티누스 대제가 통치를 하면서 쇠퇴의 길을 걷고 암흑의 시대로 접어들었다. 시오노 나나미鹽野七生는 『로마인이야기』 14권에서 다른 역사학자들과는 달리 로마의 멸망을 그리스도교의 승리라고 규정한 바 있다. 콘스탄티누스 대제The Great Emperor는 사실 로마인들의 관점에서는 그냥 평범한 황제였으며 오히려 폭군이었다. 수많은 친족을 제거하고 무엇보다도 로마를 버리고 비잔티움에 콘스탄티노플이라고 하는 동로마의 새 수도로 아예 로마제국을 옮겨 버리고 말았다. 물론 이때부터 동로마와 서로마가 갈렸고 후에는 동방정교와 서방 가톨릭이 분리되었다.

그러나 기독교적 역사관에 의하면 그는 기독교를 로마의 국교로 서기 313년 밀라노 칙령을 반포함으로써 공인하였다. 이어 325년에는 니케아공회의를 통해 당시의 아리우스파를 누르고 아타나시우스파의 손을 들어 줌으로써 삼위일체설에 입각한 성자 예수의 신성설을 인정하였을 뿐 아니라 그 자신은 왕권신수설을 수용하고 이제 시민 중 일인자가 아닌 신의 대리 치리자治理者[6]로서 새로 태어났다. 이제 로마의 황제는 더 이상 로마 시민들과 함께 대중목욕탕에서 목욕하고 콜로세움에서 공연을 같이 보는 인간이 아니었다. 로마의 황제는 신의 대리자로서 저 높은 곳으로 올라가 버렸다. 이것이 휴머니즘의 몰락이며 신본주의 중세 암흑시대의 시작이었다.

동양의 몰락

현대적 관점에서 보면 동양문명사는 서양문명사에 복속되었다. 아편전쟁을 기점으로 하든, 제2차 세계대전에서의 일본제국 패망을

6. 치리자는 기독교 성경에서 나오는 개념인 바, 하나님의 法을 지상에서 집행하는 사람이란 뜻으로서 지도자, 예언자 등을 의미한다.

기점으로 하든 동양이 몰락한 것은 분명하다. 몰락의 원인을 여러 가지 차원에서 검토할 수 있겠지만 그것은 분명 인본주의, 휴머니즘의 몰락이었을 것이다. 다시 말해서 동양에서는 휴머니즘이 억압되거나 상실되어 가는 반면, 서양에서는 고무되고 회복됨으로써 오늘날 팍스 아메리카나 번영의 시대가 시작되었다고 볼 수 있다.

동양의 관점에서 보면 이른바 근대화는 서구화를 의미하였다. 정신적 차원에서 한 단계 우위를 점하고 있던 동양이 어느 순간부터 서양에 뒤처지게 되었는지에 대해서는 다양한 관점에서 생각할 수 있다. 서양이 역사의 주도권을 잡기 시작한 것은 산업혁명을 시작하면서부터라는 관점이 지배적이다. 산업혁명은 인간이 해야 할 많은 일을 쉽게 처리할 수 있게 만들었다. 또한 물질적 풍요를 이뤄 내기도 하였다. 유럽에서의 산업혁명은 잉여생산물을 팔고, 물건을 생산할 자원을 구하기 위한 식민지 개척으로 이어지게 된다. 동양에 있는 대다수 나라는 이러한 식민의 대상, 시장의 대상으로 복속되었다.

동양 휴머니즘 몰락의 징후는 어디에서부터 시작되었을까?

실상 동양 휴머니즘의 몰락이기보다는 서양 휴머니즘의 승리라고 해야 옳을 것이다. 동양이든 서양이든 휴머니즘의 근간은 초월자의 절대적 지위를 인정하면서도 인간이 초월자와는 다른 존재라는 사실을 주체적으로 인식함으로써 생명을 영위할 수 있는 이치를 깨닫고 문명과 역사를 개척하는 비밀이다. 다만 동양은 서양에 비해 상대적으로 풍부한 물을 바탕으로 신과 대립하기보다는 신과 조화를 이루면서 평화를 구할 수 있었기 때문에 서양에 비해 치열함이 덜 했다. 하지만 생산력의 폭발적 증대는 기대하기 어려웠다. 반면, 서양은 사막 오아시스의 한정된 물을 사이에 두고 '눈에는 눈 이에는 이'[7]라는 치열한 경쟁을 통해 살아남아야 했고, 신 또한 내 편과 네 편이 정확히

나뉘어 있었으며 모든 신의 우두머리인 여호와 하나님 외에 그 어떤 신도 인정하지 않았다. 인간은 그러한 신이 정해 준 범위 안에서 삶의 지혜를 구했으며 끝에 도달했을 때마다 바벨탑이 무너져 버리고 다시 시작하는 치열함을 통해 거의 신의 경지에 이를 만큼의 과학적 지식의 획득에 매진하였다. 서양 과학문명의 발전은 어디까지 나아갈지 모른다. 이미 생명의 근원인 유전자지도를 확보했고 유전자의 변형과 복제를 통해 가히 신의 영역이라고 할 수 있는 생명 창조에까지 손을 대기 시작했다. 또한 우주의 신비를 밝히고 이제 인공태양을 띄우고 먼 우주 밖의 외계 생명체와의 소통을 추진하고 있다.

물론 이러한 정복과 경쟁은 전쟁과 반목을 낳았다고 비판받는다. 포스트모던주의는 그래서 동양으로부터 새로운 탈출구를 찾고 있다. 환경파괴와 기후재앙을 예견하면서 서양 휴머니즘의 이와 같은 극단적 경쟁과 정복 패러다임은 언젠가 인류를 파멸로 이끌 것이라면서 동양에서 그 지혜를 구할 수 있을 것이라 기대하며 기웃거리고 있다.

그러나 동양의 가난은 그렇게 호락호락하지 않다. 서양이야 어떻든 동양도 상대적으로는 경제적 번영이 있었지만 서양의 물질문명을 목도하면서 그냥 어안이 벙벙할 뿐이다. 활자술을 먼저 발명했고 신에 억눌리지 않았고 통일국가도 먼저 이루었음에도 동양은 어느 날 갑자기 서양의 물질문명 아래 무릎을 꿇었다.

한 가지 설명은 동양의 휴머니즘은 신과 자연, 인간과 인간이 서로 간의 조화와 평화를 이루고 그러한 조화와 평화는 대결과 정복보다는

---

7. '눈에는 눈 이에는 이'라는 법칙은 고대 근동에서 확립된 벌률체제로서 인류 최초의 성문법인 함무라비법전BC 1792~1750년에 재위한 것으로 알려진 함무라비 왕의 비석으로 전해진다에서 발견되었고 구약성경에서도 발견된다.

협력과 공존에 의해 가능하다는 믿음에 기반한다. 신이 해야 할 일, 왕이 해야 할 일, 백성이 해야 할 일, 심지어는 남자와 여자가 해야 할 일, 어른과 아이가 해야 할 일이 따로 정해져 있었지만 어떤 다툼도 없었다. 동양은 있는 것을 있는 것 그대로 이해하는 것으로 만족하였다고 볼 것이다. 인쇄술을 발명해도 그것은 왕의 율령을 백성에게 전하기 위한 것이었고 지식은 스승이 제자와 한 세상을 이루는 소통의 장일 뿐 그것이 번영과 풍요를 가져오는 생산기술이나 에너지원은 아니었다. 즉, 동양의 휴머니즘은 서양의 휴머니즘이 그런 것과는 달리 과학적 지식을 발견하고 공학적 도구를 발명하는 데 쓰여지지 않았고 내 앞에 주어져 있는 것에 만족하고 사는 법을 가르쳐 주는 윤리적 지침에 그쳤다. 그렇게 하여 동양의 가난한 휴머니즘은 서양의 부유한 휴머니즘에 자리를 내주었다. 물론 21세기에 들어 서양의 휴머니즘은 끝을 알 수 없는 미궁으로 빠지고 있고 혹시 동양에 새로운 질서가 없는지 찾아 헤매고 있다.

그렇다고 동양의 몰락을 서양 휴머니즘과의 싸움에서 진 것만이라고는 할 수 없다. 내재적인 원인 또한 찾아야 할 것이다. 그것은 동양이 과거제도를 기반으로 한 관료제도로 학문과 교육의 생명력을 죽여버린 데서 찾아야 할 것이다. 가장 마지막까지 과거제도를 운영하고 가장 오랫동안 국가의 기강으로 과거제도를 활용하였던 고려와 조선의 역사에서 그 흥망의 역사를 읽어야 할 것이다. 물론 오늘날 그 후예인 대한민국의 역사가 역설적으로 그러한 과거제도로부터 연원하는 교육열을 기반으로 만민보편교육의 기적을 이룬 점 또한 부인할 수 없다. 그럼에도 과거제도가 안고 있는 그늘은 살펴보아야만 한다. 그것은 조선 중기에 들어 관학인 성균관과 향교가 쇠퇴하고 사학인 서원이 발흥하게 되는 역사의 뒷면이기도 하다.

조선 사회에서는 교육을 통한 입신양명이 보편화되어 있었기 때문에 관학이 부실하였다면 사학이 확대되었을 것으로 짐작할 수 있다. 조선시대의 대표적 사학기관으로는 서원書院과 서당書堂이 있으며 공식 교육기관은 아니었지만 가숙家塾도 널리 활용되었다. 가숙은 개별 가정이나 가문에서 경영한 글방으로 아동들에게 초학교육을 시켜 서원이나 관학 교육기관으로 진학시켰다. 조선시대를 전체적으로 볼 때 관학보다 사학이 우세하였다. 관학은 빈약한 국가 지원에 의해 운영됨으로써 부실하게 운영될 수밖에 없었지만 사학은 각 가정이나 가문이 교육을 통해 자제들을 입신양명하게 하려는 절실한 필요와 자율적 통제 가능성 때문에 적극 지원함으로써 활성화되었다. 이러한 경향은 조선 초기 건국이념이 강하던 시기를 지나면서 점점 두드러졌으며 중기 이후 가속화되었다박연호, 1997.

사실 경학經學 중심의 학습 그리고 배운 것과 동떨어진 제술製述 위주의 과거시험, 교육문제에 관한 한 학습내용과 일치하지 않는 과거시험 과목 사이의 모순은 조선시대 내내 해결되지 않았다. 조선을 건국했던 신진 사대부들은 경명행수經明行修라는 교양관에 입각하여 과거시험에서 시·부의 비중을 감소시키는 한편, 사서오경에 대한 소양을 요구하는 의疑·의義와 책문策問을 강화시킴으로써 종래의 사장 중심의 교양을 변화시키려고 하였다. 그러나 여러 번의 우여곡절을 겪으면서 결국 경국대전에서 초시의 초장은 제술, 복시의 초장은 강경으로 정리되고, 식년마다 명경시를 실행하되 합격자는 식년문과의 선발 정원인 33인 안에 포함시키는 것으로 절충·낙착되었다박연호, 1994.

엄밀히 말하면 이것은 사장학의 승리라고 할 수 있는데, 경학을 기반으로 삼는 주자학이 이런 상황을 극복할 수 있는 유일한 가능성은 경학 공부가 과거라는 '명리'를 다투는 경쟁에서 승리하기 위한 효과적인 수단으로서가 아니라 그 자체로서 '내재적 가치'를 갖고 있음을 보여 주는 길뿐이었다. 달리 말해 경전이 '그 자체로서 훌륭한 삶'이 어떤 것인가를 말로서 가르쳐 줄 뿐만 아니라 '흠모할 만한 구체적인 인격적 모범'을 담고 있는 책임을 보여 주는 길뿐이었다는 것이다. 유학의 언어로 말한다면 '위인지학'으로부터 '위기지학'으로의 방향전환이었는데 국가가 이념상 필요로 하는 사유의 양성이라는 견지에서 정당화되었다.

이러한 추이 속에서 가장 중요한 역할을 한 사람은 이황李滉이었다. 그는 기묘 제현의 정치적 패퇴의 이유를 도학의 미숙이라고 보고 자기의 임무를 주자학의 온오蘊奧를 탐구하고, 또 그것을 진지하게 실천하려는 데 두었다. 실지로 정치가나 관료라기보다는 성실한 학자요, 교사로서의 삶을 산 이황으로부터 본격화되는 성리학의 시대는 이런 의미에서 이전 시대와 구별되며, 이황이 이런 위기지학을 추구하고 전파하는 구심점으로 삼은 것이 바로 서원이었다.

서원은 조선 중기1547년, 중종 37년 풍기 군수 주세붕周世鵬이 성리학을 도입한 안향安珦을 제사 지내고 유학을 가르치기 위해 백운동서원을 설립한 이후 선현과 양현을 제사하는 사우와 인재를 양성하기 위해 교육을 담당한 서재를 갖춘 사설 고등교육기관이다. 서원의 원생은 생원, 진사시의 초시 입격자나 신진 소장학자들로 구성되었다. 서원의 원생이 되는 자격조건에 신분적 제약을 명시하지는 않았지만, 양반들은 지식의 독점을 통해서 지배를 정당화하기 위해 원생의 자격을 실제로는 양반 신분으로 제한하였다. 재적원생의 명부인 청금록에 등재됨으로써 양반이라는 증표를 확보할 수 있었다.

무엇보다도 서원에 주목해야 하는 이유는, 서원은 조선의 문화와 정치를 선도하던 양반계층이 자발적으로 도입한 교육기구이기 때문이다. 물론 조선 중기 이후 서원이 교육 외적인 기능도 담당하게 되었지만, 16세기만 해도 사림들이 서원을 도입한 주요 목적은 성리학의 교육이었다. 신유학자들은 훈고학적 공부 방식에서 탈피하여 유학교육을 서원을 통해 추진하려고 하였다김대식, 2001.

주희를 비롯한 신유학자들은 당대까지 책을 모아 두고 열람하는 공간에 지나지 않던 서원을 신유학 강학 활동의 중심지로 만들고자, 강학회와 토론회 같은 학문 모임을 개최하기도 하고 서원에서 후학을 교육하였다. 조선의 서원도 송대 중국의 서원과 마찬가지로 신유학 교육을 시행하는 기관이었다. 예컨대 조선 최초의 서원으로 알려진 백운동서원은 안향을 향사하기 위해 설립되었는데, 안향을 백운동서원에 향사한 것은 그가 고려 말에 주자학 서적과 주희의 사상을 들여오는 등 조선에 신유학을 보급하는 데 큰 기여를 했기 때문이다. 또한 조선에서 서원을 보급하고 서원 운영방향을 구체적으로 제시한 인물이 조선 성리학의 선구자인 퇴계 이황이라는 점도 이런 서원의 성격을 시사한다.

서원이 처음 성립되던 16세기에는 사대부 교양이 지향해야 할 방향이 성리학이라는 데 상당한 사회적 합의가 형성된 편인데도 그것을 가르칠 만한 사유士儒가 극히 희소하고, 설사 있더라도 제도와 관행이 그런 사람의 등용을 가로막는다는 것이 조정의 고민거리였다. 위기지학으로서의 성리학을 가르칠 사유는 성실성 이외에 사표로서의 덕망과 학식을 아울러 갖춘 사람이어야 했다. 이때 학식이란 훈고학적 박식이 아니다. 그것은 '경전이 가르치고 있는 미묘한 의리를 드러내고 고금의 구체적인 행적들의 시비를 토론할 수 있는 능력'을 의미하는 것이었다.

위기지학에 뜻을 둔 사람들은 교사와 학생, 그리고 학생과 학생이 이런 종류의 지적 교류를 핵심으로 하는 학문적 유대를 형성해야만,

비로소 진정한 의미의 교육이 성립하고 전인적 성장의 경험을 맛볼 수 있다고 믿었다. 학문을 매개로 성립하는 이러한 유대를 그들은 사우지도師友之道라고 표현했는데, 서원의 성립과 확산은 바로 도학자들이 중시했던 이 사우지도의 구체적 실현 양태였다.

그러나 이러한 서원 또한 조선 말기에 이르러서는 대원군에 의한 서원철폐정책을 둘러싸고 그 근본적인 한계인 과거제도와 입신양명을 향한 동양의 학문적 그늘을 끝내 극복하지 못했다. 그리고 서양의 르네상스를 통해 회복한 휴머니즘과 계몽사상, 곧 인간의 자유를 기반으로 한 학문의 발흥이야말로 인류의 번영과 평화를 가져왔다는 것을 깨닫는 데까지 동양은 커다란 역사적 아픔을 견뎌 내야만 했다.

제3장

교육제도의 탄생과 여정

교육이 학교로 제도화되었고, 20세기 중반부터 '만민을 위한 중등교육'은 교육제도의 이상이자 상징으로 대두되었으며, 결국은 실현의 단계로 접어들게 된다. 이러한 이상의 실현을 목격한 교육학자들은 이것을 '교육혁명'으로 규정하는 데 주저하지 않았다. 교육제도가 이루어 낸 이상의 실현이었던 것이다. 그러나 제도는 앞뒷면을 가지고 있어서 그 뒷면의 그림자가 드러나면 앞면의 이상과 아름다움이 갑자기 초라해진다.

제3장
교육제도의 탄생과 여정

제도의 그늘

이스라엘 공동체는 제사장이 하나님을 대신하여 통치하였다. 애굽Egypt의 한글 성경어 땅 바로Pharaoh; 태양신의 통치에서 벗어난 유대 열두 지파는 십계명을 헌법으로 하여 모세오경을 국가의 율령으로 삼은 신국神國이었다. 세상은 하나님의 명에 따라 여섯 날 동안 질서 있게 창조되었으며 일곱째 날은 안식하면서 창조주를 찬양하였다. 종도 쉬었고 짐승도 쉬었다. 일곱째 해에는 사람들 사이에 진 빚을 탕감했으며 일곱째 해가 일곱 번 거듭된 다음 해는 희년稀年으로 지키고 모든 소유를 다시 원점으로 돌리고 공평하게 재배분하였다. 하나님의 법은 지엄했으며 선지자들은 하나님의 명을 전했다.

그러나 하나님의 선과 법은 사람의 악과 위법과는 숨바꼭질을 할 수밖에 없는 운명이었다. 이스라엘 공동체는 할 수 없이 창조주보다는 포악한 왕을 필요로 했다. 그들은 악과 위법을 다스려 줄 왕이 필요했다. 창조주는 그 왕이 다시 애굽의 바로가 될 것이라고 했지만 그들은 듣지 않았고 끝내 창조주는 사울 왕을 그리고 다윗 왕을 또 솔로

몬 왕을 보냈다. 그렇지만 끝내 3대를 넘지 못하고 왕국은 남북으로 분단되었고 남과 북은 서로 헐뜯고 외세를 불러들여 북유다는 남이스라엘을 바빌론에 헌납하더니 결국은 남과 북 모두 2,000년 넘는 유랑민의 신세로 전락하고 만다.

메시야를 기대하고 자녀들에게 역사를 가르치고 있는 유대인들은 아직도 원시 이스라엘 공동체를 희구하고 있다. 그러나 그것이 지상에서는 이루어질 수 없는 꿈이고 그들 스스로 압제를 불러들일 것이 뻔한데도 그 꿈을 끝까지 버리지 않는 시지프스적 부조리를 되풀이하고 있다. 하지만 시지프스적 부조리는 인간의 본질이며 모털리티 그 자체다. 그리고 더 나아가서는 휴머니즘 그 자체일 것이다. 말하자면 압제자 왕을 스스로 만들고 다시 왕을 무너뜨려 가면서 그 왕이 언젠가는 메시야가 되기 바라는 꿈을 꾸는 것이 인간성인 것이다. 그 왕을 일러 역사에서는 제도라 했다. 사람들이 모여 사는 곳에는 그곳이 어디이든 왕이 있고, 사회가 있고, 그래서 제도가 있는 것이다.

사회가 마땅히 제도화되어 있는 것처럼 사회의 한 부분인 교육도 제도화되어 있다. 『교육의 목적과 난점』1998에서 이홍우 교수는 '제도적 아름다움'에 대해 이렇게 말했다. "우리가 정신을 가다듬고 생각해 보아야 할 문제는 '제도화되지 않은' 교육이라는 것이 있을 수 있는가 하는 것입니다." 교육은 이미 제도다. 이 책을 통해 교육이 어떻게 제도화되어 가는가를 살펴보게 되겠지만, 여기에서 다시 언급하자면 '교육은 이미 제도'다. 제도화된 사회가 어딘지 모르게 불완전하고 그 결과가 결국은 그늘로 치닫게 된다고 느껴지는 것처럼 교육도, 그러니까 제도화된 교육도 인간의 성장에 모종의 악영향을 미치는 것으로 주장하는 사람들이 있다.

교육이 학교로 제도화되었고, 20세기 중반부터 '만민을 위한 중등교육'은 교육제도의 이상이자 상징으로 대두되었으며, 결국은 실현의 단계로 접어들게 되었다. 이러한 이상의 실현을 목격한 교육학자들은 이것을 '교육혁명'으로 규정하는 데 주저하지 않았다. 교육제도가 이루어 낸 이상의 실현이었던 것이다. 그러나 이 아름다운 혁명은 '탈학교론'과 '학교는 죽었다'와 같은 주장의 등장으로 그 아름다움에 그늘을 드리운다. 언제나 제도는 앞뒷면을 가지고 있어서 그 뒷면의 그림자가 드러나면 앞면의 이상과 아름다움이 갑자기 초라해진다. 다음은 제도의 그늘에 대한 이홍우 교수의 설명이다.

> 어떤 극단적인 사람들은 '제도화된 교육', 즉 학교교육은 그 사회 선발 기능과 도덕적 교화를 통하여 학생 개인의 성장을 방해하기 위한 모종의 거대한 음모를 획책하고 있으며, 따라서 건전한 교육을 위해서는 학교를 완전히 철폐해야 한다고 주장합니다. 일리치가 그중의 한 사람입니다. 일리치가 주장하는 바에 의하면, 오늘날의 학교제도는 '가르치는 것을 배우는 것으로 오인하도록, 학년이 올라가는 것을 교육받는 것으로 오인하도록, 졸업장이나 학위 받는 것을 능력 있는 것으로 오인하도록, 그리고 유창하게 지껄여 대는 것을 사고능력으로 오인하도록' 학생들을 교화하고 있다는 것입니다. 학교가 이렇게 형편없는 곳인데도 어째서 학생들은 학교에 몰려드는가에 대한 일리치의 대답은 그 학생들은 졸업장이나 학위를 사회적 지위 상승의 타깃으로 삼는 제도적 메커니즘에 불쌍하게도 희생이 되었다는 것입니다. 그 메커니즘은 학교교육을 거의 의무화하여 학생들이 시험에 나온다는 것 이외에 하등의 의미도, 유용성도, 적합성도 없는 획일적인 교과를 배워야 한다는 것입니다.
>
> ❖ 이홍우(1998). p. 260.

물론 교육제도에 대한 이러한 비판은 몇몇 교육학자의 주장처럼 '낭만주의적인 비판'[1]일 수도 있겠다. 비판이 낭만주의적이라 해서, 그리고 그 비판에 진지한 고민과 그럴듯한 대안이 제시되지 않는다고 해서 교육제도가 가진 그늘이 없어지는 것은 아니다. 그것이 무엇이든 그것이 존재하기로 했다면 그늘은 필수불가결하다. 그것은 교육의 역사의 시작에서도 발견되는 바다. 그 옛날, 선생과 제자의 원형에서도 발견되니 말이다.

예수를 따르던 열두 제자도 그랬고, 염화시중의 미소[2]를 짓던 가섭迦葉과 10명의 제자들도 그랬다. 공자를 따르던 제자들도 물론 예외는 아니었다. 모두 스승이 번듯한 집을 짓기를 바랐고, 그런 곳에서 공부하기를 원했다. 자신의 스승이 세상에서 높은 자리를 차지하기 바랐다. 그러나 스승의 살아 생전에는 결국 그 꿈이 허물어졌고, 더 심하게는 그 스승이 세상 죄를 몽땅 짊어지고 죽기까지 했다. 예수가 십자

---

1. 낭만주의적 비판이란 대안에 대한 고민 없이 현재의 교육제도의 붕괴와 해체만을 주장하는 경향을 말한다. 코울선Coulson, 2005은 이러한 교육적 낭만주의가 교육의 위기를 만들었다고 지적하고 있는데, 미국 근대교육철학의 아버지로 일컬어지는 듀이J. Dewey마저도 그 비판의 대상에 넣고 있다. 1980년대 급성장한 네오마르크스주의의 신교육사회학자들P. Frerie, I. Illichi 등도 이러한 분류에 들어갈 수도 있을 것이다.
2. 염화미소라고도 한다. 선종에서 선禪의 기원을 설명하기 위해 전하는 이야기로서 『대범천왕문불결의경大梵天王問佛決疑經』에 기록되어 있다. 영산靈山에서 범왕梵王이 석가에게 설법을 청하며 연꽃을 바치자, 석가가 연꽃을 들어 대중에게 보였다. 사람들은 그것이 무슨 뜻인지 깨닫지 못하였으나, 가섭만은 참뜻을 깨닫고 미소를 지었고 이에 석가는 가섭에게 정법안장正法眼藏: 사람이 본래 갖추고 있는 마음의 묘한 덕과 열반묘심涅槃妙心: 번뇌와 미망에서 벗어나 진리를 깨닫는 마음, 실상무상實相無相: 생멸계를 떠난 불변의 진리, 미묘법문微妙法門: 진리를 깨닫는 마음 등의 불교 진리를 전해 주었다. 즉, 말을 하지 않고도 마음과 마음이 통하여 깨달음을 얻게 된다는 뜻으로, 선 수행의 근거와 방향을 제시하는 중요한 화두다. 출처: 염화미소 | 네이버 백과사전

가에 달려 죽고 나서 초대교회 제자들의 삶도 마찬가지였다. 그들은 세상의 박해 속에서 스승의 가르침을 전하면서 그들이 바라던 세상을 꿈꾸었다. 스승이 선하넌 진리는 세월이 흐르면서 그 모습을 조금씩 바꾸어 왔다. 그 진리는 제도의 옷을 입고 세월을 견디어 전해졌으나 그들의 꿈이 실현된 것은 수십 수백 년이 지나서였고 실현된 꿈의 모습은 선생님이 바라던 것과는 상당히 달랐다. (그래도 찬바람 맞던 광야는 아니었고, 화려한 고대광실에서 선생님의 대를 이었다는 가짜 선생님들에게 돈을 싸 들고 모여든 가짜 제자들이 득실거린다.) 진실이 가려지거나 왜곡되는 것, 이것이 제도의 딜레마이고 그늘이다. 그러나 인류의 문명사는 이렇게 하나씩 제도를 만들고 또 그 그늘을 고쳐 가면서 발전해 왔다. 교육제도의 발전사 또한 그렇다.

팍스 로마나: 로마의 법

다음은 『교양 있는 우리 아이를 위한 세계 역사 이야기 1(고대편)』에 묘사된 로마제국의 모습이다. 우선 감상 먼저 해 보자.

> 넓고 평탄하게 포장된 도로는 행인들과 여러 가지 물건을 실은 가축들로 그득해. 너는 강 위를 가로질러 놓여 있는 큰 돌로 지은 아치 다리를 건너지. 길은 가도 가도 끝이 없을 것 같아. 로마 사람들은 제국의 구석구석을 서로 연결하는 길을 수백 개나 닦아 놓았어. 그런데 그 길들을 여행하는 그 누구도 산적이나 강도를 만날까 봐 두려워하는 것 같지가 않아. 그건 당연해. 로마 사람들은 제국의 모든 곳에서 한시도 평화가 깨어지지 않게 하려고 늘 조심했거든, 이러한 로마의 평화를 '팍스 로마나Pax

Romana'라고 부르는데, 이 말은 로마의 지배에 의한 평화, 제국의 모든 지역, 모든 사람이 로마의 법에 복종한다는 뜻이야.

❖ Bauer(2004), p. 19.

어린이들이 이 글을 읽으면 로마를 어떤 곳이라 여기게 될까? 우선 눈에 띄는 것은 길이다. 모든 길은 로마로 통한다는 말처럼, 로마에는 가도라 불리는 길이 잘 닦여 있어 로마 시민은 로마제국의 어디나 갈 수 있었다. 그다음은 안전함이다. 어린이에게 보여 주는 로마의 거리 모습은 잘 닦여져 이곳저곳으로 연결된 길과 다리, 그리고 행인과 가축들, 그리고 무엇보다도 안심하고 누구나 걸어다닐 수 있는 안전함이 두드러지게 묘사된다. 로마의 거리에서 느껴지는 팽팽한 균형감의 평화가 마치 공기인 듯, 또는 흐르는 물인 듯 느껴진다. 로마의 길과 안전함이 가져다준 이 평화를 『로마인 이야기』를 쓴 시오노 나나미는 보편제국의 증거로 보았고, 인류사에 다시 없는 보편제국이 이룩한 이 균형감을 후세 사람들은 '팍스 로마나'라 불렀다. 길, 가도라 불린 그 길, 누구나 안심하고 걸어다닐 수 있는 길이 로마에게 '팍스평화'를 가져다준 것은 아닐까. 시오노 나나미는 로마의 가도를 중국의 만리장성과 비교해 다음과 같은 말을 했다.

사람의 왕래를 끊는 방벽과 사람의 왕래를 촉진하는 가도 …… 똑같이 고대 제국이라 일컬어진 로마와 중국, 두 나라의 삶의 방식은 전혀 달랐다. 그리고 로마의 도로망은 팍스 로마나로마의 평화로 연결된 데 비해 만리장성은 중국에 팍스를 가져다주지 못했다.

실제로 로마 당시에 만들어진 길이 현재도 사용되는 곳이 있다니

로마에 평화를 가져다준 의미 있는 길임과 동시에 물리적으로도 탄탄한 진리를 전해 주는 것 같은 감동이 있다. 로마의 길은 1.5미터 두께로 기초공사를 했나 한다. 가장 내구성이 높아지는 두께다. 땅의 모양을 적절히 조합한 곧은 도로 모양과 길 양쪽에 만들어 놓은 배수로 또한 길의 수명을 연장시키고 이용하는 사람들의 불필요한 수고를 덜어주었다. 그 아름다운 길이 로마에 평화를 가져다주었지만 안타깝게도 로마는 그 길을 서고트족과 훈족이 로마를 침략하는 데 사용하도록 내버려둘 수밖에 없었다. 인간이 만든 모든 것이 그러하듯, 또 모든 제도가 그늘을 가지고 있듯, 로마의 길도 평화와 전쟁 모두에게 길을 내주었다.

로마는 적어도 현대적 관점에서 볼 때 가장 가까운 인류문명사의 모범이다. '팍스 로마나'라는 개념 정립의 예로 볼 때도 로마 체제는 인류가 창조한 가장 완벽한 것이라고 해야 할 것이다. 물론 그 이전에 4대 고대문명과 헬레니즘이 있었으며, 특히나 헬레니즘은 고대문명을 종합하여 로마에 전수하였고 때로는 그리스-로마 문명으로 통합하기도 한다. 그러나 분명한 것은 로마는 가장 오랜 기간 동안, 적어도

▌그림 3-1▌ 로마의 아피아 가도와 중국의 만리장성

http://blog.naver.com/nsman2000?Redirect=Log&logNo=150032417191
http://100.naver.com/100.nhn?type=image&media_id=188976&docid=59607&dir_id=10030401

기록상으로는 천 년간 가장 넓은 지역을 통치한 제국이었다. 현대사에는 1776년에 독립한 미합중국이 로마의 뒤를 이어 팍스 아메리카나를 확립한 것으로 평가하고 있지만 로마제국의 그것과 비교하는 일은 후세의 역사가 할 일이겠다.

로마인들이 인류문명사에 공헌한 몇 가지 선물 중 하나는 로마법이다. 로마가 로마일 수 있었던 데 대해 수많은 해석이 있어 왔지만 모두가 동의하는 한 가지는 로마법을 완성시킨 데 있으며, 그 법은 또한 가장 인간적인 얼굴을 한 법이라는 점이다.

보편제국의 꿈을 최초로 품었던 사람은 마케도니아의 알렉산더 대왕이었다. 그는 헬레니즘과 페르시아 문명 간의 '행복한 결혼'을 꿈꾸었다시오노 나나미, 1995. 그것을 위해 그는 11년에 걸친 동방원정을 행한다. 그러나 그는 30대 중반 젊은 나이에 세상을 떠난다. 그의 보편제국의 꿈을 이은 사람은 율리우스 카이사르다. 창의적 천재 정치가라는 평가를 받고 있는 카이사르는 로마법의 완성에 절대적 공헌을 한 인물이다. 보편제국의 기틀이 된 로마법의 기초는 로마 시민권의 확대인데, 카이사르는 로마 시민들에게뿐만 아니라 외국인 취급을 당하던 갈리아 인에게 로마 시민권을 주었다. 적의 수장이었던 갈리아 인의 지도자들에게도 시민권을 주었고 마침내는 원로원의 의석까지 내주었다. 로마에서 시민권을 갖게 된다는 것은 인종, 민족, 종교가 다르다 해도 로마 시민과 동등한 권리를 부여받는 것을 의미했다. 즉, 로마법에 따라 사유재산과 개인의 인권을 보장받는 것이다. 그리하여 결국은 정복자와 피정복자의 구분이 완전히 사라지는 경지에 이르게 되는 것이다. 로마의 황제 중에서는 속국 출신의 황제도 적지 않았다. 놀랍게도 로마에서는 황제라는 자리조차 출신지나 출생을 불문하고 개방되어 있었다.

로마법의 또 다른 의미는 성문법에 있다. 로마법이 성문법이라는 게 무슨 의미가 있단 말일까? 21세기를 살고 있는 우리에게 성문법의 의미와 기원전 100년쯤, 그리고 서고트족과 훈족의 침입으로 로마가 멸망한 476년까지 그 당시의 사람들에게 성문법의 의미는 달랐다. 왕이 곧 법이었던 시대에 성문법은 어느 한 국가의 정부가 사람이 아니라 법에 의해서 작동되어야 한다는 것을 보여 주었다. 성문법은 어떤 사람이 권력을 장악하느냐에 따라 쉽게 변하는 정부보다 좀 더 우월하고 좀 더 공평한 정부를 만들 수 있다. 그 당시 동양 문화에서는 발달되지 않았던 이 생각은 서구법 전통의 기초가 되었다.

또 하나 로마법의 특징은 케이스 바이 케이스의 원칙이다. 로마법은 인간이 인간을 규율하는 질서다. 신이 인간을 규율하는 질서가 아니다. 그 핵심은 절대적 규율이 아닌 상대적 규율이며, 상황 상황이 모두 다를 수 있는 만큼 어느 한 잣대로 모든 케이스를 재단할 수는 없다는 것이다. 서로 다를 수 있다는 특수성과 상대성을 알아차린 로마인들은 인간은 모두가 죽는다는 모두에게 똑같이 적용되는 진리의 보편성과 객관성을 알아차린 그리스인들에 비해 또 한 자락의 인류문명을 더했다. 그래서 로마인들은 가능한 개인의 책임과 권리를 개인의 몫으로 돌리고 개인 간 계약에 근거한 로마법을 만들어 갔다.

천년 가까운 시간 동안 로마는 길만 만들었던 것은 아니다. 로마법을 만들어 보편제국으로 다가섰으며, 또 하나 흩어진 지식을 수집하는 일에도 열중하였다. 세계의 도서관이 그것이다.

세계의 도서관

로마황제에게는 과업이 있었다. 제국의 영토를 넓히고 제국의 역사를 존속시키기 위한 지배 엘리트 양성의 과업이었다. 그래서 황제는 지중해의 맑은 태양이 깃드는 양지에 황제의 도서관을 세우고 귀족의 자제들이 제국의 역사를 읽을 수 있도록 했다.

세계의 도서관이라 불리는 이 도서관은 알렉산드리아에 있었으며 아리스토텔레스의 개인 장서들로 시작됐다고 주장된다. 그 진실 여부는 가려지지 않았지만 그 도서관이 아리스토텔레스의 이상을 구현했다는 것은 사실로 받아들여진다. 기원전 300년쯤에 만들어진 알렉산드리아 도서관은 70만 권 이상의 책을 보유한 규모로 성장했다. 그리고 이 세계의 도서관은 일반인들에게도 개방되었다.

그 당시 도서관의 모습을 잠시 상상해 보자. 내가 그 도서관의 사서[3]라는 행복한 상상도 가능하겠다. 아리스토텔레스가 마음에 두고 있던 소요학파[4]의 이상을 갖고 지어졌다니 그 분위기가 짐작된다. 줄기둥이 있는 넓은 회랑과 탁 트인 공간을 마련해 학자들이 말 그대로 거닐면서 학술적 관심 주제에 대해 대화할 수 있도록 만들어졌을 것이다. 이곳에서 사서인 당신의 가장 큰 고민은 무엇일까? 맞다. 그 방대한 지식의 분류다. 어떤 책을 어떤 책과 가까이 혹은 멀리 두어야 할 것인가를 정하는 방식은 도서관이 가진 가장 큰 고민이었을 것이

3. 실제로 알렉산드리아의 첫 번째 사서는 제노도투스Zenodotus라는 학자였다. 그는 호메로스의 텍스트를 표준화했고, 텍스트의 주제에 따라 각각 다른 방에 배치하는 기초적인 주제 분류를 하였던 것으로 알려져 있다.
4. 아리스토텔레스 학파는 아리스토텔레스가 학도들과 산책하면서페리파테인 강의하고 논의한 페리파토스산책길에서 유래되어 페리파토스 학파소요학파라고도 불린다.

다. 이것은 당시 알렉산드리아의 도서관도 다르지 않았으리라.

그 도서관의 구조는 아리스토텔레스의 분류를 따랐다. 『범주론』에서 아리스토텔레스는 자연의 창조 구조를 드러내리라고 생각한 포괄적인 종種과 유類를 열거했다. 지구상에 있는 어떤 현상이든 실체, 질, 양, 관계, 장소, 시간 등과 같은 일련의 특징으로 묘사할 수 있다고 생각했다. 더 나아가 인과, 등가, 동일, 유사, 소속 등과 같이 현상들 간의 관계를 의미론적 관점에서 설명할 수 있을 것이라 생각했다. 그리고 이런 관계의 끈으로 형상들의 우주를 엮음으로써 인간 지식을 거대한 그물망이라 인식했다. 이 그물망을 아리스토텔레스의 '존재의 대사슬Great Chain of Being'[5]이라고 한다.

지식은 이렇게 헤쳐 모여를 반복하며 만들어진다. 지식은 어떤 단계의 범주 안에 들어가게 되면서 의미를 획득한다. 지식은 범주와 범주의 차이 및 비교를 통해 만들어진다. 지식은 결국 위계와 범주의 집합 속에서 발견되는 패턴일 것이다. 지식은 지식 그 자체이며 동시에 지식의 집합과 그 패턴이다. 그 모든 범주와 위계와 패턴이 물결처럼 헤쳐 모여를 반복하는 도서관, 바로 그것이 지식이다. 로마는 이렇게 세계의 도서관을 통해 지식을 생산하였고, 로마 시민들로 하여금 책을 사랑하도록 만들었다.

[그림 3-2]는 고대 알렉산드리아 도서관을 기리는 의미로 2002년에 새롭게 개관한 도서관이다. 이집트 알렉산드리아 동쪽 해안의 샤트비

5. 아리스토텔레스의 '존재의 대사슬'은 다음과 같다. 신, 천사, 악마, 인간, 동물, 식물, 광물. 아리스토텔레스의 범주들은 서구의 지적 전통의 발전에 깊이 영향을 미쳤는데, 특히 중세 유럽 사상에 영향을 주었다. 이 분류 관행은 2,000년 이상 지속되었고, 오늘날 사용되는 린네 분류법도 그 시작은 아리스토텔레스의 『범주론』에서 시작한다.

|그림 3-2| 알렉산드리아 도서관

http://100.naver.com/100.nhn?type=image&media_id=1563867&docid=885020&dir_id=121902

El Shatby 거리에 있다.[6]

지금 우리는 그 옛날 알렉산드리아의 도서관을 방문할 수 없다. 세계의 도서관은 소멸되었으며 그 과정에 관한 이야기는 알려진 바가 거의 없다. 의견도 분분해 역사적으로 증명되지 못했다. 카이사르가 공격해 오는 알렉산드리아 군중을 저지하려고 도서관을 불태웠다는 이야기도 있고, 270년 아우렐리아누스 황제가 격렬한 폭도들과 싸우면서 그 도시를 황폐하게 만들었고 그때 도서관도 사라졌다는 설도 있다. 어느 쪽이든 유기적 성장을 거듭하던 지식체가 정치와 무력투쟁에 희생되었다는 점에서는 다르지 않다. 안타깝다.

6. 학문과 예술의 상징이었던 고대의 알렉산드리아 도서관을 부활시키자는 논의는 1974년부터 알렉산드리아 대학교에 의해 처음 시작되었다. 이집트의 무바라크 대통령Hosni Mubarak, 1981~2011과 유네스코UNESCO의 전폭적인 지지를 받아 고대 도서관 자리와 가까운 해안에 건립이 추진되었다. 건축 설계는 유네스코에서 주최한 공모에 출품한 77개국의 523개 회사의 작품 중에서 노르웨이의 스노헤타Snøhetta사의 작품이 채택되었다. 1990년 아스완Aswan에서 개최된 국제회의에서 도서관 건립을 위한 기금이 조성되었다. 1995년에 공사가 시작되었으며, 총 비용은 2억 2000만 달러가 소요되었다. 출처: 알렉산드리아 도서관 | 네이버 백과사전

헬레니즘의 불운

인간의 여정은 오래가지 않았다. 로마는 313년 기독교를 국교로 인정했다. 콘스탄티누스 대제는 더 이상 시민과 평등한 사람이 아닌 신으로부터 기름 부은 받은 신의 대리 청정자가 되었다. 콘스탄티누스 대제는 로마 시민으로부터 더욱더 멀리 떨어지기 위해 콘스탄티노플로 아예 수도를 옮겼다. 이제 로마의 황제는 더 이상 제일시민 프린켑스princeps가 아닌 엠페로Empero일 뿐이었다. 로마의 황제는 보통 사람이 아닌 신의 대리자로서 신비로운 존재가 되었다. 결국 로마 황제는 기독교의 절대자 유일신인 하나님과 계약을 맺은 셈이다. 이제 황제는 시민 중, 곧 헬레니즘과 휴머니즘의 정신에 따른 보통 사람이 아닌 다시 헬레니즘 이전의 사사시대 혹은 적어도 기름 부음 받은 다윗의 후예가 되기로 마음을 먹었다. 카이사르가 세워 놓고 오현제가 이어받은 팍스 로마나의 법을 지켜 낼 권위를 잃은 로마의 타락한 황제들은 기독교 하나님 앞에 무릎을 꿇고 권력을 유지하기로 타협한 것이다. 타협의 결과, 로마법에 신의 권위를 부여해야 했고 헬레니즘과 휴머니즘을 감옥에 가두어야 했다.

종교가 정치적 목적에 이용되는 것이 어제 오늘의 일은 아니다. 역사적으로도 종교는 정치적 목적을 위해, 그러나 종교적 가치를 위해 정치가 봉사하는 듯 보이도록 정치에 봉사해 왔다. 종교가 정치에 봉사한다는 사실은 현상만을 보아도 명백하다. 종교적 가르침을 넘어서는 과격함이 언제나 정치적으로 문제가 된다. 20세기 이데올로기로 무장한 냉전이 무너지고, 21세기 종교의 금의환향으로 이어지는 것도 종교와 정치의 수단, 목적의 관계에 대한 심증을 굳게 한다.

로마시대에도 정치와 종교의 모종의 거래는 있었다. 307년부터 로마의 실력자였던 콘스탄티누스가 324년에 권력을 장악했다. 337년까지 지속되었던 그의 시대에서 그는 330년 도시 비잔티움을 재건하여 동로마제국의 수도로 삼았다. 이것에 대해 자부심이 적지 않았던지 그는 그 도시의 이름에 자신의 이름을 부여하고 콘스탄티노플이라 명명했다. 그는 군대를 위한 인적 자원이 풍부한 동쪽에 요지가 필요하다고 생각했고, 동시에 공통의 종교가 응집력을 제공할 것이라고 생각했다. 엄청난 박해를 받고도 개종하지 않고 단결하여 신앙을 지켜낸 초대교회의 기독교인들을 통해서 기독교의 엄청난 단결의식과 그 고상한 목적에 경탄해마지 않았던 것이다.

역사적으로 콘스탄티누스가 진심으로 개종했다고 여겨지지는 않은 듯하다. 진실로 헌신적인 기독교 신자였는지에 대해 밝혀진 바가 확실하지 않다. 대신 그의 개종과 기독교의 인정은 자신의 군대에 잠재적으로 이로운 효과를 가져올 것이라고 생각했기 때문에 합법적인 종교로서 기독교에 관용을 베풀 수밖에 없었던 것으로 이해된다. 마치 정복한 도시의 이민족에게 관용을 베풀어 로마 시민으로 만들었던 것과 같은 이유였을 것이다. 기독교의 합법화는 당연히 콘스탄티노플에도 적용되었고 결과적으로 기독교의 중심지는 이슬람 문명의 탄생지와 인접하게 되는 운명에 놓이게 되었다.

기독교를 국교로 인정하게 된 것은 테오도시우스 황제가 다른 모든 종교를 금하는 392년에 이루어졌다. 이때는 로마에 혹독한 어려움이 닥치기 시작하는 시기였다. 어려움의 원인은 다양했으나 그중 하나는 타락한 황제들이었다. 타락한 황제들은 로마의 난국을 기독교의 국교지정으로 타계해 나가려고 시도했다. 인간적인, 너무나 인간적이었던 로마의 평화는 어려움에 처한 황제들이 신의 도움을 구하려는 순간, 그래서 종교를 정치적 목적으로 사용하려는 순간 조금씩 닳아 없어져 갔으며, 동시에 헬레니즘과 휴머니즘과도 결별하게 되었다.

5세기로 들어서면서 로마는 그야말로 조금씩 닳아 없어지고 있었다. 410년 서고트족이 로마에 입성해 3일간 파괴의 향연을 즐기면서 도시를 황폐화시켰다. 그 이후 훈족이 로마에 위협을 가했으며 이러한 일을 통해 서서히 멸망에 가까워졌다. 476년 로마의 멸망에 대해 역사가들이 말하는 바는 다음의 세 가지다. 첫째, 이 시기의 로마군대가 용병들, 심지어는 자신들이 맞서 싸우는 야만족을 용병으로 사용하면서까지 운영되었다. 둘째, 제국의 시민들은 로마의 멸망을 거의 인식하지 못했다. 서로마의 마지막 황제 로물루스 아우구스툴루스의 아버지는 훈족 아틸라의 비서였다. 따라서 로마의 멸망을 훈족, 즉 야만인의 정부가 로마 정부를 점차적으로 대체해 가던 일련의 과정에서 마지막 단계로 여겼을 뿐이다. 셋째, 비록 서로마와 다른 유산과 성격을 유지했다고는 하지만 동로마가 1,000년 넘게 유지됨으로써 로마제국이 멸망했다는 말은 전적으로 옳은 언급이 아니다.

|그림 3-3| 테오도시우스가 성당에 출입하는 것을 막는 암브로시우스 안톤 반 다이크, 17세기 초반

http://img.blog.yahoo.co.kr/ybi/1/73/26/yydeokk196/folder/272/img_272_12993_7?1268912018.jpg

'로마제국은 왜 멸망했는가?'는 역사에서 가장 자주 제기되는 질문 가운데 하나일 것이다. 그래서 이 주제에 관한 중요한 책들이 많이 쓰였는데 그중에서 단연 돋보이는 것은 에드워드 기번Edward Gibbon, 1737~1794이 쓴 『로마제국 쇠망사』다. 물론 기번의 쇠망사가 다소 극

단적으로 단순화되고 온정주의적인 것으로 여겨지고 있기는 하다. 그럼에도 로마의 멸망, 더욱 정확히는 서로마의 멸망에 대한 그의 언급은 의미 있게 들린다. 그가 말하는 로마 멸망의 원인은 로마가 자신의 문명을 유지하는 데 필요한 내적 에너지가 고갈되었기 때문이라는 것이다. 사람의 생명처럼 문명의 생명도 유한하며, 인간이 그러하듯 문명이 살아남기 위해서는 생기가 필요하다. 문명은 약해지고 늙는다. 사람이 그러한 것처럼 문명도 그러하다. 그리하여 로마는 자신의 늙음과 약함을 유일신 하나님에게 의지하게 되었으며, 그 결과 역설적으로 유럽은 암흑시대로 걸어 들어가게 되었다고 후세의 역사는 평한다.

서로마제국이 쇠망하였어도 한동안 로마의 잘 포장된 길은 사람들로 분주했을 것이다. 수로에는 물이 가득 차 넘쳐흐르기도 했을 것이다. 웅장한 도서관에 꽂힌 책들도 자리를 지켰을 것이다. 그러나 제국의 새 주인에게 이러한 것들은 가치 있는 것들이 아니었다. 그것들은 황폐해져 갈 수밖에 없었다.

신학의 탄생

아우구스티누스는 초대 그리스도 교회가 낳은 위대한 철학자이며 사상가이고, 고대문화 최후의 위인이었다. 아우구스티누스는 헬레니즘에 의해 완성된 철학 이후 두 번째 인류문명의 학문체계라고 할 수 있는 신학Theology을 완성시켰다고 보아야 할 인물이다. 물론 그 비조는 터툴리안Tertullian, 160~220이라고 하겠지만 훗날 스토아 학파의 전통을 발전시키고 중세의 끝 무렵에 토마스 아퀴나스에 의해 스콜라철학에 기반한 『신학대전』으로 집대성되기까지 적어도 고대 신학의 체계는 아우구스티누스에 의해 성립되었다고 할 수 있다. 신학의 성립과 발전 문제는 또 다른 긴 논의를 필요로 하지만 일단 한 가지 확인해야 할 사실은 로마의 콘스탄티누스 대제가 기독교를 국교로 받아들이고 콘스탄티노플로 아예 수도를 옮겨 버림으로써 사실상 4세기에서 르네상스가 시작되는 14세기 이전까지 약 1,000년간, 이른바 중세 서양은 신학의 시대라고 할 수 있다.

신학은 그 이전까지의 철학과 달리 인간보다는 신의 주권을 보다 높은 곳에 두었다. 그러나 철학 이전의 올림포스 신전에 모셔졌던 신의 형상과 신학 이후의 그것은 근본적으로 달라졌다. 사실은 달라졌다기보다는 철학이라는 도구를 활용한 발전이라고 해야 할 것이지만 말이다. 여하튼 기독교 중세 시기에 확립된 신학체계는 근본적으로 인간이 할 수 있는 모든 일을 신의 허락과 계시 아래 위치시켰다.

교회와 수도원의 탄생

그리스 도시국가에서 탄생한 전사훈련학교, 아카데미아, 심포지엄과 같은 교육제도는 로마시대에는 오히려 귀족 가정의 사교육으로 전승되고 발전되었고 교육과 학문은 매우 사적인 영역에서 자유를 구가하였으며 인간의 역량을 고양시켰다. 그렇지만 다시 신의 권위 아래 사로잡힌 인간의 역량은 다시 정형화된 틀 안으로 갇혔다. 그리고 그 틀의 실현체는 학교와 향연이 아닌 교회와 수도원의 절제된 규율로 바뀌었다.

콘스탄티누스 대제의 기독교 인정 그리고 테오도시우스 황제의 기독교 국교화는 그 당시 그들의 정치적 목적에 직접적으로 봉사하지 못하고 결국 로마의 쇠망으로 이어졌다. 그리고 기독교 유일신과의 약속으로 인해 유럽은 인간의 법이 지배하던 세계에서 신의 권위가 지배하는 세계로 옮아 갔다. 그리고 그렇게 암흑의 시대가 시작되었다.

기독교가 콘스탄티누스 대제와 테오도시우스 황제에게 정치적 봉사를 하지는 못하였지만 암흑의 시대 중세는 그들로 인해 겉으로 보기에는 매우 안정적인 사회구조를 구가하였다. 피라미드 꼴의 위계질서. 이것이 기독교에게 권위를 내준 중세가 얻은 선물이었다. 모든 사람은 태어나면 어떤 계층에 속하게 되고 죽을 때까지 그 계층에 머물렀다. 계층과 신분이 개인의 모든 것을 결정했다. 개인의 신분과 사회적 역할 간의 차이는 존재할 수 없었으며, 혹시라도 그런 차이를 꿈꾸는 것은 죄였다. 왜냐하면 개인의 의지 및 노력과 상관없이 부여된 신분으로 평생을 사는 불평등은 신에 의해 보상되었기 때문이다. 현세의 불이익은 내세의 이익으로 균형이 맞추어지기 때문이었다.

이때 교회는 사회적으로 매우 중요한 역할을 감당하였다. 물론 현대에 와서 평가되는 교회는 신분과 계층의 위계구조를 바탕으로 부정적 역할이 더욱 확대되어 보인다. 디트리히 슈바니츠는 『교양: 사람이 알아야 할 모든 것』이라는 책에서 유럽의 역사를 기술하며 중세의 교회를 다음과 같이 묘사했다.

> 여기에서 우리는 교회를 치료제와 은총의 수단들을 관리하는 은행으로 생각해야 한다. 그리스도와 성인들이 막대한 치료비를 은행에 예납했고 사제들은 이것을 투자와 치료비 대부를 위해 이용했다. 사람들은 보수를 지불하거나 부과된 세금을 납부한 다음에 헌납, 순례여행, 기부금 또는 고해성사 간구의 기도 또는 공개적인 고행 따위의 '상징적 자본금'을 지불한 다음에 교회로부터 치료대부를 받았다. 이 대부로 사람들은 자신의 죄를 씻을 수 있었다. …… 대부기관으로서의 교회들의 재정능력은 천차만별이었다. 가장 치유재산이 많은 은행은 순례자의 뼈 한 조각

> 을 확보한 교회였다. 그런 유물은 좋은 선전 재료였는데 이는 은행의 확보재산을 매우 튼실하게 했으며 여느 은총 수단들 이외에도 신유神癒 따위의 합법적인 기저을 판매할 수 있게 만들었다.
>
> ❖ Schwanitz(2001). pp. 119-120.

그에 비해 수도원의 역할은 긍정 쪽에 조금 더 가까워 보인다. 어떤 이는 이렇게 말하기도 한다. 중세의 수도원이 우리에게 주었던 많은 가치 중에 하나는 '시간에 따른 규칙적인 삶'이라고 말이다. 태양이 일하는 것과 맞추어서 먹고 마시고 일하던, 혹은 제 마음대로 일하고 잠을 자던 사람들이 수도원의 전통에 의해 시간에 따라 규칙적으로 삶을 살아가는 방법을 배웠다고 말이다. 중세 초기의 수도원은 이렇게 사람들에게 나누어 줄 게 많은 곳이었다. 수도원은 종교적 영향력, 교육만 만들어 낸 것이 아니라, 숲의 개간, 민간 치료제, 잘 양조된 맥주와 와인 따위의 좋은 생산품을 제공했다. 그리고 또 하나 수도원은 고대의 유산으로 물려받은 필사본의 또 다른 사본을 만들어 냈다. 그 사본들이 살아남아 우리에게 고대를 이야기해 주었다. 그것은 수도원의 여러 역할 중 무엇보다 중요한 것이었다.

움베르토 에코의 『장미의 이름』이 우리에게 보여 준다. 중세 수도원의 아름다움을 말이다. 다음은 『장미의 이름』에 묘사된 문서 사자실이다. 글에서 햇빛과 책, 학문의 향기가 난다.

> 따라서 우선 그 넓이가 엄청났다. 그리 높지 않은 천장은 굵은 기둥이 떠받치고 있었다. 엄청나게 넓은 공간인데도 내부는 눈부실 정도로 밝았다. 각 탑루에 면한 5면 벽에 난 작은 창을 통해 8각형의 중앙 공터로 햇빛이 들어오고 있기 때문이었다.

> 창이 그렇게 많으니 한겨울 오후에도 빛이 고루 들어오는 것은 당연했다. 창유리는 교회의 경우와는 달리 채색유리가 아닌, 납들에 박힌 정방형 유리였다. 그래서 이 창을 통해 들어오는 빛은 인공으로 변조된 빛이 아닌, 순수한 자연광 그대로였다. 따라서 자연광이 수도원 학승들의 독서와 필사를 밝혀 주고 있는 셈이었다. 빛이 연출하는 영적인 원리의 광휘와 아름다움과 학문의 본디 모습은 그 방이 체현하는 조화로운 분위기와 불가분의 관계를 맺고 있는 것 같았다. …… 가장 밝은 곳은 고문서 연구가, 채식 전문가, 주서사, 필사사의 자리로 되어 있었다. 각 서안에는 채식과 필사에 필요한 도구가 빠짐없이 갖추어져 있었다. 뿔로 만든 잉크병, 수도사들이 예리한 칼날로 끊임없이 다듬어다 준 우필, 양피지를 펴는 데 필요한 부석, 줄을 긋는 데 필요한 자에 이르기까지. 필사사들은 필사할 고문서를 이 독경대에다 올려놓은 다음, 적당한 크기로 잘라 낸 유리를 그 위에다 대고 한 면씩 필사해 나갔다.
>
> ❖ Eco(1992). pp. 126-127.

문서 사자실에서 느껴지는 평화로운 빛의 향연은 고트족과 훈족이 도시로 떼를 지어 몰려들어 도서관과 정부문서 보관소를 불태워 제국의 집단지성을 허물어 버린 그날과 대비를 이룬다. 암흑의 시대 속에서 채색필사본과 필경사들은 대개 빛으로 묘사된다.[7] 그만큼 이들이 르네상스의 문을 여는 열쇠의 역할을 했기 때문일 것이다.

---

7. 아일랜드에는 이런 전설이 있다. 6세기 중반, 어느 날 저녁, 성 콜룸바가 손님인 성 피니안에게 필사본을 하나 빌렸다. 그리고 교회 안에서 밤새 그 희귀한 텍스트를 베꼈는데, 콜룸바의 손가락이 촛불처럼 빛나면서 교회 전체를 밝게 비추었다. 분류의 역사, p. 119에서 재인용

제4장

교육의 황금시대

교육의 역사도 폭발의 관점에서 보다 잘 이해될 수 있어 보인다. 즉, 한동안 정말 오랫동안 별 변화 없이 밋밋하게 진행되던 역사가 갑자기 어떤 시점을 전환점으로 하여 폭발적인 변화를 이룬다는 것이다. 인류문명사가 폭발적인 전기를 몇 차례 거쳐 왔고 최근의 디지털 혁명도 그 하나라고 할 수 있다. 교육에 있어서도 최근 역사의 경험으로 비추어 보면 르네상스를 기점으로 시작된 문예부흥의 시기였음은 부인할 수 없는 사실이며, 이를 교육의 황금시대라고 해도 부족함이 없을 것이다.

제4장
교육의 황금시대

최근 물리학의 흐름은 물리학이 분자와 원자 구조에 대해서만 연구할 것이라는 상식을 뛰어넘고 있다. 실제 물리학의 세계는 우주와 생명의 열쇠를 푸는 학문으로 일반인의 이해 범주를 초월한다. 물리학을 통해 사회와 인간을 이해하고자 한 시도는 개개의 인간을 물리학의 원자로 이해하기도 한다Buchanan, 2010. 물리학자이자 복잡계 연구자인 바라바시Barabási는 자신의 책 『링크Links』와 『폭발Bursts』을 통해 시공을 초월하는 물리학의 세계를 보여 주었다. 『링크』와 『폭발』에서 나타나는 공통점은 우주의 질서가 정상분포곡선을 그리는 것이 아니라 멱함수곡선상의 극단적인 편포를 그린다는 것이다. 공간적으로는 소수의 허브를 중심으로 집중적인 네트워크 집중화가 이루어지고, 시간적으로는 일정 시점을 중심으로 집중적으로 사건이 폭발한다는 것이다.

교육의 역사도 이러한 폭발의 관점에서 보다 잘 이해될 수 있어 보인다. 즉, 한동안 별 변화 없이 밋밋하게 진행되던 교육의 역사가 갑자기 어떤 시점을 전환점으로 하여 폭발적인 변화를 이룬다는 것이다. 인류문명사가 폭발적인 전기를 몇 차례 거쳐 왔고 최근의 디지털

혁명이 그런 것처럼 교육도 르네상스를 기점으로 시작된 문예부흥이 바로 그 시기였다. 이를 교육의 황금시대라고 해도 부족함이 없을 것이다.

르네상스, 자유와 이성의 회복

르네상스 시대의 사람들은 어떻게 살았을까? 메디치가 귀족들의 삶에서 그리고 서구 귀족들의 무도회에서 그려지는 화려함이 르네상스적 삶의 상징임은 분명하다. 화려하게 살았다고 생각해 보자. 그렇다고 해서 현대의 팍스 아메리카나에서 보이는 풍요와 소비의 사회와 비교할 필요는 없다. 기원전 6000년경부터 산업시대가 도래한 1700년대까지 8,000년 동안 거의 변하지 않던 전 세계의 1인당 GDP는 산업시대인 1950년까지 350년 동안에 180달러 수준이었던 GDP가 1,622달러로 크게 증가했다Oliver, 2000. 1인당 연간 GDP가 아직은 100달러 수준밖에 되지 않던 당시 경제 수준이 1,600달러로 몇 백 년 동안 급성장하는 시기에 살았던 사람들은 분명 그 이전에 비해 화려함과 사치스러움을 누렸을 것이다. 그들은 인도의 향신료와 중국의 차와 도자기를 사들이고 아프리카에서 금과 다이아몬드를 캐 왔다Welch, 2010.

그런데 우리가 주목해야 할 점은 르네상스인들이 그럴 수 있었던 비결이 무엇일까라는 점이다. 갑자기 왜 그렇게 된 것일까? 르네상스가 문예를 부흥한다고 했을 때 그 문예란 무엇이며, 문예를 부흥하고 나니 왜 갑자기 서구 유럽인들은 오늘날 현대문명의 헤게모니를 거머쥐게 되었냐는 점이다. 답은 르네상스의 끝에 근대산업사회가 있었고 근대산업사회가 될 수 있었던 비밀은 근대적 지식으로 일컬어지는 과학의 발견이라 할 수 있을 것이다. 지식, 과학의 발견은 어디에서 시작된 것일까?

르네상스 시대의 교육

르네상스 시대는 인간의 잠재력이 폭발적으로 증가하며 문화적 발전을 이룬 시기로서 휴머니즘을 그 바탕에 두고 있다. 르네상스 시대의 휴머니즘은 인간성의 재발견이라고 할 수 있다. 르네상스 시대의 인문주의자들은 그들을 중세와 구분 짓고 그들이 고대의 수준 높은 문명을 재발견하여 새로운 문명의 빛을 찾아내고자 노력하였다. 휴머니스트라는 말은 문법, 수사학, 시, 역사학, 도덕철학을 가르치는 교사를 지칭하는 학생들의 은어였으며, 휴머니즘이라는 말도 라틴어 문법학교의 휴머니스트들과 교양과목을 담당하는 대학교수들이 가르치는 과목을 의미하였다Nauert, 2003.

고전을 찾아내고 이를 재발견하여 인류의 지성을 드라마틱하게 발전시킨 이 시대에 대한 평가를 여기에서 다시하기에는 무리가 있다. 다만, 이 시대의 인문주의가 어떻게 시작되었으며 이것이 교육을 통해 인간 지성을 어떻게 발전시켜 나갔는지에 대한 탐구가 필요할 것이다.

고전을 중시하고 이를 전파하여 르네상스를 이끈 힘은 휴머니스트라고 불린 교육자들이었다. 이들이 중요시 여기던 희귀한 고전의 필사본들은 그 당시 발견되기도 했지만, 이미 존재하고 있던 것도 있었다. 이들이 인문교육을 하기 위해 고전을 재발견해 낸 원동력은 사람들의 사고방식과 가치관의 변화였다. 중세를 지나오면서 도덕교육이나 덕성교육은 주입식으로 이루어져 실제 사람들의 생활 문제와 유리되어 있었다. 한편 직업교육은 도제식 교육으로 인문적 소양을 쌓기보다는 생계를 위해 직접 사용할 수 있는 쓸모 있는 기술을 가르치는 것을 의미하였다. 이러한 직업교육보다는 인간이 다른 사람과 소통하고 사회적 · 도덕적 의무를 다할 수 있도록 하는 인간적 가치에 대한 교육이 필요하다는 생각이 싹트기 시작했다Burckhardt, 2010. 이러한 필요는 일부 상류층에서 시작되었으나 시민으로서 정치적 결정에 참여하는 것이 당연시 여겨지는 사회에서 '실제적' 학문으로 재정의되어 갔다.

르네상스 시대의 '실제적' 학문

르네상스 시대의 실제적 학문이 된 인문학적 소양교육은 교육내용에 있어 혁명적인 변화를 가져왔다. 스콜라 철학의 영향으로 지나치게 전문적이고 편협하게 이루어져 왔던 지식의 내용이 광범위해졌다. 이를 통하여 그전과는 다른 새로운 형태의 지식인, 르네상스적 만능인을 길러 내고자 하였다. 고전의 중요성을 깨달아 르네상스 시대를 열게 된 곳은 피렌체 공화국으로 이들은 공화국의 통치이념을 로마의 그것에서 찾고 이를 재해석하고자 하였다. 주목할 만한 것은 한 사회에 속한 개인이 나라의 일에 관여하는 시민적 의무가 당연하며 중요하다는 도덕철학을 통하여 공화국으로서의 통치체제를 군건히 하고자 하였던 것이다.

휴머니즘의 발원지였던 피렌체에서 인문주의 교육은 군주제가 아닌 공화정에 적합한 인재를 키워 낼 수 있다고 생각되었다Nauert, 2003. 그러나 인문주의자들로 인한 이와 같은 교육적 · 학문적 조류 변화는 공화제가 아닌 군주제를 표방하던 그 밖의 유럽에도 자연스럽게 확장되었다. 인문주의 교육을 받은 사람들이 정치에 적합하다고 받아들여졌다. 인문주의 교육은 군주제나 공화제와 같은 정치체제와 상관없이 정치에 참여하는 정치지도자를 교육하기 위해 고안된 것이었기 때문이었다.

이처럼 다양한 정치참여자 또는 지도자를 키워 내는 것을 목표로 하였기 때문에 인문주의 교육은 르네상스 시대에 필요한 실제적 학문으로 자리 잡을 수 있었다. 어떠한 정치체제이든 간에 그 체제에 충실히 봉사할 수 있는 도덕철학을 지닌 인간을 육성하고자 했던 인문주의자들은 그들의 이상이 실현되었다고 믿었던 고대 로마시대에 주목하였다. 그들은 스스로 정치에 참여하였으며 이러한 뜻을 글로 남긴 키케로, 카이사르 등의 저작에 관심을 갖게 되었고 이를 적극적으로 교육과정에 도입하였다. 또한 이러한 학문적 필요는 이전의 교육내용을 대신할 새로운 텍스트, 고전의 발견으로 이어졌다.

지식의 탄생과 재탄생

98.6%의 유전자를 공유하고도 인류가 동물로부터, 침팬지로부터 분리되어 다른 길을 가게 된 기원은 '불'과 '언어'의 발견이라고 여겨진다. 인간이 직립보행을 시작하면서 목이 길어지고 후두의 해부학적 구조가 변화됨으로써 보다 다양한 소리를 낼 수 있게 되었다. 이러한 다양한 음성을 낼 수 있는 능력은 인간이 언어 사용을 통하여 고도로 발달된 인지능력을 갖도록 이끌었다Gazzaniga, 2009. 언어는 후에 알타미라 동굴의 벽화로 발전했고 수메르의 쐐기문자와 이집트의 상형문자로 발전했다.

사람들은 언어와 문자를 도구로 하여 자신들이 발견한 불과 기술을 전파하였다. 새로운 소식을 전해 들은 사람들은 그 소식을 전해 준 사람들을 따르게 되고 함께 부족을 이루게 되었다. 이 새로운 소식은 후에 지식이라 불리게 되었다. 그 최초의 위대한 지식은 '인간Human'의 발견이었다.

헬레나와 파리스의 무분별한 애정행각으로 벌어진 트로이전쟁을 통하여 인간은 신으로부터 독립하여 비로소 인간에 눈뜨게 된다Romilly, 2010. 인간과 신의 분리는 신학이라는 학문을 통하여 인간과 신이 일대일 관계를 맺으며 살 수 있게 만들었다. 비록 인간은 여전히 신 앞에서는 약자였지만 신들에게 인간은 매력적인 존재이자 신의 부러움을 받는 존재가 되었다. 드디어 인간들은 신으로부터 지식을 얻어서 생존을 영위하고 종족을 번성시켜 바다의 모래알과 하늘의 별만큼 큰 민족을 이루었다.

인간이 신과 분리되고서도 생존할 수 있었던 이유는 생존을 위한 지식, 이 모든 비밀을 신으로부터 얻어 낼 수 있었기 때문이었다. 인간이 생존하기 위해 꼭 필요한 생존을 위한 비밀은 본래 신들이 가지고 있던 것이었지만, 인간과 신이 분리되기 시작하면서 인간은 더 이상 편하게 앉아 프로메테우스의 선물을 받을 수는 없게 되었다. 지식의 관점에서 보면 생존을 위한 비밀을 깨우쳐 가는 것, 그것이 지식의 탄생사였다.

신으로부터 분리된 지식은 소크라테스를 통해 더 이상 그 지식이 델포이 신전의 신탁만으로 얻어지는 것이 아니라 노예 소년의 이데아를 회상해 냄으로써 가르치고 배울 수 있다는 것을 깨닫는 것으로 나타났다. 피타고라스를 통해서 자연세계에 수number의 형태로 법칙화되어 있음이 드러나기도 했다. 지식은 이후 스스로 발전해 가기 시작했으며 드디어 로마의 법으로까지 발전해 갔다.

다양한 종족과 그 종족이 가진 문화를 받아들이며 하나로 크게 성장한 로마제국이 멸망하면서 바벨탑은 다시 허물어졌고 지식은 수도원에 갇혔다. 수도원에 갇힌 지식이 다시 인간에게 돌아오기까지 천

년이라는 긴 세월이 흘렀고, 지식은 다시 탄생되었다. 그러나 천 년을 지나 인간에게 돌아온 것은 철학도 신학도 아닌 과학이었다.

과학의 탄생

데카르트R. Descartes는 마침내 의심을 풀었다. 이성의 시대를 열어준 한마디는 'Cogito Ergo Sum!'이었다. 나는 생각한다. 고로 나는 존재한다. 나는 누구이며 내가 존재한다는 사실, 내가 나라는 사실은 어떻게 알 것인가? 그리스의 철학자들이 물었던 질문에 대한 답을 찾기까지 인간은 2,000여 년을 기다려야 했다. 그리고 이 문제의 답은 '생각한다'로 귀결되었다Descartes, 2002. 이 답을 얻기 전까지 인간은 신이 생명을 준 인형 같은 존재에 불과했다. 신의 뜻에 따라 수동적으로 삶을 영위하고 신을 찬양하는 도구에 불과했던 인간이 다시 제 목소리를 내기 시작한다.

'생각한다'는 것은 인간이 스스로의 생각을 가지고 행동한다는 것이다. 내가 존재하는 것은 신이 내게 숨결을 불어넣어 생명을 주었기 때문이 아니라, '나'라는 존재가 살아서 움직이고 있기 때문이다. '나'의 존재는 신에 의한 것이 아니라 내가 살아서 움직이고 있다는 그 사실 자체일 뿐이며, 그것을 깨닫는 행동, 움직임이 존재한다는 데에서 증명될 뿐이다. 인간은 살면서 생각하고, 생각하

|그림 4-1| 르네 데카르트1596~1650

http://user.chollian.net/~lyms85/%BC%F6%C7%D0%C0%DA/image/Descartes.jpg

면서 살아간다. 생각할 수 있다는 것은 '나'가 인간이라는 반증이며 '나'를 인간답게 만들어 주는 생각하는 힘, 즉 이성이 제대로 행동해 가고 있다는 증거가 된다. 데카르트가 발견해 낸 이성주의와 합리주의는 영국의 흄에 의해 경험주의로 다시 확립된다. 내가 오감으로 경험할 수 있음으로 인하여 내가 존재하며 내가 존재하는 것을 안다는 것이다. 그러므로 이제 경험이 모든 것을 결정한다. 관념보다는 실재가 중요하며 형식보다는 내용이 중요하다. 신의 뜻으로만 여겨지던 현상에 대한 인간적이고도 합리적인 생각, 과학이 탄생하였다.

아리스토텔레스적 질서를 넘어서

'나'로 대변되는 인간에 대한 탐구는 수천 년 전부터 지속되어 온 인류의 수수께끼다. 고대 그리스 시대부터 출발했던 '나는 누구인가'에 대한 계속적인 물음은 인류문명의 발달을 있게 한 근원적인 질문이기도 하다. 이 질문에 대한 대답을 찾기 위해 인류는 철학, 신학, 과학을 발전시켜 나갔다. 이러한 노력이 쌓여 인류의 역사가 되고 문명이 되었다.

고대 그리스 시대의 사람들은 이 질문에 대한 답을 철학적 사유를 통해 찾아내고자 하였다. 그들이 관심을 가진 것은 자연 속의 일부분이 된 인간이었다. 그들은 완벽한 자연을 설명하는 것이 이 자연의 일부분인 인간에 대한 설명도 된다고 생각하였을 것이다. 탈레스Thales는 만물이 물로 이루어져 있다고 하였고, 피타고라스Pythagoras는 자연이 수로 이루어져 있다고 설명하였다. 엠페도클로스Empedocles는 만물이 물, 공기, 불, 흙의 4가지 원소로 이루어져 있다고 하였는데, 이는 아리스토텔레스와 플라톤에게 영향을 미치게 된다.

아리스토텔레스는 만물은 질료와 형상으로 이루어져 있으며 개개 만물의 목적이 그 질료와 형상에 힘을 미쳐 이루어진다고 하였다. 질료와 형상이 만물의 근원을 밝히며 모든 만물은 목적 없이 이루어진 것은 없다고 생각하였다. 여기서 목적은 자연의 질서이며 신의 뜻이기도 했다. 이러한 아리스토텔레스의 철학은 토마스 아퀴나스T. Aquinas를 거쳐 중세철학에 큰 영향을 미치게 된다.

중세시대에 인간을 이해하는 틀은 신학이다. 자연은 신의 뜻이 표현되는 장이고 인간은 신의 뜻을 실현하는 도구가 된다. 중세시대는 잘 알려져 있듯 신 중심 시대다. 이 시기에 인간 존재에 대한 근원적 탐구는 의미가 없었을지도 모른다. 인간은 그저 신의 뜻을 받아 열심히 살아가는 존재에 불과했기 때문이다. 인간은 신의 목적을 가지고 살아가는 존재였으며 자연의 신비는 신의 섭리를 이해하고, 신에게 다가가기 위해 풀어야 할 수수께끼였다.

르네상스 시대를 지나며 인간은 신의 그늘에서 조금씩 벗어나 인간을 탐구하기 시작한다. 르네상스 초기 과학은 신학에 종속되어 신의 뜻을 알고, 신에게 가까이 가려고 하였던 도구에 불과했다. 그러나 역설적이게도 신의 뜻을 이해하기 위해 자연을 탐구했던 과학은 16~17세기를 지나며 폭발적으로 발달하기 시작했다.

과학혁명의 시기라고 일컬어지는 17세기에 영국의 경험주의자 베이컨Bacon은 아리스토텔레스적 질서를 비판했다. 비록 베이컨 자신이 아리스토텔레스적 질서에서 완전히 벗어나지는 못했더라도, 그는 경험을 자연을 본질적으로 이해하는 토대로 삼고, 더 나아가 인간에게 도움을 줄 수 있는 지식을 찾아내야 한다고 주장하였다. 근대로 나아가기 위한 인류의 과학적 도약이 시작된 것이다.

대학의 탄생

어느 날부터인가 그리스와 로마의 자유시민과 귀족과 교부들에게 철학과 신학은 더 이상 빵과 안녕을 보장해 주지 못하게 되었다. 좀 더 멀리 항해하여 좀 더 많은 금과 향료를 가져오기 위해서는 항해술이 필요했으며, 날로 불어나는 재산을 교회와 국가로부터 지키기 위해서는 로마법이 다시 필요했다. 귀족과 교부들에게는 과학과 법학이 더 필요했다. 기술자와 법관이 세속화된 직업으로 등장했고 이러한 직업기술은 수도원과 교회에서는 배울 수가 없었다. 유능한 기술자와 법관들은 이제 자신의 지식을 전수해 주는 새로운 직업인이 되었으며, 그들은 볼로냐에서 처음 대학을 열었다.

르네상스가 시작된 북이탈리아 지역 볼로냐에 처음으로 근대대학이 발원하는 데는 그들이 오늘날 우리가 생각하는 것처럼 학문을 사랑하고 지식을 탐구하는 데 남다른 열정을 가졌기 때문만은 아니다. 생명체의 모든 움직임이 그러하듯 그 역시 생존과 번영을 위한 치열한 다툼의 결과였다이석우, 1998.

인류의 문호 셰익스피어는 그의 희극 『베니스의 상인』에서 이러한 모습을 잘 그려 냈다. 베니스는 셰익스피어의 고향땅 영국이 아니라 먼 북이탈리아였으며, 주인공 또한 귀족들의 얘기가 아닌 상인과 법률가의 이야기다. 인류의 경제적 번영사를 장식하는 무역 상인이 등장하고 상인들 간의 다툼을 가름 짓는 직업 법률가의 탄생을 알리는 작품이었다. 이제 법률가는 하버드 법학대학원에서 양성되고 상인은 하버드 경영대학원에서 양성된다. 그러나 하버드 대학의 원조 격인 볼로냐 대학의 탄생은 교황과 황제 간의 틈바구니에서 치열한 싸움을 거쳐 얻어진 비싼 것이었다.

중세 말의 권력투쟁: 교황과 황제와 국왕

중세가 끝을 보이기 시작하는 11세기부터 교황과 황제는 첨예한 갈등을 하게 된다. 교황은 10세기 초부터 일기 시작한 클리니 수도원의 개혁운동을 교황의 주도하에 전체 교회개혁운동으로 확장시켰다. 11세기 중엽에 이르러서는 마침내 교황을 정점으로 하는 중앙집권적인 교회조직을 갖추게 되었으며, 그 결과 교황의 실질적인 지위가 향상되었다. 교황은 성서이임권을 획득함으로써 추기경단을 창설하고 여기에서 교황을 선출케 함으로써 세속 황제의 개입으로부터 해방되었다. 클리니 수도원의 중앙집권화, 노르만 왕국에서 교황의 종주권 수립, 그리고 토스카니 여백작의 광대한 토지 기증 등을 통하여 교회는 넓은 토지 소유자로 재원을 확보하였다이경구, 2000.

교회의 세속적인 정치 개입은 성직정치의 원리를 기반으로 하고 있다. 이 원리에 의하면 어떤 공동체 안에서는 각 사람마다 직책이 있다고 믿고, 각자가 자신의 직책을 잘 수행할 때 공동체 전반의 활동이 원활하다. 만약 군주나 주교가 서로 상대방의 기능을 간섭하거나 방해한다면 질서는 무너지고 혼란이 야기될 것이라는 것이다. 이 이념에서 교황은 성 베드로의 후계자로 신도 집단, 즉 교회를 이끌어야 할 의무를 가지고 있다. 즉, 교황의 기능은 자신에게 맡겨진 공동체를 통치하는 진정한 수장이라고 할 수 있다. 교황과 일반 평신도와의 관계는 영혼과 육체에 의해 비유된다. 영혼이 육체를 지배하는 것과 같이, 성직자가 평신도를 지배한다고 설명하고 있다. 이러한 논리를 더욱 확장하여, 이노센트 4세는 신이 모든 만물의 창조자라는 논리에 입각해서, 기독교 공동체뿐만 아니라 모든 인간 피조물이 신의 대리자인 교황의 신민이라고 주장하였다Tieraney, 1987.

이와 같은 주장을 근거로 교황은 자신이 황제보다 더 우위에 있다고 주장하였다. 사실 많은 교황이 교황은 교권을, 황제는 속권을 독립적으로 가지고 있다고 생각하였다. 즉, 영적인 문제에 있어서는 교황이 최고의 권위를 가지지만, 세속적 권한은 황제가 가진다고 주장하였다이경구, 2000. 그러나 그레고리우스 7세에 와서는 영적 권한이 모두 교황에게 있다고 주장하였다. 그의 논리에 의하면 교황은 신도 집단을 통솔하고 담당하여 계도해야 할 책임을 가지고 있기 때문에, 교황이 비단 정신사뿐만 아니라 세속사라는 매우 힘든 부담을 지고 있는 것이다. 군주는 교황의 신민에 포함되며, 교황이 기독교 공동체를 바르게 이끌어 갈 도구로서 교황의 명령에 복종해야 한다는 것이다.

교황이 황제보다 우위에 있다는 주장은, 최고의 지도자로서 교황이 관리임명, 조약과 협정의 체결, 그리고 영지의 관할 등을 포함한 세속의 모든 권리는 물론이고, 교회의 보호자인 황제직에 문제가 생기거나 논란이 발생할 때 교황이 이를 심판할 권리까지 그대로 가지고 있다는 것이다. 교황은 중세의 사회현상인 봉건제도 원리를 그대로 도입하여 자신을 정점으로 하고 대주교, 주교, 수도원장, 교구사제로 이어지는 확고한 계서階序 제도를 수립하고자 하였다. 결국 교회는 10세기 교회개혁을 거치면서 11세기에는 제국의 황제에게 정면으로 도전할 수 있을 만큼 권한이 상승하였다. 결국 교황은 황제에게 정면으로 도전하여 성직서임권을 획득하였고, 카노사의 굴욕으로 알려져 있는, 잘리에르가의 황제인 하인리히 4세를 파면시켰다. 이로 인해 이전까지 우호관계였던 황제와 교황 사이는 심대한 변화가 일어났다.

11세기 후반에 발생한 성직서임권 투쟁을 계기로 교황권은 강화된 한편, 황제권은 상대적으로 약화되었다. 12세기 초에 이르러서 독일의 왕들은 국내의 대제후 세력들과 로마교회의 이해관계에 따라 운명이 좌우될 만큼 그 약체성을 면치 못하였다. 그러나 12세기 중엽 왕위에 오른 프리드리히 바르바롯사재위 1152~1190가 국내 질서를 수립한 후, 이탈리아로 독일인의 세력을 팽칭하려 하는 적극적인 이탈리아 정책을 추진하였다.

프리드리히 황제는 자신을 로마 황제를 정통으로 계승하는 황제로 자처하고, 그가 다스리는 제국이 곧 고대 로마제국의 연속이라고 생각했다. 그렇기 때문에 그는 로마시와 세계를 지배할 권한을 가지고 있다고 생각하였다.

프리드리히는 황제권을 직접 신으로부터 받았으며, 자신은 지상에서 신의 대리자이기 때문에 제국의 신민은 황제가 어떤 사법권을 행사하든지 무조건 복종해야 하며, 황제의 뜻에 반대하는 것은 신의 뜻을 거역하는 반역행위이므로 처벌받아야 한다는 신정적神政的인 제국 이념을 가지고 있었다. 그는 신의 의지에 따라서 신의 대리자로서 제국을 통치하기 때문에 그의 권위를 무시하고 반란을 일으켜 제국의 명예를 훼손하는 행위는 바로 신의 권위에 도전하는 것이라고 말하였다. 그의 의지는 곧 신의 의지이며 그의 법률은 곧 신의 법률이기 때문에 제국의 신민은 황제가 발하는 것은 무엇이든지 그것이 서한이든, 강령이든, 칙령이든 정당한 것으로 받아들여야 하며, 황제의 명령에 전혀 거부할 권한이 없었다이경구, 2000.

프리드리히 황제가 이전의 황제들처럼 강력한 제국을 부활시키려는 움직임에 따라 교황과 황제 간의 심각한 갈등이 발생했다. 11세기 중엽, 독일의 프리드리히 황제는 로마를 중심으로 세계 제국을 건설하려고 했다. 이러한 그의 정책으로 인해, 다른 국왕에 비해 황제로서 많은 특권을 누렸다. 그러나 독일은 제국으로서 모든 나라를 포괄하여야 했기 때문에, 독일 특유의 제도나 국가를 만드는 것은 교회로부터 강력한 반발을 얻을 수 있었다. 그로 인해 독일은 민족국가로 발전하는 데 차질을 빚었다. 이에 반해 주변의 영국이나 프랑스 같은 군주국들은 착실히 민족국가의 건설을 향하여 나아가고 있었다.

중세의 봉건제도하에서 프랑스는 중앙집권 조직으로 발전하는 데 어려움을 겪고 있었다. 프랑스의 왕권은 매우 미약했는데, 이러한 연약했던 왕권을 강화하기 위해 왕권을 신성화시키기 시작했다. 카페 왕조의 2대 왕인 로베르재위 988~1031 대관식에서 하늘로부터 정해진 신성한 기름을 왕에게 부어 특별한 신력을 부여했으며 그를 초월적인 존재로 만들었다. 또한 프랑스에서 중심적인 중앙집권적 통치조직을 만드는 결정적인 계기는 12세기 루이 6세재위 1108~1137와 통찰력이 있던 생 드니 수도원의 원장 쉬제재임 1122~1152에 의해서 일어났다. 쉬제는 프랑스 왕과 수도원에 유해가 보존되어 있는 성 디오시니우스 사이의 연관관계를 선전했고, 프랑스 군주제의 상징으로 적색군기를 제작하였다. 이 쉬제의 책략으로 인해 왕가의 힘이 불어났다. 이후 왕의 손자 필립 2세재위 1180~1223는 '대법관들'을 왕의 관리로 왕국 각 지역에 임명했다. 이들은 통일적인 법 조직을 형성했으나 재판관인 왕의 대리자 역할을 했을 뿐이다. 외교적 수완을 발휘하여 왕의 재판관과 왕권에 명성을 부여했고, 필립 2세는 1214년 영국과의 부빈 전투에서 승리하는 쾌거를 이루기도 하였다Seibt, 2000.

한편 영국에서는 정복왕 윌리엄이 자신의 정권 장악 이후 20년이 지난 1086년 『둠스데이 북』이라는 당시 유럽에서는 유일한 토지 대장을 작성하게 하여, 모든 통치조직의 근본으로 삼았다. 이는 그의 아들 헨리 1세재위 1100~1135와 헨리 2세재위 1154~1189에 의해서 지속되어, 그 결과 이때 영국의 국가 조직이 창출된 것으로 평가된다. 지방 행정은 앵글로색슨인들의 수중에 있었으나, 봉건제도는 아래에서 위까지 철저하게 조직되었고, 순회재판관들은 어디에서나 왕에 의한 재판권 행사가 가능하게 했으며, 궁정 재무 담당부서에 의한 법 관리는 익히 알려진 바대로 로마법의 영향을 받지 않고, 현재까지 존속되고 있는 영국의 관습법을 제정하게 했다. 이는 13세기 헨리 드 브랙턴에 의해서 체계적으로 정리되어 성문화되었다. 또한 국가 복지는 귀족들의 특별한 과제가 되었으며, 왕은 각 주의 귀족들에게 명예직으로서 특별 임무를 부여했다Seibt, 2000.

이런 영국과 프랑스를 비롯한 유럽 각국에서는 자민족에 대한 자각과 더불어 외부의 간섭을 받지 않는 가운데 스스로 독립적인 국가를 건설하려는 움직임이 활발하게 일어나고 있었다. 이런 군주국가들의 성장에 프리드리히 2세는 교황을 견제하기 위해서 군주들을 자신의 편으로 만들어야겠다는 생각을 가졌다. 1236년 이후 프리드리히는 교황과의 투쟁이 절정에 이르렀을 때, 이웃 지역의 여러 나라에 극진한 호의를 가지고 대하였고, 군주들의 신성한 지위를 인정하였다. 실제로 이웃 국가들은 프리드리히가 신성한 지위를 인정하지 않을 수밖에 없을 정도로 큰 힘을 지니고 있었다.

이탈리아에서는 로마 제국의 사회적 · 정치적 제도가 비록 여러 면에서 수정되기는 했으나, 결코 완전히 사라진 것은 아니다. 거듭되는 침략에도 불구하고 종전의 도시들은 자율적 통치기구로서의 권리와 특권을 대부분 그대로 간직하고 있었으며, 로마의 시민은 여전히 로마법의 적용 범위 안에 있었다. 이러한 사태에서 나타나는 필연적인 결과로서, 북부 이탈리아의 북쪽 지방에서 북부 유럽의 통치계급인 성직자나 프랑크족 중의 어디에도 속하지 않는 일반시민으로서, 높은 문화를 향유하면서 학문 연구에 생기를 불어넣는 사람이 상당히 많아졌다. 시간이 경과함에 따라, 도시의 지위는 꾸준히 향상되었다. 샤를 대제 통치하의 게르만 제국은 종전의 정복자로부터 도시를 해방시키는 결과를 가져왔고 그 후 게르만 제국이 약화되면서 도시는 점점 더 독립을 확보하여 갔다. 그러다가 마침내 제국과 교회 사이의 알력을 외교적으로 이용하여 11세기경, 도시들은 제국과 교회, 양자로부터 완전히 벗어나서 자치 국가로서의 지위를 확보하였다Boyd, 2008.

도시와 대학의 발흥

교황과 황제 간의 권력투쟁이 끝나 갈 무렵 중세가 끝이 나고 르네상스와 중상주의의 등장으로 군주국가의 국왕들이 힘을 얻어 갔다. 한편 중상주의를 통해 새롭게 탄생한 시민들이 도시의 싹을 키워 가기 시작했으며 국왕은 이러한 도시를 기반으로 중세 권력인 교황과 황제에 대항하기 시작했다. 그 싸움은 이탈리아 지배권을 가지고 격화되었다. 즉, 교황은 자신이 로마 황제와 카를 황제의 정통성을 이어받은 황제라고 주장함과 동시에, 로마와 이탈리아의 지배권이 자신에게 있음을 주장하였다. 교황과 황제의 무력 충돌은 이탈리아 북부 지방에서 빈번히 일어났는데, 이런 충돌 가운데 황제의 이탈리아 침략을 반대하는 도시 자치 모임인 코뮌이 등장하게 되었다. 황제가 이탈리아에 온 신경을 쏟고 있는 동안 영국 · 프랑스 등의 국왕은 자국 내의 세력을 통합하면서 민족국가로 성장하는 발판을 마련하였다. 거듭된 십자군 전쟁의 실패로 쇠락한 교황은 커져 가는 왕권에 밀려나 로마에도 들어가지 못하는 신세가 되었다. 유럽 전역은 도시와 국가와 교황과 황제가 뒤엉킨 혼란기에 들어갔으며 이러한 격변의 틈바구니에서 대학이 탄생한다.

격변의 시기에 탄생한 대학은 그 성장과정에 있어서 다양한 정치세력들의 영향력에 많이 시달렸다. 이들 정치세력은 한편으로는 대학의 학생과 교사들에게 특권을 부여하면서 다른 한편으로는 자신의 이권을 위해서 대학을 이용하였다. 황제와 교황, 그리고 도시의 영향력 아래에 있던 볼로냐 대학의 경우 로마법에 대한 연구가 활발했다. 보편적인 통치권에 대한 정당성의 근거가 로마법에 있었으므로, 로마법의 연구가 활발한 볼로냐 대학을 자신의 편으로 만드는 것은 세속의 황제에게 매우 필요했다. 시 당국은 볼로냐 대학의 학자들이 외부로 유출되는 것을 우려했다. 이를 막기 위해 그 당시, 지역을 자유롭게 이동하며 공부했던 선생들과 학생들의 도시 탈출을 막았다Boyd, 2008. 도시와 대학을 중재한 교황은 대학의 편을 들어주는 것 같았지만, 대학의 교사 임명권이 자신에게 있음을 선포함으로써 대학을 자신의 영향력 안에 두려고 했다.

파리 대학과 옥스퍼드 대학의 경우에는 국왕과 교황의 영향력이 충돌하였다. 그 당시 국왕의 세력은 교황을 대적할 만큼 강하지 못하였기 때문에 대학 내에서 국왕과 교황의 직접적인 충돌은 없었다. 그러나 국왕은 나라의 부강을 위해서 교육이 필요함을 인지하고 교육에 대한 지원을 하였다. 교황은 대학의 제도 수립 및 교육내용에 대해서 깊게 관여하여 영국과 프랑스 내에 신학적인 영향력을 유지하려고 하였다.

중세 대학의 탄생

중세 유럽의 대학은 복잡한 역사적 기원을 갖는다. 도시마다 많은 대학이 존재하고 있었고 이후 근대를 거쳐 가면서 오늘날 대학이 갖는 다양한 성격을 갖추었다. 그중에서 가장 대표적인 대학 세 곳의 역사를 잠깐 살펴보자.

볼로냐 대학

세계에서 가장 오래된 대학인 이 대학은 1088년에 설립되었다. 신성로마의 프리드리히 황제는 볼로냐 대학의 청을 들어 1115년 대학들에 특전을 선언하였다. 이 특전에는 학생들의 이동의 자유를 허용하고 학생들의 신변을 보호하며 재판관 선택의 자유를 학생들에게 허용한다는 내용이 포함되어 있다.

프리드리히 황제가 교육에 관심을 가진 이유는 우선, 전 황제인 카를 대제[1]의 전례를 따랐기 때문일 것이다. 프리드리히 황제는 자신이 카를 대제의 계승자임을 주장하고, 카를 대제의 영광을 재현하려고 하였다. 황제권을 계승하지 않은 프리드리히 황제는 변방의 이민족 지도자에 불과했다. 그러나 카를 대제를 매개로 로마 황제의 후계자로 인정됨으로써 그는 서유럽에 보편적인 통치권을 행사할 수 있는 정당성을 가질 수 있었다. 뿐만 아니라, 카를 대제가 다스렸던 프랑크 제국은 이탈리아, 고올, 롬바르트로 분열되었는데, 프리드리히가 카를 대제의 후계자로 인정될 경우, 로마와 이탈리아를 지배할 수 있는 현실적인 근거를 마련해 주었다.

율리우스 카이사르 등 고대 로마의 많은 통치자는 학교에 대해 아낌없는 지원을 하였다시오노 나나미, 2002. 로마 제국 멸망 이후, 로마의 후

---

1. 카를 대제Carolus Magus는 오늘날의 독일과 이탈리아 북부, 그리고 프랑스 영역을 통일하여 프랑크 왕국을 건설하고 서로마 제국의 황제위를 차지하여 이후 동로마 제국과의 결별을 통해 오늘날 서유럽사를 쓰게 한 군주다. 독일에서는 카를 대제Carolus Magus, 프랑스에서는 샤를마뉴Charlemagne, 영국에서는 찰스 대제Charles the Great로 불린다.

계자들이 된 많은 왕들은 로마 황제의 본을 따랐다. 카를 대제도 역시 교육에 대한 지원을 아낌없이 하였는데, 그는 학문에 대한 모든 왕가 후견인 중에 가장 누드러진 인물이었다이석우, 1998. 그는 국가가 번성하기 위해서는 교육이 필요하다는 것을 인지하고 있었다. 그는 수도원의 교육에 크게 관심을 가졌을 뿐만 아니라 일반 국민의 교육에까지 주의를 기울였다. 카를 대제의 후계자임을 자청했던 프리드리히 황제의 대학에 대한 지원은 이런 로마의 황제들과 카를 대제의 전행을 따랐기 때문일 가능성이 높다.

프리드리히 황제의 대학 지원 두 번째 이유는 정치적인 의도 때문이었다고 한다. 프리드리히 황제는 신에 의해 로마 제국을 계승하였다고 자처하였다. 교황이 교회법을 근거로 황제를 자신의 권위 아래 두려고 한 것에 대항해, 그는 로마 제국의 정신을 반영하고 있는 유스티니아누스 법전[2]의 효력을 되살림으로써 황제의 권위를 회복하려고 하였다. 실제로 볼로냐 대학에서는 교회법과 로마법에 대한 연구가 매우 활발하게 일어났고 이런 볼로냐 대학의 학문적인 전통은 프리드리히 황제에게 큰 매력이었을 것이다. 볼로냐 법학자들의 청을 들어 대학에 특전을 선언하게 된 것 자체가 볼로냐 법학도들의 지원을 받아 교황세력을 저지하고자 하는 의도가 내재해 있었다이석우, 1998는 해석이 가능하다.

---

2. 로마법대전은 동로마 제국의 유스티니아누스 1세Justinianus I 482?~565가 편찬한 법전의 이름이다. 정식 명칭은 시민법대전Corpus Iuris Civilis이다. 이 이름은 유스티니아누스가 직접 명명한 것이 아니다. 학설휘찬, 법학제요, 칙법휘찬 신칙법 등을 일체로 묶어 편찬한 후세의 프랑스 로마법학자 디오니시오스 고토프레두스 Dionysios Gothofredus, 1549~1622에 의하여 처음으로 총괄적으로 그렇게 불리게 되었다. 위키피디아 백과사전: http://ko.wikipedia.org/wiki/%EC%9C%A0%EC%8A%A4%ED%8B%B0%EB%8B%88%EC%95%84%EB%88%84%EC%8A%A4_%EB%B2%95%EC%A0%84

12세기 대학은 특별한 형태를 가진 것이 아니었다. 그 당시, 로마법과 교회법 연구의 본산이었던 볼로냐 대학에 유럽 전역에서 학생들이 모여들었다. 지금의 대학처럼 특별한 학교 부지나 기숙사가 없었기 때문에 같은 국가 출신의 학생과 학자들은 길드를 조직하여 권리를 보장받으려 하였다. 볼로냐에서 생긴 조직은 근대 대학의 모델이 되었다.

파리 대학

파리 대학은 그 시작부터 교황의 영향력에 있었다. 파리 대학은 1218년 설립된 도미니크 수도회 출신들의 주도하에 세워졌다. 이러한 영향 때문인지, 파리 대학은 볼로냐 대학과 다르게 법학 대신 신학이 발달했다. 파리 대학이 신학 분야에서 탁월하게 우월한 명성을 갖게 되었으므로 그만큼 영향도 커지게 되었다. 교황은 신학이 자신들의 영향권 아래서 일탈하지 않아야 한다고 생각했다. 1164년 프랑스에 망명 중에도 교황 알렉산더 3세는 센에서 대규모 집회를 열고 몇 개의 신학 문제를 판결하고 이들을 프랑스 전역에서 가르치지 못하도록 했다.

그러나 교황은 파리 대학의 도움이 필요했다. 파리 대학에서 발달한 신학은 빈번하게 출현하였던 이단 세력뿐만 아니라, 교황의 권위에 정면으로 도전해 오는 세력에 대응할 수 있는 정당성을 제공할 수 있었다. 이에 파리 대학 교수들의 협력이 필요하였고 또 실제 일정 부분은 구체적으로 협력하였다. 이에 재정적 지원으로 학자들의 특권을 보호하는 내용을 골자로 하는 프로그램을 교황이 실시하게 되고, 이를 계기로 파리 대학과 교황 간의 관계가 협력적으로 전환되었다이석우, 1998. 알렉산더 3세는 한발 더 나아가 대학에 장기적인 지원 조치를 한다. 그중에 하나는 학생들을 개별적 차원에서 재정적으로 지원토록 하는 것이었고 교수들을 위해서도 각 교회는 성직록을 지급하라는 것이다. 학생들의 경우 제한된 것일 수밖에 없었지만, 교수자들에게 교회 차원에서 급여를 지급해서 그들의 생활을 안정시키도록 하는 긍정적인 것이었다이석우, 1998.

훔볼트 대학

1809년에 설립된 비교적 짧은 역사를 가진 베를린 훔볼트 대학 Humboldt-Universität zu Berlin은 당시 프로이센의 빌헬름 폰 훔볼트의 제의를 받아들여 프리드리히 빌헬름 3세의 칙령으로 설립되었다. 대학의 설립을 지휘한 훔볼트는 대학의 이념을 정치권력에 제약을 받지 않는 교수의 자유와 학문의 자유로 하였다. 훔볼트 대학에서 추구한 자유와 학문 연구의 이념은 뒤를 이어 세워지는 많은 대학의 중추적인 이념이 되었으며 현재까지도 많은 영향을 미치고 있다.

1840년까지 1,700여 명의 학생이 입학을 하였고, 교수와 연구 분야에서 선도적인 역할을 하였으며 제2차 세계대전 이후 동베를린에 속하였으며 1947년과 1948년 초에 동독의 통제와 학생운동의 탄압을 피해 일부 교수와 학생이 서베를린으로 넘어와 베를린 자유대학을 설립하게 되었다. 베를린 자유대학은 현대적인 교육과정을 실시하여 세계적인 명성을 얻게 되었고, 현대적 대학 모습에 가장 큰 영향을 미친 대학으로 평가받고 있다. 현대 대학 교육과정을 체계적으로 제도화하고, 대학의 자유와 학문 연구의 이념을 정립하는 데 이바지하였으며 이는 이후에 미국 등의 국가에서 대학 설립에 영향을 미쳤다.

대학의 학문과 정치

이석우1998는 이러한 국왕과 교황들이 보인 대학에 대한 관심은 서로의 영향력을 확대하고자 하는 시점에서 자신들의 지배권 확대의 차원에서 볼 수도 있지만, 대학에 대한 그들 간의 세력 균형은 대학이 성장할 수 있는 공간이 되었다고 주장한다. 대학이 자율성을 획득하기 위해 스스로 노력하였지만 이들의 도움 없이는 대학이 성장하기 어려웠다는 것이다.

그러나 정치세력의 대학에 대한 간섭이 없었더라면 대학에서 이루어지는 학문이 훨씬 더 자유롭고 넓은 분야에서 발달되었을 것이다. 초기의 대학은 형체도 없었을 뿐만 아니라, 학생은 학문을 위해서 지역을 자유롭게 이동하며 공부하였다. 이는, 즉 공부를 원하는 사람은 자신이 원하는 학문을 자유롭게 공부할 수 있었다는 것을 의미한다. 그러나 볼로냐 대학의 경우, 시 당국은 지식인이 도시 외부로 유출되는 것을 우려해 이들의 이동을 막았다. 또한 학칙 제정에 있어서 교황은 선생 임용의 기준, 복장, 수업시간 등을 정함으로 자유스러운 교육 분위기를 제도적으로 바꾸었다. 정치세력은 대학의 학문을 다양한 방향으로 발달시키는 것을 막았다. 비록 의도하지 않았더라도, 황제가 로마법을, 교황이 신학의 발전을 지원했으므로 대학은 신학과 법률을 중심으로 학문이 발달하게 되었다. 특별히 신학의 경우에는 교황이 대학에 깊게 관여하여 다루지 말아야 할 부분을 엄격하게 정하였다.

대학에 대한 정치세력의 간섭과 그에 대한 호의로 인해 대학의 선생과 학생은 성직자와 같이 우대를 받았다. 또한 정치세력은 대학의 학칙 제정에 관여해서 대학이 조직적으로 성장할 수 있는 토대를 마련해 주었다. 반면 이런 정치세력의 개입은 대학이 추구해야 할 자유로운 학문에 대한 탐구를 방해했다. 신학과 법률에 대한 과도한 지원과 간섭으로, 도시에서 아랍의 과학이나 문학을 충분히 접했음에도 이교도 학문에 대한 탐구는 더디게 이루어졌다. 배움을 위해 자유롭게 이동하던 학자와 학생들이 도시에서 벗어나지 못하고, 대학의 운영이 정치세력의 입맛에 맞게 이루어지므로 대학이 이전 그리스-로마 시대의 자유롭게 탐구했던 모습과는 다른 양상으로 성장해 갔다.

르네상스와 종교개혁의 의미

신 중심 세계였던 중세 질서가 붕괴되는 데에는 여러 요인이 작용하였다. 르네상스14~16세기, 종교개혁1517, 프랑스혁명1789, 세계일주 항해1519~1521, 증기기관 발명1765 등이 대표적인 요인이며, 사실 중세 천년 동안 타고난 본성으로서 자율성을 크게 억압당한 사람들은 늘 신의 구속으로부터 벗어날 구실을 찾고 있었다고 봐야 할 것이다. 이러한 요인 중에서 르네상스와 종교개혁의 의미에 대해 좀 더 구체적으로 살펴보자.

르네상스Renaissance는 '고대 그리스 · 로마 문화로의 복귀'를 위한 사회 · 문화적 운동으로 해석되는 것이 일반적이며, 중세에서 근대로 이행을 준비하기 위해 대중적 역량을 비축하는 시기였다. 르네상스 시대가 특정의 구체적 사건에 의해 명확하게 구분되는 것은 아니며, 대개 14세기 후반부터 16세기 전반까지의 시기를 가리킨다. 한편 종교개혁은 16세기부터 17세기까지 유럽에서 일어난 그리스도 교회의 혁신운동으로 1517년 교회의 관습이 되어 있던 면죄부 판매를 비판한 루터Martin Luther의 '95개조 논제'의 발표로부터 시발되었다.

르네상스와 종교개혁을 거치면서 그 이전 시기에 비해 크게 변화된 것은 세 가지로 요약된다.

첫째, 봉건제도와 가톨릭 교회의 권위가 약화되었다. 중세적 지배체계인 봉건제도는 교황으로부터 보증endorsement을 받은 군주가 있고, 토지를 매개로 군주는 봉건영지의 농노와 주민들에게 보호를 제공하고, 그 대가代價로 주민들은 봉건영주에게 복종·봉사하는 의무를 졌다. 일종의 '교환' 행위였던 셈이다. 그러나 십자군 원정의 영향으로 영주층이 약화되고, 하층귀족들 역시 사회·경제적으로 어려움을 겪게 되어, 기존의 질서에 변화가 요구되었다.

둘째, 도시가 새로운 경제의 중심으로 부각되었으며, 시민계층이 대두하였다. 봉건장원제도의 폐쇄적인 자급자족경제는 도시 중심의 상공업과 화폐경제의 발달로 서서히 무너지게 되었다. 이런 와중에 기존에는 존재가 없거나 미미했던 시민계층이 형성되었는데, 이들은 귀족도, 성직자도, 농민도 아닌 제3의 계층이었다. 시민은 자유인이었으며 이들의 사고는 중세적인 것과는 지극히 거리가 멀었다. 개인의 자유와 인간 중심의 낙관주의 등이 이들의 지배적인 사고방식이었다. 이 시기의 시민계층은 오늘날의 '시민'과는 다른데, 경제적으로 부유하고, 종교적으로는 교회에 의한 것보다는 개인적 구원을 신뢰하는 계층이었다. 이들의 사회적 위치는 신흥귀족계층bourgeois[3]으로 불러야 오히려 정확할 것이다. 이들의 학문적 관심은 사회적·정치적·사상적 자유와 인간에 대한 관심이었으며, 대학 등에서 엘리트교육을 받았다.

---

3. 원래 독일어 burg는 성城을 의미하기도 하는데, 이는 주로 독일지역 봉건영주들의 성이 대개 산을 중심으로 하는 요새의 형태로 건설되었기 때문이다. 그러므로 원래 부르주아bourgeois는 '성 안 사람들'을 의미하고 그것은 곧 성 밖 사람들에 비해 부자들을 의미한다.

셋째, 로마 가톨릭에 저항하여 일어난 종교개혁으로 교회의 권위를 성경의 권위로 대체하려는 시도가 힘을 받았다. 만인이 사제를 통해 구원받는 것이 아니라, 개인적으로 성경을 읽고 해석하고 기도함으로써 구원받을 수 있다는 신념은, 성경을 다양한 언어로 번역하여 교육할 수 있는 기반을 마련했다는 의미가 있다Colinson, 2005. 성경을 읽을 수 있게 하기 위해 만인에게 교육기회를 부여해야 한다는 루터의 주장은 근대교육의 발전에 기반이 되었다고 할 수 있다.

구텐베르크의 승리, 직지심체요절의 노래

구텐베르크J. Gutenberg라는 시대의 영웅이 독일의 자그마한 도시 마인츠Meinz에서 자기도 처음에는 몰랐던 어마어마한 혁명을 시작하였다. 구텐베르크 혁명이야말로 현대과학의 시대, 근대산업의 시대를 열었고 교육의 황금시대를 확실하게 규정하는 종결자였다. 그로부터 100년이나 앞선 고려의 직지심체요절은 500년이 지나고 나서야 슬픈 노래를 따라 부를 수밖에 없었다. 이 역시 동서양의 문명 발전사와 매우 비슷한 이야기 구조를 갖는다. 구텐베르크가 인쇄술을 발명한 동

|그림 4-2| 세계 최고의 금속활자 인쇄본 직지심체요절

http://100.naver.com/100.nhn?type=image&media_id=296514&docid=478968

기가 당대 최고의 문서위조사건이라고 할 만한 면죄부 장사에 있었다면 고려의 그것은 부처님의 은덕을 입어 생로병사의 고해바다를 극복하려는 종교적 염원의 거룩한 기도에 있었다.

구텐베르크의 금속활자 인쇄술은 당시까지 필사에 머물러 있었던 서양의 지식사를 완전히 뒤흔들어 놓았다. 종교혁명이 실제로 가능했던 것도 구텐베르크 인쇄술 덕분이었다. 구텐베르크 성경이 없었다면 신부가 독점하고 있었던 성서Canon는 만인사제가 되어 하나님을 믿음으로써 구원을 얻고자 했던 평민들의 것이 될 수 없었다. 구텐베르크 성경으로 로마교황청이 술수를 부리려 했던 면죄부는 말 그대로 휴지조각이 되었다. 이제 면죄부보다 훨씬 강력한 하나님의 말씀을 모두가 접할 수 있었다. 직지심체요절도 그러한 꿈을 가지고는 있었지만 너무나 어려웠던 그 글은 세종대왕의 훈민정음으로 번역되기까지는 수백 년을 더 기다려야만 했다.

구텐베르크의 혁명이 가지는 또 한 가지 특징은 글로 씌어진 지식이 돈벌이의 대상이 되었으며 그로 인해 지식은 이제 상품이 되어 시장에 내다팔리기 시작했다는 것이다. 조선시대 내내 그 좋은 종이, 그 좋은 활자를 가지고 있었음에도 오로지 국왕만이 책의 인쇄에 관한 전권을 독점하고 있었던 데 비하면 완전한 대조를 이룬다. 심지어 조선 중기 문화임금의 상징적 존재인 정조대왕마저도 사문난적을 혁파한다면서 민간 출판 서적류를 불태웠는데, 일반인이 즐겨 보던 언문소설과 서양에서 들어온 서학, 곧 성경책이 제거 대상 1호였다. 조선의 왕들은 서적 출판의 독점적 권한을 한 번도 놓지 않았다. 선비들은 가끔 민간 출간을 허락하자는 상소를 올렸지만, 그때마다 상소는 거절되었다. 이른바 조선은 말 그대로 조선출판주식회사였던 셈이다이재정, 2008.

요컨대 구텐베르크의 인쇄술 혁명이야말로 르네상스 이후 시작된 근대 서양의 과학문명을 평민들에게 가져다주었고 그 열매가 오늘날 화려하게 번창한 현대물질문명이라고 해야 할 것이다. 직지심체요절과 훈민정음이 아무리 찬란했다 하여도 그것이 모든 사람의 것이 되지 않는 한에 있어서는 허탈한 노래일 뿐이다. 서양근대문명은 구텐베르그 이후 본격적으로 꿈틀거리기 시작하였고 과학과 예술, 근대 국가체제와 민주주의, 시장과 번영을 가져왔다.

보편교육의 희망과 국가교육제도의 탄생

프랑스 나폴레옹Napoleon에게 무참히 짓밟힌 독일 국민은 피히테Fichte의 절규에 귀를 기울였다. 독일어를 배우지 않으면 게르만 민족은 영원히 지상에서 사라진다는 것이었다. 독일어를 어려서부터 체계적으로 가르쳐야 한다고 했다. 칸트의 철학도 바흐의 음악도 독일어를 기반으로 하지 않으면 더 이상 독일인의 것이 아니었다. 비스마르크 헌법은 교육을 입법, 행정, 사법의 3권 외에 국가를 구성하는 제4권으로 제정하였다. 교육이 독일의 주권을 구성하는 근간이었다.

이처럼 국가 중심 공교육제도는 근대 국민국가의 정치체제로 발전했다. 멀리 플라톤이 『국가론』에서 설계하였던 철인이 통치하는 이상 국가에서처럼 교육은 국가의 핵심 의무사항으로 정립되었다. 1648년 베스트팔렌체제가 국가 간의 영토를 전쟁에 의해 정당화시킨 후, 국가 간의 경계는 스스로 지켜야 했다. 더 이상 신과 로마의 교황이 정해 주지 않았다. 그러므로 국가의 주권은 국가의 구성원들이 지켜야 했으며, 구성원 각자는 스스로 국가의 구성원임을 자각해야 했다. 전혀 새로운 세계관이 출현했다. 로마 황제는 시민권 요건만 갖춘 사람이라면 그 사람이 그리스어를 쓰던 카르타고어를 쓰던 로마 시민권을 부여했다. 그 시민권 요건의 핵심은 로마법을 지키는 일이었다. 그러나 근대 국민국가는 같은 국민이어야만 했다. 태생적으로 운명적으로 동일한 국민이 형제애로 뭉쳐 나라를 지켜야 했다. 애국심은 개인의 생명을 지키고 가족의 안정을 지켜 주었다. 애국심은 가르쳐야 했고, 이른바 국가공교육제도가 탄생하였다. 학교가 탄생하였다Rifkin, 2010.

국가교육사상이 19세기에 절정에 이르게 된 직접적인 원인은 나폴레옹의 침략주의로부터 자국을 보존하고자 하는 필요성 때문이었다. 즉, 자기가 소속된 사회에 대한 외부 침략을 막기 위해 자국민의 단결을 도모하고자 하는 필요성이 철저한 국가 이념으로까지 발전하였다. 국가주의 교육에 선구적 역할을 한 나라들은 독일, 프랑스, 미국 등이었다. 특히 피히테는 '독일 국민에게 고함Reden an die Deutsche Nation, 1808'에서 국가는 개인생활의 보호자이며 조국을 섬기도록 인간을 교육하는 것이 국가의 최대 관심사가 되어야 한다고 주장하여 국가에 의한 대중교육의 필요성을 공식화하였다. 유럽의 근대사에서 가장 늦게 국민국가를 만들어야 했던 독일의 운명이었다. 그럼에도 후발주자의 이점은 늘 있게 마련이었다. 페스탈로치J. Pestalozzi와 헤르바르트J. Herbart, 코메니우스J. Comenius와 훗날의 피아제J. Piaget에 이르기까지 근대교육학의 비조들은 모두 독일어를 기반으로 하는 사람들이었다. 교육의 중요성을 누구보다도 잘 아는 사람들이 독일인들이라고 해야 할 것이다. 그들은 그렇게 국민을 형성했다. 그리고 그 국민으로 국가를 세우고 오늘날 유럽의 강자가 되었다.

20세기 팍스 로마나의 주인 미합중국의 교육사야말로 근대국가 형성, 더 나아가서는 인류공동체로서의 국가의 형성과정에서 교육이 얼마나 큰 힘을 발휘하는가를 극명히 보여 준다. 치열한 남북전쟁을 거치고 북쪽의 산업지대로 몰려드는 해방된 흑인노예들을 보면서 또 유럽의 굶주림과 종교혁명, 시민혁명의 혼돈을 피해 무작정 신세계로 몰려드는 아일랜드와 이탈리아, 그리고 나중에는 네덜란드와 독일의 가톨릭교도들을 보면서 미합중국의 건설자들은 어떤 생각을 했겠는가? 그 유일한 해결책은 공교육common education이었다. 호레이스 만Horace Mann이 시작한 미국의 공교육운동이야말로 근대국가 공교육이 얼마나 국가 건설의 밑거름이 되는지를 잘 보여 준다Spring, 1980.

국가교육제도의 균열 기미

이처럼 인류 역사에서 국가가 주도하는 공교육이 등장한 것은 비교적 근대의 일이며, 공교육제도의 확립은 교육을 국민의 기본권으로 규정했다는 의미에서 근대국가가 교육 보편화에 크게 기여한 것으로 평가된다. 그러나 이렇게 시작되었던 국가와 교육의 사이좋은 협력은 그리 오래가지 못했다. 20세기가 마감되던 어느 시점에서부터인가 균열이 생기기 시작하였다.

처음에는 교통이 열리고 시장이 열리는 세계화의 덕분인 것 같았다. 미국의 최고 상품인 대학교육을 구매하려는 중국과 인도 그리고 일본과 한국의 부유층 대학생들이 처음에는 그 대열에 서 있었다. 그런데 1990년대 말 2000년대 초를 맞으면서 급작스럽게 중국의 유학생들이 급증했으며 특히 1998년 IMF 경제위기를 맞으면서 대한민국의 교육열은 캐나다와 미국 그리고 호주와 뉴질랜드 등 이른바 영어권 국가로 폭발되었다. 대학생들의 영어 연수생 수가 종전의 석·박사 학위과정 유학생 수를 훌쩍 넘고 급기야는 초·중·고등학생들의 이른바 조기 유학생들이 연간 5만 명 수준에 육박하였다. 절대 숫자로 본 한국의 미국 유학생 수는 중국과 인도 다음 3위이지만 인구 대비 유학생 수는 중국과 인도의 15배를 뛰어넘어 단연 1위에 달한다. 특이한 일이었으며 이해가 안 되는 일이었다Chun Se Young, 2008. 더구나 초 · 중 · 고등학생들의 이른바 조기유학은 원칙적으로 불법유학의 범주에 든다고 볼 수 있으며 공식적인 통계에도 잘 잡히지 않는다. 왜냐하면 의무교육 시기에 해당되고 국민공통기본교육과정을 엄격하게 지켜야 하는 한국의 국가 공교육 체제적 관점에서 볼 때는 더욱 그러하다.

한국의 조기유학 현상은 단순히 세계화의 진전에 따른 유학생 증가로만 보기 어려운 특성이 있어 보인다. 일차적 관찰에 의하면 이들은 적어도 한국의 학교교육 체제에 대한 불만족 정도가 높다고 보고 그 탈출구로서 비싼 비용을 들여서라도 미국 등 해외 교육상품을 구매하려는 행위로 해석된다. 물론 귀국 후 한국인으로 살아야 할 때 유년시절에 꼭 필요한 국민교육의 결손이 생기고 이로 인해 한국 사회의 성원으로 살아감에 있어서 불리함이 예상되는데도, 그러한 선택을 하게 되는 것은 국민교육의 결손 못지않게 유학으로 얻어지는 효용이 높다는 판단이 작용하였을 것이다. 따라서 반드시 모두가 당연히 거쳐야 할 것으로 생각했던 국가의무교육과 공교육의 이념적 기반이 절대적인 것이 아님을 말해 주는 것이며 개인은 언제나 국가나 공적 가치에 의해 강제되는 것을 따르기보다는 자신의 선호에 따른 자유선택을 하기 원하며 교육상품이나 교육서비스의 선택 또한 같을 수 있음을 보여 준다. 이러한 변화는 교육제도를 국가의 범주 안에 묶어 놓는 것이 과연 타당한 것인가에 대한 의문을 반증하는 것은 아닐까?

그러나 동양의 학문은 아직 서양의 과학을 못 만났다

서양에서 인간이 신으로부터 독립하고 있을 동안, 동양의 공자는 애초부터 신과 인간을 구분하지도, 형식과 내용을 구분하지도 않았다. 석가모니는 삶과 죽음마저도 같은 것이라 하였으며 있는 것과 없는 것도 결국은 같은 것이라 하였다. 철학과 신학과 과학의 구분도 애초부터 없었다. 음과 양이 조화를 이루듯 '선'과 '악'마저도 함께 어울려 조화를 이루어야만 했다. 처음부터 앎과 무지가 하나이기도 했다. 서양에서 소크라테스가 자신의 무지를 아는 것이 앎의 근원이라는 큰 깨달음을 얻었다고 했다지만, 동양의 학문에서는 그것은 처음부터 인간이 가지고 있는 상식이었다.

동양에서 추구한 고도의 정신 작용은 사색과 명상을 통한 자아를 찾아가는 것이었다. 그리하여 찾아낸 자아도 다른 존재보다 뛰어난 것은 아니었다. 그저 자연의 일부로 동화되어 어울려 사는 것이 가장 의미 있는 것으로 여겨졌다. 서양과 비교했을 때 처음부터 신의 질시를 받는 인간이 아니었기 때문에, 살아남기 위해 신으로부터 공격적으로 지식을 찾아내려 하지 않았을지도 모르겠다.

결과적으로 공자와 석가모니는 결국 하찮은 인간Gray, 2010에게 필요한 하찮은 지식을 만들어 내지 못했다. 하찮은 인간은 그레이Gray가 해석한 인간관 호모 라피엔스Homo Rapiens를 말한다. 호모 라피엔스라 함은 인간이 다른 생명체에 비해 크게 나을 것도 없고 만물의 영장도 아님을 의미한다. 침팬지와 기껏 1% 남짓의 유전자 차이밖에 나지 않는 존재가 인간이며 인간의 불행은 이를 너무 확대 해석해서 교만해질 때 비롯된다고 한다. 서양 휴머니즘의 시작이 죽을 수밖에 없는 인간의 운명을 인식하는 것이었다면 그것은 인간의 하찮음에 대한 인식을 의미할 것이다.

인간은 하찮을 뿐이어서 당장 오늘 하루를 연명할 곡식 한 줌이 필요했으며 추위를 이겨 낼 집과 옷가지가 필요했다. 사대부에게도 필요한 것은 농사기술이었으며, 병을 고칠 의술이었다. 때로는 전쟁기술도 필요했고 때로는 잔인하고 동물적인 복수도 필요했다. 저 먼 곳을 바라보는 고고한 학문만으로는 모든 것을 해결할 수 없었다.

어쩌면 동양은 서양만큼 처음부터 궁하지 않았는지도 모르고 포식자의 위협이나 오아시스를 찾아 헤매는 목마름도 없었는지 모른다. 사막에서 일군 이집트와 메소포타미아의 문명과 평야에서 일군 황하와 인더스의 문명은 그 출발부터 달랐는지도 모른다. 동양인들은 너 죽고 나 살기 식의 이분법이 필요 없었고 모두가 서로 어울려 살며 서로 힘을 합쳐서 농사를 짓고 사는 것 때문에 더 나은 풍요를 누렸다. 아직 밝혀지지는 않았지만 진화사의 시간적 순서에 있어서도 아프리카로부터 좀 더 멀리 떨어진 인더스 강과 황하강의 유역에 인류가 다다를 때는 치산치수를 하는 법을 이미 터득한 이후였으니 맨 처음 가나안 복지를 사이에 두고 치열하게 싸워야 했던 선조들과는 달랐을지도 모른다. 이렇게 동양은 서양과는 다르게 자연을 정복하고 자연을 다스리는 과학을 발전시키기보다는 자연과 더불어 자연에 순응하여 살아가는 철학을 발전시켰다고 보아야 할 것이다.

제2부

교육과 자유의 불화

제5장

오만에 빠진 국가주의 교육

국가에게는 국민을 보호할 수 있는 힘을 보유해야 할 당위성이 생겼고, 개인들은 국가로부터 보호받는 대신에 통제와 복종을 수용하게 되었다. 또한 이러한 과정에서 국가는 영토를 기반으로 국민을 보호하고 통제하기 위한 물리력뿐만 아니라 행정적 통제에 관한 권한도 자연스럽게 획득하게 되었다. 영토는 국가와 사회를 규정하는 근간이 되었으며, 국가와 사회는 종종 동일시되었다. 국가가 지배하는 영토라는 물리적 공간 안에 사회 · 교육 · 문화 · 정치가 존재하기 때문에, 이들 영역에 대한 국가의 지배는 이제 당연한 것으로 간주되었다.

제5장
오만에 빠진 국가주의 교육

국가의 탄생

역사의 진전은 왕과 국가의 탄생사와 궤를 같이한다. 국가는 민족국가를 넘어서서 제국으로 발전한다. 국가의 형태 또한 시공간적으로 다른 모습을 띤다. 국가론에 대한 가장 활발한 논의는 마르크스 경제학에서 이루어졌다. 마르크스Marx는 애덤 스미스Adam Smith의 『국부론』에 대항하여 『자본론』을 집필하였으며, 이후 레닌과 더불어 제1차 인터내셔널을 결성하여 20세기를 서구자본주의와 동구공산주의 블록으로 구분하여 처절한 냉전질서를 만들어 내는 이론적 토대를 제공하였다. 마르크스의 공과를 논하는 것은 이 책의 범위를 벗어나는 만큼 상세 논의는 접기로 하겠으나, 다만 교육과 관련하여 마르크스주의는 근대국가 공교육제도의 탄생과 여정을 설명하는 데 있어 매우 유익한 설명 틀을 제공하고 있다는 점은 상기할 필요가 있다. 그것은 근대국가의 성격에 관한 논쟁이다.

마르크스 경제학에서 국가는 자본가 지배집단의 경영 이사회로 비유된다. 즉, 자본의 총이익을 보장하기 위해 고안된 고도의 정치공학

체제다. 알튀세르Althusser는 국가기구state appratus를 억압적 국가기구RSA: Repressive State Appratus와 이데올로기적 국가기구ISA: Ideological State Appratus로 구분하면서 교육을 종교·문화와 함께 가장 중요한 이데올로기적 국가기구의 하나로 설정하였다. 교육은 총자본의 이익을 극대화하기 위한 절대적 수단인 노동력 재생산을 위한 조건을 재생산하는 가장 효과적인 수단으로 인식된다. 자본과 노동 간의 구조적 지배질서를 정당화하는 것으로 재생산해 내는 것은 교육을 통해서 가능하며 교육은 자본으로부터 가장 자율적인 이른바 상대적 자율성을 누리게 함으로써 노동자로 하여금 모순적 생산관계에 대한 허위의식, 곧 이데올로기를 함양시키는 과정으로 이해된다Manheim, 1991.

마르크스적 국가론의 정합성 논의를 유보한다고 해도 중세 유럽의 정치지형이 베스트팔렌 체제로 이행된 이후 국가는 서구근대사회의 중심적 정치체제가 되었다. 베스트팔렌 체제는 유럽 관점에서 볼 때 최초의 세계대전이었던 30년 전쟁1618~1648을 종식시키고 새로운 국가주권 체제를 성립하였다고 평가된다Valaskakis, 2001. 베스트팔렌 체제의 원리는 크게 다섯 가지로 구성되는데, 첫째 국가주권 원칙, 둘째 영토의 인정, 셋째 국가정부의 인정, 넷째 국가 간 분쟁을 조정하는 국제법 체제의 도입, 다섯째 국제분쟁 조정자로서의 전쟁의 정당화다. 발라스카키스의 정리에 따르면 이 베스트팔렌 체제는 1945년의 제2차 세계대전 이전까지의 세계 체제라고 정의될 수 있는데, 베스트팔렌 체제가 남긴 가장 큰 유산은 국민국가nation state이고 국가를 구성하는 국민 또는 민족을 형성한 점이다.

동양에서는 이미 공자가 초석을 놓고 맹자가 발전시켰다고 보여지는 공맹사상의 정치철학이 기본적으로 군주국가론에 기초한 사회질서체제다. 이는 확립된 지 이미 오래였기 때문에 굳이 서양의 근대국가 논쟁은 동양에서는 의미가 없었다고 해야 할 것이다.

여하튼 서양의 경우 새로운 개념인 국가를 어떻게 정립해 나가는가, 즉 국가주권national sovereignty은 새로운 도전이었다. 국가주권을 형성하는 세 가지 요건이 흔히 국민 · 국토 · 주권이라고 하는데, 이 중 가장 애매한 것이 국민인 셈이다. 국토의 경우는 최후의 경우 전쟁을 통해서 경계선이 만들어질 수 있으며, 주권의 경우는 외교관계를 통해서 형성될 수 있으나, 국민의 경우는 전통적인 씨족이나 부족관계를 이미 넘어서 버린 근대사회 이후 새로운 공동체 결속의 준거가 필요했다. 그 결과로 선택된 개념이 민족이다. 그런데 다시 누구를 같은 민족이라고 할 것인가에 대한 문제가 남는다. 21세기에 들어오면서 확연한 현상으로 자리 잡아 가고 있는 다민족 국가의 상황에서 드러나고 있듯이 국민이 민족과 반드시 일치하는 것은 처음부터 아니었다. 결국 '국민'은 근대사회 이후 새로 탄생된 개념일 것이며, 그 국민의 형성을 가장 정당화하는 요소 중의 하나가 동일한 언어를 구사하는 집단으로 규정되었다. 곧 동일한 언어가 곧 국어로 등장하였으며 교육의 제1요소가 되었다.

국어는 그리스나 로마 시대에 가르친 소통 자체를 위한 언어가 아닌 국민의 징표로서 반드시 갖춰야 할 필수요건이 되었다. 헬레니즘에서 추구했던 자유민을 위한 교육적 가치이기보다는 정치적 동맹을 맺기 위한 언약과 같은 것이었다. 국어를 하지 못하면 국민에서 배제되었다. 로마에서 그리스어를 하면 시민권을 얻는 데 충분한 충분요건이었지만, 광대한 제국 영토에서 살아가기 위한 필수요건은 로마의 국어인 라틴어였다.

국가에 대한 고전적 정의는 베버Weber에게서 출발한다. 그에 의하면 근대국가의 주된 특징은 소속감에 근거한 공동체community, 다른 지역과 구별되는 결속된 사회적 공간으로서 영토territory, 그리고 공동체와 영토에 대한 합법적 폭력violence의 독점 등이다. 베버의 주장을 이은 기든스Giddens, 1986는 국민국가의 특징을 '영토성'과 '폭력수단의 독점화'로 규정하였다. 베스트팔렌 조약이 의미하는 것처럼 근대국가는 일정한 물리적 영토에 대한 지배를 전제로 하며, 물리적 경계인 국경國境 안에서 어떤 개인이나 집단보다 우월한 절대적 독점 권력을 행사한다. 근대국가에서는 과거 지역적으로 분할되어 있던 공동체를 중앙집권적 정치공동체로 통합시켰기 때문에 가능한 일이었다. 이전 시대에 개인 또는 특정 집단이 점유하였던 폭력이라는 수단이 근대국가라는 공권력에 통합되었으며, 중앙권력에게 폭력행사의 독점권을 부여함으로써 사람들 사이의 갈등을 피하고 안전을 도모할 수 있게 되었다.

이제 국가에게는 국민을 보호할 수 있는 힘을 보유해야 할 당위성이 생겼고, 개인들은 국가로부터 보호받는 대신에 통제와 복종을 수용하게 되었다. 또한 이러한 과정에서 국가는 영토를 기반으로 국민을 보호하고 통제하기 위한 물리력뿐 아니라 행정적 통제에 관한 권한도 자연스럽게 획득하게 되었다. 영토는 국가와 사회를 규정하는 근간이 되었으며, 국가와 사회는 종종 동일시되었다. 국가가 지배하는 영토라는 물리적 공간 안에 사회 · 교육 · 문화 · 정치가 존재하기 때문에, 이들 영역에 대한 국가의 지배는 이제 당연한 것으로 간주되었다.

여기서 분명한 것은 국가nation라는 것이 일종의 계약contract이었으며, 국민성이라는 개념 역시 인위적으로 조성된 것으로 역사적 전통이 짧다는 것이다. 어떤 의미에서 '국가'는 중세 신神이 가졌던 신성성을 인간의 이성이 대체할 수 있도록 선택된 도구일지도 모른다. 이런 맥락에서 본다면, '국가'라는 인위적 개념 안에 꼭 '교육'이 한정되어야 하는가는 의문으로 남는다.

근대교육의 탄생

근대교육은 소크라테스가 제창하였던 지식을 배우는 과정만으로 시작되지 않았다. 대학은 엘리트 직업인 양성과정으로 초·중등학교는 국어교육 의무교육과정으로 시작되었다. 근대 국민국가의 성립과 발전을 위하여 국민교육의 필요가 생겨나게 된 것이다 서정복, 2007.

국가교육사상이 19세기에 절정에 이르게 된 직접적인 원인은 나폴레옹의 침략주의로부터 자국을 보존하고자 하는 필요성 때문이었다. 즉, 자기가 소속된 사회에 대한 외부 침략을 막기 위해 자국민의 단결을 도모하고자 하는 필요성이 철저한 국가적 이념으로까지 발전하였다. 국가주의 교육에 선구적 역할을 한 나라들은 독일·프랑스·미국 등이었다.

| 그림 5-1 | 피히테

http://terms.naver.com/entry.nhn?docId=89734

특히 피히테Fichte는 '독일 국민에게 고함Reden an die Deutsche Nation, 1808'에서 국가는 개인생활의 보호자이며 조국을 섬기도록 인간을 교육하는 것이 국가의 최대 관심사가 되어야 한다고 주장하여 국가에 의한 대중교육의 필요성을 공식화하였다.

인류 역사에서 국가가 주도하는 공교육이 등장한 것은 비교적 근대의 일이며, 공교육제도의 확립은 교육을 국민의 기본권으로 규정했다는 의미에서 근대국가가 교육 보편화에 크게 기여한 것으로 평가된다. 공교육제도의 확립으로 국가와 국민은 서로 이득을 누렸는데, 국가의 입장에서 보면 국민을 원하는 방향으로 통합할 수 있는 강력한 수단을 얻은 셈이었고, 국민은 과거 소수의 선택받은 자들만이 누리던 교육이라는 혜택을 권리로 부여받음으로써 자신의 노력 여하에 따라 사회적 · 경제적으로 좋은 지위를 획득할 수 있는 길이 열린 셈이었다.

근대국민교육의 역할을 부정적으로 해석하는 학자들도 있는데, 이들의 주장에 따르면 학교는 지배층의 이데올로기를 피지배층에 전달하는 강력한 수단으로 국가권력 유지의 핵심기관이 된다. 알튀세르의 말대로 국가의 대표적 이데올로기 기구인 학교는 국가의 통치체제를 유지하고 국민교육을 위한 역할을 담당하는 장치로 해석할 수 있다 천세영, 박소화, 2007 .

근대적 공교육의 기본 원리는 '국가관리'와 '평등성'이라 할 것이다 이윤미, 2001 . 과거 지배층의 우월한 지적 유희로서의 교육이 국가에 의해 세속화, 대중화되어 국민에게 제공됨으로써 사회 전반의 수준이 격상된 것은 틀림없다. 교육의 대중화는 대부분의 근대국가에서 필연적으로 경제 분야와 관련되어 있으며, 자본주의의 팽창과 함께 성장하였다. 의무교육의 도입은 국가의 교육 독점을 의미하며, 국민통제의 수단으로 간주될 수 있는데, 국가 재정에 의해 운영되는 교육이 대중의 교육권을 확장시키는 동시에, 다른 한편으로는 학교교육을 통해 대중의 일반적 사고방식을 통제함으로써 국가통제체제를 공고히 하는 데 기여하였기 때문이다. 학교에서 가르치는 내용은 국가에 의해 통제되고 있으며, 종종 학생의 자유롭고 논리적인 사고과정을 배제한 채 좋은 것바람직한 것과 나쁜 것피해야 할 것이 일방적으로 제시된다. 이런 의미에서 '지식knowledge'은 '권력power'이 된다.

근대국가 성립 시기에 출현한 국가교육은 바람직한 사회인 양성, 경제적 가치 창출을 위한 훌륭한 도구로서 누구에게나 바람직한 것이며 서구사회를 중심으로 20세기 후반까지 무리 없이 확대되어 왔으나, 그 이후 시민계층의 의식 변화, 교육적 요구의 다양화, 학교 격차와 부적응, 학업성취도 등에 끊임없이 의문이 제기되면서 새로운 도전에 직면하게 되었다. 특히 세계화의 진전으로 교육은 일대 전환점을 맞고 있으며, 많은 나라에서 교육은 국민의 의무이며 동시에 권리로 인식되어 시민에게 보다 다양한 선택권을 부여하는 방향으로 변화하고 있다.

국민교육

알퐁스 도데Alphonse Daudet의 『마지막 수업』에서는 게으름을 피우느라 프랑스어를 다 배우지 못한 주인공의 마지막 수업이 주된 이야기가 된다. 내일이면 독일의 영토가 되어 더 이상 국어라는 이름으로 프랑스어를 배울 수 없게 된 주인공이 마지막 수업에서 그동안의 게으름을 후회한다. 하루아침에 자신이 살고 있는 고향을 다른 나라에게 잃어버리고, 더 이상 자신의 모국어를 사용하지 못한다는 것은 국가라는 테두리에서 살아가는 사람들에게는 큰 충격이었을 것이다.

이와 비슷한 이야기는 실제에서도 찾을 수 있다. 여성 최초로 노벨상을 두 차례나 수상한 마리 퀴리Marie Curie의 어릴 적 학교 이야기, 식민지 시기를 거친 나라들에게서 흔히 발견되는 이야기가 그러하다. 마리 퀴리의 어린 시절 러시아의 식민지였던 조국 폴란드에서 러시아의 장학사가 학교에 방문하는 날의 일화는 유명하다. 모국어로 된 책을 모두 치우고, 러시아 장학사가 묻는 말에 러시아어로 러시아 황실의 종호를 빠짐없이 또박또박하게 대답한 뒤, 선생님에게 안겨 눈물을 흘리는 장면을 보며 국어교육의 중요성에 대해, 조국의 울타리에 대해 생각하지 않기는 어렵다.

식민지를 지난 우리나라에서도 이와 비슷한 경험은 여전히 유효하다. 현재까지 학교에 남아 있는 장학이라는 제도가 사실은 민족주의 학교에 대한 감시를 하기 위해 일본인들이 만든 제도라는 것은 이미 알려진 일이다. 이러한 이야기들의 공통점은 국가라는 테두리 안에 영토가 있고, 사람들이 있으며, 이들은 같은 언어를 사용하는 한 국민으로 키워지고 있다는 것이다.

물리적 영토를 경계 짓고 이를 공고히 하기 위해 그리고 사람들에게 국민성을 키워 주기 위해 국민교육은 시작되었다. 이것이 확대되어 근대 시기에 식민지를 지배하고자, 때로는 주인국가에 복속시키기 위하여 교육적으로 많은 노력을 하기도 했다. 이들이 국가를 구성하는 사람들을 국민으로 키워 내기 위해 선택한 도구가 바로 교육이었다는 점에서 국민교육은 시작한다.

국민교육은 국민을 키워 내기 위해 다른 나라와 차별화될 수 있는 내용이 있어야 했으며, 국가의 영토 안에 살고 있는 사람이라면 누구나 받아야 할 필요가 있었다. 따라서 자국의 역사를 통해 동질성이 강조되고, 모든 사람이 교육을 받도록 하는 의무교육이 시작되었다. 국민을 키워 내기 위한 국가교육은 모든 사람에게 앎이 필요하다고 생각하기 시작한 교육자들의 교육적 열망을 통해 폭발적으로 증가되기 시작하여 의무교육이 되고, 국가가 주도하는 공교육으로 확립되었다.

팍스 아메리카나의 비밀병기

근대의 형성과정에서 미국은 가장 마지막 주자였지만 결국 신대륙을 차지한 미국은 20세기 현대사에서 팍스 아메리카나를 정립했다. 미합중국은 명예혁명으로 만들어진 영국식 절대군주국가가 아니다. 오히려 시민혁명을 통해 꿈을 꾸었던 프랑스식 자유민주주의 국가가 이상형이라고 할 수 있을 것이다.

미국의 형성과정에서 국민, 곧 아메리카인의 형성은 매우 중요한 요소였다. 미국은 지금도 속지주의를 택하고 있다. 즉, 미국에서 출생하면 누구나 미국의 시민이 될 수 있다는 것이다. 그것은 한 명의 국민이라도 더 늘려야 했던 초기 이민사에서 비롯된 국민확보 전략의 흔적인 셈이다. 문제는 세계 각지에서 몰려든 다양한 민족, 다양한 언어를 쓰는 사람들을 하나의 국민으로 묶어 내는 일이었다. 더군다나 남북전쟁 이후 북부로 밀려들어 온 남부의 해방된 흑인 노예들을 동등한 미국 시민으로 통합하는 일은 더더욱 어려운 과제였다.

미국의 공교육은 거대한 용광로가 되어 이처럼 다양한 뿌리를 가진 사람들을 하나의 나라, 하나의 국민인 아메리칸으로 만드는, 이른바 Americanization의 가장 핵심기구가 되었다Spring, 1980.

교육주의의 승리, 만악의 해결사

1980년대 미국의 하버드 대학에서는 전후 폐허였던 우리나라의 비약적인 발전 원인을 찾는 연구를 시작하였으며, 대표적인 연구 결과는 McGinn 등1981이 발간한 『한국의 교육과 발전Education and Development in Korea』이다. 천혜의 자원이 있는 것도 아닌 우리나라가 세계 경제의 주인공으로 도약해 나갈 수 있는 원동력이 무엇인가에 대한 연구 결과는 놀랍게도, 지금은 인적 자원으로 불리는 사람이었다. 더 정확하게 말하면 우리나라 사람을 키워 낸 교육의 힘이었다. 이러한 교육의 놀라운 힘은, 더 정확히 말해서 교육으로 길러진 인적 자원의 힘은 우리나라를 식량을 구걸하던 불쌍한 나라에서 다른 나라를 위해 원조의 손길을 내미는 훌륭한 나라로 성장시켰다.

이렇게 위대한 교육의 힘을 직접 경험하게 된 나라에서 발견되는 두 가지 특징이 있다. 하나는 개인 차원에서 교육을 통해 신분 상승의 사다리를 경험한 사람이 교육을 통해 모든 것을 해결하고자 하는 것이다. 이는 교육을 통해서 자아실현을 하고, 인적 자원을 개발하여 국가 발전에 공헌할 수 있다는 점에서 긍정적인 역할을 할 수 있다. 그러나 이것이 과열될 경우 지나친 경쟁으로 말미암아 본질이 왜곡될 수 있다송호근, 2006. 다른 하나는 교육을 통해서 국가 사회적 차원에서 발생하는 모든 문제를 해결할 수 있다고 믿는 것이다. 개인 차원에서 교육을 통해 원하는 것을 얻을 수 있다는 긍정적인 경험을 직간접적으로 학습한 사람들로 이루어진 사회가 탄생한 것이다. 이 사회에서 교육의 힘은 신앙과도 같다. 이러한 교육주의[1]의 탄생은 국가 사회적으로 사회를 움직이는 막강한 힘을 발휘하게 된다.

각양각색의 다양한 사람이 모여 사는 사회에서는 해결해야 할 여러 가지 문제가 존재하기 마련이다. 국가를 지탱해 가기 위해서는 사회가 가지고 있는 여러 가지 문제를 해결하여, 사회의 흐름을 원활히 유

---

1. 교육주의educationism은 로스바드Rothbard가 자유주의자들을 비판하면서 사용한 개념인데, 그에 의하면 많은 자유주의자들이 열심히 지식을 가르치면 세상이 변할 것이라는 '순진한' 생각으로 국가권력의 문제를 어떤 방식으로 바라볼 것인가에 대해 고민하고 있다Rothbard, 1990.

지해야 한다. 사회에 존재하는 다양한 문제를 해결하기 위해서는 그 답을 찾는 부단한 노력이 필요하고, 답을 찾기 위해 여러 가지 시도를 하고 이 과정에서 사회의 구성원이 납득할 만한 설명이 필요하게 된다. 우리나라에서 교육주의는 이러한 설명체계로 존재하였다.

교육이 그 어떤 가치체계보다 우월한 위치에서 사회적 문제해결을 위한 의사결정을 좌우하고 있다는 점에서 우리나라는 교육주의가 팽배한 국가라고 할 수 있다. 빈부격차의 문제, 실업의 문제 등 사회가 가지고 있는 거의 모든 문제의 해결을 위해 교육이라는 해결기제를 사용하고 있다는 점에서 교육이 왜곡되고 변질될 우려가 있다. 특히 이러한 과정에서 다양한 문제해결을 위해 교육의 내용, 형식, 방법에 국가가 깊숙이 관여하게 됨으로써 교육이 가지고 있는 본래의 교육 특성을 잃어버리게 되었다.

국가교육의 한계

의무교육의 확대는 국가가 국민의 교육받을 권리를 보장하는 것을 목적으로 한다. 그러나 의무교육이 시작된 독일과 프랑스에서 교육에 대한 국가의 개입은 군사적 목적과 산업에 필요한 충직한 시민을 기르고자 한 지배자의 욕망에서 비롯되었다Tooley, 2004. 의무교육의 도입으로 국가가 교육을 독점하면서, 교육은 국민 통제를 위한 국가 이데올로기의 방편으로 변질되기 시작하였다. 국가가 재정을 조달하며 교육을 조직하고 운영함으로써, 교육팽창을 통해 대중에게 교육의 기회를 주면서 다른 한편으로는 학교교육을 통해 대중의 이데올로기적인 통제체제를 확립하게 되었기 때문이다.

최근 공교육의 국가성에 대한 비판은 크게 두 가지 흐름으로 나누어진다. 하나는 교육의 내용과 목표적 측면에서 국가의 개입으로 인한 교육의 이데올로기 문제이고, 다른 측면으로 국가의 개입으로 인한 교육의 비효율성에 대한 것이다.

공교육의 국가성에 대한 첫 번째 비판은 교육의 목표적 측면에 있어서 공교육제도를 통해 추구해야 할 공동선이 무엇이 되어야 하는가에 대한 문제다. 국가는 교육제도를 운영하며 추구해야 할 공동선이 무엇인지 결정해야 하는데, 이를 결정하는 것은 결국 권력을 가진 자들이며, 국가를 운영하는 자들이라는 비판이다. 국가나 국가와 다름없는 공공기관을 통해 이루어지는 교육이 표준으로 받아들여지고 이를 국가의 경계 속에 포함되어 있는 거의 모든 학교가 따라야 한다고 생각한다는 것이다.

공교육의 국가성에 대한 두 번째 비판은 교육이 국가의 개입으로 인해 학교교육의 비효율성을 낳았고, 이것이 교육의 실패로 이어졌다는 것이다. 이러한 주장에 대한 근거로 역사적으로 국가가 교육에 개입하여 의무교육을 추진하기 이전에 교육이 더 잘 이루어지고 있었음을 밝히고 있다. 공교육이 시작된 영국의 경우, 근대 공교육이 이루어지기 이전에 이미 학교교육은 충분히 공급되고 있었으며, 미국과 스코틀랜드에서도 국가가 교육에 관여하기 이전에 글을 쓰고 읽고 셈하는 사람의 비율이 높음을 주장하고 있다Tooley, 2004.

공교육에 대한 지지는 공교육이 배경이 다른 사람들을 융화시키는데 도움을 주고 이에 따라 공동체와 국가가 강해지며, 더 많은 사람들이 배움의 혜택을 입을 수 있다는 것에 기초한다. 그러나 19세기 공교육이 시작된 미국의 경우 무료 공립학교제도가 생기기 이전에 학생들은 이미 도제제도, 사립학교, 준공립 지역학교 등에서 취업을 준비하고 공부하고 있었다. 또한 정부가 공립학교를 설립하기 훨씬 이전에 이미 많은 사람이 글을 깨우치고 있었기에 국가는 무상교육을 약속함으로써 사립학교에서 공립학교로 학생을 재배치한 결과를 낳았을 뿐 Coulson, 2005 이라고 비판하고 있다.

대한민국의 이야기

우리나라의 경우 공교육의 시작을 살펴보면, 1894년 갑오개혁으로 서구식 근대교육이 시작되었으나 복잡하고 불안한 정치 상황 속에서 지속적인 노력을 기울이기가 어려웠다. 또한 일제의 교육정책으로 공립학교 설립이 억제되었고 식민지 시대 일본 주도의 공교육에 대한 일반 대중의 불신으로 공교육이 부진하였다 조연순 외, 2003. 반면, 사립학교 교육은 민족의 위기의식과 더불어 활성화되어 실질적인 공통교육을 담당하고 있었다.

일제 식민통치가 끝난 뒤, 국민의 폭발적 교육 수요를 충족시키기 위하여 국가는 '기회의 균등'을 위한 공교육정책을 추진하였다. 이러한 정책은 교육에 목말라 있던 대중에 대한 교육기회의 확대와 평등을 우선시하였으며, 사회적으로 정당한 신분상승의 도구였던 교육을 통해 동일한 신분상승의 기회를 제공하기 위한 평준화 정책으로 이어졌다. 이러한 과정에서 국가는 이는 교육 소비자에게서 학교 선택권을 박탈하고 학교교육의 국유화 단계로 이르게 함으로써 교육의 비효율을 낳았다고 김진영, 박성혜, 2008 비판받고 있다.

공교육에 있어서 평등의 원칙은 "모든 국민은 능력에 따라 균등하게 교육을 받은 권리를 가진다."라고 규정한 헌법 제31조 제1항에서 그 근거를 찾을 수 있다. 이러한 원칙은 학교제도를 운영함에 있어 교육의 기회균등을 달성해야 하는 책임과 교육의 질적 향상을 꾀하여 국민의 수학권을 보장하여야 할 책무를 동시에 가지고 있는 국가가 이러한 두 가지 상이한 가치 중 어느 것에 더 무게를 두느냐에 따라 달라진다. 이는 교육의 영원한 과제인 수월성과 평등성에 대한 문제와도 연관된다.

교육에 있어서의 수월성과 평등성의 문제는 교육적 관점에서 논의되어야 할 차원의 문제임에도 공교육의 책임이 국가에 있다는 이유로 국가의 정치적 판단에 의해서 좌우되고 있다권대훈, 2005. 이것은 근대 이후 교육이 제도화되어 국가의 책임 영역으로 포함되었기 때문이다. 국가는 학교제도를 운영함에 있어서 교육의 기회균등과 그 기회균등이 하향적 평준화가 아닌 상향적 실현을 달성할 수 있는 합리적 조화점을 도출하여야 하는데최취주, 2004, 이러한 과정에서 교육적 판단이 아닌 정치담론화되고 있는 것이다.

교육에 있어서의 자유와 평등은 서로 공존해야 할 가치임에도, 정치담론화되면서 양립의 가능성은 희박해진다권대훈, 2005. 교육에 있어서의 자유와 평등이 담론화되면서 강화된 것이 평등주의로 이어졌고, 이러한 과정에서 교육의 가치판단은 교육의 영역이 아닌 정치적 이해관계를 반영하게 되었다.

우리나라의 공교육에 대한 비판은 평등주의로 점철된 이데올로기뿐 아니라 사교육과의 경쟁으로 인한 비효율과도 관련된다. 우리나라의 교육현실에서는 평등성이 지나치게 강조되어 교육의 또 다른 본질인 수월성의 추구, 즉 개인의 능력 발휘를 어렵게 만들고 있었다. 이러한 관점에서 대표적으로 지적된 것은 교사가 수업 내용 및 평가에 대한 재량권이 없고, 수업시간에는 형식적인 교과서 진도 나가기에 그쳐 모두에게 의미 없는 수업이 이루어지고 있다는 것이었다.

학생들의 개별적 재능의 차이를 무시하고 똑같은 능력을 가지고 있는 똑같은 사람으로 대해 교육 내용이나 방법적 측면에서 차이가 없다고 바라보는 왜곡된 평등은 학생을 학교 이외의 다른 교육기관으로 교육을 찾아 나서게 만든다. 이는 한 가지 잣대의 입시를 통한 경쟁에 의해 서열화가 이루어지고 지나친 경쟁으로 내몰리고 있기 때문이다. 지나친 경쟁의 폐해가 교육과정의 정상적인 운영을 방해한다는 결과는 이미 많은 연구에서 지적되고 있다. 경쟁으로 인한 사교육에의 의존은 지나친 사교육비 문제와 이로 인한 또 다른 정치담론을 불러일으킨다.

우리나라 공교육이 많은 문제점을 가지고 있는 교육이라 비판받지만 그럼에도 고등교육의 대중화를 이루고, 눈부신 경제발전을 이룩했다는 것은 세계에서도 찾아보기 힘든 우수한 사례다. 또한 단시간 내에 문맹을 극복했다는 점에서 국가의무교육의 역할이 컸다는 것은 부인할 수 없다. 다만 국가의 교육에 대한 지배가 지나치게 강한 것은 교육이 한 단계 더 나아가는 것을 막고 있는지도 모른다는 우려가 된다Coulson, 2005.

제6장

대한민국의 교육기적

지난 60년간의 대한민국 교육사는 20세기를 21세기로 연결하는 과정에서 만들어진 인류사적 기적이기도 하다. 그리고 이제 진정으로 지식과 정보가 자본과 노동을 대치하는 새로운 인류사를 열어 가기 위한 씨앗을 만들어 내는 과정이었다. 대한민국 교육이 현재 안고 있는 많은 모순과 문제들은 60년 성장사의 이면에 감추어진 이야기들 그 자체다. 그것들을 반성적으로 살피다 보면 새로운 창조가 가능할 것이다.

제6장

대한민국의 교육기적[1]

인트로

대한민국은 대한제국이 1910년 일제에 의한 합방과 1945년 해방을 거쳐 치열한 좌우분쟁의 소용돌이를 겪고도 38선 이남 지역만을 대상으로 1948년 8월 15일 건국되었다. 1950년에 발발한 비운의 한국전쟁을 겪었지만 50년 반세기 동안 세계 최고의 경제기적을 이루었다. 그리고 그 기적의 일등공신이 교육기적이었음은 학계와 국제사회가 공인한 진실이다.

한편 대한민국 교육기적에 대해 자타가 공인하는 분명한 열쇠는 교육열이다이종각, 2003. 수요와 공급에 의해서 조절되는 것이 아닌 이른바 '국민성'이라고 하는 디폴트값으로서 교육열은 한국의 교육 성장을 견인하였다. 또한 한국교육의 기적을 이루는 또 하나의 설명 축은

1. 이 장은 『한국교육 60년』이종재, 돈 아담스, 김성열 편, 서울대학교출판부, 2010 중 필자의 글, '한국교육 발전을 위한 역사·문화적 요인과 제도적 자원'을 본 책의 내용과 체제에 맞추어 발췌 요약하고 재정리한 내용이다.

강력한 국가의 리더십과 정부 주도 교육계획의 성공적 수립과 집행이라고 할 수도 있다. 근대교육사의 중심추가 민족국가의 성립과 국가의 정치 · 사회 · 문화적 통합을 위한 국민형성의 기초로서 교육에 대한 강고한 국가개입사라는 측면에 따르면 대한민국도 그 예외는 아닐 것이다. 그럼에도, 다른 나라들과 달리 반세기도 안 되어 세계 최고의 교육기적을 이루어 낼 수 있었던 데는 단순히 국가와 정부의 개입과 효과적인 리더십만으로는 설명되기 어려울 것이며, 반드시 그 역사적 자원과 문화적 유산에 대한 성찰이 필요하다. 우선 여기서는 그것들을, 첫째 교육열의 기원, 둘째 근대사 편입과정의 특수성, 셋째 한글이라는 유산으로 설정해 본다.

역사의 유산, 교육열과 과거제도

유교는 동양과 중국문화권에서는 철학이며 종교이고 또한 과학이다. 그러므로 유교 정신을 이해하지 않고서는 대한민국 사람들을 정확히 이해할 수 없다. 그 핵심은 '배움으로써 사람군자이 된다.'는 가치다. 물론 인류의 문명사와 더 거슬러 올라가 호모 사피엔스로의 인간의 진화 역사도 따지고 보면 선대와 이웃으로부터 지혜를 배우고 가르쳐서 '문화'라는 독특한 유전자를 획득해 온 역사로 해석할 수 있다. 인류의 4대 문명은 이러한 문화 창조와 발전의 시원이었으며, 이 중에서도 특히 중국의 한자문명을 바탕으로 공자가 이룩한 유교문화는 배움과 교육의 가치에 대해 다른 문명에 비해 유달리 그 중요성을 강조해 왔다. 이집트와 메소포타미아의 문명이 그리스-로마 문명으로 바통을 넘겼지만 중세 암흑기 동안 인본주의적 자유와 창조는 잠시 신본주의적 권위와 신탁에 압제되었다. 반면, 현실세계에서의 이상

실현에 훨씬 무게를 두었던 유교적 전통에서는 배움과 교육을 통한 인류문명 창조가 강조되었다.

대한민국의 역사는 이러한 유교적 전통에 뿌리를 박고 고조선 시대를 거치고 삼국을 거치고 고려와 조선을 거치면서 한자문명에 바탕하여 배움과 교육을 한시도 게을리한 적이 없었다. 말하자면 우리의 교육열은 인간자본론이나 베이컨적 지식론 이전에 이미 문화적이며 종교적으로 또한 역사와 정치에 이르기까지 사회와 개인 모든 차원에서 강력한 규율체제로 자리를 잡아 왔다. 따라서 그 교육열은 한시도 억압될 수 없었고 기회의 제한보다는 기회의 확대가 자연스러운 사회적 역동체였다. 대한민국 건국 60년 기적의 동력을 교육으로부터 그 실마리를 잡을 경우 그 교육의 성장과 발전의 원동력 중의 하나는 분명히 교육열이라고 해야 할 것이다.

한국의 교육열이 사회 · 문화적 유전자라고 한다면 그러한 교육열이 오천 년 역사를 통해 어떻게 한국 사회와 개인 속에 담지되어 왔는가를 또한 살펴보아야 할 것이다. 그 기제는 단연 과거제도인데, 고려 광종 9년958년 후주後周 사람 쌍기雙冀의 건의에 따라 처음 도입된 과거제도는 이후 천년 넘게 한반도에서의 엘리트 충원과 교육제도의 근간이 되어 왔다.

오늘날과 같은 보편적이고 대중적인 공교육제도가 확립되지 않았던 당시로서는 과거에 합격하는 것이 마치 오늘날 각급 학교의 졸업장을 얻는 것과 마찬가지 역할을 하였다. 예컨대 초시에 합격하면 초등학교 졸업, 소과에 합격하면 중등학교 졸업, 그리고 대과에 합격하면 대학 졸업과 같은 의미로 받아들여졌다. 또한 과거의 합격이 곧바로 관리 임용을 보장하는 오늘날의 채용 시험이기보다는 자격 시험으로서의 성격이 더 강했기 때문에 분명 과거제도는 시험제도이기보다는 교육제도였다 이원재, 2001. 다시 말해서 국가 · 사회적으로 교육제도 운영에 필요한 자원이 부족하고 더욱이 기회를 확대하는 데 따른 비용 부담에 대한 한계 때문에 개인학습자에게 책임을 맡기는 최종적 평가 기제만으로 선발과 훈련 체제를 운영하였다.

한편 삼국시대와 고려시대를 거쳐 조선에 이르면서 사회적 신분상승의 최대 기제는 과거제도였다. 물론 과거시험 응시 기회가 모두에게 허용된 것은 아니었지만 적어도 법적으로는 극소수의 천민과 복권 전 대역죄인의 경우를 제외하고는 기회는 열려 있었다. 다만 과거 준비에 따른 책 구입비용, 서당이나 서원에서 교육받을 비용 및 과거 응시 비용에 의해 기회 획득과 공급상의 불평등은 발생하였다. 어쨌든 한국인의 선조들은 이론적으로 유일하게 허용된 최고의 신분상승 기회를 붙잡기 위해 평생을 다 바쳤으며 죽어서까지 묘비명에 '학생'이라는 미학력 불명에 딱지를 붙여야만 했다. 그리고 한국사회는 학생을 면하기 위한 민중의 교육열을 흡수해 낼 사회적 제도 구안 압력을 끊임없이 받아 왔다고 해야 할 것이다.

근대사 편입과정의 질곡: 위기와 기회

1894년 갑오개혁으로 과거제가 폐지되었다. 이후 근대식 학교제도가 생겼으나 사회적 신분배치 기제는 공황 상태에 빠졌다. 더구나 이어진 일제의 식민지배는 이제 친일과 반민족의 정도에 따라 피식민 사회 내에 신분을 재배치하는 미증유의 체제를 만들어 냈다. 억압과 혼란을 겪던 한국인들은 해방과 건국을 통해 미국식 근대학교 제도라는 선물을 받게 되었으며 그 결과는 세계 역사상 유례가 없는 교육폭발로 이어진다. 결론적으로 대한민국의 교육성장사는 과거제도라는 유제가 잉태하고 있었던 것만은 분명하며 이에 대한 보다 심층적인 이해가 필요하다. 그러나 이러한 질곡들은 한국교육의 발전과정에서 위기로 등장하였지만 동시에 극복을 통해 새로운 기회로 만들어지는 인자이기도 했다.

일본의 영향을 받았거나 혹은 거의 강요되었다고 볼 수 있는 갑오개혁으로 인해 천년을 유지해 온 과거제도가 종언을 고했다. 고종은 일본 메이지유신의 교육칙령을 참고 삼아 조선의 교육입국조서1985년를 선포하였다. 구래의 과거제도 대신에 근대식 교육제도를 열고 국가의 인재를 길러 내서 쓰겠다는 것이었다. 재미있게도 일본의 경우 동양의 선진국인 중국과 조선에서 써 오던 과거제도를 발전시키지 못했지만 이른바 제국대학을 골간으로 하는 새롭고 강력한 엘리트 충원체제를 탄생시켰다. 일본의 제국대학 체제가 이후 20세기에 일본을 강대국의 반열에 올린 주역이었음은 당연하다.

조선에도 이와 같은 변화와 혁신이 필요하다는 인식은 당시로서는 당연한 것이었다. 그러나 일본과 조선의 사정은 달랐다고 보아야 할 것이다. 이미 조선에는 천년 넘게 내려온 강력한 과거제도가 있었기 때문에 새로운 체제로의 옷 갈아입기는 만만치 않은 과제였다. 그런데 더욱더 이를 어렵게 만든 것은 그것이 일본에 의해 강요되었다는 것과 함께 곧이어 시작된 대한민국의 비극적 역사인 식민지배사였다.

과거제도가 종식되고 근대식 교육제도가 이식되는 것은 그 자체로서도 험난한 과정이었다. 그러나 다행히도 반만년 문명사를 이어 온 조선사회는 선각자들의 노력으로 원산학사 이후 다양한 근대식 학교를 설립할 수 있었으며, 배재학당과 같이 임금께서 직접 헌액을 하는 서양 선교사들 주도의 종교학교들도 설립되었다. 그런데 1910년의 한일합방으로 조선인들의 교육열은 길을 잃고 말았다. 일본인들은 소학교를 세우고 관립 경성제국대학1924년을 세웠다. 조선의 선각자들과 서양의 선교사들은 곳곳에 민족사학과 종교사학들을 세웠다. 조선인들은 과거제도 폐지 이후 공백이 되어 버린 신분상승 통로를 찾아야 했다.

그러나 사실 마땅한 출구가 없었다. 우선 일제가 세운 학교를 다니고 일제 식민사회의 지배 엘리트가 된다는 것은 쉽게 받아들이기 어려운 일이었다. 경성제국대학의 교수 요원은 대부분 일본인들이었으며 교육의 목적은 일제 식민지배를 정당화하는 과정이었다. 이른바 소학교 또는 보통학교로 불리운 기초교육단계 또한 마찬가지였다. 식민지배를 수용하기 어려웠던 이들은 민족사학과 종교사학을 택하려 했지만 이들 사학들은 식민통치권력에 의해 철저히 감시받아야 했다. 오늘날 한국사학이 안고 있는 국가통제의 유습은 이때 만들어진 사립학교법에서 기원한다. 일제식민정권은 1900년의 사립학교법을 1908년에 사립학교령으로 개정하여 통제를 강화하고 1911년에는 조선교육령 안에 사립학교규칙으로 통합하였다. 요컨대 조선인과 한국인들의 교육열은 다시 얼음장 밑으로 흐를 수밖에 없었고 새로운 봄을 기다려야만 했다.

일본에 의한 35년간의 식민통치는 전통적 사회계층을 거의 와해시켜 버렸다. 일제에 의해 새로 이식된 근대식 교육제도와 엘리트 충원제도는 이러한 사회계층 와해에 매우 강력한 기제로 작용하였다. 그런데 이러한 전통질서 와해를 보다 더 철저하게 완결시킨 것은 1950년에 발발하여 3년이나 지속된 한국전쟁과 이로 인해 고착되어 버린 남북분단이었다. 식민과 전쟁 그리고 다시 미국에 의해 주도된 서양 근대문화의 유입으로 인해 한국사회에 남아 있던 구질서는 전면적으로 개편되기 시작한다.

그러므로 이제는 역사적인 유제인 교육열과 과거제도는 새로운 서구문명적 질서와 연합하여 새로운 교육질서로 옷을 바꿔 입게 된 것이다. 말하자면 건국 이후 대한민국의 교육발전사는 이처럼 역사 · 문화적 전통과 서구 문명적 충격 간의 결합을 통해 세계 유례가 없는 급속한 교육폭발로 나타나게 되며 적어도 현재까지는 이 교육폭발이 이른바 인간자본론의 확증적 징표로서 대한민국 경제기적의 원동력으로 설명되어 왔다. 여기서 흥미로운 것은 제2차 세계대전 이후 많은 신생독립국이 있었으며 한국전쟁에 참전하고 지원해 준 48개 유엔 연합국들이 있었지만 당시 최빈국이었던 한국이 어떻게 세계 10대 경제대국으로 성장할 수 있었으며 유네스코와 유엔이 한국만이 아닌 다른 많은 개발도상국에도 교육 원조를 시행했지만 한국에서와 같은 성공이 쉽지 않았는가 하는 수수께끼다. 역사 · 문화적 유제로서의 교육열과 과거제도, 그리고 근대 이행기의 식민과 전쟁 그리고 구질서의 와해라는 특수 사정이 있었지만 어떻게 서양식 근대화를 효과적으로 수용하고 오히려 한국식 발전모델을 창조해 낼 수 있었는가는 분명 새로운 설명 방식을 요구하고 있는 것이다.

이러한 설명 방식의 하나로서, 정부와 국가가 어떤 역할을 하였는가를 살펴볼 필요가 있다. 해방 직후에서 건국에 이르기까지 미군정과 신홍 대한민국정부는 어떠한 기초작업을 하였으며, 전쟁과 4 · 19학생혁명, 5 · 16군사쿠데타 또한 80년 광주민주화운동에 이르기까지 한치 앞을 가누기 어려운 상황에서도 정부가 교육발전을 어떻게 주도해 왔으며, 오늘날 숫자적으로만 볼 때 적령자 90% 이상이 취학하는 고등교육의 대중화한국교육개발원, 교육통계서비스, 2008에 이르기까지의 교육팽창 과정에서 국가가 어떤 인프라를 설계하고 구축해 왔는가에 대한 검토가 필요할 것이다.

한글과 훈민정음

한국의 교육기적에서 사람들이 궁금해하는 것은 다음의 두 가지가 아닐까 한다. 세상의 모든 나라, 특히나 UN체제가 그렇게 수십 년 동안 목표하고 있는 문맹퇴치와 보편교육이 유독 한국에서는 해방과 독립 이후 단 10년만에 이루어졌다는 것이다. 이 장에서는 그 열쇠를 문화적 · 역사적 유전자로서의 교육열과 국가적 리더십으로 풀이하고 있지만 의문은 여전히 남는다. 첫째, 교육열은 어떻게 해서 생겨나는 것이며, 둘째 다른 나라들도 국가적 투자를 하는데 왜 유독 한국에서만 성공하느냐는 것이다. 많은 설명과 연구가 이루어져 왔지만 아직 시원스러운 답은 없다. 여기서는 그 하나의 가능성으로 한글에 대해 생각해 보기로 한다.

한글은 1446년 세종대왕이 반포한 이후 500여 년간 묻혀 있다가 조선 말에 주시경 선생에 의해 훈민정음과 언문으로 불리던 옛 이름을 버리고 '한글'이라는 새 이름으로 탄생했으며 처음의 스물여덟 자 체제를 오늘날의 스물네 자 체제로 바꾸었다. 조선어학회해방 이후는 한글학회가 일제 식민치하에서 한글을 지키기 위해 노력한 역사는 피히테의 독일어 고백과 정확히 일치한다. 여하튼 해방 직후 한글학회는 한글 교과서 보급운동을 하고 대대적인 학교 및 학교 외 교육을 통한 한글 보급과 문맹퇴치운동을 벌인다.

한글은 그제서야 위대한 힘을 발휘한다. 2011년 일본인 학자 노마 히데키가 발간한 『한글의 탄생』은 한글을 인류사의 기적으로 감히 선언한다. 해방 이후 한국 사람들은 한글을 제대로 만났다. 그리고 한글로 쉽게 자녀들을 가르쳤다. 자녀들은 정말 쉽게 글을 깨치고 책을 가까이했다. 그리고 그들은 교육에 흥미를 갖게 되었으며 모두가 학교에 다니기를 원하게 되었으며 여기에 과거제도와 유교문화의 역사적 유산이 힘을 실었다. 한글은 명실공히 대한민국 교육기적의 중추적 열쇠가 되었다.

미국식 교육제도의 실험

해방과 분단은 대한민국의 현실이었고 현실 타개와 미래 개척을 위한 기초 설계는 미군정청이 맡았다. 미군정청의 리더십은 대한민국 교육발전사에서 국가가 맡게 될 역할과 기능 모델을 수립하였다는 점에서 먼저 점검되어야 한다. 여러 가지 평가가 가능하겠지만 이후 한국의 교육발전사를 설명하는 데 있어서 가장 중요한 두 가지는 미국식 교육자치제도가 도입되었다는 사실과 미국식 근대교육제도가 도입되었다는 사실이다. 교육발전사에 있어서 '자치'와 '근대'는 핵심적 코드가 되었는데, 자치는 경제와 사회 영역으로부터 독립된 공간에서 자율적이고 안정적인 발전전략을 수립하는 정책 환경을 제공하였다면, 근대는 수천 년간 유교적 중화문화권에 묶여 있던 교육의 철학적 기반을 기독교적 서구 문명으로 변화시킴으로써 현대과학문명과 산업자본주의로 대한민국을 조기에 편입시키는 정책 환경을 제공하였다고 할 수 있을 것이다.

미국은 20세기 후반에 들어서 명실공히 세계 최강국으로서 로마가 2000년 전에 만들었던 팍스 로마나에 이은 팍스 아메리카나를 확립한다. 두 차례에 걸친 세계대전을 거치면서 근대를 열었던 영국과 프랑스와 같은 구제국들은 사라지고 소련과 더불어 20세기 후반 세계를 지배하는 맹주가 되었고, 이어 소련과 사회주의권의 몰락으로 20세기 중엽에 이르러서는 드디어 세계 유일 최강국이 되었다.

그 원인에 대해서 여러 가지 설명이 가능하겠지만 대한민국 기적에서와 마찬가지로 그것은 미국의 교육제도일 것이다. 미국은 2008년 영국『The Times』세계 대학순위보고서에 따르면 세계 100대 대학 중 37개 대학을 보유하고 있으며, 핵폭탄 개발과 우주 개발로 상징되는 미국의 과학기술은 MIT로 대표되는 연구중심대학의 그 근거지다. 그러나 보다 근원적인 미국교육의 역사는 신대륙 발견과 이민의 역사 그리고 남북전쟁을 거치면서 세계의 모든 민족을 아메리카인으로 재탄생시킨 보통교육에서부터 시작한다. 부인학교Dame School는 초기 이민사에서 원주민으로부터 아이들을 보호하면서 청교도 정신을 가르친 자치교육의 원형이 되었으며Spring, 1986, 호레이스만이 주창한 공교육제도와 듀이가 기반을 제공한 진보교육은 모두 오늘날 미국이 인종과 문화, 종교와 국적을 초월하여 유일하고 객관적이며 공정한 기준, 곧 One Nation One Standard인 교육을 통한 능력 개발과 기회 획득이 가능한 자유의 천국이 되게 하였다Badillo, 2006.

이러한 자유정신은 미국식 교육자치의 근간을 이룬다. 교육은 철저하게 지방의 고유 사무가 되며, 학교구는 자체적으로 세금을 걷고 교육의 내용과 이념을 결정하며, 학교구와 일반 행정구역은 별개의 자치단체로 운영된다. 그런가 하면 종교와 이념이 다른 경우는 국가나 주정부로부터 전혀 간섭을 받지 않고 스스로 학교를 세우고 가르칠 수 있는 사립학교 제도가 완벽하게 허용되고 있다. 대학의 학문적 자율성이 보장되는 것은 두말할 나위가 없다. 이러한 미국식 자치제도는 대한민국 건국 초기 교육제도를 수립함에 있어서도 가장 중요한 정책원리가 된다.

오늘날 한국의 교육행정제도가 가지는 자치정신은 미국에서보다 훨씬 더 순수한 혹은 완고한 형태를 띠고 있다. 광역단위 교육자치조직인 시 · 도 교육청의 자율성은 시 · 도 지사로부터 완벽하게 독립되어 있으며, 교사의 신분과 보수는 교장이나 교육행정조직으로부터 완벽하게 독립되어 국가로부터 보호를 받고 있다. 사회경제적 위기가 있을 때마다 교육정책이 간섭과 영향을 받기는 하지만 다른 나라에서와는 비교가 안 될 정도의 안정성과 독립성을 누리고 있다. 그 결과 산간벽지와 낙도에까지 단 1명의 학생을 위해 장학선을 보내고 분교라도 세워서 교육의 기회를 보장하였다. 말하자면 미국식 교육자치는 대한민국의 교육제도가 안정적이고 독립적인 재정기반을 확립할 수 있도록 한 것이다.

교육은 기본적으로 세계를 배우는 과정이다. 나와 가족 그리고 고향이라는 작은 세계를 배우는 것이 아니라 너와 이웃 그리고 타향의 사람들이 살아가는 방식을 배움으로써 나의 세계를 넓혀 가는 과정이라고 할 수 있다. 여기서 배워야 할 가장 중요한 가치는 당대 문명의 핵심 가치일 것이며, 오늘날 그것은 미국 문명이라고 단언해야 할 것이다. 언어적으로는 영어를 배우는 일이며, 지식적으로는 근대과학문명을 배우는 일이다. 대한민국의 교육발전사는 미국식 근대교육제도를 통해 당대 문명의 핵심 가치를 직수입하는 과정이었다고 평가해야 한다.

국가적 리더십과 비전

해방과 건국, 또 전쟁과 분단으로 점철된 대한민국의 초기사는 조국의 패망과 식민폭압에 이은 철저한 불행의 역정이었다. 그러나 절망의 끝에서만 희망의 실마리를 찾을 수 있는 자연법칙은 대한민국사에 그대로 적용되었으며, 이 과정에서 국가와 대통령은 놀라운 리더십을 발휘할 수 있었고 국민에게는 교육을 통한 독립과 번영이라는 소망을 가꾸게 했다.

김충남2007은 신생독립국과 그 국가를 운영하는 대통령에게 주어진 사명과 역할이 국가 안보의 확보와 경제 번영 그리고 정치적 안정이라고 하였다.

첫째, 국가 안보의 확보는 국가의 기본적 주권 확립과 영토와 국민의 안정권이 외부 침략세력으로부터 전쟁과 패망의 위협을 받지 않는 기본 요건을 의미한다. 베스트팔렌 체제 이후 확립된 근대민족국가 체제에서 전쟁은 더욱더 중요한 국가 간 분쟁해결의 합법적 수단으로 확립되었다홍윤기, 2005. 전쟁을 통해 확립된 국경과 국가주권은 국제조약이라는 형태로 국가 간의 규약으로 받아들여지게 되었다. 국경 안에 사는 구성원들은 국민으로서 또는 민족으로서 하나의 동질적 운명체로 묶이게 되었으며 이들 공동체는 국가주권이 안정되고 보장되는, 곧 국가 안보의 틀 안에서 생활의 안녕과 번영을 약속받게 되는 근대국민국가 체제 안으로 흡수되었다.

제2차 세계대전이 끝나고 세계는 미국과 소련이라는 양극 체제로 재편성되었으며 이 과정에서 구열강 제국들이 통할하고 있었던 많은 민족단위는 이러한 근대국민국가 체제 안의 신흥독립국으로서 지위를 확보하기에 이른다. 대한민국은 오천 년 역사를 가진 유구한 국가이면서도 일제 식민통치의 폭압을 받을 수밖에 없었지만 연합국 승리의 대가로 독립을 쟁취하기에 이른다. 이 과정에서 가장 먼저 확보되어야 했던 것은 국가 안보였다. 그러나 미소 간의 대립은 분단과 전쟁의 역사를 유발하였고 유엔 연합국의 지원으로 가까스로 회복한 국가 안보는 이후 60년 역사에서 가장 핵심적 국가전략의 하나가 되었다.

초대 이승만 대통령은 미국 중심 서구자유세력과 연합하는 것을 신홍 약체 대한민국의 안보를 확보하는 핵심전략으로 삼았으며, 이후 박정희 대통령의 자주국방 정책도 전쟁기억과 상존하는 북한의 위협으로부터 국가를 지키기 위한 최우선 선택이었다. 결과적으로는 이러한 국가 안보 전략이 대한민국 기적의 중요한 보루가 되었음은 두말할 나위가 없다. 그에 비하면 최근까지도 분쟁에 휘말리고 있는 중동의 국가들과 소련연합체제를 탈피한 동유럽 국가들은 물론 독립쟁취운동을 아직도 벌이고 있는 코소보와 티베트 공동체들의 안녕과 번영은 안타까울 수밖에 없다.

둘째, 경제 번영과 국가 안보는 상호보완적일 수밖에 없다. 종종 양자 간의 우선순위 논쟁이 있을 수도 있지만 분명 선후 간 선택의 대상은 아니다. 그럼에도, 경제 번영은 국가 안보가 확립되지 않고서는 성립 자체가 불가능하며, 국가라는 공동체적 · 집단적 단결체가 없는 경우 치열한 경쟁체제를 이겨 내기가 쉽지 않다. 그러므로 경제 번영을 위한 국가단위의 전략은 신흥독립국가와 국가경영을 책임진 대통령에게는 가장 중요한 과제다.

대한민국은 해방 직후 그리고 제1차 경제개발 5개년 계획이 수립되던 1960년대까지 1인당 국민소득 100달러 수준의 세계 최빈국이었다. 그러나 이후 강력한 국가중심 경제발전전략은 대내외적 경제 환경을 최대로 활용하여 세계 10위권을 넘보는 경제대국으로 발전하기에 이르렀다.

셋째, 국가 안보와 경제 번영은 정치적 안정을 통해서 선진국으로의 도약의 기틀을 제공하게 된다. 물론 이 세 가지 과제 역시 우선순위 논란에 늘 빠지게 되며 자칫 어느 한쪽으로 무게중심이 지나치게 쏠릴 경우는 셋 중 어느 하나도 획득하지 못하게 된다. 대한민국의 경우 적어도 1980년대 초반까지는 국가 안보에 이은 경제 번영의 기본 토대가 이루어졌다면 그 이후는 정치적 안정화의 단계를 밟아 왔다고 볼 수 있다. 결국 대한민국의 국가발전전략을 단계적으로 볼 때 정치적 안정은 그것을 지탱해 줄 국방력과 경제력의 토대 위에서 진행되었다고 볼 수 있다.

이런 관점에서 보면 1948년 건국 이후 17대에 걸쳐 이승만, 윤보선 장면 내각 수반 포함, 박정희, 최규하, 전두환, 노태우, 김영삼, 김대중, 노무현, 그리고 이명박 등 11명의 국가지도자들은 각각 장단점과 공실을 가졌지만 대체적으로 앞서 신흥독립국들의 발전단계라고 할 수 있는 국가 안보와 경제 번영 그리고 정치적 안정이라는 과업을 각각 시기에 따라 그 사명을 감당해 왔다고 평가할 수 있을 것이다. 세 가지 과업 간의 우선순위와 상대적 비중을 논할 수는 없지만 대체적으로는 국가 안보를 바탕으로 경제 번영이 이루어지고 다시 그것을 토대로 정치적 안정이 이루어진다면 다시 그것이 선순환으로 이어져서 선진강국으로 도약하게 될 것으로 전망된다. 20세기 후반에 세계에서 가장 눈부신 국가발전의 기적을 이룬 대한민국이 이제 이러한 선순환의 바퀴를 잘 돌린다면 21세기 초반에 G7의 세계 최강국 중 하나로 등단하는 것도 멀지 않은 일이 될 것이다.

국가교육계획의 수립과 집행

교육발전이 대한민국 기적의 원동력이었다는 사실을 다시 한 번 상기할 때 그러한 교육기적을 이룩하는 과정에서 역사적 조건으로 주어진 정책 환경을 충분하게 활용하여 국가적 동력으로 전환시킨 대통령과 국가의 리더십을 결코 간과할 수 없다. 이러한 노력은 구체적으로 몇 차례에 걸친 국가적 교육개혁 작업으로 나타난다. 자유시장 경제체제를 기반으로 하면서도 개발도상국의 일반적 국가전략으로 선택될 수밖에 없었던 국가 주도 발전전략은 교육발전 과정에서도 그대로 나타났다. 즉, 대한민국 교육발전 과정은 국가 주도형 교육개혁의 착실한 수립과 집행과정으로도 해석될 수 있다. 이와 관련하여 살펴보아야 하는 관점은 첫째, 교육개혁에 있어서 국가권력과 대통령의 역할은 어떤 자리매김을 가졌는가, 둘째 구체적으로 어떠한 교육개혁이 이루어졌는가, 셋째 교육개혁을 추진하기 위한 조직과 기구는 어떻게 작동되었는가 하는 것이다.

국가 수준의 국가교육계획은 대체로 3단계의 특성을 가지고 발전되어 온 것으로 평가된다. 그것은 국가안보기, 경제성장기, 그리고 민주적 발전기로 구분해 볼 수 있었던 바와 같이 교육계획의 목표 역시 이러한 발전 단계와 특성을 갖춘다.

국가안보기는 이승만 대통령의 리더십이 발휘되던 시기다. 이 기간 동안 국가교육계획의 중점은 해방과 분단 그리고 전쟁과 기아의 극한적 위기에서 국민적 자존심을 지키면서 해외 원조를 적극적으로 활용하던 시기로 평가된다. 가장 중요한 자원은 해외 원조였는데 이것은 크게 두 가지 원천을 기반으로 한다. 첫째는 미국의 원조이며 둘째는 유엔과 유네스코를 중심으로 한 국제사회의 원조였다.

첫째, 미국의 원조와 지원은 해방 직후 미군정청이 주도한 대한민국 교육의 기본 골격을 성립하는 과정에서 시작되었으며, 이후 미국 피바디 사범대학 자문단[2] 및 USOM/USAID 지원금, 그리고 많은 미국

2. 미국 테네시 주 내슈빌에 소재한 조지 피바디 사범대학의 교육사절단단장 W. E. 가슬린 교수이 1956년 10월 12일부터 1962년 8월 28일까지 6년간 한국에 내한하여 교원양성교육을 중심으로 교원재교육, 교육연구, 기타 문교행정 분야의 교육자문을 담당했다. 교수단은 전국 중학교교장 연구협의회, 사범학교교원 하기

유학생 초청 사업 등을 통해 실현된다. 국가는 미국의 원조를 적극적으로 활용하였으며, 미국 또한 전쟁을 통해 맺어진 혈맹 정신으로 대한민국의 부흥을 위해 지원을 아끼지 않았다. 이러한 미국 중심의 교육제도 도입과 국가계획에 대해서 한편에서는 중국과 일본을 대체하는 또 다른 외세로의 편입과정이라고 비판을 하지만 20세기 후반의 팍스 아메리카나를 구축한 미국의 원천이 또한 미국의 교육이라는 평가에 근거할 때 대한민국의 선택은 성공적 선택이라고 평가받아야 할 것이다.

둘째, 유엔과 유네스코를 통한 원조 중 가장 큰 것은 대한민국의 문맹퇴치와 보편의무교육 완성을 지원하기 위한 교과서 지원사업이라고 해야 할 것이다. 유네스코는 교과서 인쇄기와 종이를 지원하였으며, 이는 해방 10년만에 전 국민 문해를 달성하는 데 가장 중요한 기여를 하였다.

경제성장기의 교육개혁은 교육을 국가와 경제발전의 전략적 도구로 활용하는 데 초점을 두고 진행되었다. 1962년부터 1981년까지 5차에 걸친 국가경제발전 5개년 계획의 부문계획으로서 교육계획이 포함되었다. 1962~1966년, 1967~1971년의 두 차례에 걸친 경제발전계획에서 교육은 노동인력수급계획으로 포함되었으며, 1972년부터 시작된 3차 계획부터는 '경제발전계획'이 '경제사회발전계획'으로 보다 국가사회의 총체적 발전계획으로 확대되었으며 이때부터 교육 분야 중장기적 발전계획의 틀이 마련되었다. 본격적인 모습을 드러낸 최초의 교육계획은 1969~1971년 국무총리 산하에 조직되어 운영된 장기종합계획심의위원회가 마련한 '장기종합교육계획 1972~1986'이었

연수회를 비롯한 교원재교육 활동과 교사양성교육의 교육과정 개발 및 교사양성기관의 신설 활동을 벌였다. 피바디 사절단은 미국의 진보주의 교육철학 및 교육과정을 한국에 소개했고, 교원양성교육을 체계화하는 역할을 수행하였다.

으며, 그 후 1978년에 한국교육개발원이 주관하여 '교육발전의 과제와 전망1978~1991'이 수립되었다. 이후 여러 종류의 교육계획이 다각적으로 수립되었으며, 계획 실천을 위한 다각적인 국가적 노력이 이루어졌다. 이 시기에 이루어진 핵심 개혁은 1968년의 중학교 무시험 정책과 1973년의 고교평준화정책을 통해 교육기회의 보편적 확산 기반을 마련한 일이라고 할 수 있으며 이를 지원하기 위한 재정정책으로서 1971년에 제정한 지방교육재정교부금법도 빼놓을 수 없다. 또한 1971년부터 시작된 KAIST와 대덕과학단지를 중심으로 과학기술교육정책과 중화학공업 육성정책에 따라 강력하게 추진한 공업 및 직업교육 육성정책 또한 1980년대 이후의 경제발전을 견인해 내는 인프라로서의 역할을 충분히 했다.

민주적 발전기에 있어서의 교육개혁은 양적으로 성장한 교육의 질적 도약을 위한 전환기로 평가된다. 갑작스러운 박정희 대통령 시해사건과 이후 전두환 정부에서 노무현 정부에 이르기까지 30여 년 동안은 박정희 정부에서 이룩해 놓은 경제적 토대를 숙성시키면서 그간에 누적된 정치사회적 모순을 민주화의 진통을 통해 해결해 오는 과정이었다. 전두환 정부가 시작한 7 · 30교육개혁안의 급진성과 김영삼 정부가 완성한 5 · 31교육개혁안의 완결성 또한 모두 이러한 진통의 산물이었다. 세계 유례가 없는 기회의 확대는 콩나물 교실과 과도한 교사의 업무 부담과 극심한 입시경쟁으로 인한 창의성이 수반되지 않는 교실의 왜곡으로 나타났으며, 이 시기 국가교육계획의 중점은 이러한 문제를 해결하고 선진화하려는 노력에 두었다.

결론적으로 지난 60여 년간 대한민국 정부와 대통령 그리고 국가와 사회는 총력을 기울여 교육을 국가발전의 원동력으로 만들기 위해 노력해 왔다. 그 과정에서 해외 원조를 적극적으로 활용하였으며, 국민적 자존심 그리고 정부와 국민의 참여와 협조를 바탕으로 기회를 최대로 활용하였다고 보아야 할 것이다.

대한민국 국가공교육제도의 완성

대한민국헌법 31조는 교육이 국민 누구에게나 보장된 평등한 권리이며 의무임을 천명하고 있다. 무엇보다 제31조 제4항은 교육의 자주성과 전문성 그리고 정치적 중립성이 법률로 보장된다는 점을 선언하고 있다. 이는 대한민국 교육의 성장과 기적을 이루어 내는 국가제도와 인프라를 설계하는 근본 원리를 이룬다.

첫째, 교육의 자주성은 교육자치의 기본 정신으로 교육권의 주체가 학생과 학부모 그리고 주민과 국민임을 의미한다. 해방 직후 한국의 교육체제를 설계한 미군정청 교육당국은 미국식 교육자치제도를 도입하고자 하였다. 미국은 기본적으로 교육을 연방정부가 아닌 주정부와 지방행정당국의 사무로 규정하고 있다. 이것은 미국의 형성과정에서부터 확립된 각 부문별 지방자치정신이 교육의 경우에도 예외가 아니었으며, 특히 주일학교와 부인학교 그리고 이를 기반으로 발전된 학교구별 교육자치제도가 유일하게 벤치마킹될 수 있었던 교육운영체제였던 셈이다. 이러한 미국식 교육자치제도는 헌법정신에 반영되었을 뿐 아니라 1949년에 제정된 교육법에도 지방교육자치제도의 정신을 담게 하였다. 물론 교육자치제도가 이후에도 여러 과정을 거쳐 명실공히 미국식 교육자치제라고 할 수 있는 형태로까지 발전되지는 못하였다. 1960년 제2공화국 당시 완전한 교육자치제가 잠시 실현된 바 있지만 1961년의 군사 쿠데타로 인하여 중단되었으며, 실질적인 회복은 1991년의 일반지방자치단체장 선거와 더불어 실시된 지방자치시대가 열림으로써 지방 수준의 교육자치가 제자리를 잡게 되었다. 여하튼 한국의 교육성장 과정에서 지방교육자치는 항상 달성해야 할 가치로서 살아 있었으며, 이와 같은 국가사회적 의제는 모든 교육정책에서 지방교육의 발전을 위한 동력으로 그 힘을 발휘했다. 그 대표적인 예가 지방교육재정교부금법을 통해 지방교육자치의 재정적 안정 기반을 확충하는 정책 효과를 만들어 내게 한 것이다.

둘째, 한국 교육자치의 두드러진 특징은 전문성이다. 교육에 있어서의 전문성은 교육사무를 일반사무로부터 확연하게 구분하고 독립성을 보장하는 것으로 나타났다. 한국에서 교육행정의 전문성 주의는 때로는 지나치다 할 만큼 일반행정으로부터 독립되어 있다. 교육감은 지방자치단체장인 시장과 도지사로부터 완전히 분리되어 있다. 1991년 이전에 교육감은 중앙정부에서 임명되었으며, 이후로는 간선 혹은 직선에 의한 주민투표를 통해 선출되고 있다. 또한 재정적으로 지방교육비특별회계는 지방정부의 일반회계와는 완전히 독립되어 운영되고 있으며, 무엇보다도 각급 공립 초·중등학교의 교사 또한 국가공무원으로서의 신분적 독립성을 보장받고 있다. 이러한 독립성은 교육의 전문성 보장이 곧 교육자치정신의 근간이라고 선언한 헌법정신을 구현한다고 간주되고 있으며, 사실 이로 인해 교육은 경제적·정치적·사회적 영향으로부터 간섭이 배제되고 보호되어 왔다고 볼 수 있다. 이러한 독립성과 전문성은 교육 부문 자체적인 성장 논리에 기반한 발전과 기적을 만들어 내는 기반이 되었다고 평가받고 있다.

셋째, 교육의 자주성과 전문성을 보완하는 원리로서 교육의 정치적 중립성 또한 매우 특징적인 한국교육의 인프라를 이루어 왔다. 사회 각 부문들은 상호 간 밀접한 영향관계를 가짐과 동시에 각각 절대적이든 상대적이든 상호 간의 자율성도 가진다. 여기에는 물론 교육도 예외가 아니다. 근대국가 공교육제도가 성립되면서 교육 부문의 자율성 문제는 매우 중요한 정치사회적 의제가 되어 왔다. 그러나 사실 근대교육 이후 교육 부문의 정치성은 그 어느 때보다 강화되었다고 볼 수 있으며, 알튀세르는 이를 정치경제학적으로 설명하면서 교육의 상대적 자율성을 강조한 바 있다.

그런데 근대 이전 그리고 고대 또는 교육의 원형적 관점에서 보면 교육은 종교적 층위에 놓여 있는 부분이며 정치를 초월하는 부분이었다. 영국의 황실장학청HMSO: Her Majesty 's inSpectors' Office 전통에서 보듯이 교육은 정권과 정부의 수장인 총리의 업무가 아니라 국가의 수장인 황실의 업무인 것이다. 교육이 정치적으로 중립적이어야 한다는 것은 이처럼 근대교육제도가 형성되면서 핵심적 교육정책 의제가 되었다. 한국의 헌법정신에서 이를 명문화한 것도 그 까닭이다.

대한민국에서 교육의 정치적 중립성은 건국 초기에서부터 교육자치제의 뼈대를 이루는 논리로서 확실한 법적 보장을 받을 수 있었다. 행정적으로 초·중등교육을 담당하는 교사를 국가공무원으로 보장함으로써 신분적 안정을 보장하고 정당 가입과 정치적 활동과 영리행위를 금지함으로써 학생을 가르치는 데 있어서 불편부당함을 제거하였다. 때로 이러한 극도의 정치적 중립성이 정부의 성격에 따라 오히려 친정부적으로 이용당한다는 비판을 받기도 하였지만 종국적으로 볼 때 교육의 양적·질적 성장을 가져오는 정책원리로서 큰 힘을 발휘했다고 평가할 수 있을 것이다. 1980년대 이후 민주화의 역동기에 교원노동조합이 합법화되고 그 정치적 활동이 부분적으로 가미되면서 대한민국 교육계가 정치와 극심한 갈등을 빚게 된 것도 사실 따지고 보면 이러한 정치적 중립성이라는 헌법정신이 일부 훼손된 경우로 보아야 할 것이다.

한국형 교육자치

한국의 교육자치제도는 세계 어느 나라에서도 찾아볼 수 없는 독립성과 자율성을 갖추고 있다. 일부에서는 지나치게 독립적이어서 폐쇄적이고 경직적이기까지 하다고 한다. 지방교육의 수장인 교육감은 지방자치단체장으로부터 아무런 간섭도 받지 않는 특별자치권한을 보장받고 있으며, 교원은 국가공무원으로 완전한 신분보장과 교실에서의 전문성을 보장받고 있다. 교육자치제도에서 고도로 보장된 자율성과 전문성은 교육 부문의 무한성장정책으로 나타났으며 중학교 무시험에 이은 고교평준화정책도 따지고 보면 이러한 자율성으로부터 기인하고 있다고 보아야 한다. 또한 교과서와 교육과정을 국가가 완전한 틀로서 보장해 준 일 또한 지방의 정치적 · 경제적 · 사회적 압력으로부터 교육을 온전히 보장하기 위한 제도적 장치였다.

일반적으로 지방자치제도는 일반지방자치와 특별지방자치로 특징적 구분이 가능하다. 한국의 교육자치제도는 1949년 교육법 제정 당시부터 현재와 같은 특별자치단체로서의 성격이 규정되었지만 실제 운영된 제도의 모습은 다양한 방식으로 변천되어 왔다. 그러나 그 골간은 독립성이 매우 강한 특별자치단체로서의 전통을 이어 올 수 있었던 것이 미군정청에 의해 주도된 미국형 교육자치제도가 수용되었기 때문이라는 것이다. 1948년 8월 12일에 공포된 '교육구회 설치에 관한 법령군정법령 217호'과 '공립학교 재정경리에 관한 법령군정법령 218호'은 모든 밑그림이라고 할 수 있다김종철, 1989, p. 88.

현재 운영되고 있는 제도의 골격은 지방교육행정당국인 교육감 및 교육위원회와 학교지배기구로서의 학교운영위원회의 성격과 구성이라고 할 수 있다. 수차례 제도 개선이 이루어졌지만 최종적으로는 2010년

주민 직선에 의한 교육감과 교육위원 선거가 이루어졌다. 지방교육의 최고 집행자인 교육감과 입법기관인 교육위원회의 구성은 주민이 직접 선출하는 명실공한 자치제도가 완성된 것이다. 뿐만 아니라 교육감의 경우는 교육경력 5년 이상교육경력 5년 이상 또는 교육행정경력 5년 이상 또는 양 경력 합해서 5년 이상, 교육의원의 절반 이상은 교육전문가로서 자격 제한을 둠으로써 헌법에 명문화된 교육의 전문성 원리를 제도적으로 보장한다.

교육감과 교육위원회로 대표되는 독립적이고 자율적인 지방교육 자치기구는 다시 지방교육비특별회계를 통해 재정적 안정성을 보장받도록 되어 있다. 1971년에 제정된 지방교육재정교부금법에 의해 확립된 지방교육비특별회계의 재원은 내국세를 중심으로 지방교육재정교부금으로 확보되고 동 재원은 형평성과 효율성의 원칙에 따라 중앙정부에서 각 지방의 기준재정수요와 수입 간의 격차를 보전하는 방식으로 배분된다. 물론 동 회계는 형식적으로는 지방자치단체 의회에서 심의와 의결을 거치도록 되어 있지만 일반지방자치단체의 장은 실질적인 통제권을 행사하지 못하게 되어 있다. 지방정부는 전입금 형태로 지방교육비특별회계의 기준재정수입액을 부담하고는 있지만 이 재원은 서울과 부산을 제외하고는 전체 지방교육비 재정 중에서 10% 미만의 미미한 역할만을 감당하고 있을 뿐이다. 그러므로 향후 지방정부의 재정력이 커지고 그에 따라 교육경비를 위해 전출 또는 지원하는 재정이 확대될 경우 지방교육자치에 대한 일반지방자치단체의 참여와 그에 따른 통제 필요성도 논의되는 계기가 될 것으로 예상된다.

여하튼 대한민국의 지방교육자치제도는 탄생에서 발전에 이르기까지 중앙정부로부터는 지원을 받고, 지방정부의 일반행정적 간섭으로부터 독립되어 운영되어 왔다고 평가된다. 이러한 독립성으로 인해 교육 부문은 마치 다른 부문, 예컨대 지방의 정치와 행정 부문과 약간은 경쟁적으로 부문 규모를 증대하는 목표설정이 가능했으며, 결과적으로 교육의 양적 성장을 가져오는 데 기여했다고 평가된다.

교원의 신분안정과 독립권 보장

한국의 교육자치를 구성하는 핵심 기둥의 하나는 역시 교원의 신분안정과 독립권의 보장이었다. 교육의 질을 결정짓는 핵심 요소는 교사이며, 해방 직후 절대적으로 부족한 교사 확충과 공급을 위해 대한민국의 다양한 정책 지원을 하였다. 그런데 그 핵심 성과는 교사의 자격과 신분을 국가적으로 보장하였다는 것이다. 1949년 교육법은 제79조에 "교원의 자격, 복무, 보수, 연금, 임면, 기타에 관한 사항은 교육공무원법으로써 정한다."라고 명문화하였으며, 1953년 교육공무원법을 제정함으로써 명실공히 교원의 법적 지위를 확립하였다 김종철, 1989, p. 424.

이러한 법적 장치에 의거하여 공·사립학교를 막론하고 모든 교사의 자격은 국가가 관리했으며, 특히 공립학교에 근무하게 될 교원은 국가공무원으로서의 신분을 보장했다. 국가공무원이 된다는 것은 교장이나 교육행정당국 또는 학부모나 일반 주민으로부터의 부당한 간섭에 의해 교사의 전문적 교육권을 침해받지 않는다는 것을 의미한다. 또한 비록 국가재원의 한계 안에서 교원의 보수가 충분히 보장되지는 않았지만 낮은 수준에서 직업안정성을 보장하고 국가경제 성장에 따라 보수인상과 현실화에 대한 전망을 가짐으로써 교원의 사기를 제고하는 데 기여한 것으로 평가하였다.

사범학교와 교원양성소 시대를 거쳐, 초등교사와 중등교사의 단일

호봉체제 도입을 위한 2년제 교육대학의 4년제 확대, 그리고 현직교육 강화를 위한 교육대학원 체제 도입 등 일련의 사범교육 발전정책은 모두 교원의 자격과 신분을 국가적으로 보장하는 교원의 자율적 전문성을 확립하는 데 기여했다. 교육성장이 이론적으로 100%에 이르게 되고 학령인구가 감소되기 시작하는 1980년대 이후로는 교원자격 소지자의 공급이 신규교원 채용 수요를 초과하게 되면서 이와 같은 국가보장형 교원정책에 대한 비판이 제기되기 시작했다. 그러나 적어도 지난 60년간의 교육성장 과정에서는 이와 같은 국가 주도형 교원정책이 분명한 역할을 했다고 보아야 할 것이다.

교원보수제도의 안정

교육발전사에서 우수 교원의 확보는 결정적 요건이며, 여기에서 가장 중요한 관건은 교원보수 재원의 확보라고 할 것이다. 2009년 OECD 발표 교원임금의 상대적 지위에서 대한민국이 OECD 국가 중 1위를 5년 경력 교사급여는 1인당 GDP 대비 비율로 환산할 경우 초등 2.21, 중 · 고등학교 2.20으로 OECD 국가 중 1위. 교육과학기술부 보도자료, 2009. 9. 9. 차지한 것으로 보고되었다. 물론 대한민국 교원의 생산성과 관련하여 여러 논의가 있는 것은 사실이지만 지난 60년간의 교육성장사는 교원의 안정적인 신분과 보수 보장이 핵심적 열쇠의 하나였음을 증명하는 자료이기도 하다.

교원보수를 위한 재정제도는 지방교육재정교부금제도의 확립기에 마련된 봉급교부금제도로 대표된다. 즉, 국가가 의무교육기관에 종사하는 교원의 기본급여만을 법으로 보장하고 중등교육기관의 경우 그 반액을 법으로 보장한 것이다. 이것은 국가가 그 어떤 경우에도 교원의 보수만큼은 법으로 보장하겠다는 확고한 의지의 천명이었다고 평가할 만하다. 1995년 교부금법의 개정으로 봉급교부금은 경상교부금에 통합되었다. 이것은 이미 경제성장과 국가재정의 안정으로 내국세 재원의 안정성과 신장성이 확보되면서 더 이상 교원보수재정이 학교운영재정에 의해 감액될 가능성이 사라졌음을 의미한다. 결론적으로 교육재정사에서 교원보수 재원을 안정적으로 확보하려 했던 제도 목표는 성공적으로 달성되었던 것이다.

교육기회 확충을 위한 한국인들의 선택

한국인의 교육열과 근대화 과정의 역정에서 교육기회 확충에 대한 사회적 요구는 늘 폭발 직전으로 충전되어 있었다. 특히 전후의 인구폭발까지 가세하여 교육기회 확충을 위한 국가적 전략은 이러한 사회적 요구에 대한 응답으로 나타났다. 여러 가지 사건과 이슈와 정책적 변동이 있었지만 하드 코어를 이루는 세 번의 계기는 1968년의 중학교 무시험정책과 1973년의 고등학교 평준화정책, 그리고 1981년의 졸업정원제 도입과 본고사 폐지였다.

이 세 가지 계기는 모두 교육기회를 획기적으로 확충하는 결정적 토대를 마련하였다. 1950년대의 의무교육 완성에 의해 1960년대의 중학교 교육 의무화 그리고 이어 1970년대의 고등학교 교육 보편화가 이어졌고 다시 1980년대 이후로는 고등교육단계의 보편화까지 추동해 내는 스토리를 만들어 간다. 일종의 단계적 기회확대전략이 채택되었다. 물론 이것은 국가정책에 의해 주도적으로 이루어진 것이 아니라 사회적 압력과 그것을 적절히 수용하면서 상호 변증적인 과정을 통해 이루어졌다. 교육자치제도의 확립으로 충전된 교육 부문의 자체 성장 욕구는 정치사회 부문과의 끊임없는 경쟁과 대결을 통해 부문 성장전략으로 발전할 수 있었던 것이며, 결과적으로 오늘날 한국의 교육기적을 유도해 냈다.

국가교육과정제도의 확립

대한민국 교육성장에 또 하나 빼 놓을 수 없는 제도적 장치는 강력한 국가교육과정 운영이었다. 근대교육제도의 특성을 세속화와 대중화 그리고 표준화천세영, 1997라고 했을 때 그중 표준화는 국가가 국민교육의 내용과 기준을 정한다는 의미다. 이른바 공교육public education의 시원은 근대국가시대가 열리면서 국가 수준의 정치적 · 사회적 · 문화적 통합을 이루어 내는 이데올로기적 기구의 탄생과 의미를 같이 한다. 교육을 통한 국가 이데올로기의 확립은 근대 이후의 교육이 종전까지 개인 중심으로 이루어져 온 사교육의 전통과 확연히 구분되는 공적 표준에 기반하는 공교육을 탄생시키는 동인이 되었다. 이러한 공교육적 전통에서 가장 중요한 것은 국가적으로 통용되는 표준의 제정이었으며 그것은 국가교육과정이라는 옷을 입고 나타났다.

대한민국의 국가교육과정은 1949년 교육법 제정과 함께 이른바 교수요목이라는 형태로 탄생한다. 전국의 모든 학생이 배워야 할 교육내용이 항목별로 표준화되었으며 이것은 다시 교과서 안에 담겨 포장되었다. 교과서는 교과용 도서로서 배워야 할 내용, 곧 교육과정을 인도하는 지침서라는 것이 이론적 견해이지만 대한민국의 교과서는 교육과정의 알파요 오메가로서 경전과 같은 권위를 부여받고 탄생하였다. 특히 1446년 반포 이래 500년만에 공식 문자로 권위를 인정받은 한글이 교과서의 언어가 되었으며, 외국 원조에 의해 이루어진 교과서의 발행과 보급에 있어 국가의 역할은 지대하였다. 이후 국가교육과정은 점차 형식적 틀을 갖추면서 주기적인 개정이 이루어졌으나 그것은 한편으로 국가 표준화의 정도가 고도화되면서 오늘날의 획일성과 경직성을 낳는 과정이기도 했다. 1998년 7차 교육과정 개정을 끝으로 교육과정은 수시로 필요에 따라 개정하도록 하는 유연성을 갖추었으나 다양성과 창의성을 향한 과제는 미제로 남아 있다.

그러나 대한민국의 국가교육과정이 갖는 경직화의 과정은 다른 한편으로 보면 급속한 교육기회의 확장과 균등한 배분이라는 측면에서는 큰 기여를 한 것으로 평가된다. 다시 말하면 다양성과 창의성은 교육의 대원칙인 개별화에는 기여할 수 있으되, 최소한의 기회를 보다 많은 사람에게 허용하는 전략으로서는 한계가 있었던 것이다.

안정적 교육재정제도

대한민국의 교육성장사에서 반드시 포착되어야 할 교훈은 안정적 교육재정의 확보 노력이다. 그것은 교육재정의 확보를 법으로 보장하는 제도가 확립되었으며 특히 급속한 경제성장이 이를 가속시켰다. 교육재정 측면에서 대한민국 교육성장사를 짚어 보는 세 가지 교훈은 건국 직후의 의무교육완성계획이었으며 경제성장기에 확립된 지방교육재정교부금제도의 확립과 교육세제와 GNP 5% 국가의제의 탄생, 그리고 마지막으로 교원보수제도의 안정화라고 할 수 있다.

대한민국 초대정부는 1954~1959년 의무교육완성 6개년 계획을 매우 착실하게 수립하고 성취하였다. 독립과 건국 10년 남짓한 기간에 이론적으로는 의무교육 적령기 아동들의 100% 취학률을 달성하였다. 이를 위해 토지세 환부금 등 각종 교육재원확보 제도를 다양하게 수립하였으며 외국의 원조자금을 적극적으로 동원하였다. 의무교육의 완성사에서는 국가의 노력만이 있었던 것은 아니다. 전국 각지의 지방주민들은 향토학교를 가져야 한다는 일념으로 토지 기부에서 현물과 현금 기부 등 자발적인 내 고장학교 세우기 운동에 가세하였고 정부는 이에 부응하여 1면1교정책을 추진하기도 하였다.

그런데 이러한 의무교육 완성사의 가장 큰 특징은 저비용 전략이었다고 보아야 할 것이다. 즉, 콩나물교실과 3부제수업으로 상징되는 한국교육의 양적 팽창사는 저비용과 그로 인해 낮아질 수밖에 없는 교육의 질을 선택한 국민의 인내였다. 일단 학교에 취학하는 것으로 우선 만족하고 차후에 질적 도약을 선택한 것은 대한민국의 교육재정정책사 내내 고질적 병폐가 되었다. 그럼에도, 저비용 전략은 온 국민의 교육열을 담아 내는 불가피한 선택이었으며 성공의 비결이기도 했다.

교육재정제도의 뼈대는 1960년대 이후 본격적으로 확립된다. 우선 의무교육기관 교원의 봉급 전액에 해당하는 봉급교부금과 내국세 총액의 10.5%를 경상교부금을 재원으로 하는 의무교육재정교부금제도는 1958년에 처음으로 제정되고, 1968년 개정으로 완성됨으로써 적어도 의무교육의 질적 보완을 위한 재정제도가 확립되었다. 동시에 1968년에는 중등교원 봉급의 반액을 재원으로 하는 봉급교부금과 내국세 총액의 1.3%를 경상교부금 재원으로 하는 지방교육교부세법이 제정됨으로써 초·중등교육 재정의 기본 뼈대가 완성되었다. 그리고 1968년에 단행된 중학교 무시험정책의 효과로 급속히 확대된 중등교육의 발전을 위해 두 제도를 통합해서 탄생시킨 1971년의 지방교육재정교부금제도는 가장 중추적인 대한민국의 교육재정제도가 되었다. 지방교육재정교부금제도는 이후에 여러 차례 변동을 거치면서 발전해 왔으며 2007년 개정 시에는 유아교육재정 확보를 위해 당시 내국세 총액 대비 19.4%였던 교부율을 20%로 증액하였다.

한편 1991년 지방교육자치제의 전면 실시와 방위세 폐지에 따른 교육세 제도의 도입은 대한민국 교육재정제도의 또 다른 한 축을 형성하기에 이른다. 당시 재원으로 마련된 교육세는 1958년에 도입되었다가 1년만에 중지되었고 다시 1981년에 한시적 교육환경개선 재원으로 명맥이 다시 살아났다가 1991년에 이르러 중심 재원으로 자리를 잡게 된다.

마지막으로 대한민국의 교육성장사를 뒷받침한 재정정책은 이른바 GNP 5% 국가의제였다. 이는 1987년 교육개혁심의회가 처음 제기하였으며 이후 20년간 꾸준하게 정치적 · 국가적 의제로 공교육 재정의 규모를 GNP 1996년 OECD 가입 이후 GDP로 기준 변경의 5% 이상 확보해야 하는 정책목표가 가동되었다. 2009년 현재도 공공재정 규모는 5%를 약간 밑돌고 있지만 분명히 GNP 5% 의제는 대한민국의 교육재정 확충사에 큰 기여를 하였다.

국가 주도 교육기적의 한계와 과제

교육기적을 통해 대한민국은 경제기적을 이루어 냈으며 세계사의 유례가 없는 국가부흥의 기적을 이루어 냈다. 그러나 21세기에 들어 대한민국 교육은 심각한 위기에 직면해 있다. 세계에서 가장 많은 자녀를 외국의 교육기관으로 내보내는 나라가 된 것이다. 이것은 역사적 인자로서의 교육열로 풀이할 수도 있지만 국가발전에 뒤처진 교육발전은 이제 국가발전을 선도했던 교육에 대한 국민적 신뢰가 무너졌다는 반증이다. 그리고 많은 사람은 대한민국의 위기는 대한민국교육의 위기라고 한다. 대한민국의 기적은 대한민국교육의 기적이라고 했던 평가와는 정반대의 평가가 21세기의 극심한 세계화 환경에서 제기되고 있다.

사실 이와 같은 극단적 국면 전환은 교육성장사에 내포된 인자가 스스로 그 한계를 드러내고 있음을 의미한다.

첫째, 대한민국의 교육은 지금 국가와 정부 주도형 모델의 한계에 직면하고 있다. 정부 주도형 발전 모델이 자율과 개방 그리고 창의성과 다양성을 요구하는 21세기적 환경에서는 적응력을 갖출 수 없다는 것이다. 국가교육과정의 경직성과 국가공무원으로서의 교원 신분의 지나친 안정성은 이제 더 이상 불가피한 요소가 아닌 선택에 지나지 않는다. 개성과 창의성을 수용하기 위해서 더 이상 국가적 표준은 필요하지 않다. 국가는 최소한의 보호와 기회보장만을 책임지고 모든 선택은 시장과 소비자의 수요에 맞추어져야 한다. 한국교육은 국가주의에서 벗어나 개인의 자유를 극대화하는 전략으로 수정되어야 한다.

둘째, 대한민국의 교육은 이제 문화적 질곡을 벗어 던져야 한다. 5천 년 역사를 통해 이어 온 교육기회 획득을 향한 한풀이는 이제 끝이 났다. 세계 최초로 모든 국민이 대학을 가는 나라가 되었다. 이제는 못 가졌던 기회를 가지려는 경쟁보다는 이미 가진 것을 소중히 여기고 새로운 창조를 향한 지혜를 발휘할 때다. 더욱이 디지털혁명으로 도래될 후기역사시대Flusser, 1998에서 대한민국의 새로운 인류문명사를 개척해야 할 책임을 느껴야 한다. 한류는 단순한 문화산업으로서 인식되는 것을 넘어서서 문화와 감성의 코드를 창조함으로써 경제와 이성으로 일구어 온 인류의 문명사를 새로 써 내야 한다.

지난 60년간의 대한민국 교육사는 20세기를 21세기로 연결하는 과정에서 만들어진 인류사적 기적이기도 하다. 그리고 이제 진정으로 지식과 정보가 자본과 노동을 대치하는 새로운 인류사를 열어 가기 위한 씨앗을 만들어 내는 과정이었다. 대한민국 교육이 현재 안고 있는 많은 모순과 문제는 60년 성장사의 이면에 감추어진 이야기 그 자체다. 그것들을 반성적으로 살피다 보면 새로운 창조가 가능할 것이다.

제7장

초국적 교육현상 관찰하기

사회가 총체적으로 변화하고 있는 지금도 국가가 여전히 교육에 큰 영향력을 미치고 있는 것은 교육으로 인해 국민을 길러 내고, 이를 통해 정치 · 경제 · 문화 등 다양한 측면에서 국가의 존재를 계속적으로 확인해 왔기 때문일 것이다. 교육에 있어서 이런 근대적 질서에 균열이 생겨나고 있다. 교육으로 인해 또는 교육을 위해 국가를 벗어나는 일은 이미 사회 곳곳에서 다양한 징후로 드러나고 있다.

제7장
초국적 교육현상 관찰하기

다음 세대를 훌륭하게 키워 내는 것은 유전자 보존 혹은 종족 보전을 위한 생물학적 측면에서나 문화, 가치를 전달하는 사회적 측면에서나 매우 중요한 일이다. 이러한 일은 여러 가지 형태와 내용의 교육이 된다. 따라서 교육이라는 형태로 나타나는 인류 보존의 노력은 인류가 걸어온 역사이며, 삶 자체라고 할 수 있다. 교육은 인간의 생존을 위하여 시작되었고 시대의 주된 가치를 반영하며 유지되었다. 교육이 담고 있는 가치나 교육의 내용, 방법은 당시 인류가 누리는 문명의 정점이 그대로 투영된다.

오늘날 많은 국가에서 학생을 교육하는 일은 국가가 해야 할 가장 중요한 과제인 동시에 의무가 되었다. 국민을 교육하고 인재를 키워 내기 위한 국가의 노력은 교육활동에서 다양하게 나타난다. 교육내용, 교육방법, 교육대상에 걸쳐 거의 모든 부분에서 국가의 영향력이 미치지 않는 곳이 없다. 많은 국가에서 의무교육제도를 실시하고, 교육의 질 관리를 위해 다양한 교육정책을 실행한다. 국가는 학생을 잘 가르칠 수 있는 교사를 양성하고 관리하며, 학교에서 가르치고 배울 내용에 깊숙이 관여하고, 잘 가르쳤는지 평가한다. 이러한 현상은 교육이 국가의 영향력 아래에 놓여 있는 주요한 과업임을 분명하게 드러내 준다.

그러나 시간을 조금만 거슬러 올라가 보면 교육이 지금처럼 온전히 국가의 지배를 받는 일이 아니었다는 것을 알 수 있다. 우리나라의 경우만 하더라도 가깝게는 조선시대의 사학이 그러하고, 멀리는 그리스 시대에 이루어진 아카데미아가 그러하다. 물론 오늘날과 같은 보편교육이 이루어진 것이 아니기에 직접적인 비교는 무리가 있다. 하지만 교육의 내용과 방법에 있어서 교사의 자유가 보장되었으며 학생은 선택권이 있었다. 교육의 내용이나 형식은 개인이 속한 사회 혹은 국가 전반에 통용되는 가치를 따라 변화했을지라도, 적어도 교육에 대한 선택권은 그것이 미비하였을지는 모르나 개인에게 주어졌다.

교육이 국가의 영향력 아래에 놓이게 된 것은 인간이 이성에 대해 주목하기 시작한 근대에서 그 뿌리를 발견해 낼 수 있다. 과학의 발달은 중세를 가득 채운 신 중심 세계관에서 인간을 독립시켜 생각하기 시작했고, 인간 이성에 빛을 밝힌 계몽사상으로 이어졌다. 또한 계몽사상은 이성을 가진 평등한 인간으로서 더 이상 왕이나 황제가 아니라, 필요에 따라 사회계약을 통해 국가를 형성한다는 새로운 사회계약설로 이어졌다. 또 다른 한편으로는 독일의 30년 전쟁[1]을 정리하며 봉건 질서에 익숙하고 신앙의 힘으로 영속되어 있던 사람들을 각각의

---

1. 30년 전쟁Thirty years' War; 1618~1648년은 신성로마제국이 있던 독일을 중심으로 로마 가톨릭 교회와 개신교 사이에서 벌어진 종교전쟁이다. 최후의 종교전쟁, 최초의 국제전쟁이라 불리고 있다. 30년 전쟁의 시작은 종교전쟁이었으나, 점차 영토 및 통상 등 각국의 이해관계가 얽히면서 상호 적대관계 및 동맹이 이루어지는 무력 대결로 변질되었고, 스웨덴이 참전한 1630년 이후에는 합스부르크 왕가, 부르봉 왕가, 바사 왕가 등에 의한 강대국 간의 파워게임으로 변화했다. 대표적으로 프랑스는 가톨릭 국가임에도 자국의 이해관계에 따라 개신교 연합으로 참전하면서 사실상 종교전쟁의 성격을 희석시켰다. 30년간 벌어진 전쟁은 유럽의 지도 및 종교, 문화 등을 크게 변화시켰다. www.wikipedia.org

국민으로 분리시켜 내는 과정을 거치면서 근대적 의미의 국가가 등장하였다. 국가의 영토에 살고 있는 사람을 국민으로 교화시키는 과정을 통해 국가의 영향력이 크게 미치는 보편교육이 등장한 것이다.

사회가 총체적으로 변화하고 있는 지금도 국가가 여전히 교육에 큰 영향력을 미치고 있는 것은 교육으로 인해 국민을 길러 내고, 이를 통해 정치 · 경제 · 문화 등 다양한 측면에서 국가의 존재를 계속적으로 확인해 왔기 때문일 것이다. 그러나 시대의 변화로 교육의 근대적 질서에도 균열이 생겨나고 있다. 교육으로 인해 또는 교육을 위해 국가를 벗어나는 일은 이미 사회 곳곳에서 다양한 징후로 드러나고 있다.

교육으로 인해 국가를 벗어나는 일을 일러 전통적으로 유학이라고 했다. 고금과 동서를 통해 유학은 매우 일반적인 현상이며 동양의 경우 특히 고향을 떠나 청운의 꿈을 꾸고 떠나는 일을 유학이라고 했다. 유학을 떠나는 당사자 자녀나 보내는 부모 모두 그것은 큰 모험이었다. 대한민국의 경우 유학에 관한 한 적어도 최근 들어 세계 최고의 참여율을 보이고 있는 나라이며 이는 다각도에서 흥미로운 관찰 대상이 되고 있다. 뿐만 아니라 개인이나 국가 수준 모두 왜 그래야 하는지, 해야 한다면 어떻게 해야 하는지 등에 관해 끝없는 고민이 이어지고 있다. 이를 이 책에서는 초국적 교육현상이라고 명명하고 이 책의 주제인 자유를 찾아 나서는 교육의 본질적 현상의 하나로 파악하고자 한다.

유학현상

유학현상에 대한 관찰과 연구가 주목되기 시작한 것은 교통과 통신의 발달로 학생이동이 급격히 증가한, 비교적 최근의 일이라고 할 수 있다. 이미 많은 나라에서 학생들이 유학에 동참하고 있고, 이를 장려하기 위한 프로그램도 시행되고 있다. 전 세계에서 시행되고 있는 풀브라이트 장학제도, 유럽의 에라스무스 프로그램 등 예전부터 각국에서는 정치 · 문화적인 측면에서 경제적인 측면까지 다양한 관점으로 국가 간 학생이동에 대해 주목하여 연구가 진행되고 있다.

역사적으로 이민을 장려했던 미국의 경우 유학과 관련된 이러한 현상을 보다 더 체계적으로 연구하고 있다. [그림 7-1]은 미국에 유학 온 학생 수를 출신 국가별로 한눈에 알아볼 수 있도록 그림으로 나타낸 지도다. 세계적으로 많은 국가에서 미국으로 유학을 떠나는 것을 알 수 있다.

한눈에 보더라도 우리나라는 미국에 많은 유학생을 보내고 있는 나라 중 하나임을 알 수 있다. 우리나라뿐 아니라 인도, 중국과 같은 아시아 국가에서 압도적인 숫자를 기록하고 있다.

보다 구체적으로 우리나라에서의 해외 유학생 수와 유학연수 무역

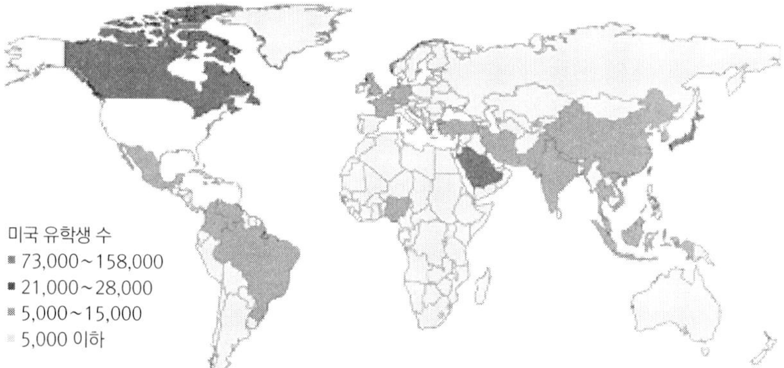

|그림 7-1| 출신 국가별 미국 유학생 수 Global View of International Student Origins, 2010/11
http://www.iie.org/Research-and-Publications/Open-Doors/Data/International-Students

수지의 변화를 살펴보면 〈표 7-1〉과 같다. 우리나라가 선호하는 유학국은 미국을 비롯한 영어권 국가다. 영어권 국가로의 유학은 보다

〈표 7-1〉 우리나라 유학생 현황

단위: 명, 백만 달러

구분		2004년	2005년	2006년	2007년	2008년	2009년	2010년	2011년
해외 유학생 수	초등학교	6,276	8,148	13,814	12,341	12,531	8,369	8,794	-
	중학교	5,568	6,670	9,246	9,201	8,888	5,723	5,870	-
	고등학교	4,602	5,582	6,451	6,126	5,930	4,026	4,077	-
	대학	187,683	192,254	190,364	217,959	216,867	240,949	251,887	289,288
	학위과정	105,893	100,716	113,735	123,965	127,000	151,566	152,852	164,169
국내 외국인 유학생	대학	16,832	22,526	32,557	49,270	63,952	75,850	83,842	89,537
	학위과정	11,121	15,577	22,624	32,056	40,585	50,591	60,000	63,653
유학, 연수 수지	국내 수입액	15.9	12.6	28	44.9	54.4	36.3	37.4	51
	해외 지급액	2,493.8	3,380.9	4,515.0	5,025.3	4,484.5	3,999.2	4,488.0	3,806.4
	유학, 연수 수지	-2,477.9	-3,368.3	-4,487.0	-4,980.4	-4,430.1	-3,962.9	-4,450.6	-3,755.4

출처: 한국교육개발원 교육통계연보, 교육과학기술부 자체조사, 국립국제교육원, 한국은행 경제통계시스템

* '11년도 초, 중, 고 국외 유학생 수는 '12년 10월 한국교육개발원 발표 예정

* 국내 외국인 유학생은 '04년 이후는 한국교육개발원 조사 결과

* 국내 외국인 유학생 수대학는 '03년까지는 전문대학, 4년제 대학, 대학원대학에 재학 중인 외국인 유학생만을 조사하였으며 '04년도부터 전문대학, 4년제 대학, 대학원대학, 원격대학, 각종 학교에 재학 중인 외국인 유학생을 모두 조사

* 유학, 연수 수지는 초, 중, 고 및 대학생 이상의 유학생을 모두 포함하여 산정' 11년도 자료는 10월까지의 잠정치임

나은 학문을 배우고자 했던 과거에서부터 시작된다. 선진문물을 받아들이던 구한말 시기에서부터, 일제 식민지 시절 일본의 압박을 피하기 위해서, 또한 선진학문을 받아들이기 위해서 등의 다양한 이유로 선조들은 유학을 떠났다. 광복 이후, 나라와 개인의 발전을 위해 교육이 강조되면서 더 나은 교육을 받고자 하는 유학의 수요도 꾸준히 늘었다.

최근에는 세계화 시대로 인해 영어의 중요성이 강조되는 만큼 언어발달에 유리한 초·중등학생의 유학생 수도 크게 증가하였다. 특히 다른 나라와는 다르게 초·중등교육 단계의 유학이 많이 이루어지고 있는 것에 대해 영어교육에 대한 우리나라 학부모의 교육열에서 그 원인을 찾기도 한다. 초·중등교육 단계의 유학생 수의 변화를 살펴보면 〈표 7-2〉와 같다.

〈표 7-2〉 초·중등학교 조기유학생 현황

단위: 명

구분	초등학교		중학교		고등학교		계	
	유학생 수	학생 만 명당 유학생 수	유학생 수	학생 만 명당 유학생 수	유학생 수	학생 만 명당 유학생 수	유학생 수	학생 만 명당 유학생 수
1995년	235	0.6	1,200	4.8	824	3.8	2,259	2.6
1996년	341	0.9	1,743	7.3	1,489	6.6	3,573	4.2
1997년	241	0.6	978	4.5	2,055	8.8	3,274	3.9
1998년	212	0.6	473	2.4	877	3.8	1,562	1.9
1999년	432	1.1	709	3.7	698	3.1	1,839	2.3
2000년	705	1.8	1,799	9.7	1,893	9.1	4,397	5.5
2001년	2,107	5.2	3,171	17.3	2,666	13.9	7,944	10.1
2002년	3,464	8.3	3,301	17.8	3,367	19.1	10,132	13.0

2003년	4,052	9.7	3,674	19.8	2,772	15.7	10,498	13.5
2004년	6,276	15.3	5,568	28.8	4,602	26.4	16,446	21.1
2005년	8,148	20.8	6,670	32.1	5,582	31.4	20,400	30.1
2006년	13,814	35.2	9,246	44.6	6,451	36.3	29,511	38.0
2007년	12,341	32.2	9,201	44.6	6,126	33.3	27,668	35.8
2008년	12,531	34.1	8,888	43.6	5,930	31.1	27,349	35.9
2009년	8,369	24.1	5,723	28.5	4,026	20.5	18,118	24.2
2010년	8,794	26.7	5,870	29.7	4,077	20.8	18,741	25.8

출처: 한국교육개발원, 교육통계 DB각년도.
주: 1) 당해년도 3월 1일부터 다음해 2월 28일까지를 한 학년도로 함
2) 파견동행, 해외 이주는 제외함
3) 학생 1만 명당 유학생 수 = 유학생 수/학년도 재학생 수 × 10,000

〈표 7-2〉와 같이 우리나라의 조기유학생 수는 2000년대에 이르러 폭발적으로 증가하고 있다. 세계경제의 흐름에 따라 기복이 있기는 하지만, 많은 학생이 조기유학을 떠나고 있는 것을 알 수 있다. 우리나라의 경우 다른 나라에서 찾아보기 힘든 대표적인 조기유학생 수출국에 속하고 있는데, 그 원인에 대한 연구도 다양하게 이루어지고 있다.

교통과 통신의 발달은 세계화와 초국주의적 사고의 증가Kearney, 1995; 조명덕, 2002를 불러온다. 인구, 자본, 정보 등의 국경을 넘나드는 활동이 빈번해지고, 물리적 개념의 국경이 약화되면서 교육도 국가의 경계를 넘어서 이루어진다는 것이다. 이러한 활동범위의 확대로 외국어 능력 '링구아 프랑카lingua franca'[2]로서 영어의 중요성이 강조되고 유학에

2. 링구아 프랑카는 모국어가 서로 다른 사람들이 의사소통을 위해 사용하는 제3의 언어때로는 한 집단의 모국어를 말한다. 정의를 통해 알 수 있듯, 링구아 프랑카는 특정 언어를 지칭하는 표현이 아니라, 언어 가교의 기능을 수행하는 언어들을 통칭하는 표현이다. 여기에서 의미가 파생되어 학술, 상업 등의 특정 분야에서 널리

대한 관심이 더욱 커지게 된다. 유학을 선택하거나 선택할 가능성이 높은 사람들의 특성을 살펴본 연구에 따르면강지연, 2002; 김경근 외, 2005; 손준종, 2005; 조혜영 외, 2007, 조기유학은 부모의 사회경제적 지위와 관련되며, 경제, 사회, 문화 자본의 보유 정도가 높을수록 가능성이 큰 것으로 나타났다.

조기유학의 동기를 연구한 결과에 따르면 조기유학생의 유학 동기는 한국에서의 배출요인과 미국의 흡인요인이 동시에 작용하는 것으로 드러났다김흥주, 2001; 안병철, 1996; 이미나, 2001; 조명덕, 2002. 초기 조기유학생의 동기를 연구한 안병철의 경우 1990년대 조기유학생의 성적 배경은 중하위권으로 명문 대학 진학이 어렵거나 아예 국내 대학 진학이 불가능하기 때문에 조기유학을 떠난 것으로 알려져 있다.

초기의 조기유학이 우리나라 교육에서 좋은 성과를 내지 못했던 학생의 도피적 성격이 강했던 반면, 최근의 연구 결과는 달라지고 있는데, 이는 도약형 유학이순형, 2007의 개념으로 이해될 수 있다. 도약형 유학이란 자신의 미래를 위해서, 좀 더 좋은 교육을 받고 싶어서, 새롭고 폭넓은 경험을 하기 위해서, 현지어를 잘하기 위해서와 같은 동기로 자신의 삶과 미래를 더 나은 방향으로 개척하고자 유학을 결심하고, 떠나는 경우를 말한다.

조기유학을 결정하는 요인으로는 사교육비의 절감과 영어교육을 포함한 국제 경쟁력 확보가 주된 이유로 나타나고 있다김흥원, 2005; 조삼섭, 2006. 글로벌 시대의 필수 요건이 되어 버린 영어 및 외국어 습득에 대

사용되는 언어라는 뜻으로 사용되기도 한다. 피진어나 크리올은 링구아 프랑카와 유사한 개념이지만 정의상 완전히 일치하지는 않는다. 그러나 대다수가 언어 가교의 기능을 수행하기에, 많은 부분이 겹친다고 볼 수 있다. www.wikipedia.org

한 학생, 학부모들의 관심이 점차 높아지고 있기 때문이다.

이와 같은 조기유학 현상은 본질적으로 학부모의 교육열이 반영된 자녀에 대한 교육활동 지원현상김경근 외, 2005이며 조기유학의 급증은 우리나라의 자녀 중심의 도구적 가족주의가 세계화라는 구조적 변동에 매우 빠르고 유연하게 적응하는 과정에서 나타나는 현상조은, 2004으로 이해할 수 있다.

김경근 외2005에 의하면 교육을 위한 탈한국의 배경요인은 크게 흡인요인과 배출요인, 이러한 요인에 민감하게 반응하도록 함으로써 효과를 증폭시키는 작용을 하는 사회문화적 요인으로 정리될 수 있다. 흡인요인으로는 외국어 습득, 선진화된 교육환경, 외국의 학력을 더 인정하고 높게 평가하는 사회풍토 등이 있다. 배출요인으로는 한국의 열악한 교육환경, 입시경쟁, 공교육에 대한 불신, 과도한 사교육비 지출 등이 있다. 사회문화적 요인으로는 한국의 뜨거운 교육열, 교육이 사회이동의 결정적 도구라는 확신을 가지고 자녀의 성취를 통해 대리만족을 느끼는 부모와 자녀의 일체화 성향, 근린동조성을 들 수 있다.

한국에서 교육은 사회적 신분 및 지위와 밀접한 관계를 가지고 전개되어 왔다. 학력이 사회적 능력의 대리지표로 등장함에 따라강창동, 2006 신분적 차이를 발생시키는 문화자본의 역할을 하고 있다. 과거에는 신분과 혈통에 따라 사회적 지위가 세습되었으나 근대 학제의 도입과 능력주의 사회로의 전환을 통해 학력이 중요한 사회적 신분상승의 기제로 등장하게 되었다. 이러한 학력은 일정한 교육경쟁을 통해 획득됨으로써 사회적 합법성과 정당화의 제도적 기제로서 이용되었다. 베버Weber, 2003는 과거에는 족보가 출생을 보장하고 재물과 권력 획득의 기준이었지만, 오늘날에는 교육이 이런 기능을 대신해 주고 있다고 하였다.

유학을 설명하는 개념

교육을 목적으로 국가를 떠나는 이유는 다양하다. 이들에 대한 학문적인 이해나 설명을 하고자 하는 노력은 비교적 최근에서야 시작되었고, 이러한 노력의 출발은 국가를 떠나서 공부하는 현상을 무엇이라 부를 것인지 이름을 짓는 데서 출발한다. 그간 국가를 떠나서 공부하는 일에 대해서 유학study aboard, 국제교육international education, 국경너머교육cross-border education, 원격교육distance education, 초국적 교육transnational education 등이 각각의 의도에 따라 다양하게 사용되어 왔다.

오랫동안 사용된 학생이동에 관한 용어 중 하나는 유학이다. 역사적으로 세계를 지배했던 고대 로마에서조차도 학문적으로 더 문명화된 그리스의 아테네나 이집트의 알렉산드리아 같은 도시로 유학을 떠나는 것을 당연하게 생각했다. 우리나라의 경우에도 신라시대 최치원이 당나라로 유학을 떠난 것으로 알려져 있고, 원효대사가 유학을 떠나다가 해골물을 마시고 깨달음을 얻고 돌아온 일화도 널리 알려져 있다. 가깝게는 조선시대의 경우에도 학문적으로 더 발달되고 문명화된 중국으로의 유학을 선호했다. 이때 중국이나 그리스와 같은 유학의 대상국은 하나의 국가라기보다는 학문적으로 발전을 이룬 선진국으로서의 의미를 가지고 있었다. 유학이라는 개념은 애초부터 더 나은 교육내용과 조건을 찾아 밖으로 나가는 것에 초점을 두고 사용되었다.

국제교육이라는 용어는 다른 나라와의 문화적 차이를 성숙하게 이해한다는 상호 이해적인 측면에서 접근한 것이다. 다시 말해 국제교육은 유학과 같이 더 나은 교육내용이나 상황을 찾기보다는 문화적 · 교육적 전통이 다른 곳에서 공부하는 것을 의미한다. 가장 많은 학생이동의 대상국인 미국의 경우 이러한 의미의 교육을 포괄적으로 다루는 기관의 이름을 아예 국제교육원 Institute for International Education: IIE이라고 하였다. 다인종국가인 미국은 국제교육의 정책 틀 내에서 가능한 한 많은 학생을 받아들이고자 노력해 왔다. 이 기관에서는 1948년부터 매년 'The Open Doors'를 발행하는 데 이를 통해 미국으로 이동하는 국제적 학생이동현상을 심도 있게 연구하고 있다.

국경너머교육은 2004년에 OECD에서 발행한 책의 제목으로 쓰이기도 한 비교적 최근에 등장한 용어다. 국경너머교육은 'cross-border'라는 말이 의미하는 것처럼 국경이라는 물리적 거리를 자유롭게 넘나드는 것을 강조하는 관점을 지닌다. 즉, 학생이동현상이 자유롭게 나라의 국경을 넘나들며 이동하는 경향에 초점을 둔 용어다. 원격교육은 정보통신기술이 발달하면서 멀리 떨어진 장소에서 인터넷 등의 정보통신을 활용하여 교육이 이루어지는 것을 의미한다. 다시 말해 컴퓨터를 활용하여 물리적으로 먼 거리를 극복함으로써 교육받는 현상을 뜻하는 용어로 교육공학이 정보통신의 발달과 함께 발전하면서 확대되고 있다.

초국적 교육이라는 용어 또한 비교적 최근에 등장한 용어로 세계화 시대에 국가의 경계를 초월하여 학생이나 학자, 교육기관, 교육프로그램 등이 이동하는 현상과 관계되어 있는 용어다. 국경너머 cross-border라는 뜻이 물리적 국경에 초점을 맞추고 있기 때문에 정치중립적인 용어라고 한다면 초국적 transnational이라는 뜻은 국제적 측면에서 근대국가가 가지는 정치적 영향력을 초월한다는 의미로 교육에서도 이러한 국가적 영향력을 초월하여 이루어지는 교육현상을 의미한다 Hussain, 2007; Kristensen, 2001.

여기서 국경과 국가라는 개념적 차이를 살펴볼 필요가 있다. 우선 국가라는 용어는 정치적인 의미의 나뉨으로, 국경은 지리학적인 의미의 나뉨으로 이해할 수 있다. 국경너머교육이 교육에 대한 국가의 주도권을 방해하지 않고 단지 지리적으로 국경을 넘는다는 점을 강조하는 반면, 초국적 교육은 공교육에 대한 국가의 주도권 내지 역할에 대한 변화를 요구하는 교육의 초국가적 속성을 시사하고 있다.

국가로부터의 해방

교육이 국가와 어떤 관계가 있는가에 대한 질문은 국가가 국민의 교육을 위해 나선 근대 공교육에 대한 본질적인 질문이기도 하다. 국가는 왜 국민의 교육에 나서게 되었을까? 국가는 왜 국민의 기본적인 교육권을 보장하려는 시도를 하게 되었는가? 이러한 질문에 대한 답을 구하는 것이 국가와 교육의 관계를 이해하는 출발점이다.

교육은 공교육 이전에도 충분한 수준이 아니었다 하더라도 이미 개인 수준에서 이루어지고 있었다Tooley, 2004. 국가가 공교육으로 초·중등교육단계의 교육을 책임져야 한다는 주장은 교육이론가들과 국민국가로의 전환을 위해 국민에 대한 교육이 필요했던 국가의 정치적 필요가 결합되어 나타났다Coulson, 2005. 국가의 힘이라는 거대한 교육기제가 작동하여야 비로소 무지한 백성이 교육되어 계몽된다는 것은 공교육에 대한 환상에 지나지 않는다. 이러한 주장의 증거 중 하나는 공교육의 확대가 교육기회의 실질적인 확대나 교육의 질을 크게 향상시키지 못하고 있다는 것이다.

오늘날 공교육에 대한 눈에 띄는 비판은 국가가 만인에게 제공하는 교육의 질에 대한 것뿐 아니라, 교육을 국가에서 떼어놓고는 생각할 수 없게 된 교육과 국가 간의 개념적 포함관계에서도 찾을 수 있다. 교육과 국가 간의 개념적 포함관계에 대한 문제가 얼마나 심각한 것인지에 대해서는 미국에서 벌어진 바우처 전쟁의 경험을 통해서 엿볼 수 있다. 바우처 제도Voucher System는 미국의 교육재정 지원 방법의 하나로 공·사립을 불문하고 학생이 학교를 선택하면 그 학교에 직접 재정을 투입하는 제도를 말한다. 학생의 학교선택권이 존중되는 이 제도의 확대를 두고 공립학교의 학생이 더 나은 사립학교로 유출될 것이라는 불안과 종교적 색채를 띠고 있는 사립학교의 재단에 국가의 공적 자금이 지원되는 것이 옳으냐에 대한 첨예한 논쟁이 이루어졌다.

바우처 제도의 확대는 학생들의 학교선택권을 확대하여 교육에 대한 만족도를 높이고, 수요자 선택을 바탕으로 한 교육의 질 관리가 이루어진다는 장점이 있다. 그러나 바우처 제도의 확대로 사립학교를 세운 종교재단이나 기타 교육 이념을 가진 단체들에게 국가의 재정을 투입할 경우, 상대적으로 공립학교에 투입하는 재정이 감소하고 이는 공립학교가 추구하는 사회의 공적 가치 전달을 훼손시킬 수 있다. 또한 극단적으로 사립학교가 공교육에 참여하지 않고 있다는 시각도 존재하는 미국에서는 1992년부터 이 제도의 확대 실시를 위하여 사람들이 대규모의 소송을 벌였는데 이것을 바우처 전쟁이라고 표현한다 Bolick, 2003.

위와 같은 국가와 교육의 갈등관계는 교통과 통신의 발달로 야기된 급속한 세계화 현상에 따라 다양하게 나타날 수도 있다. 물리적 거리와 심리적 거리의 감소로 증가하고 있는 유학현상이 대표적인 현상이다. 국가교육과정상 의무교육단계에서 발생하는 조기유학 현상의 증가와 관련하여 국가교육으로부터의 이탈자 증가로 해석할 수 있을 것이다. 이러한 현상의 원인은 앞에서 살펴본 것과 같이 다양하고, 이탈자의 증가는 국가가 길러 내고자 했던 인재양성과정에 참여하지 않고 다른 교육을 받기를 원하는 사람들이 늘어나고 있는 것을 보여 준다.

경계로부터의 해방

국경을 넘나드는 인구, 문화 등의 흐름은 교통과 통신의 발달로 인해 지구가 좁아지는 지구화globalization의 개념으로 설명되어 왔다. 이와 비슷한 개념으로는 국가 간의 이동에 초점을 둔 초국주의적 이동transnational process이 있고 한 국가의 국경을 넘어 다른 나라로 이동하는 것으로 국경을 넘는 인구이동을 일컬을 때 많이 사용된다Kearney, 1995. 지구화적 이동global process이 한곳에서 출발한 뒤 다차원적인 공간으로 이동하는 데 반해, 초국주의적 이동은 한곳에서 다른 곳의 국경을 넘는 이동을 의미한다.

국가의 경계를 넘나드는 일이 보다 자주 일어나는 오늘날, 국경을 넘나드는 이러한 이동현상들은 정치학, 인류학, 지리학에서 사용되는 초국주의transnationalism의 개념을 통하여 그 의미를 분명하게 드러낼 수 있다. 초국주의는 인구 및 자본의 이동에 초점을 맞추는 것으로 하나 이상의 국가 경계를 넘는 문화적 과정이며, 국가보다는 행위자에 초점을 맞추고, 특정 국가의 정치나 제도적 관행에 의해 형성된다Glick-Schiller, 1999.

교육에서의 국가 이탈현상도 초국주의적 논리로 설명될 수 있다. 이 용어에서 출발한 초국적 교육은 물리적 측면에서 교육이 영토적 의미로서의 국경을 넘는 것뿐만 아니라 국가적 · 정치적 의미의 경계를 넘어 이루어진다는 것에 초점을 맞추었다. 조기유학 현상은 사회문화적 · 경제적으로 우위를 점하고 있는 서구 선진국가로 인구이동의 흐름이 집중되는 경향을 보이기 때문에 초국주의적 논리로 설명하는 것이 적절하다고 여겨진다조명덕, 2002. 유학자들이 교육을 찾는 행위는 국경을 초월하여 이루어지고 있었으며, 본질적으로 한국보다 더 나은 교육, 더 좋은 교육을 찾고자 한다는 점에서 한국 내에서의 교육 경험과는 다른 경험을 추구하고 있는 것이다.

역사로부터의 해방

인간의식의 폭발적 증가, 용수철처럼 튀어오르는 문명의 진화, 역사와의 단절이 아닌 새로운 연결고리의 확립으로서의 교육은 디지털 혁명이 가져온 미증유의 변화에 직면하였다. 우주의 진화사와 인류문명의 역사를 건설해 왔다고 해석되는 교육의 패러다임은 이제 문자 중심 소통에서 오감을 통한 멀티미디어 소통의 시대를 맞아 근본적인 탈바꿈에 직면하고 있다.

무엇보다 새로운 오감 소통은 시간과 공간의 구분을 없애 버렸다. 아무리 먼 곳이라도 아무리 옛날 일이라도 마치 이곳에서 지금 이루어진 것처럼 생생하게 전해진다. 굳이 역사학의 진본과 사본 논쟁도 필요 없으며 고고학적 발견에 온갖 암호 풀기도 필요 없게 되었다. 왕과 권력자만이 역사를 기록하는 것이 아니라 만민이 역사를 기록할 수 있게 되었다. 기록이 아니라 역사를 갖게 되었다 함이 옳을 것이다. 카Carr의 명언처럼 역사는 오늘의 관점에서 과거를 재해석하는 것이 아니라, 과거의 것은 과거의 것 그대로, 오늘의 것은 오늘의 것 그대로 있을 뿐이다. 다시 말해서 선사와 역사의 구분도 없으므로 이젠 역사를 따로 기록할 필요도 없고 나아가서는 역사를 가지려고, 역사를 왜곡하려고, 역사를 만들려고 할 필요도 없어졌다. 빌렘 플루서Flusser가 얘기한 후기 역사시대의 도래다. 교육이 역사와 한 배를 타고

온 이상, 그렇다면 이제 교육도 필요 없게 되며 후기 교육시대가 도래하는가?

사실은 역사도 그대로일 것이며 마찬가지로 교육도 그대로일 것이다. 역사는 사람들의 이야기로 존재할 것이고 교육은 이야기를 주고받는 일로 존재할 것이다. 사람들은 이제 자기의 이야기를 거리낌 없이 굳이 속일 필요도 없이, 사실은 속일 수도 없이 그대로 전할 것이다. 사람들은 그들의 이야기를 듣고 또 나의 이야기를 되들려줄 것이다. 사람들은 이야기를 조금 더 재미있게 조금 더 맛깔나게 전해 주기 위해 때로는 노래를 하고 때로는 예쁜 편지를 쓰고 때로는 화상전화기를 붙들고 있을 것이다. 말로 하기 어려운 일은 글로 쓸 것이며 글로 쓰기 어려운 일은 사진 한 장을 보낼 것이다.

학교와 선생님은 이렇게 소통하고 세상을 이야기하고 우주를 이해하고 하나님 앞에 겸손해지는 법을 배울 것이다. 베짱이는 베짱이대로 노래하고 개미는 개미대로 일할 것이며 노래가 아름다울수록 일이 덜 힘들수록 세상은 밝아질 것이다. 교육이 역사성을 극복하는 것은 이처럼 특정한 역사와 특정한 지식에 한정되지 않고 세상의 모든 사람과 우주의 모든 만물이 각자의 모습대로 서로 소통하는 법을 배우는 일로 회복되는 것을 말한다.

교육의 원상-자유[3]

교육에 있어서의 자유는 교육의 근본적인 질문인 누가, 무엇을, 어떻게 가르쳐야 하는지에 대한 문제와 관련하여 생각해 볼 수 있다. 학습자의 입장에서 생각한다면 이는 누구에게, 무엇을, 어떻게 배울 것인지에 대한 선택의 문제가 된다. 교사와 교육내용과 교육방법에 대한 선택권을 보장한 수요자 중심 교육의 증가는 학습자의 교육에 대한 자유를 최소한이나마 보장하고자 하는 노력이다.

자유는 여러 가지 측면에서 생각할 수 있다. '진리가 너희를 자유케 하리라.'라는 말처럼 교육의 궁극적인 목표가 자유라고 생각할 수도 있다. 앎에 대한 추구, 지식에 대한 추구는 인간의 정신을 한없이 자유롭게 할 수 있다는, 깨우치고자 하는 사람들의 자유에 대한 갈망이 교육의 목표가 되는 것이다. 한편으로 교육을 위해서는 자유가 필요조건이 되기도 한다. 교육을 하기 위해서 무엇을 어떻게 가르칠 것인가에 대해 교사는 학문적 선택의 자유를 보장받아야 한다. 학습자 또한 양질의 교육을 받을 수 있는 자유로운 선택권을 가질 때 교육의 만족도가 증가하고 교육이 잘 이루어질 수 있다. 이렇게 자유는 경우에 따라 교육에 있어 필요조건이며 교육의 궁극적인 목표가 되기도 한다.

교육에 있어서 학습자가 선택의 자유를 찾고자 하는 대표적인 예는 조기유학일 것이다. 조기유학은 교육 수요자가 교육적 욕구를 충족시

---

3. 교육의 원상-자유, 소통, 초국주의 부분은 원저자의 허락을 받고 '조기유학 경험의 초국가성에 대한 근거이론적 분석'박소화, 2010의 내용을 참고하여 작성하였다. 위 논문은 저자의 지도하에 박소화가 충남대학교 교육학과에서 박사학위 논문으로 제출한 것이다.

키기 위하여 국가를 떠나는 현상으로 설명될 수 있다. 이러한 측면에서 조기유학은 한국에서의 교육이 제 기능을 다하지 못하여 혹은 한국에서의 교육으로는 만족하지 못하여, 원하는 교육을 제공해 줄 수 있는 더 나은 곳을 찾아 나서는 일로 볼 수 있다.

교육은 종종 가장 현실적인 목적으로 좋은 상급학교에 진학하는 일에 초점이 맞추어져 진행된다. 이러한 입시 위주의 교육에서 학생과 학부모는 경쟁에서 1등이 아니면 살아남지 못하고, 두 번째 기회가 주어지지 않는다고 느낀다. 입시교육이 교육을 지나치게 경쟁으로 몰아넣어 학생 개개인이 교육 경험을 통하여 자신의 특기와 적성을 찾을 수 없게 되고, 능력에 맞춘 개별화 교육도 받을 수 없는 결과를 낳는 것이다. 이러한 문제점은 학교교육의 불만족으로 이어진다.

학교교육은 더 이상 학생들에게 의미 있는 과정이 되지 못하고 있다. 교사에게는 자율권이 주어지지 않아 교과서를 전달만 하는 역할을 하고 있으며 형식적으로 진도를 나가는 데 급급해 있다. 이렇게 교실 안의 누구에게도 맞지 않는 수업이 시간에 맞추어 그저 형식적으로 흘러가고 있는 원인은 학교라는 공간에서 이루어지는 제한적 시스템 그 자체일지도 모른다. 떠나는 이들은 교육을 교육답게 이루어 내지 못하는 시스템으로부터 더 나은 교육시스템을 찾고자 하였다. 이들이 찾는 것이 한국이 아니라 다른 나라에 존재하고 있었기에 조기유학을 통하여 교육을 얻으려고 하는 것이다.

학생은 유학을 통하여 수준에 맞는 공부를 자유롭게 할 수 있는 교육적 자유를 얻게 되었다고도 볼 수 있다. 자신에게 더 맞는 교육, 더 좋은 교육을 찾아나서는 조기유학은 개개인의 수준과 능력에 맞춘 교육을 제공하지 못하게 하는 국가의 제도적 억압에서 벗어나고자 하는 노력이다. 그렇다면 조기유학을 통하여 더 나은 교육을 찾고자 하는 행위는 교육을 국가의 영역으로 포함시킨 근대 이후 공교육제도에서 개인의 교육적 자유를 되찾고자 하는 노력의 산물이다.

교육에 대한 개인의 자유 찾기는 두 가지 복합적인 관점으로 이해할 수 있다. 하나는 교육이 국가 제도화됨으로써 그 기능을 다하지 못하게 되었기 때문에 교육이 자유로운 형태로 존재해야 한다는 의미다. 다른 하나는 교육이 지극히 사적인 영역에서 사적인 과정을 통하여 일어나는 행위이기 때문에 개인의 자유의지를 통하여 결정되어야 한다는 관점이다. 교육이 국가의 제도적 압제로 인하여 본래적 기능을 다하지 못하고 있을 때, 공교육으로부터의 이탈은 개인의 교육적 자유를 극대화하고자 하는 현상으로 이해할 수 있다.

교육의 원상-소통: 열려 있음

역사적으로 알렉산더 대왕으로부터 시작되는 헬레니즘 세계에서는 개인을 존중하는 개인주의가 지배적이었다. 민족적 개념이 약화되고 민족적 차별을 뛰어넘어 인류를 같은 동포로 보는 코스모폴리타니즘cosmopolitanism은 알렉산더 대왕의 통치 이념의 기조였다(조남진, 2006). 이는 현재 일어나고 있는 세계화가 추구하는 가치와 그 맥락이 통한다. 정보통신의 발달로 국가의 경계가 희미해져 가

|그림 7-2| 알렉산더 대왕

http://210.205.6.228/~cpj/zbxe/files/attach/images/129/019/007/12813alexander-the-great-mosaic.jpg

고 있는 세계화의 정신은 코스모폴리타니즘, 즉 세계시민정신으로 이해될 수 있다.

세계시민정신이 교육에 주는 시사점은 동양에서도 찾아볼 수 있다. 과거 우리나라의 조상들은 발전된 중국의 문물을 배우고자 중국으로 유학을 떠났다. 이들이 생각한 중국의 문물은 중국 한 나라의 문화가 아니라 세계의 중심으로서의 중화中華를 의미하였다. 이렇게 발전된 문명과의 조우는 우리나라의 문화에도 긍정적인 영향을 미쳤다.

이렇게 열린 교류는 근본적으로 소통을 그 근간으로 한다. 기본적으로 학문은 타인과 소통하는 것이며 자신의 세계와 외부의 세계가 소통됨으로써 이루어진다. 이러한 소통을 위해서는 타인의 언어를 이해하는 것이 기본이 되어야만 한다. 이러한 관점에서 세계 공용어로서의 영어에 대한 중요성이 강조될 수 있다. 조기유학생들의 영어에 대한 수요는 세계를 이해하는 데 바탕이 되는 언어로서의 중요성에서 비롯된다.

교육은 근본적으로 내면과 외면의 소통을 지향하고 있다. 인류문명을 꽃피운 르네상스 시대에 중요한 교육내용은 다른 사람과의 관계를 윤택하게 할 수 있는 인문학이었다. 웅변술, 논리학 등으로 이루어진 인문학은 다른 사람의 생각을 이해하고 다른 사람에게 내 생각을 효과적으로 전하기 위해 가장 강조되는 학문으로 자리 잡았다. 이러한 인문학이 르네상스를 탄생시킨 것이다.

의사소통을 통하여 우리는 타인의 지식과 감정을 이해하고 교류해 문명의 발전을 이루어 왔다. 이 과정에서 인류와 인류문명에 대한 상호 이해의 토대가 될 수 있는 것이 영어다. 이러한 측면에서 영어는 영국과 미국의 언어로서, 혹은 영국문명과 미국문명의 이해라는 좁은 관점이 아니라 인류 공통의 언어로, 타인에 대한 이해의 도구로 이해될 수 있다. 이러한 관점에서 영어를 배우고자 하는 영어권 국가로의 유학은 영어 구사력만을 얻는 것이 아니다. 이는 타자와의 소통을 통하여 스스로를 돌아보고, 더 나아가 세계인으로 나아가고자 하는 일로 이어지는 것이다.

세계화 시대에서 학부모들의 영어에 대한 욕구는 영어가 한 나라의 언어라는 의미를 넘어 세계의 언어, 세계화 시대를 살아내기 위해서 꼭 필요한 의사소통을 위한 도구라는 인식이 크게 자리 잡고 있었다. 이러한 영어를 잘 배우기 위하여 더 나은 영어 사용 환경을 제공하여 주고 싶은 것이 조기유학의 일차적 목적이라고도 할 수 있다. 이들이 조기유학을 통하여 배우는 영어는 내면과 외면의 소통을 위하여 필요한 도구가 된다. 이들이 언어를 배우는 일은 단순히 언어뿐 아니라 한 나라의 문화와 가치관을 이해하는 일이다.

교육의 또 다른 얼굴-초국주의

세계화로의 재편은 지금까지 당연한 것으로 받아들였던 국가나 가족과 같은 익숙한 많은 제도나 체제에 종언을 고하고 거버넌스governance를 변화시키고 있다OECD, 2001a. 근대 국민국가는 이른바 주권을 가진 국가로서 특정한 영토 안에 독점적인 군사, 경제, 문화 영역에 대한 권력을 행사하던 조직이다. 하지만 신자유주의적인 재구조화가 일어나면서 국제화, 다국적화, 지역화, 국지화 등의 결과, 국민국가의 행동반경이 달라지고 있다. 이러한 영향력은 교육을 비롯한 사회의 각 부분까지 영향을 미치게 되고, 급속한 사회발달로 인해 기존의 요구와 복종과 같은 구식의 지배력이 아닌 개인과 사회 구성원의 의사결정능력을 고취하는 데 적절한 거버넌스가 필요하게 된다. 새로운 거버넌스는 인권, 환경보존과 같은 인류 공통의 원칙을 수호하되 중앙 집권보다는 분권적으로, 상향보다는 하향 형태로 변화되는 추세다.

이러한 개념은 탈영토화deterritorialization와도 관계된다. 국가의 경계를 넘어서는 인구, 자원, 기술, 이념 등의 흐름은 나름대로 영역을 형성하게 되고, 다층적으로 구조화되어 지구적 공간의 개념을 형성시킨다Appadurai, 1990. 아파듀라이는 문화적 흐름이 일어나는 양상을 전 지구적으로 설명할 때, 민족, 기술, 자본, 매체와 이념의 장으로 구분하여 설명하였다. 이러한 민족, 기술, 자본, 매체, 이념의 장은 국가, 민족, 문화, 자본 등이 서로 하나의 경계 안에서 일치한다고 보여졌던 근대국가의 개념을 넘어서 각 장의 경계가 일치하지 않으며 각 장의 경계들이 국경을 넘어서 형성되는 것이라고 보았다.

교통과 통신의 발달로 촉발된 이러한 흐름에 따라 많은 사람이 여행, 유학, 이민 등의 여러 가지 목적으로 국경을 넘나듦에 따라, 특정 장소나 국가를 하나의 결속된 단위 집단으로 보는 관점에 문제가 있다는 비판이 제기되고 있다. 다시 말해 국가적 · 지리적 경계는 더 이상 정적인 특질의 총합으로 나타나지 못하고 있다Gupta & Ferguson, 1992는 것이다.

프리드먼Friedman, 2005은 콜럼버스가 대서양 항해를 통해 신세계를 발견한 1492년부터 1800년 전후를 세계화 1.0이라고 하고 국가와 힘의 시대, 2000년 무렵까지를 세계화 2.0으로 명명하고 다국적 기업의 시대로, 2000년 이후를 세계화 3.0으로 정의하고 변화의 주체이자 동력을 개인이라고 하였다. 개인이 세계화의 주역이 되면 개인이 어디에 살든 과거보다 더 많은 힘을 갖게 되며 세계 속에서 경쟁하게 된다는 것이다. 세계화로 평평하게 변화하고 있는 세계 속에서 역동적인 힘의 원천이 되는 개인에 주목한다.[4] 이 개인은 교육을 통해서 경쟁의 원천을 얻게 된다. 그는 아시아권에서 밀려오는 우수한 인재와 인력에 대해 미국이 안일한 교육정책을 가지고 대처하고 있다고 지적한다. 실력을 갖춘, 혹은 실력을 갖추고자 하는 개인은 평평해진 세계에서 자신이 원하는 실력을 갖추어 더 나은 교육과 직장을 갖기 위하여 끊임없이 노력하고 있는 것이다.

이러한 개인이 이동하고 행동하는 패턴은 미국 이민자들이 미국과 본국 사이에서 취하는 행동양식을 연구한 웡Wong의 연구 결과에서도 드러난다. 그녀는 미국 이민자의 투표현상을 연구한 결과, 미국 내의 주요한 문제에는 정치적으로 무관심하지만, 자신의 이익과 관련한 정치적 사안에 대해서는 민감하게 반응하고 있다는 것을 발견하였다. 그들은 또한 그들의 출신국가에서 미국보다 비합리적인 제도나 특징을 발견하게 되면 그것을 개선하기 위해 정치적 영향력을 발휘하고자 하였다. 웡은 개인이 필요에 따라 국가의 경계를 넘나들며 국가적 정체성을 선택하는 것을 초국적성transnationality으로 개념화하였다Wong, 2006.

초국적성은 정치학, 사회학에서 쓰는 용어로 'trans-'의 어원과 관련하여 살펴보면 넘어선다는 초월의 의미와 다른 상태로 변화한다는 의미를 동시에 가지고 있다. 어원과 관련하여 초국적성은 국가의 경계를 넘나드는 개인이 스스로에게 유리한 대로 개인이 필요한 때 경계를 넘나들고 있음을 시사한다. 이 경계에 있는 개인은 변화하는 시

4. 프리드먼은 그의 책 『평평한 세계The Flat World』에서 사람들이 아주 편안하게 국가의 경계, 지리적 거리, 시간적 차이를 넘나들 수 있게 세계와 지구촌이 평평하게 되어 가는 것을 세계화라고 개념화하였다. 즉, 종전의 지구가 둥글어서globe 편하게 걸어서 이동하기 어려운 것에 비해 평평해서flat 편하게 이동할 수 있다는 것을 뜻한다.

대에 개인의 중요성을 역설한 프리드먼의 개인과 같은 맥락에서 이해될 수 있다.

지식은 국가를 초월하는 보편성을 지니고 있으며 개인은 이러한 지식을 얻기 위하여 국가를 초월하여 노력하기도 한다. 이때 교육에 있어서 초국적성은 개인이 교육을 받으며 나타나는 행동양식과 관련지어 설명할 수 있을 것이다. 초국적성은 개인이 더 나은 교육을 받기 위해 어느 국가에도 속하지 않은 채 경계에서 맴돌며 더 좋은 것, 더 유리한 것을 취하기 위해 행하는 행동양식으로 설명될 수 있다.

외국생활을 하는 경우 자신들의 이익과 크게 부합하지 않는 경우에는 무관심하다가 자신들에 관한 내용의 정치활동에는 적극 참여하는 것으로 나타났는데Wong, 2006, 조기유학에 참가하는 사람들도 이와 비슷한 행동양식을 보이는 것을 알 수 있다박소화, 2010. 외국의 교육을 따르면서 동시에 한국의 교육을 받고자 하며 정착국과 본국의 이점을 따르고자 노력한다. 이러한 행동양식은 정치적 성향으로서 나타나는 초국주의가 교육을 통해 드러내는 현상이다.

이민자들은 자신이 살고 있는 외국보다 비합리적인 제도나 특징을 발견하게 되면 본국에 그것을 개선하기 위해 정치적 영향력을 발휘하고자 하는데, 이러한 특성은 조기유학을 통하여 교육에 대한 새로운 시각을 갖게 된 사람들에게도 비슷하게 나타났다. 이들은 한국의 교육에 대해 더욱 비판적인 관점을 가지게 되었고, 주변 사람들에게 외국 교육의 좋은 점을 이야기하기도 하여 결과적으로 유학의 확산을 도모하게 된다. 이는 조기유학을 사회 문제시하여 정책적으로 줄이고자 노력하며 인정을 하지 않음에도 조기유학이 기하급수적으로 늘어나고 있는 원인으로 해석될 수 있다.

초국적 교육

자신의 고향을 떠나고, 자신이 태어난 나라를 떠나서 공부를 한다는 것은 비단 오늘날에만 국한된 것은 아니다. 더 나은 교육을 받기 위해, 보다 나은 환경을 찾기 위해 태어난 곳을 떠나 교육을 받는 일은 인류 고금동서에서 찾아볼 수 있는 일이다. 라틴어로 소통하던 중세 유럽이나 우리나라의 조선시대만 하더라도 신진 학문을 받아들이기 위해 고향을 떠나거나, 꼭 유학이 아니더라도 좀 더 문명화된 국가와 도시를 여행하고 그에 대한 소회를 적은 글이 지식인들 사이에서 널리 읽히기도 하였다. 물론 오늘날의 이동과는 비교할 수 없지만, 다양한 사례에서 보듯이 꽤 많은 사람이 교육으로 인한 이동을 해 왔다. 그리고 지금은 더 많은 사람이 교육을 위한 이동을 하고 있다.

최근 우리나라에서 두드러지게 나타나고 있는 조기유학 현상은 학생이동에 대한 기존의 개념과 설명만으로는 이해하기 어려운 특성이 있다. 사실 대부분의 교육이동은 한 개인이 성인이 되고 난 후 스스로 자신이 원하는 교육을 선택하기 위한 목적으로 이루어졌다. 이때 성인은 개인의 정체성을 갖춘 상태의 인간을 의미하는데, 주로 고등교육단계에서 이루어져 왔다. 즉, 스스로의 자유의지가 부족한 미성숙한 학생을 대상으로 다른 나라에서 교육받게 하는 조기유학의 경우, 성인이 되어서 떠나는 유학과는 다르게 이해되어야 한다.

교육 수요자들이 원하는 교육을 찾기 위해 국가의 경계를 넘는 조기유학은 자유, 소통, 초국주의가 동시에 나타나는 초국적 교육으로 이해될 수 있는 대표적인 현상이다. 이들의 유학은 교육의 내용이나 방법에 있어 국가의 영향력이 가장 큰 의무교육단계로부터의 자유를 찾는 행동으로 이해될 수 있다. 이들이 원하는 교육은 지나친 경쟁으로 이어지는 입시지옥을 떠나 보다 자유롭게 공부하고자 하는 것일 수도 있고, 자신이 원하는 것을 스스로 택하고자 하는 자유를 누리기 위함일 수도 있다. 이들은 이렇게 자유를 찾아 국가의 경계를 넘었다. 이들이 국가의 경계를 넘어서 배운 언어는 그들을 소통할 수 있도록 도와주었고, 외국어 능력의 향상은 이들이 더욱더 자유롭게 다른 사람과 소통할 수 있는 능력의 토대가 된다.

조기유학에서의 초국주의는 두 가지 측면에서 드러난다. 하나는 개인이 유학 국가를 선택하는 데 있어서, 또 하나는 유학국에서 펼치는 개인의 적응 전략을 통해서다. 조기유학을 선택하는 사람들은 초국주의적 맥락에서 사회문화적 · 경제적으로 우위를 점하고 있는 영어권 국가로 이동하고자 하였다. 비록 경제적 비용 때문에 영어권 동남아 국가로의 유학을 선택하기도 하였으나, 참여자들의 유학에 대한 근본적인 목적으로 비추어 볼 때, 더 나은 교육을 제공하고 있다고 판단되는 국가로 이동하고자 하였다는 것을 알 수 있다.

조기유학 경험자들이 이러한 전략을 사용하는 것은 그들이 정착국에서 갖게 되는 유연적 정체성유희연, 2008에 기인한다. 이들은 스스로의 정체성을 필요에 따라 선택하면서 유학국에서 효과적으로 적응하기 위해 노력하였다. 이러한 과정에서 유학국에서의 빠른 적응을 위하여 유학국의 성향을 그대로 따라 하는 로마법 따르기 전략과 돌아올 것을 항상 염두에 두고 있기 때문에 양쪽 중 어느 것도 포기하지 못하는 양다리 걸치기 전략을 사용하기도 한다. 개인이 가지게 되는 유연적 정체성은 개인을 어느 곳이라도 쉽게 속하게 하면서 동시에 속하지 못하게 하는 양면성을 띠며 개인을 국가의 경계로 몰아낸다. 이러한 경계적 상황에서 개인은 초국적 정체성을 갖게 되면서 적응을 위해서 노력하게 된다.

개인이 국가의 틀을 벗어나 교육받고 싶어 하는 것은 교육이 국가로부터 자유를 찾는 모습으로 이해될 수 있다. 이러한 모습을 우리는 의무교육단계의 이탈인 소기유학 현상에서 찾아보았고, 지금 우리 사회에서 통용되고 있는 교육이라는 말과 차별화하기 위해 초국적 교육이라는 이름을 붙여 보았다. 진정한 의미의 교육은 교육이 본래 가지고 있던 자유로움이 보장될 때 제 역할을 다할 수 있으며 궁극적으로 개인에게 만족과 성장을 가져다줄 수 있다. 이러한 의미에서 초국적 교육은 비록 개인에게는 힘든 여정의 시작을 의미할지라도 교육의 또 다른 이름이다.

제8장

유학길에 나섰던 선각자들

예나 지금이나 더 나은 교육을 받고자, 더 나은 기회를 찾고자 고국을 떠났던 사람들이 있었다. 지금과는 비교도 할 수 없을 만큼 어려운 여건 속에서 이들이 개인의 발전을 위해서, 나아가 나라의 발전을 위해서 공부한 이야기는 눈물겹기까지 하다. 유학은 모두에게 허락되지 못했고, 소수의 사람들에게 해당되었다. 그러나 앞으로 읽게 될 이야기는 옛날이야기이면서 동시에 지금 우리의 이야기이기도 하다.

제8장
유학길에 나섰던 선각자들

교육은 보는 일이다

교육은 보이지 않던 어떤 것을 볼 수 있게 하는 일이고, 그동안 A라고 보던 것을 B로 보게 하는 일이다. 교육은 남이 보지 못하는 것을 보는 즐거움이고, 교육은 혼자만 보게 된 것을 다른 이에게 설명해야 하는 외로움이다. 맹자의 곡속觳觫장에 나오는 다음 이야기는 교육이 왜 보는 일인지를 잘 설명해 준다.

> 언젠가 왕께서 대전에 앉아 계실 때 어떤 사람이 대전 아래로 소를 끌고 지나갔는데 왕께서는 그것을 보시고 "그 소를 어디로 끌고 가느냐?"라고 물으시자 그 사람은 "흔종釁鍾에 쓰려고 합니다."라고 대답했습니다. 그러자 왕께서는 "그 소를 놓아주어라. 부들부들 떨면서 죄 없이 도살장으로 끌려가는 모습을 나는 차마 보지 못하겠다."라고 하셨습니다. 그러자 그 사람이 대답했습니다. "그러면 흔종 의식을 폐지할까요?" 그러자 왕께서는 "흔종을 어찌 폐지할 수 있겠느냐. 소 대신 양으로 바꾸어라."라고 하셨다는 그런 일이 정말로 있었는지 모르겠습니다.

❖ 신영복(2004). 『강의』. p. 235 재인용.

이게 무슨 말인가. 얼른 이해가 되지 않아 고개가 끄덕여지지 않는다면 이 상황에 대한 맹자의 설명을 들어 보자. 맹자는 왕이 소 대신 양을 제물로 쓰라고 명한 이유는 소는 눈으로 보고 그 슬픈 소리를 귀로 들었으나, 양은 자신의 눈으로 보지 못한 때문이라 하였다. 맹자가 이 이야기로 하고자 한 말은 어떤 사람의 어리석음이나 인색함이나 혹은 동물에 대한 측은함이 아니고, 사람은 누구든지 눈으로 보지 못한 것에 대해서는 정말로, 진짜로 알 수 없다는 것을 말하고자 한 것이다. 신영복은 그의 책 『강의』에서 이렇게 설명한다. 여기에서 가장 핵심적인 것은 '본다'는 사실이다. 본다는 것은 '만난다'는 것이다. 보고見, 만나고友 서로 안다知는 것이다.

그래서 사람은 가서 직접 눈으로 보아야 한다. 직접 귀로 들어야 한다. 직접 경험해야 한다. 그것이 교육이다. 직접적인 보고 들음을 통해 알게 되고 관계를 갖게 되는 것, 이것이 교육이다. 여기에 그 만남과 앎을 위해 시대적 난관을 이겨 내었던 우리 선조들의 사례[1]가 있다. 그들은 무엇을 직접 보았을까.

최치원의 이야기

교통과 통신이 눈부시게 발달한 오늘날과 달리 과거에는 앎에 대하여 목마른 이들은 앎이 있는 곳으로 먼 길을 떠나야만 했다. 책으로만 볼 수 있는 세계는 너무 좁았고 책조차도 흔하지 않았던 그 옛날에 그 목마름은 이루어 말할 수 없었다. 특히 안다는 것이 어떠한 것인지

1. 이어지는 선조들의 사례는 자료의 한계상 이미 출간되었던 책과 인터넷 자료를 인용하고, 이를 기반으로 저자의 생각을 덧붙여 전개하였음을 밝힌다.

맛을 본 이들은 먼 길도 주저하지 않았다. 진짜 알고 싶다는 것, 즉 내 눈으로 확인하고 싶다는 갈망, 그러한 갈망은 어떠한 것이었을까? 868년 당나라로 떠나는 열두 살의 최치원의 이야기 속에서 그 목마름과 깨달음을 살펴보자.

868년 어느 날, 당나라로 떠나는 열두 살의 최치원에게 아버지는 말했다.

"10년 공부하여 과거에 합격하지 못하면 내 아들이라고 하지 마라. 나 역시 아들이 있다고 하지 않을 것이다. 가서 열심히 하여라."

먼 곳으로 어린 아들을 보내는 아버지의 당부로는 지나치리만큼 매서운 이 말 속에는 대대로 문장과 학문으로 이름을 얻었던 최씨 집안 자손이라는 자부심과 함께 6두품으로서 느끼는 한과 비애가 숨어 있었다. "네 살 때 글을 배우기 시작해 열 살 때 사서삼경을 읽었다."라는 기록이 전할 만큼 총명한 아들이었지만 신라에서는 그 재능을 다 펼치기 어렵다는 것을 누구보다 잘 아는 아버지였다. 최치원은 신라 6두품 집안 출신이었다. 엄격한 골품제 사회였던 신라에서 6두품은 아무리 능력이 뛰어나도 신라 17관등 가운데 6등위에 해당하는 아찬 이상의 벼슬에는 오를 수 없었다. 골품제라는 한계 속에서 자신의 역량을 마음껏 발휘하지 못했던 6두품들은 당나라 유학의 길을 많이 선택했다. 837년 한 해 동안 당나라에 건너간 신라 유학생이 216명에 이를 정도로 당시 신라에서는 유학 열풍이 불고 있었다.

❖ 네이버캐스트: http://navercast.naver.com/contents.nhn?contents_id=2230

| 그림 8-1 | 최치원崔致遠, 857~?

http://navercast.naver.com/peoplehistory/koreanhistory/2230

857년 엄격한 신분사회였던 신라에서 6두품으로 태어난 총명한 아들 최치원에 대한 아버지의 애착은 남달랐다. 아버지는 어린 아들이 신분의 한계를 뛰어넘어 능력을 마음껏 펼칠 수 있기를 바랐고, 그 유일한 방법은 당나라 유학이었다. 이것이 어린 최치원을 먼 유학길에 오르게 했다. 진골과 같은 지배계급으로 출세할 수 있는 길은 당나라에서 과거에 급제하는 것이기에 최치원은 아버지 최견일의 엄한 당부와 함께 유학생활을 시작하게 된다. 이 시기에 당나라 태종은 학문 진흥이 곧 국가발전이라고 생각하여 국자감을 확장하고 유명한 유학자들을 불러 국자감에서 학생들을 가르치게 했다. 동시에 신라에서는 본격적으로 유학생들을 당나라로 보내기 시작했는데, 당시에 당나라로 간 유학생들의 목표는 당나라에서 벼슬을 얻는 것이었다.

> 견당유학생이 중국에 머물며 공부할 수 있는 기간은 10년이었다. 비자 유효기간이 10년인 셈이다. 그러나 일단 빈공진사과에 합격해 벼슬을 얻으면 10년쯤 더 머물 수 있었다. 따라서 당나라에 유학 간 주변국 학생들의 최대 목표는 빈공과에 합격하는 일이었다. 합격하면 당나라에 계속 머물 수도 있고, 작은 벼슬이나마 얻어 귀국하면 이를 바탕으로 고위직에 오를 수도 있었다. 최치원은 바로 이 빈공진사과에서 장원을 한 것이다.
>
> ❖ 이강렬(2007). 『꿈을 찾아 떠난 젊은이들』. p. 31.

6두품 신분으로서 오를 수 있는 최고 관직인 아찬에 제수하여 최치원의 유학은 성공한 것처럼 보인다. 하지만 신라 최고의 천재로 일컬어지는 최치원의 목마름은 벼슬이 아니었을 것이다. 최치원의 장원은 아버지의 염원에서 비롯된 것이었는지 모를 일이다. 물론 큰 세계로 나아가 장원을 했다는 그 사실은 최치원에게도 기쁜 일이었으리라. 하지만 벼슬보다는 안다는 것이 무엇인지를 깨달은 그 기쁨이 컸다는 것은 다음의 시에서 확연히 드러나고 있다.

[전 략]

밤이 세상을 에워쌌다가 / 천지가 밝아 오네.

천 리 밖까지 푸르고 아득하며 / 온 사방이 희미하네.

요수에 붉은 노을 그림자 뜨고 / 이따금 들리는 종소리 자금성의 소리를 전하는 듯.

임 그리는 아낙이 자는 깊은 방의 / 비단 창도 점점 밝아지네.

시름에 겨운 이가 누운 옛집의 / 어둔 창도 밝아 오네.

잠깐 사이 새벽빛이 조금 뚜렷해지더니 / 새벽 햇살이 빛을 발하려 하네.

줄지은 기러기 떼 남쪽으로 날아가고 / 한 조각 달은 서편으로 기우네.

장사차 홀로 나선 사람 일어났으나 / 여관 문은 아직도 닫혀 있네.

외로운 성에 주둔하는 백전百戰의 용사들에게 / 호가소리는 아직 그치지 않네.

다듬이 소리 쓸쓸하고 / 수풀 그림자 성그네.

사방의 귀뚜라미 소리 끊어지고 / 먼 언덕에는 서리가 하얗게 내렸네.

단청 화려한 집에는 / 푸른 눈썹 그린 미인이 있고
잔치 끝난 누각에는 / 붉은 촛불만 속절없이 깜박이네.
상쾌한 새벽이 되니 / 내 영혼 푸른 하늘처럼 맑아라.
온 세상에 밝은 해 비치자 / 어둠이 바위 골짜기로 사라지네.
천 개의 문과 만 개의 창이 비로소 열리고 / 넓은 천지가 활짝 펼쳐지누나.

치열한 과거시험만을 준비한 유학생에게 천 개의 문과 만 개의 창이 열리고 넓은 천지가 활짝 펼쳐지는 감동은 합격의 순간이 아니고서야 맛보기 어려울 것이다. 하지만 최치원에게 수많은 문과 창은 학문에 대한 갈증과 호기심이지 않았을까. 그리고 그곳, 당나라 문화 속에서 문인들과의 만남과 직접 경험한 신학문을 통하여 최치원의 삶에는 해가 비치고 어두움이 사라지고 있었다. 어디 학문에서만 빛이 있겠는가. 비슷한 시기에 종교의 뿌리를 찾아 낯선 유학의 길을 열었던 이들도 모두 알기 위해서 그곳으로 가야만 하였다.

불교를 찾아 떠난 승려들

발원지에 대한 궁금증은 직접 가 보지 않고는 풀 수 없는 수수께끼와 같다. 수수께끼를 풀기 위해 한국불교를 대표하는 원효와 의상 역시 중국으로 가서 구법求法할 뜻을 품고 당나라를 향해 떠나기도 하였다. 이러한 구법승들의 구도에 대한 열기는 불법의 본고장인 인도까지 이어졌고, 혜초 역시 그 길로 들어선다.

동북아시아에서 유학을 갈 수 있는 나라는 당시 세계 최고의 선진국이었던 중국이었고 그 길을 맨 먼저 연 것은 승려들이었다. 원광법사541~630년 추정가 유학을 떠난 것은 34세 때인 진평왕 11년, 서기 589년이다. 8세기 초 신라불교는 의상과 원효 같은 큰 사상가들로 빛나는 불교문화를 꽃피웠다. 그러나 혜초는 여기에 만족하지 않고 더 깊은 공부를 위해 당나라로 유학을 떠났다. 그는 20세 때인 서기 723년신라 성덕왕 22년에 당나라 광저우에 가서 인도 승려 금강지의 제자가 된다. 그는 인도에서 불교를 배우고 오라는 스승의 권유로 당나라 수도 장안을 떠나 광저우에서 배를 타고 인도를 향했다. 인도의 여러 곳을 다닌 뒤 타클라마칸 사막과 톈산 산맥 사이로 난 서역북로를 따라 둔황을 거쳐 당나라 수도 장안에 도착한 것은 중국을 떠난 지 8년만의 일이다.

❖ 이강렬(2007). 『꿈을 찾아 떠난 젊은이들』. p.190.

불교의 발원지에서 공부를 권하는 스승과 그 권유를 받아 먼 길에 오르는 8세기 승려의 모습에는 어떠한 벽도 존재하지 않았다. 승려들이 인도에 가는 이유 중 하나가 나란다 불교대학에서 수학을 하기 위함이었다고 하니, 이는 자연스러운 순리인 것이다. 하지만 혜초의 경우 나란다에서 공부한 흔적이 없으며, 불적지를 순례하고 밀교[2]를 공부하기 위해 갔다고 추정되고 있다. 불적지 순례는 그가 쓴 『왕오천

2. 부처의 깨우친 진리를 직설적으로 은밀하게 표출시킨 대승불교의 한 교파인 밀교는 대승불교의 한 분야로 7세기경 인도에서 성립되었다. 밀교가 성립될 당시의 인도불교는 부파불교시대소승불교시대로서 실천보다는 전문적 이론과 승려 중심의 경향이 매우 짙었다. 이러한 불교계의 흐름은 교학敎學의 찬란한 발전을 가져오는 장점도 있었지만, 많은 신도를 잃게 되고 교단의 위축을 스스로 가져오는 단점도 있었다. 이러한 단점을 극복하고 실천을 위주로 한 대중불교운동이 밀교다. 네이버 지식사전, http://terms.naver.com/entry.nhn?docId=555433

축국전』에서 잘 드러나 있다. 하지만 불적지 순례를 통해 접한 불교의 모습이 좋지만은 않았음을 한국문명교류연구소 정수일 소장은 밝히고 있다. 그는 혜초가 피라날사국에 도착했을 상황에 대해 힌두교나 자이나교가 상당히 번성하여 바라나시에서 쇠퇴의 길을 걷게 된 불교를 목격했을 것이라고 설명한다. 힌두교에 흡수되어 찬란한 빛을 잃은 불교를 마주했음에도 혜초는 그동안 널리 알려졌던 사원과 성지들로 다시 발걸음을 돌리며 끝없는 여정을 계속한다.

| 그림 8-2 | 왕오천축국전 신라시대의 승려 혜초(慧超: 704~787)가 고대 인도의 5천축국을 답사한 뒤 727년(성덕왕 26)에 쓴 책

> 한 달 동안 다시 남쪽으로 여행하여 바라나시Varanasi에 이르렀는데, 이곳은 석가모니가 오비구五比丘를 위하여 최초로 설법한 곳이라 하였다. 다시 동쪽으로 여행하여 라자그리하Rajagriha, 王舍城에 닿아 불교 역사상 최초의 사원이었던 죽림정사竹林精舍를 참배하고, 『법화경法華經』의 설법지 영축산靈鷲山을 방문하였다. [……] 다음 여행지는 남천축국인데 아잔타 · 엘로라 등은 방문한 흔적이 없다. 다시 서북으로 방향을 돌려 서천축국을 거쳐 북천축국을 방문하게 되는데, 지금의 파키스탄 남부 일대와 간다라Gandhara 문화 중심지를 차례로 방문하였고, 그 서쪽에 있는 현재의 파키스탄 서북 일대를 답사하였다고 한다.

❖ 네이버 지식사전, http://terms.naver.com/entry.nhn?docId=568939

최초로 석가모니가 설법한 바라나시, 라자그리하에 있는 최초의 사원 죽림정사, 불교의 발원지 인도에 다다른 혜초는 최초로 설법이 이루어지고 사원이 세워진 곳에서 세월을 초월하여 그 당시 신인들의 뜻을 품어 보고자 한 것은 아니었을까? 찬란한 영광은 빛을 바랬을지언정, 성지에 도착하여 맛본 기쁨이야 이루 말할 수 없었을 것이다. 먼 길을 마다하지 않고, 불교의 본고장을 찾은 혜초의 기쁨은 5언시에도 그대로 녹아 있다.

보리수가 멀다고 걱정 않는데
어찌 녹야원이 그리 멀다 하리오
가파른 길 험하다고만 근심할 뿐
업연業緣의 바람 몰아쳐도 개의찮네
여덟 탑을 친견親見하기란 실로 어려운데
오랜 세월을 겪어 거지반 타 버렸으니
어찌 뵈려는 소원 이루어지겠는가
하지만 바로 이 아침 내 눈으로 보았노라

❖ KBS 역사스페셜 제작팀(2011), 『우리 역사 세계와 통하다』. p. 128.

깨달음은 직접 눈으로 본 그 순간 비로소 찾아왔다. 8세기 신라의 한 승려에게는 보리수도, 녹야원도 멀지 않았다. 생사를 오가는 그 먼 길을 한 걸음씩 내딛으며 갈구하던 깨달음을 오늘도 수많은 순례자들이 찾아 그곳에 온다. 1300여 년 전이나 지금이나 그 마음은 다르지 않은 것이다. 종교에서 순례巡禮란 신심의 고양과 소원의 성취, 속죄의 효과를 기대하는 데 그 목적이 있다고 한다. 한낱 미물에 불과한 인간에게 경전의 말씀만으로는 도달하기 어려운 경지를 직접 보는 것으로써 깨달음을 얻는다면 그보다 더 좋은 구도의 길이 어디 있겠는가? 결국 학문이나 종교나 그 뿌리를 찾아간다는 것은 더 많은 것을 배우고 자신의 것으로 만들기 위함은 아니었겠는가? 순례가 구도의 한 가지 방법이라면, 혜초의 유학은 구도의 길을 걷기 위함이었을 것이다. 인도로 떠난 그 길에서 얻고자 했던 바를 이루었으리라 짐작된다.

구도나 앎에 대한 목마름은 그들이 알고자 하는 열망과 그 여정 속에서 비로소 해소되는 것이었다. 그래서 그들은 떠날 수밖에 없었고, 유학의 시작을 열었다.

문호개방과 유학-조선 최초 미국 유학생 유길준

1867년 일본 메이지 정부는 왕정복고를 토대로 중앙집권체제 강화, 산업 육성, 부국강병정책 등의 개혁을 추진함으로써 새 시대를 열게 된다. 메이지유신明治維新을 단행하여 급속한 발전을 이룩한 일본은 조선에 교섭을 시도하게 된다. 1876년 일본의 식민주의적 침략의 시발점이 되기도 한 불평등조약인 강화도조약을 체결함으로써 개항 정책을 취하게 되어 조선의 파란이 시작된다. 19세기 후반에 이르러 지속적인 변화를 겪었음에도 급변하는 세계 정세를 따라잡지 못하여 발생한 시련이기도 하다. 물론 당시의 정치적 분위기도 서서히 변하여 대원군의 쇄국양이정책을 적극 지지하던 세력에 맞서 북학 및 서학의 영향을 받아 대외 개방을 주장하는 개화 세력이 존재하였다. 그리고 이러한 세력들은 강제적인 개항으로 인하여 위기에 처한 나라를 구하고자 노력을 펼친다.

국가의 시대적 위기에 맞물려 국가의 운명과 함께한 유길준의 유학은 당시 상황을 보여 준다. 청소년 시기에 유길준은 외할아버지 이경직의 주선으로 개화사상가인 박규수의 문하에 들어가 개화사상에 눈을 뜬다. 그리고 1881년고종 18년 박규수의 권유로 일본 문물을 돌아보는 신사유람난에 참가하게 된다. 당시 개화파들은 부국강병을 위하여 문호 개방과 대외통상의 필요성을 주장했을 뿐 아니라 1853년 이미 문호 개방을 한 일본에 가서 신문물을 배워 올 것도 주장하였던 것이다. 신사유람단은 4개월 동안 일본을 시찰하였고, 유길준은 신사유람단과 함께 귀국하지 않고 일본에 남아 국비 지원을 받는 조선 최초의 국비 유학생이 되었다.

|그림 8-3| 유길준 兪吉濬, 1856.10.24.~1914.9.30., 조선 말기의 개화운동가, 최초의 국비 유학생

http:///blog.naver.com/chiwo74?Redirect=Log&logNo=70009602364

> 일본이 유럽의 네덜란드와 거래를 통한 지 200년이나 지났지만, 그들을 오랑캐로 취급해서 변방의 관시나 허락했을 뿐이었다. 그러다가 일본이 서양의 여러 나라들과 조약을 맺은 뒤부터 관계가 친밀해짐에 따라 시대적인 변화를 살피고 그들의 장점을 취하며 여러 제도를 답습함으로써 30년 동안에 이처럼 부강을 이루게 된 것이다. 그렇다면 붉은 머리와 푸른 눈의 서양 사람 가운데 재주와 견식이 남보다 뛰어난 자가 반드시 있을 테니, 내가 예전에 생각했던 것처럼 순전히 야만족에 머물러 있지는 않은 것 같다.
>
> ❖ 유길준, 허경진 옮김(2004). 『서유견문』. p. 18.

앞서 살펴본 유길준의 유학 배경이 시대적 상황에 따른 일반적인 견해라면, 『서유견문』에서 유길준의 눈에는 오랑캐와 푸른 눈의 야만족은 사라지고 재주와 견식이 뛰어난 서양인의 존재가 보이기 시작한다. 야만족이라 불리던 붉은 머리와 푸른 눈의 사람들이 야만인이 아니라 일본의 부강을 이루게 한 재주와 지식을 갖춘 서양인이었다. 문을 닫으면 보이지 않게 마련이다. 보이지 않으면 자신이 보고 싶은 대로 보고, 생각하고 싶은 대로 사고하여 결국 그 생각이 닫히고 멈추게 되는 것은 당연한 순서다. 유길준은 닫혀 있던 생각을 열 수 있었다. 보이지 않았던 사실들이 일본을 직접 시찰하면서 눈에 들어오지 않을 수 없었다. 발전된 일본이, 그리고 없었던 제도들이 생겨나며 일궈 낸 부강함에서 유길준은 서양 사람들에 대해 몰랐던 모습을 엿볼 수 있었으며, 조선의 미래를 내다보게 되었다. 어찌 보면 문호 개방은 국가의 문을 여는 것이 아니라 사람들의 닫힌 눈과 귀를 열어야 하는 것으로 받아들일 필요가 있을 것이다. 닫혀 있는 곳에는 빛이 들 수 없고, 빛이 들지 않는 생각은 몽상에 불과하므로.

조선정부는 1876년 강화도조약 이후 근대문물의 유입에 큰 충격을 받고 이를 적극 수용, 배워야 한다는 자각을 하게 되었다. 짧은 기간에 걸친 일본의 놀라운 변화에 주목한 조선정부는 조사 시찰단을 일본에 파견하기로 결정하였다. 이것이 일명 신사유람단이며, 유길준은 조사 시찰단의 단장이던 어윤중의 수행원으로 일본으로 가게 되었다. 조사 시찰단은 4개월간 일본에 머물면서 일본 각지를 여행하고 정계 및 학계 인사들과 교류하고 조선으로 돌아왔는데, 이때 유길준은 조선으로 돌아가지 않았다. 그는 체류 중에 친분을 맺은 일본 개화사상가 후쿠자와 유키치가 세운 학교 게이오 의숙에 머물면서 유학하였다. 유길준은 후쿠자와 유키치로부터 많은 영향을 받았고 그의

> 저작물을 보고 자신도 언젠가는 이런 책들을 써 조선인들을 계몽시켜야겠다고 결심했다고 한다.
>
> ❖ 네이버 캐스트, http://navercast.naver.com/contents.nhn?contents_id=4906

조선정부도 근대문물과 이로 인한 발전을 목격하며, 직접 가서 배워야 한다는 적극적인 태도를 취하게 된다. 짧지만은 않은 4개월, 그리고 그 신사유람단 속에는 계몽에 대한 희망을 품은 유길준이 있었다. 청소년 시기에 개화사상에 눈이 뜨이자 닫혀 있던 생각이 열리고, 생각이 열리자 유길준의 마음은 신학문의 존재와 신학문으로 인한 발달에 대한 놀라움으로 가득 찼을 것이다. 이러한 무지몽매함에서 벗어났기 때문에 조선으로 돌아올 수 없었다. 학문에 매진하며 계몽의 필요성을 간절하게 깨닫는다. 계몽을 위해서는 몽상에서 벗어나야 했다.

> 나 자신이 서양 여러 나라에 가 보지도 않고 남들이 이야기한 찌꺼기만을 주워 모아 이 기행문에 옮겨 쓴 것이 마치 꿈속에서 남의 꿈 이야기를 하는 것과 다를 바가 없다고 생각한다. 그러나 그 나라들과 수교하면서 그들을 알지 못해서는 안 된다. 그러니 그들의 사실을 기록하고 그들의 풍속을 논하여 우리나라 사람들에게 읽을거리를 제공하는 것도 또한 터럭만큼의 도움이 없지는 않을 것이다. 다만 내가 직접 목격한 참모습을 기록하지 못한 것을 스스로 아쉬워하고 있었다.
>
> ❖ 유길준, 허경진 옮김(2004). 『서유견문』. p. 18.

몽상에서 벗어나기 위해서는 직접 보는 방법밖에 없다는 것을 유길준은 알고 있었다. 그리고 간접적으로 보는 것도 도움이 된다는 것을 알고 있었기에 최초의 서양견문록이 세상에 나올 수 있었다. 가 보지 않는다는 것, 남들의 이야기 찌꺼기를 통해 어둠 속을 더듬는다는 것은 내 꿈도 아닌 남의 꿈밖에 될 수 없는 것이었다. 유길준에게 눈이 뜨인다는 것, 어둠에서 벗어난다는 것, 그것은 희망이었지만 그의 첫 유학은 오래가지 못했다. 1882년 임오군란이 일어나자 민영익閔泳翊의 권유로 귀국길에 오른다.

1876년 강화도조약 체결 이후의 1881년 신사유람단 참가 후 이어진 첫 유학, 1882년 한미수호통상조약 이후 1882년 7월 미국 사절단으로 파견된 보빙사 일행이 된다. 유길준의 두 번째 유학 역시 조선의 문호 개방에 따라 기회를 얻게 된 것이다.

> 일행과 함께 미국의 각 기관을 시찰한 뒤 정사正使 민영익閔泳翊의 허락으로 유학생으로 남게 되었다. 유길준은 미국에 계속 남아서 국비로 유학할 수 있는 기회를 얻고 한국인 최초의 미국 유학생이 되었다. 학비가 넉넉하지 못했던 그는 아르바이트로 학비를 조달했다. 학업과 생계를 병행하면서도 성적은 우수한 편이었다. 8월 매사추세츠 주 세일럼으로 건너가 기독교 목회자인 E. S. 모스에게 8개월간 영어와 미국 문화에 대한 개인 과외를 받은 뒤, 매사추세츠 주에 있는 바이필드의 더머 학원에 입학했다. 그러나 그의 유학생활은 1884년 12월 4일 발발한 갑신정변으로 인해 오래가지 못하였다.
>
> ❖ 위키백과, http://ko.wikipedia.org/wiki/%EC%9C%A0%EA%B8%B8%EC%A4%80#.EC.9D.BC.EB.B3.B8_.EC.9C.A0.ED.95.99.EA.B3.BC_.EA.B7.80.EA.B5.AD)

귀국길에 유길준이 유럽을 순방하여 『서유견문』을 저술했는데, 그 안에는 서양 각국의 지리, 역사, 정치, 행정, 경제, 교육, 과학기술 등이 자세히 기록되어 있다. 그것도 미국에서 돌아와 연금생활을 하면서 집필한 것이다. 자신이 갇힌 어둠 속에서도 나라가 갇힌 어둠을 걷어 내고자 했던 의지는 그가 목격한 유럽의 발전된 모습에서 나온 개화의 희망이 아닐까. 지식을 실천으로 보여 준 유길준의 의지는 직접 경험하는 것에서 느끼는 기쁨으로부터 시작된 것이라고 감히 말하고 싶다. 갑신정변 이후 국비로 유학을 지원받기 어려워졌다는 설, 귀국 제의설 등 미국 유학 중단의 이유에 대해 여러 설이 있다. 확실한 이유는 알 수 없지만, 중요한 사실은 개화사상에 눈을 뜬 유길준이 일본과 미국의 유학 후 귀국하여 국민계몽을 위한 학교, 학회 설립 등 교육에 주력하였고 민족산업 발전을 위해 노력했다는 것이다. 민족사업 발전이 국가와 국민을 궁핍으로부터 구하고 자유를 위해 나아가야 할 방향으로 시대의 흐름이 변하고 있었다.

조국의 현실과 개화사상-전 유한양행 회장 유일한

┃그림 8-4┃ 유일한柳一韓, 1894. 12.13.~1971.3.11., 유한양행 창업자, 독립운동가

http://bucheon.grandculture.net

근대1876~1919에 이르러 사회가 급격하게 변하며 동시에 시대적 배경이 암울해짐으로써 결연한 의지를 품은 채 유학을 떠나는 사례도 있었다. 기독교를 통하여 서양 문물을 접하고, 계몽 강연을 통해 국가가 처한 암담한 현실과 개화사상을 받아들인 유일한본명 유일형의 아버지로부터 시작된다. 당시의 민족 강연은 급변하는 세계를 알리고, 세계로 나아가 서구 문물을 배워 국가의 독립과 부강을 위해 일해야 함을 강조하고 있었다. 변화를 받아들인다는

것은 앞을 내다보거나 세상을 알아 간다는 것을 의미함이 아닐까. 따라서 아버지 유기연은 넓은 세상에서 일어설 수 있도록 어린 아들을 미국으로 보낼 결심을 한다. 나라를 위해 일을 해야 한다는 아버지의 당부와 함께 떠난 유학은 한인 소년병 학교에서 조국의 독립이란 꿈을 키우게 했다.

> 소년병 학교는 여름에만 열렸기 때문에 유학생들이 학기 중에는 소속된 학교에서 공부를 하다가 여름방학을 이용하여 헤이스팅스 대학으로 와서 군사훈련을 받았다. 일형도 커니에서 중학교를 다니면서 여름방학 때 소년병 학교에 와서 훈련을 받았다. [……] 오전 6시 기상 나팔소리와 함께 군사학교 훈련이 시작되었다. 아침 식사 후에는 정오까지 각자 시간제 아르바이트를 하였다. 점심 후 한 시간은 운동을 하거나 자유시간을 가졌으며, 그다음 2시간 정도 공부를 하고 나서 군사훈련을 받았다. [……] 밤이 되면 각자 필요한 공부를 하기 위해 교실로 들어갔다.
>
> ❖ 조성기(2005).『유일한 평전』. pp. 102-105.

위의 과정을 3년 받은 후에 소년병 학교를 졸업할 수 있었다고 한다. 일한은 군사훈련을 통하여 민족의식을 견고히 하며 꿈을 꾸었을 것이다. 어린아이들이 조국을 떠나 군사훈련과 아르바이트, 학업을 병행하며 유학생활을 하였다. 이런 고된 생활을 버티게 했던 것은 조국의 독립을 위한 헌신과 같은 사명감만이 아니라 부강한 나라에서 살아가면서 부강함이란 것이 무엇인지 스스로 체득함에서 나왔던 의지와 꿈도 한몫하지 않았을까 추정된다. 고된 유학생활을 거치고 돌아온 일한은 조국의 경제적 어려움에 눈을 뜨게 된다. 어려운 경제상황을 극복하기 위하여 민족기업을 세우는 것 역시 애국하는 일로 여기며, 국민 건강에 기여하는 사업을 시작하게 된다. 조국의 독립을 꿈꾸며, 나라를 위해 성장하기를 바랐던 아버지에 의해 떠났던 유학, 그리고 타국에서의 학업, 유학생활을 이어 나가기 위한 경제활동이 소년 유일형을 민족 기업가 유일한으로 성장하게 하였다. 암울한 시대 속에서 유일한의 유학생활과 그의 일생은 독립운동 그 자체였다고 할 수 있다.

> 일한이 조회 때마다 직원들에게 강조하는 세 가지 내용도 한인 총대표회의에서 발표한 그 항목과 일맥상통하였다. 이것이 곧 유한양행의 기업정신인 셈이었다. 첫째, 항상 국민보건을 위해 일해야 한다. 둘째, 우리 민족이 일본 민족보다 못하지 않다. 민족의 긍지를 가지고 일해야 한다. 셋째, 유한양행은 결코 개인을 위해서 있는 것이 아니다. 사회를 위해서 있는 것이며 이 길을 통하여 경제 수준을 높여야 한다.
>
> ❖ 조성기(2005). 『유일한 평전』. pp. 230-231.

이러한 유일한의 기업정신은 어린 아들을 미국으로 보내던 아버지의 의지와 유학생활을 통해 체득한 경세지략에 그 바탕을 둔다고 할 수 있다. 국가의 독립을 위해서는 지배국가로부터 벗어나기 위하여 힘을 길러야 하고 그 힘은 몇몇의 군인이 아니라 무지몽매로부터의 해방이 우선이었을 것이다. 따라서 지식이 있고 자유가 있는 곳에서 무지몽매함을 벗어날 길을 찾고 계몽의 손길을 내밀 수 있는 선진 지식과 민족에 대한 자긍심이 필요했을 것이다. 그 밖에 피지배계급의 대표로 꼽을 수 있는 옛 여성들에게 계몽의 손길을 내미는 선교사들과 그 손길을 놓치지 않은 여성들도 있었다.

여성 유학생-박에스더와 하란사

불과 30~40년 전만 해도 여성의 사회활동이 쉽지 않았던 점을 고려한다면 100여 년 전의 여성들에게 학업이나 유학이 거의 불가능하였을 것이라는 사실은 짐작하기 쉬울 것이다. 앞서 살펴본 최치원이 868년 당나라로 유학을 떠났던 것과 비교하면 천년도 더 지나서 여성 최초의 유학이 이루어진 것이 이를 뒷받침한다. 그리고 이러한 유학 배경에는 선교사들의 힘이 컸다고 할 수 있다. 선교사들은 선교활동뿐 아니라 교육활동을 전개하였고, 이들의 도움으로 한국 여성 최초 미국 의과대학을 졸업하고 서양의사가 된 박에스더와 한국 여성 최초 미국 대학 학사학위를 받은 하란사가 빛을 보게 된다. 이 두 여성은 남편들의 외조로 신학문을 공부할 수 있었던 것으로도 유명하다. 남성들에 비해 유학을 가는 일이 훨씬 더 어려웠던 시절 박에스더가 겪은 학업의 길을 거슬러 올라가 보자.

그림 8-5 박에스더 왼쪽, 본명: 김점동(金點童), 1879~1910, 한국 최초 서양의학을 전공한 여의사 / 하란사 오른쪽, 河蘭史, 1875~1919.4.10., 독립운동가, 교육자

http://playculture.chosun.com/site/data/html_dir/2009/12/28/2009122800277.html

> 이화학당 역사상 네 번째 학생인 김점동은 그곳에서 신학문을 배웠다. 그녀가 배운 과목들은 한글, 한문, 성경, 산수, 가사

등이고 학년이 올라가면서 영어를 배웠다. 김점동은 1890년 미국인 의료선교사인 로제타 셔우드 홀을 만나게 되고, 1893년 셔우드 홀이 언청이 한자를 수술하는 것을 보고 의사가 될 결심을 한다. 그러나 조선에는 의학 공부를 할 학교 자체가 없어 의사가 되려면 미국으로 갈 수밖에 없는 상황이었다. 또한 결혼 문제를 매듭짓지 않고는 미국에 갈 수 없었기 때문에 선교사들의 혼인 주선으로 박여선과 한국인 최초로 서양식 결혼식을 올렸다. 졸업 무렵 1892년 세례를 받고 김에스더로 이름을 바꾸었고, 결혼 후 남편 성을 따라 박에스더로 개명한다. [……] 그녀에게 의학 공부를 시키고 싶었던 셔우드 홀은 미국 친구들의 도움으로 박에스더 부부를 미국으로 데려갈 수 있었다. 1895년 뉴욕에 도착한 뒤 1년여 만에 볼티모어 여자의과대학에 최연소로 입학하였고, 남편 박여선의 뒷바라지로 의과대학을 졸업하였다.

❖ 이강렬(2007). 『꿈을 찾아 떠난 젊은이들』. pp. 147-151.

조선에는 의학 공부를 할 수 있는 학교가 없었다는 점에서 박에스더가 유학을 떠날 수밖에 없는 이유가 분명하게 드러난다. 유학의 이유가 복잡하지 않았다. 단지 배울 수 있는 곳으로 갈 뿐이었다. 배우고자 하는 것은 모르는 것을 알고 싶다는 욕구, 그리고 모르는 것을 알게 되면서 더 배우고 싶다는 욕구, 그 배움을 몸에 익히고 배움을 실천하고자 하는 욕구들. 유학은 개인의 출세를 위한 욕구에서만 시작되는 것이 아닌 이처럼 배움에 대한 순수함이나 배움을 찾아 떠나는 단순함에서도 출발한다.

서양의학의 수술을 보고 의사가 될 결심을 하고, 그 결실을 이룰 수 있도록 선교사들의 도움을 받을 수 있던 것도 이것이 단순히 개인의 출세가 아니었기 때문이다. 조선에는 동양의학으로 치료가 안 되는 질병과 사고에 대해 수술이 필요했을 것이다. 서양의학이란 신학문이 들어와 그 존재와 유익함은 알게 되었지만, 수술을 집도할 의사가 없었으므로 누군가 그 길을 열어야 했다.

선교사, 그리고 함께 유입된 신문물이 당시 여성에게 새로운 길을 열어 주고 빛이 되어 준 것이었다. 이제는 새롭고 더 나은 학문이 있는 곳으로 떠나는 것이 남녀의 성별을 떠나서 그리고 시대를 떠나서 당연한 일이 되었다. 하지만 그 당시 신분사회의 한계 속에서는 배움에 대한 목마름이 시대의 선구자로 나아가는 계기가 되었다.

> 양반가의 여식과 달리 미천한 신분으로 정부관리의 후처로 들어간 하란사의 소원은 이화학당에 들어가 공부하는 것이었다. 그러나 1890년에 들어서면서 이화학당의 규칙이 바뀌어 기혼 여성은 입학이 불허되었다. 하지만 이화학당 학당장인 프라이 선생을 찾아가 결국 입학을 허락받는다. [……] 하란사는 한국 여성 최초로 1906년 오하이오 웨슬리언 대학교에서 문학사 학위를 받는다. 그녀는 졸업 즉시 귀국해 상동교회 영어 학교 교사직을 맡아 영어와 성경 등을 가르치며 불우한 환경의 여인들에게 배움의 길을 열어 주었다. 그 뒤 1910년 이화학당에 대학과가 설치되자 유일한 한국인 교수가 되어 영어와 성경을 가르쳤다. 또한 하란사는 민족운동에도 참여했다. 고종의 밀지를 받아 1919년 6월 파리에서 열린 파리강화회의에 의친왕을 밀사로 파견할 준비를 하기도 했다.
>
> ❖ 이강렬(2007). 『꿈을 찾아 떠난 젊은이들』. pp. 154-160.

신분의 한계로 배움에 목말랐던 하란사는 미국 유학 후 여성 교육의 선구자가 되었고, 민족운동에 참여한다. 배움이라는 것은 누구에게나 허락되는 것이 아니었다. 따라서 배움이 허락된 곳으로 가야만 했다. 여성의 배움을 허락하는 이화학당과 최초의 한국 여성인 유학생을 받아들여 준 웨슬리언 대학교는 한 여성에게 배움의 길만을 열어 준 것이 아니라 신분이라는 벽을 허물어 주었다. 교육을 통해서 신분의 한계를 극복한 하란사의 이야기 역시 교육은 보다 넓은 세상에서 역량을 펼칠 수 있도록 도와주는 통로라는 것을 보여 준다. 한편, 여러 가지 상황으로 고국으로 돌아오지 않고 넓은 세상에서 보편타당한 인간의 감성을 노래한 또 한 명의 유학생의 삶이 여기 있다.

보편타당한 감성을 노래한 독일 유학생 이미륵

|그림 8-6| **이미륵**1899.3.8.~1950.3.20.

http://mirokli.com/zbxe/Photo/419

구한말 황해도 해주에서 태어난 이미륵본명 이의경은 우리나라 최초의 독일 유학생으로 전후 독일에 소설을 발표하여 아름다운 한국의 문화를 알린 학자이자 소설가였다. 그는 유년시절의 자전적 경험을 담은 소설 『압록강은 흐른다Der Yalu fließt』를 독일어로 발표하여 평단의 호평을 받았다.

혼란의 시대, 여느 지식인들처럼 이미륵도 신학문과 구학문 사이를 오가며 교육을 받았다. 사서삼경과 같은 구학문의 교육을 받기 원했던 아버지의 뜻에 따라 열한 살까지 한학을 공부했다. 그러나 신문물에 관심을 갖던 어머니의 뜻에 따라 신학문을 가르치던 학교에 진학하여 공부를 시작하였다. 학업을 이어 가는 데 큰 어려움이 따르지 않았지만 학교에서 처음 접한 수학과목의 어려움, 근대 공간에서의 가치관의 충돌은 어린 시절을 그려 낸 그의 소설에도 잘 드러나 있다.

구한말 독립운동을 하던 지식인들이 그러하듯 경성에서 공부를 하던 중 독립운동에 연루되어 일본의 탄압을 피해 기나긴 디아스포라diaspora의 여정을 시작한다. 학업을 중단하고 상하이로, 상하이에서 다시 독일로 망명의 길을 이어 갔다. 그가 망명길에 나설 때 그의 어머니는 이렇게 말했다고 한다.

> "그래, 용기를 내거라. 비록 우리가 다시 만나지 못하는 일이 있더라도 너무 서러워 말아라. 너는 내 생에 있어 너무 많은 기쁨을 가져다주었다. 얘야, 이젠 너 혼자서 네 길을 가거라."

압록강을 넘어 중국으로 떠난 것은 이미륵 박사에게는 단순히 일본을 피해 국경을 넘는 일이 아니라 자신이 보호받았던 유년시절과 청소년기를 벗어나 스스로의 인생을 책임져야 할 어른의 세계로 건너온 것을 의미한다Klabau, 2010. 그는 상하이에서 망명자들을 돕는 일을 하며, 공부를 계속할 수 있는 유학의 길도 함께 모색하였다. 그가 독일에 도착해서는 한국에서 공부하던 의학공부를 계속하고자 노력하였다. 잇따른 건강 악화와 생활고를 겪으면서도 학업을 포기하지 않았던 이미륵은 1928년 뮌헨대학에서 동물학으로 이학박사학위를 취득한다.

이후 독일에서 지내며 이미륵은 동양에서 온 외국인이 하기에는 생소할 수 있는 문학활동을 시작한다. 그의 장편소설 『압록강은 흐른다』는 1946년 독일어로 출판되었고, 호평을 받으며 독일 교과서에 실리기도 하였다정규화, 박균, 2010. 독일에서 남은 평생을 살면서 독일어로 작품활동을 하였던 그에게 한국어와 독일어, 언어는 어떤 의미였을지 생각하게 하는『책과 인생』2011에 실린 기록이 있다.

> 1947년쯤 발터 라이퍼는 독일에서 언론인으로 활동하던 중, 1947년 가을 이미륵에게 편지를 보내면서 몇 가지 독일어 단어의 한글 표기법을 물었더니 그해 10월 7일 이미륵은 라이퍼에게 다음과 같은 회신을 보냈다. "당신은 지난번 편지에 시간과 기회가 있으면 회답을 보내 달라고 하였지요. …… 민족주의, 전제주의, 민족주의나 전제주의? 모스크바 만세, 민족주의를 믿음, 대한제국, 고려민족국, 연합동지, …… 자유, 공산당, 민족주의자, 군주주의자. 이 단어들은 내게도 능숙하지 않은 새로운 번역입니다. 어느 정도 제대로 번역되었기를 기대합니다. 충심으로 인사를 전하면서, 당신의 이미륵."
>
> ❖ Li, Mirok(1984).『Der Andere Dialekt』. pp. 153-154.

자신에게도 익숙하지 않은, 아니 적용하기 어려운 개념을 언어로 번역한다는 것은 그의 말처럼 쉬운 일이 아니었을 것이다. 그러나 그는 독일에서 독일어로 강의와 작품활동을 하면서 언어의 한계를 뛰어넘는 감정을 그대로 전달해 냈다.『압록강은 흐른다』를 통하여 그는 그가 배우고 깨닫던 어린 시절에 대한 향수를 민족과 언어를 뛰어넘는 보편타당한 정서로 서술했다. 그렇기 때문에 그의 소설이 독일 사람에게 감흥을 줄 수 있었던 것이다.

이미륵은 뮌헨대학에서 동양철학 강의를 하면서『논어』『맹자』와 같은 한학을 교재로 사용하였다. 그는 학생들에게 배우는 자로서의 순결한 마음을 유지해야 함을 강조하였다. 고향을 떠나 타향에서 다른 나라 말을 쓰면서도 잊지 않았던 고고한 선비정신을 엿볼 수 있다. 그는 그를 기억하는 독일인에게 진정한 휴머니스트로 기억되고 있는데 정규화, 박균, 2010 , 이는 독일에서 그가 학위를 받은 동물학 분야의 지식으로만 형성되었다고 보기는 어려울 것이다. 그의 뿌리를 형성하고 있는 어린 시절의 교육, 망명 후의 독일생활과 교육을 이용해 얻은 지식과 지혜를 통해 언어와 인종을 초월하는 휴머니스트적 감성을 키워 나갈 수 있었다고 보아야 할 것이다.

어머니의 말대로 이미륵은 이후 가족들과 간간이 서신만을 주고받았을 뿐, 죽을 때까지 가족을 만나지 못하였다. 그의 삶을 관통하는 이산의 흔적은 그의 소설에서 언어와 인종을 초월하는 인간 본연이 가지고 있는 그리움의 향수를 끌어내는 역할을 했다고 여겨진다.

지금까지 살펴본 신라시대에서 구한말까지의 개인 유학사들을 보면 학문을 따라 배움이 있는 곳으로 떠났는가 하면, 신분의 벽을 넘어 배움이 허락하는 곳으로 향하였고, 조국을 위해 떠나기도 하였으며, 시대 상황에 맞물려 어쩔 수 없는 유학길에 오르는 일도 보인다. 유학의 이유는 개인사와 마찬가지로 제각기 다르지만 그들 모두에게는 배움이란 것이 있었고, 신학문이 그 배움의 뒤에 있었으며, 배움의 앞에는 발전과 변화가 펼쳐졌다. 이러한 유학은 또 다른 상황에서 또 다른 공통점으로 나타나게 된다. 바로 국가적인 배경이다. 이웃 나라인 일본과 중국에서 유학길에 나섰던 선각자들을 간단히 살펴보자.

일본의 해외 유학-소년 어부 만지로와 최초 미국 유학생 니지마 조

조선의 유학이 일본과 중국에 비해 많이 뒤처진 것에 비하면 일본의 해외 유학은 빠른 시기에 이루어진 편이지만, 일본도 처음부터 유학을 권장했던 것은 아니었다. 일본 역시 개항 전까지는 쇄국정책으로 외국에 나가는 것조차 금지했기 때문에 일본의 해외 유학 첫걸음 또한 의미가 깊을 것이다.

그림 8-7 존 만지로 본명: 나카하마 만지로, 1827.1.27.~1898.11.12., 막부 말기 통역 및 교사

http://ko.wikipedia.org/wiki/

1841년 열네 살 때 초보 어부로서 고기잡이를 나갔다가 조난을 당해 5일 동안 표류한 뒤 태평양의 무인도 도리시마 섬에 살아남은 동료들과 상륙, 이후 143일간 섬에서 지냈다. 그곳에서 미국 포경선인 존 하울랜드 호를 만나 구출된다. 당시 일본은 자국민의 해외 이탈을 금지하는 쇄국령이 내려져 있었기 때문에, 다른 동료들은 하울랜드 호의 다음 기항지인 하와이에서 내렸으나, 선장에게 호의를 산 만지로는 본인의 희망에 의해 배에 남았으며, 배 이름을 따 미국인들로부터 존맨이라는 애칭으로 불렸다. 미국인 선원들과 교류하면서 일본의 쇄국정책에 대한 비판적 의견을 들으면서 이때부터 개국의 필요성을 느끼게 되었다. 미국에 도착한 그는 이후 영어, 수학, 측량기술, 항해술, 조선기술 등의 각종 기술을 배우면서 마침내 선원들의 투표에 의하여 부선장으로 선출되는 영예를 얻는다. 미국 체류 시 그는 미국의 민주적인 사회 시스템을 보고 익히게 된다.

❖ 위키백과, http://ko.wikipedia.org/wiki/

엄밀하게 이야기하자면 만지로는 유학을 계획했던 것이 아니라 어업 중에 조난을 당하고, 막부 시절 일본의 쇄국정책으로 인하여 귀국을 포기할 수밖에 없었던 경우다. 그 후에 미국에 남아 각종 기술을 배우게 되고 비공식적이지만 일본의 첫 미국 유학생으로 남게 된다. 유학의 동기도 중요하겠지만, 미국에 있는 동안 자국의 정책에 대한 문제점, 개국의 필요성을 느끼게 된 만지로의 이야기에서 선진문화와의 교류가 시사하는 바가 크다고 할 것이다.

|그림 8-8| 니지마 조 1843.2.12.~1890.1.23., 일본의 개신교 전도사, 교육자

http://ko.wikipedia.org/wiki/

반면, 일본이 공인하는 최초의 미국 유학생은 니지마 조다. 당시에 정부의 허락을 받지 않고 미국으로 공부를 하러 갔으며, 그 시작은 해군 전습소에서 익힌 네덜란드 학문에서 비롯된다.

그는 열여섯 살 때 해군 전습소에 들어가 네덜란드어와 수학, 항해술을 배웠다. 네덜란드 학문을 배우는 것이 당시 일본의 풍조였다. 본격적인 서양교육을 받겠다는 간절한 생각에 니지마는 스물한 살 때인 1864년에 미국 상선 메를린 호를 타고 상하이를 거쳐 보스턴으로 갔다. 그는 1866년 고등학교인 필립스 아카데미를 졸업하고 이어 암허스트대학에 입학해 1970년에 졸업했다. 그는 일본 최초 미국 유학생이자 미국에서 학사 학위를 받은 최초의 인물로 기록되어 있다. 니지마는 1970년 앤드바 신학교에 입학해 1874년에 졸업했다. 미국에서 공부하며 기독교 신앙을 받아들인 그는 선교사가 되길 원했다. 니지마는 1871년 이와쿠라 사절단의 안내를 맡아 유럽으로 건너가 각국의 교육과정을 두루 시찰했다. 그는 앤드바 신학교를 졸업하던 해 일본에 기독교 학교를 세우기 위해 귀국하여 1875년 도시샤 영어학교를 설립하고, 1877년에 도시샤 대학의 전신인 도시샤 여자학교를 세웠다.

❖ 이강렬(2007). 『꿈을 찾아 떠난 젊은이들』. p. 246.

강력한 쇄국정책으로 외국인과의 접촉 행위까지도 금지했던 개항 전 일본에서 니지마 조를 미국으로 이끌었던 힘은 무엇일까? 그리고 쇄국정책으로 일관하던 일본에서 네덜란드 학문을 배우는 유행을 일으킬 수 있었던 것은 어떤 의미를 담고 있는 것인가? 국가 차원에서 엄격하게 금지를 해도 막을 수 없었던 것은 더 나은 삶을 찾아서, 더 많은 배움을 찾아서 떠나려는 의지였으며, 이는 교육의 발전과 국가 발전의 원동력이 되었다. 또 쇄국정책과는 어울리지 않게 네덜란드 학문을 일본 내에서 배울 수 있었다는 것은 발전된 학문을 배우는 것이 국가발전에 필요하다는 것을 인정하는 것으로 볼 수 있다.

신학문을 배우고, 유학留學을 한다는 것은 단순히 외국에 머물며 공부를 하는 것이 아니라 어쩌면 학문을 흐르게 하는 유학流學의 시작일 것이다. 이러한 학문의 흐름은 메이지유신1868년 이후에 급물살을 타기 시작하였다. 1869년 50명의 유학생에서 1870년 150명, 1873년에는 1,000명이 넘어서면서 본격적인 유학 정책으로 일본의 선진 문물의 습득과 국가발전이 급속하게 진행된 시기임에 분명하다.

중국의 해외 유학-중국 최초 미국 유학생 룽훙 용굉

일본은 자본주의 형성의 기점이 된 메이지유신 이후 문호 개방이 이루어졌던 반면, 중국은 그보다 앞서 1842년 아편전쟁에서 영국에게 패배하고 난징조약을 체결하면서부터 개방이 시작되었다. 이때부터 서양 문물이 급속하게 유입되고 1847년 중국 최초의 유학생인 룽훙이 새뮤얼 브라운 목사를 따라 미국으로 떠난다.

> 1835년, 일곱 살 된 용굉은 곽사립Karl Friedrich Gutxlaff 부인이 세운 모리슨 학교에 들어갔다. 1840년, 예일 대학의 신학박사인 새뮤얼 브라운 목사가 와서 학교업무를 맡았다. 1842년, 모리슨 학교는 마카오에서 홍콩으로 옮기고, 용굉도 학교를 따라 옮긴다. 1847년, 열아홉 살의 용굉은 브라운 목사와 함께 미국으로 공부를 하기 위하여 떠난다. 그와 함께 갔던 사람으로는 황관, 황승 두 명이 더 있었다. 1849년 말, 용굉과 황관은 모리슨 학교에서의 공부를 마친다. 당시, 떠나기 전에 받았던 자금지원 기한이 도래하여, 계속 공부하려면 다시 새로운 조건을 받아들여야 했다. 이때 미국에서 한 사람이 용굉에게 자금지원을 해 주겠다고 한다. 다만 조건은 졸업 후에 귀국하여 목사가 되어야 한다는 것이다. 용굉은 '언젠가 공부를 마치면 어떤 분야이든 간에, 중국에 유익한 것을 선택하면 된다. 전도라는 것도 괜찮으니 중국에 도움이 되는 일일 것이다'라고 생각한다. 1850년, 용굉은 예일 대학에 입학한다.
>
> ❖ 주해용굉여유미유동연구회, http://blog.daum.net/shanghaicrab/16152576

이렇게 해서 룽훙은 중국인 최초 미국 유학생으로 학사학위를 받게 된다. 룽훙의 유학은 개인의 유학사에 그치는 것이 아니라 중국으로 돌아와 1872년 중국의 조기유학 프로젝트에 기여하게 된다. 중국의 조기유학 프로젝트는 첸강과 후징초의 『유미유동』이란 책에서 다루어지고 있다.

> 조기유학 프로젝트는 낡고 지친 중국을 변혁할 인재를 육성하기 위해 국가의 명운을 걸고 기획된 절체절명의 사업이었다. [……] 선발기준도 엄격했다. 가족 중에 태평천국의 난 같은 반란에 가담한 이가 없는지 '출신성분'을 체크했고, 청나라를 대표해서 외국에 나가는 만큼 용모단정해야 했으며, 이름이 이상하면 개명도 해야 했다. [……] 최종 목적지는 미국 동부 뉴잉글랜드 지역. 관원 3명이 감독으로 동행했고, 코네티컷에는 유학사무국 건물이 세워졌다. [……] 유동들은 3~5명씩 한 조로 미국인 가정에 '홈스테이'를 했다. 당시 코네티컷 주 교육국장이었던 노스롭이 호스트 가족에게 보낸 안내 편지에서, 아이들이 중국어를 잊어버리지 않게 하고 잘 씻을 수 있도록 지도해 달라는 당부가 눈에 띈다. 첫 번째 당부는 청나라 정부의 뜻에 부합하는 것이기도 했다. 청나라 정부는 유동들이 이학異學의 포로가 되기를 원하지 않았다. 유동들은 정기적으로 유학사무국에 모여 '오경'과 '소학'을 배워야 했고, 변발을 자르거나 기독교인이 되는 것은 절대 금기였다.
>
> ❖ 국민일보, 2005. 5. 5., http://news.naver.com/main/read.nhn?mode=LSD&mid=sec&sid1=103&oid=005&aid=0000203799)

1872년 국비 유학을 보냈다는 것은 그만큼 새로운 학문을 배워야 할 필요성을 국가 차원에서 인식하고 있던 것이다. 이는 기울어 가던 중국을 다시 일으키게 할 인재가 필요한 국가와 새로운 학문을 직접 경험한 룽훙의 유학 경험이 대대적인 국비 유학 프로젝트의 기반이 된 것이다. 이렇게 진행된 유학은 그만큼 선발과 유학의 과정에서도 엄격한 관리가 이루어졌다는 것을 알 수 있다.

> 청나라 말기의 이 프로젝트는 유학기간 15년에 의식주 경비 일체를 정부가 부담하고 학업을 마치고 귀국한 뒤에는 정부관리로 임용하는 파격적인 조건이었다. 이 프로젝트는 중국인 최초의 미국 유학생으로 예일대를 졸업한 룽훙용굉이 기획하고 실행에 옮겼던 야심 찬 프로젝트였고, 이들은 청나라 정부의 기대를 저버리지 않았다. 몇 년 후 그들 중 50명 남짓이 하버드, 예일, 컬럼비아 등 명문 대학에 입학했다. 그러나 이 프로젝트는 중국 내 정세 변화로 거센 반대에 부닥쳐 10년만에 끝나고 학생들은 학업 도중 본국으로 소환되고 말았다. [……] 하지만 유동들은 서양의 앞선 군사력과 과학기술을 배우고 돌아와 중국의 근대화에 크게 기여했다. 이들은 중국의 전보사업을 열었고, 중국이 자체 건설한 최초의 철도 역시 이들의 손에서 시작됐다.
>
> ❖ 동아일보, 2005. 5. 6., http://news.naver.com/main/read.nhn?mode=LSD&mid=sec&sid1=103&oid=020&aid=0000297732)

국비유학은 중국 내의 반대로 오랫동안 지속되지 못했지만, 그 효과는 중국의 근대화에서 나타났다. 국가에서 계획한 유학의 목표와 본국으로 소환된 학생들의 유학의 성과가 맞아떨어진 셈이다. 또한 그 시대에 국가적으로 유학 프로젝트를 진행했다는 것은 과히 놀라지 않을 수 없다. 중국의 유학은 1900년부터 급격하게 진행되어, 일본과 미국 유학의 붐이 일게 된다.

국가에서 유학뿐 아니라 외국인과의 접촉까지도 금지했던 때가 있었던 반면, 국가의 인재 양성을 위해 대규모의 국비유학의 사례까지를 살펴보면, 유학은 국가의 문호 개방과 크게 관련이 있다. 이러한 국가적인 배경에 의한 유학이 갖는 공통점은 조선의 해외 유학정책에서도 볼 수 있다.

조선의 해외 유학

외세에 의한 문호 개방의 압력과 개화파에서 주장하던 선진문물 수용에 대해 조선으로 돌아가 좀 더 깊이 살펴보자.

쇄국정책으로 일관하던 조선의 지도층에서 청나라와 일본에 비해 조선의 근대화가 뒤처진 것을 깨닫고, 유학생을 선진국에 보내 선진 문물을 배우게 한다. 당시에 있었던 인재 양성에 대한 열망은 근대화를 추구하던 조선의 목표뿐 아니라 조선을 지배하려는 일본의 야심이 맞물려 있었다. 일본의 학문과 기술을 교육시키면서 일본에 대한 반감을 없애고, 일본에서 유학한 조선 유학생들이 조정의 핵심을 차지할 경우 조선에 대한 영향력이 확보될 것을 꾀한 것이다.

그리고 이러한 계획의 일환으로 일본은 강화도조약1876을 체결한 후 조선에 유학생을 파견하도록 요청하기에 이른다. 하지만 조선은 일본의 요청이 아닌 청나라의 권고로 인해 유학생 파견에 관심을 갖게 되며, 일본과 러시아의 조선 침략을 대비하여 1880년 청나라와 교섭을 시작하게 된다.

조선의 유학정책을 살펴보면, 갑오개혁 이후 1895년 일본에 유학생 파견이 이루어지는데, 이때 우리나라 최초의 유학생 선발시험이

치러졌다. 유학생 선발시험에 대해 살펴보면 다음과 같다.

> 첫날에 일본인 의사가 신체검사를 했고 다음날에는 내무대신의 참관 아래 유학 희망자들이 글을 짓고 책을 읽었다. 500여 명이 응시해 최종 114명이 선발됐다. 개화기에 파견됐던 유학생 규모 중 최대 인원이었다. 합격자 대부분이 권문세가의 자제들이었다고 한다. 조정은 이들에게 학비와 의복, 식사, 잡비를 지급했으며, 이를 게이오 대학의 설립자 후쿠자와 유키치가 관리하도록 했다. 게이오 대학은 조선 유학생들을 위해 별도의 학사일정을 만들었다. 수업 연한은 보통과 일 년, 고등과 8개월을 합해 2년 8개월로 했다. 수학능력이 뛰어난 사람은 보통과를 마치고 곧바로 고등과로 올라갔다. 대부분 학생들은 보통과를 마친 뒤 다른 기술학교로 진학하거나 정부기관 혹은 일반회사에 들어가 전문적인 교육을 받았다.
>
> ❖ 이강렬(2007). 『꿈을 찾아 떠난 젊은이들』. pp. 235, 237.

조선에서 선발된 뛰어난 인재들은 선진문물을 배우고자 유학길에 나서게 된다. 이들이 마음속에 품었던 생각은 무엇이었을까? 새로운 학문에 대한 열망, 기울어져 가는 조국에 대한 소명의식, 혼란스런 정세만큼이나 많은 생각이 이들의 유학길에 동행하지 않았을까 짐작해 볼 뿐이다. 이들은 조선의 급변하는 정세에 의해 1903년 일본 유학생 전원이 귀국하는 것으로 국비유학 정책은 종결된다. 그러나 전원이 귀국길에 오르지는 않은 것으로 알려져 있다. 이들은 자비로 일본에서 유학을 계속하거나, 일본을 거쳐 다른 나라로의 유학길을 모색하였다. 그렇다고 해서 이들의 유학이 학문에 대한 열의로 인해 지속되었던 것만은 분명히 아니다. 누군가에 의해 특정한 의도로 계획이 되었으나 당시의 정세 변화라는 상황적 요인에 의해 미완의 과제로 남아 버렸다 해야 할 것이다.

유학을 개인의 입장에서 보면 선진문물을 배울 수 있는 길이 열리고, 배움을 통해 앎에 대한 눈이 뜨이며 더 나아가 출세에 이르기도 한다. 그래서 과거 유학을 떠난 선인 중에는 권문세가들의 자제들이 많았다. 국가의 입장에서 보면, 유학을 통해 국가의 지도층으로서 국가를 발전시키는 데 이바지하고 지도층의 신분을 유지하는 기반을 형성하게 된다. 반면 선진국가에서는 순수하게 자신들이 가진 선진문물을 이웃 국가의 발전을 위해 함께 나누어 갖는 순수한 이유보다는 동맹이나 지배를 하고자 하는 야욕이 기저에 깔려 있었다. 물론 이러한 정치적 이해관계는 과거에만 존재하던 것이 아니라 현재에도 진행 중인 자연의 섭리와도 같은 것이다.

그렇다고 해서 유학이 오직 깨달음을 얻기 위한 여정이며, 학문의 창을 열어 빛으로 세상을 밝히라는 헌신을 요구하거나 희생을 하라는 것은 아니다. 다만 어느 순간 교육만을 목적으로 하는 순수한 입장에서 조금씩 정치적인 입장이 나타나서 유학을 막거나 혹은 장려하는 일이 생긴다는 것이다. 그리고 그때 교육이 도구로 사용되면서 국가도, 개인도 불행해지는 일이 일어나게 된다. 배움을 통해 개인이 성장하고 다시 사회에 기여하거나 국가를 위해서 자연스럽게 일을 하다 보니 사회지도층이 되는 것이 아니라, 사회지도층이 되기 위해 또는 국가의 이익을 위해 특정 집단 및 세력에 의해 유학이 계획되고 교육이 이루어진다는 것은 엄연히 다른 일이다.

그럼에도 유학의 길을 처음으로 열었던 선각자들의 시대로, 다시 처음으로 돌아가 보자. 국가의 울타리 너머를 상상하지 못했던 시기에 그들은 울타리 너머에는 야만인이 득실대는 위험한 세상만이 존재한다고 생각했을 것이다. 하지만 울타리를 넘어갔던 시대의 선각자들은 울타리 밖에는 무지에서 벗어나가는 길이 있고, 세계와 소통할 수 있는 길이 있다는 것을 알게 되었다. 동시에 울타리를 넘어뜨려야 할 필요성도 일깨워 주었다.

제9장

조기유학의 명明과 암暗

교육은 한 개인이 자신의 능력과 소질을 알고, 자아를 찾아가는 과정이다. 이 장에서는 교육을 위하여 우리나라를 떠나 교육받기로 결정하고 이를 실행에 옮긴 사람들의 이야기를 담고자 한다. 떠난 이유도, 떠난 목적도, 떠난 나라도 다양하겠지만 중요한 것은 더 나은 교육을 받기 위해 먼 길을 떠났다는 점이다. 이 장에서는 교육을 위해 조기유학을 떠난 가족의 이야기를 들여다보고자 한다. 이 이야기 속에서 우리가 찾아 나간 교육이 어떤 모습인지를 엿볼 수 있길 희망한다.

제9장
조기유학의 명明과 암暗

교육은 한 개인이 자신의 능력과 소질을 알고, 자아를 찾아가는 과정이다. 이 장에서는 교육을 위하여 우리나라를 떠나 교육받기로 결정하고 이를 실행에 옮긴 사람들의 이야기를 담고자 한다. 떠난 이유도, 떠난 목적도, 떠난 나라도 다양하겠지만 중요한 것은 더 나은 교육을 받기 위해 먼 길을 떠났다는 점이다. 이 장에서는 교육을 위해 조기유학을 떠난 가족의 이야기를 들여다보고자 한다. 이 이야기 속에서 우리가 찾아 나간 교육이 어떤 모습인지를 엿볼 수 있길 희망한다.

유학생 엄마의 이야기: 먼 곳으로의 이사[1]

교육에 관심이 많거나 경제적으로 여유가 있는 주변의 지인들은 더 좋은 교육환경을 찾아서 그리고 사교육 선택의 용이성과 편리성을 찾아서 강남의 8학군 및 분당, 수원 등지로 이사하여 장거리 출근을

1. 이 장의 내용 중 '유학생 엄마의 이야기' 부분은 실제 두 자녀를 해외 조기유학을 보낸 어머니의 수기를 기초로 작성하였다. 본인의 희망에 따라 실명을 밝히지 않음

하는 가족이 많았고, 서울 8학군을 기준으로 더 먼 거리에 직장을 둔 가족들은 자녀의 교육을 위해 주말부부를 선택함을 주저하지 않았다. 딸아이가 중2가 되니 고등학교를 결정해야 되고 그 결정이 대학 입시로 연결됨을 부인할 수가 없었다. 일반적인 시각에서 보면 좋은 학군에 입성할 수 있는 최적의 시기는 이미 놓친 것으로 보였다. 딸아이가 중학교에 입학한 이후로는 중간, 기말 외에 학력평가 그리고 과목별 수행평가에 이르기까지 늘 시험의 그늘에 갇혀 있었다. 시험이 다가오면 다른 아이들은 과외와 학원을 통해 복습을 하고 기출문제풀이 등을 하는 것을 보고 마음이 초조해진 나는 딸에게 기출문제라도 구해서 풀어 보는 것이 도움이 되지 않느냐고 물었고, 혼자서도 할 수 있을 것 같다는 딸의 말을 믿기로 했지만 불안을 떨칠 수는 없었다. 학원을 다니지 않아 선행학습이 전혀 이루어지지 않은 딸은 학교수업이 유일하게 배울 수 있는 시간이었기에 온전히 집중을 했고, 전통적인 방식대로 예습과 복습 그리고 수업 과제물 제출 등 학교수업에 충실했다.

그 결과 중학 입학시험인 배치고사에서 수석 입학이라는 기쁨을 누릴 수 있었고 그 이후 중학교 2학년 2학기에 뉴질랜드로 이주하기 전까지 치른 6번의 중간고사와 학기말 고사에서 전교 1등을 놓친 적이 없었다. 이런 상황에서 주변에서는 우리 가족의 해외이주를 쉽게 이해하지 못하기도 했고, 더 넓은 세상에서 기회를 가질 만한 아이라고 부러움과 격려도 받았다.

한국에서는 학과공부의 어려움보다는 과목별 수행평가, 특히 체육, 가정, 미술, 음악 등의 수행평가가 쉽지 않았다. 추석 연휴 때에도 난 친정에서 요를 깔아 놓고 딸의 구르기 연습을 시켰다. 추석 연휴가 끝나면 체육 수행평가인 구르기 시험이 있는데 뒤로 구르기가 안 되고 있었기 때문이다. 이 수행평가의 1~2점 감점이 등수를 결정하기 때문에 무시할 수가 없었다. 체육 수행평가를 위해 아파트 주차장에서 줄넘기 연습을 하기도 하고정해진 시간에 일정 이상의 횟수를 위해서, 배구 토스 연습을 하기도 했다.

딸은 본인의 위치를 지키기 위해서 체육에서는 필기와 함께 배구, 줄넘기, 구르기, 무용까지도 완벽하게 해야만 했고, 미술에서는 필기와 함께 데생, 정물화, 만들기 그리고 창의적 형태의 꽃꽂이 등을 잘 해야 했으며, 딸에게는 비교적 쉬운 과목이었던 음악에서는 필기 평가와 함께 악기 연주, 독창, 중창 그리고 음악 감상의 수행평가 항목 중 어느 것도 소홀히 할 수 없었다. 가정 과목의 수행평가는 대부분 조별 평가였는데 가족극 만들기물론 대본을 쓰고 연습에 이르기까지 모든 것이 딸의 몫이었다, 요리 실습에서는 몇 명의 조원이 앞치마를 가지고 오지 않아 감점을 당했고그 이후로 난 실습 때마다 여유분의 앞치마를 챙겨 주었다, 실습 후 거름통에 남아 있던 몇 개의 콩나물 대가리 때문에 감점을 당하기도 했다. 이 무렵 나는 딸아이가 잠든 새벽에도 불이 켜진 집이 많은지 아파트를 올려다보며 불안해하는 습관이 생기기도 했다. 이것이 모두 전인교육을 위한 것인가 하는 의문이 들기 시작했다. 무엇을 위한 평가항목인지 궁금해지기 시작했다.

내 아이들은 어려서부터 악기를 꾸준히 배웠다. 딸은 피아노와 바이올린을, 아들은 첼로를 배웠다. 전공으로 삼고 싶지는 않지만 계속해서 배우고 싶다는 딸의 결정에 따라 중학교를 다니면서도 학과 관련 학원이나 과외는 받지 않아도 음악교육은 계속 받았다. 또한 중학교 입학 무렵 딸은 동생과 함께 Y시에서 창단한 Y시 청소년 오케스트라를 오디션을 통하여 입단하였고, 매주 주말은 오케스트라 연습에 참석했다. 단체 활동의 운영과 특성상 연습 불참은 단원 박탈로 이어지기 때문에 꾸준히 연습과 워크숍 등에 참석하고 공연을 하였으나, 고등학교 입학을 앞두고 연습으로 보내는 시간들을 공부에 투자하는 것이 현명한 선택이 아닌가 하는 갈등이 생기기 시작했다. 난 아이들이 공부도 열심히 하지만 음악 활동도 계속하기를 원했고, 구르기가 아닌 몸과 마음을 건강하게 해 주는 체육 활동을 즐기며 성장할 수 있으면 하는 바람이었다.

난 결정을 했다. 아이들과 나, 가족의 몸과 마음의 건강한 삶을 위해서 조금 멀리 이사 가기로 결정을 한 것이다. 내가 누구의 눈을 보면서 수업을 해야 하냐고 못내 서운해하시는 선생님들의 말을 가슴에 담은 채로……. 이미 주변에서는 좋은 학군을 위해 이사하는 것이 일상이 되어 있었고, 주말부부도 마다하지 않았으며 교사들조차도 관내에 거주하는 사람을 찾을 수 없었다. 이런 현상 속에서 국경을 넘었다는 이유로 도피, 위화감 조성, 치열한 입시경쟁으로부터의 탈출, 가족해체, 공교육에 대한 도전, 이기적이며 과도한 교육열의 발상 등의 무수한 말을 뒤로 하고 조금 멀리 이사를 감행했다.

그들만의 리그

맹모삼천지교孟母三遷之敎, 맹자의 어머니가 맹자의 학업을 위해 세 번의 이사를 감수하였다는 의미의 고사다. 이 땅에는 학생의 수만큼 많은 맹자의 어머니들이 존재하고 있다. 아파트 값에 결정적인 영향을 미치는 것이 학군과 학원의 위치라는 것을 감안한다면 이 말도 그리 과장된 말은 아닐 것이다. 더 나아가 이제는 교육을 위해 국가의 벽 따위를 쉽게 뛰어넘을 수 있다고 생각하는 사람도 늘어나고 있다. 그렇다면 이 벽이 모두에게 쉽게 뛰어넘을 수 있는 성질의 것일까?

지금도 수많은 사람이 '문제 많은' 교육을 하고 있는 우리나라를 떠나 보다 자유롭고, 보다 행복한 교육을 찾아 나서고 있다. 혹자는 이를 두고 '교육 엑소더스'라는 말로 표현하기도 하였다. '대탈출'이라고는 하지만 이 여행길에 모두가 동참할 수 있는 것은 아니다. 자녀와 함께 2년 6개월의 조기유학을 한 후 귀국한 어머니의 말을 들어 보자.

> 집 한 채죠. 가서 뭐 변두리 집 한 채 값을 들인 거죠. 저랑 큰아이, 작은아이, 생활하고, 학비 내고, 뭐 그러고 나니까. 저희는 그래도 싸게 든 거예요. 그래도 좋았죠. 그 돈이 문제가 아니라, 그보다 더 많은 것을 얻어 왔다고 생각해요. 영어뿐만 아니라 다른 것도 다 그래요.[2]

세계화 시대에 필수적인 언어인 영어를 배우기 위해서, 그리고 영어권 국가에서 더 자유롭고 행복한 교육을 받기 위해서는 돈이 많이 필요하고, 이 돈 문제 앞에서는 그 누구도 자유롭지 못하다. 이러한 문제는 경제적으로 여유 있지 못한 사람들에게는 불평등으로 다가올 수밖에 없다. 가족 모두가 교육을 위해 이민을 간다거나, 기러기 가족이 되기로 결정하거나, 아이 혼자 조기유학을 보내기로 결정하게 되는 결정적 원인 중 하나는 경제적인 문제라고 할 수 있다.

가족이 함께 떠나는 경우라면, 아이들 관리와 현지 생활을 위해 보호자 역시 어느 정도 영어를 할 수 있는 수준이 보장되어야 하지 않을까. 그렇다면 보호자는 평균 이상의 학력일 것이고, 가장의 수입이 어느 정도는 여유가 있어야 한다는 결론에 도달하게 된다. 자, 그렇다면

---

2. 초등학교 4학년 학생과 취학전 학생을 데리고 조기유학을 떠난 어머니의 인터뷰에 기초하여 작성하였다. 본인의 희망에 따라 실명을 밝히지 않음(이하 인터뷰 인용문 같음)

학생 혼자 보내는 방법을 생각해 보도록 하자. 학생 혼자 보내는 경우에도, 학비, 위탁가정이나 기숙사에 보내는 생활비, 한국에 돌아올 것을 대비해 공부해야 하는 과외비 등 적지 않은 비용이 예상된다. 이러한 비용의 문제를 생각한다면 교육을 위해 국가의 장벽을 뛰어넘는 것은 만리장성만큼이나 큰 벽으로 가로막혀 있다.

유학생 엄마의 이야기: 학교에 입성하기까지

청운의 꿈을 안고 떠난 것은 아니었어도 보다 나은 삶의 질을 기대한 것은 사실이었다. 하지만 문화, 관습, 음식 그리고 언어 모든 것이 호락호락하지도 않았고, 예상보다 더 힘든 일이었다. 그들은 우리 가족의 입성과 무관하게 잘 돌아가고 있었다. 우리 가족은 그들 사이로 들어가려고 늘 긴장 속에 분주하게 움직여야만 했다. 우리 욕구와 형편에 맞는 그리고 금방 입주할 수 있는 빈집을 구하는 것도 쉽게 해결되지 않았지만 아이들 학교 문제는 나의 의도와 바람과는 영 무관하게 흘러가고 있었다. 우리 가족이 뉴질랜드에 첫발을 내디딘 즈음을 전후로 하여 우리나라뿐만 아니라 중국 등에서 영어 교육을 위하여 조기유학 붐이 일었고, 뉴질랜드에서도 갑작스러운 인구 유입으로 인해 주변의 평판이 좋은 학교들은 이미 유학생 비율이 차서 더 이상 입학을 허가하는 학교를 찾기가 어려웠다.

100년 넘은 전통을 가진 몇몇 공립학교들은 사립학교 입학하기보다 더 경쟁이 치열하고 이 학교에 입학하기 위해 위장 전입을 하기도 하고 단속을 하는 경우를 보았다. 뉴질랜드 국민을 기준으로 보면 학교, 학년에 따라 다소 차이는 있으나 사립학교 등록금은 1년에 한화로 1000만 원 내외이고, 공립은 한화로 1년에 한화로 20만 원 내외의 강제성이 없는 기부금 형태의 등록금을 내면 되니, 전통 있는 공립에서 사립에 준하는 교육을 받을 수 있다면 위장 전입의 유혹이 있을 법도 하다. 정도의 차이는 있지만 세계 어느 곳에서나 부모는 자녀가 좋은 학교에 입학하기를 원하며, 때론 그 목적을 위해서 편법을 동원하기도 하는 것 같다.

아이들을 한 학교에 보낼 생각으로 상당히 평판이 좋은 사립 K교에 지원을 했으나, 영어 시험 결과 중학교 2학년 딸은 대기자 명단에 올랐고 초등학교 5학년 아들은 영어가 전혀 안 된다는 이유로 입학을 거절당했다. 나는 아이들의 한국에서의 교내외 상장과 성적표, 과외활동내역 등을 꼼꼼히 챙겨서 파일로 만들어 갔다. 나는 이 파일을 보여 주면서 지금 영어가 힘들지만 성적도 좋고 학업능력과 잠재력이 있는 아이들이라고 설명해 보았으나 별 도움이 되지 않았다. 넘치는 유학생으로 입학을 원하는 학생은 많고, 그들이 원하는 것은 수업을 따라갈 수 있는 영어 실력이 입학의 기준이었다. 결국에는 2~3개월의 시간을 허비하고 나서 중학교 2학년의 딸은 중학교 3학년으로 신생 사립학교에 입학을 했고, 초등학교 5학년의 아들은 6학년으로 공립학교에 입학을 했다.

다음 해에 정식으로 딸은 중학교 3학년현지로는 10학년, 아들은 다른 학교로 전학하여 초등학교 6학년현지로는 7학년으로 제대로 된 정규과정에서 수업을 시작하게 되었다. 그러나 입학이 모든 문제를 해결해 주는 것은 아니었다. 학교를 다니기 시작하자 하루하루 부딪치는 일이 크고 작은 고통과 어려움이 되어 나와 아이들을 힘들게 하기 시작했다. 그중에서도 가장 큰 장벽은 '언어'였다. 그다음은 문화의 차이에서 오는 상호 이해 부족이었다. 우리 가족 누구도 영어가 유창하지 못했다. 의사소통의 어려움이 나를 바보로 느껴지게 했다.

조기유학의 선택과 결과

조기유학을 선택하고 그 결과가 어떠했는가에 대한 평가를 내린다는 것은 한 사람의 일생을 놓고 봤을 때 무척이나 위험하고 경솔한 일이다. 그러므로 조기유학의 결과를 쉽게 판단하는 것은 유보되어야 할 것이다. 흔히 사람들은 학생의 외국어 능력과 교과성적, 학창시절 느낀 행복감을 통하여 성공적이었다거나 그렇지 못하다고 평가하고 있기에 여기서도 그런 정도로만 논의해 보도록 한다.

타향에서, 그것도 가족과 떨어져 학업을 해야 하는 일은 이 세상 누구에게나 쉬운 일은 아니다. 그가 외국에서 직면해야 하는 의사소통의 부재, 외로움의 문제는 학업을 중단시킬 만큼 큰 위력을 가진다. 한 개인이 경험하기에 성인이 되어서도 힘든 유학생활을 가정의 보살핌을 받고 사회와의 상호작용을 통해 정체성이 확립되어야 할 중요한 시기에 경험하게 한다는 것은 학생의 성장에 비교육적인 영향을 미칠 수도 있다. 교육을 위해서 떠났다지만 적응 과정에 있어서 다분히 비교육적 결과를 낳을 수 있다고 지탄받을 수 있는 이러한 아이러니는 조기유학을 시작하여 적응하는 과정의 모든 사람에게 해당되는 일이다.

경험자들의 조언에 의해서 사회적으로 이슈가 되고 있는 이러한 문제를 해결하기 위하여 조기유학을 떠나는 사람들은 국어가 익숙해지고 발달단계상으로 어느 정도 정체성이 확립되었다고 생각하는 최적의 시기를 찾고자 노력한다. 부모들은 학교의 교과과정상으로도 충분히 복습이 가능한 내용인지, 언어 발달상으로 영어를 받아들였을 때 한국어에 대한 간섭이 최소화될 수 있는 적정한 시기가 언제인지에 대해 정보를 교환한다. 정보교환은 때로는 유학원의 정보에 의할 수도 있고, 미리 경험한 사람의 이야기가 되기도 한다.

'누구누구는 어떠하였더라'로 귀결되는 이러한 내용은 다분히 개개인의 주관적 경험에 의존하고 있다. 이렇게 경험에 의존한 선택은 이도저도 아닌 결과를 낳기도 하고, 불만족스러운 결과가 있더라도 구체적인 원인이 무엇인지에 대해 자의적으로 해석하여 재생산한다. 이러한 경험의 재생산이 조기유학을 선택하게 하는 중요한 원천이 된다.

> 우리 애를 처음 보내려고 결심한 것은 좀 우발적이기도 했어요. 그냥 다른 아이들도 간다고 하고. 방학 동안이라도 다들 단기간은 다녀오는 거 같아서 불안했는데, 마침 기회가 생겨서. 주변 엄마들이 5학년 때 가면 국어도 괜찮고, 다른 과목들을 따라가는데도 큰 문제가 없다고 했거든요. 거기서도 5학년 과정을 교과서 만화 같은 걸로도 공부하고, 문제집도 풀리고 했는데, 처음 돌아와서 6학년은 학업적으로 괜찮은 거 같더라고요. 그냥 공부하는 게 좀 힘들고, 그곳이 그립다 이 정도였는데……. 중학교 1학년에 들어가니까 막 헤매는 거예요. 보니까 중학교 1학년 과학이나 사회가 다 5학년 때 한 번씩 나온 내용이라 우리 애는 잘 모르는 거야. 아무래도 한계가 있겠지.

조기유학 후 학생의 성취 수준에 대한 이론적 연구가 체계적으로 이루어지지 않고 있기 때문에 외국에서의 교육이 학생의 성취 수준에 어떠한 영향을 미치는지에 대해서 단언하기는 어렵다. 학교에서 이루어지는 직접적인 교육내용과 성취보다는 의사소통에 영향을 주는 언어 발달, 학교생활 만족도 등, 외국생활에 대한 총체적인 경험이 조기유학의 결과로 여겨진다. 5학년 때 조기유학을 1년 정도 경험하고 중학교 2학년이 된 두 학생의 어머니의 말을 들어 보자.

다 좋았던 거 같아요. 거기서는 다 좋았는데, 돌아올 거 생각해서 여기 진도도 공부했고, 애가 성실하니까 엄마 뜻도 다 따라 주고. 지금도 굉장히 열심히 하는데, 하는 것 보면 더 잘할 수 있을 것 같은데, 탁 치고 올라가는 거라고 해야 하나? 아무튼 하는 것 보면 탁 하고 도약할 수 있을 거 같은데, 그게 잘 안 되는데……. 그래도 그때로 돌아가도 똑같이 할 거니까…….

솔직히 우리 애는 지금 다른 공부가 많이 부족한 편이에요. 그 당시조기유학에 너무 영어에만 집중한 거 같긴 한데……. 지금도 영어는 참 잘해요. 영어 시험점수가 아주 좋은 건 아니지만, 영어는 시험 잘 본다고 잘하는 건 아니잖아요?

한 학생의 성적은 전교에서도 상위권에 들고 있는 학생이었고, 다른 학생은 중간 정도의 성적에 평범한 학생이었다. 두 학생 모두 유학을 다녀온 나라에서의 기억이 행복했다고 생각하고 있었으며 기회가 주어진다면 또 유학을 가길 원하였다. 학생 혼자서 유학을 떠난 경우보다는 부모 중 한 사람이라도 동행했을 경우에 이들의 만족도가 높다는 차이는 있었지만 한국에서의 성적이 좋은 경우나 그렇지 않은 경우나 모두가 외국에서 공부했던 때는 행복하고 그리운 추억으로 회상하고 있었다.

따라서 조기유학 경험자들이 유학시절 교육에 대해 만족감을 크게 느끼고 한국의 교육과 비교해 더 우수하다고 했다고 해서 외국 교육을 더 우수한 교육이라고 단정적으로 판단하는 것은 옳지 않다. 이들이 조기유학 시기를 행복했다고 추억하는 경우는 지난 과거이기 때문에 좋았다고 회상했을 수도 있다는 점을 배제할 수 없다. 이들의 만족스러운 교육 경험은 지나간 학창시절을 아름답게 추억하는 우리 모두의 경험과 같을 수 있기 때문이다.

유학생 엄마의 이야기: 그곳의 차별과 싸우다

학교에 다니기 시작한 지 한 달이 될 무렵 학교에서 돌아온 딸아이가 억울하고 분하다며 울기 시작했다. 이유는 오늘 사회시간에 시장조사survey를 나가게 되었는데 선생님께서 너희한국 학생 3명는 영어를 잘 못하니까 학교에 남아서 자습을 하고 있으라고 하시면서 나머지 12명을 데리고 나가셨다고 한다. 3명씩 조를 짜서 쇼핑센터에 나가서 지나가는 고객에게 설문조사를 하는 것이었다.

곰곰이 생각을 해 보아도 올바르지 않은 처사로 느껴졌다. 영어가 잘 안 되서 수업에 적극적인 참여는 힘들지만 조별로 진행하는 방식인데 옆에서 참관하는 것만으로도 교육적 효과는 있을 것이라 생각되었다. 선생님의 불공평한 처사가 몹시 억울해서 당장이라도 찾아가서 따지고 싶었지만 언어가 걸림돌이었다. 심사숙고한 끝에 편지를 보내기로 결정을 하고 다른 사람의 도움을 받아 편지를 완성했다. 이런 저런 서두를 제외하면 주요 내용은 선생님께서 사회수업을 그런 방식으로 진행한 것을 납득할 수 없으며, 학교에서 학교교육 철학이념으로 내세운 개별적 성취를 돕겠다는 취지에 어긋나는 것이 아니냐? 그리고 또 이런 일이 생기면 사회적으로 문제를 일으키겠다고 한 것 같다. 똑같은 내용의 편지를 한 장은 당사자인 사회 선생님께, 또 한 장은 교장 선생님께 보내면서 마음이 편치만은 않았다. 이런 행동이 잘하는 것인지, 혹시 딸아이에게 나쁜 결과를 미치게 되는 것은 아닌지 하는 생각에 전학을 고려하고 있었다. 또한 이것도 저것도 아니면 돌아갈 고향한국이 있는데 하며 스스로 위안을 삼았다.

편지를 받은 사회 선생님은 몹시 당황하고 불쾌해했으며, 딸을 통하여 여러 가지 이유를 들어 변명을 전해 왔다. 교장 선생님은 본인에게는 학교에서 발생하는 모든 일을 알 필요가 있는데 알려 주어서 고맙다는 말과 함께 충분히 고려해 보겠다고 하셨다. 한참 후에야 사회 선생님이 그동안 유학생이나 타민족에게는 배타적인 생각을 가지고 있는 사람이며, 그런 개인적인 생각들을 행동으로 종종 표출한 적이 있음을 알게 되었다. 이런 부당한 대우를 느꼈음에도 유학생들 스스로는 언어와 문화 차이로 대처하기가 쉽지 않았고, 대부분의 유학생이 부모 없이 지내는 경우가 많아 도움을 받을 곳도, 후원을 해 주는 사람도 없어서 무시 받곤 했었던 것 같다. 그 이후로도 크고 작은 일이 있을 때마다, 난 학교로 교장 선생님을 자주 찾아갔고 요구 사항이 많은 학부형으로 인식되었다. 반면, 학교의 모든 행사에 적극적으로 참가하였으며, 학교에서 도우미Helper: 학교에서 도움이 필요한 경우 학부형이 자원봉사 형식으로 도움을 주는 경우를 지칭가 필요할 때는 마다하지 않고 내 능력껏 도움을 주려고 애썼다. 언어가 신통치 않고 주변인으로 학교 행사에 참여하고 도우미로 나서는 일은 지금 생각해도 진땀나는 일로 기억된다.

유학생 엄마의 이야기: 결국 모든 것은 실력으로 인정받는다

딸이 중력의 법칙과 그에 해당하는 예를 찾아오라는 과학 숙제를 받아 왔다. 뉴질랜드는 교과서가 있는 경우에는 학기 초에 학교에서 빌려 주고책 값이 워낙 비싸다, 교과서가 없는 경우에는 필요한 내용을 복사해서 나누어 준다. 또한 우리나라처럼 교과서에 따라 잘 정리되고 요약된 참고서는 전혀 없다. 숙제를 위해 도서관을 찾았으나 중력의 법칙이 들어 있는 책을 찾는 일도, 찾은 책에서 필요한 내용을 이해하고 요약하는 것도 한숨이 절로 나오는 일이었다.

얼마 후 학교에서 첫 과학 시험을 보게 되었는데 시험을 치르고 온 딸은 머리가 너무 아프다며 약을 먹고 누워 버렸다. 문제가 A4용지 30장이 넘었는데 자기는 시험문제 읽다가 시간이 다 가 버렸다고 하면서 난감해했다. 이 시험 결과로 딸은 우열반 편성이 있던 과학에서 열반에 배정되었고, 이 일로 딸은 자존심이 무척 상했으나 달리 방법이 없었다 몇 개월 후에 시험을 통해 '우' 반으로 옮길 수 있었다.

그저 영어 단어 몇 개 알고 있는 것이 전부인 아들은 더 힘든 시간을 보내야 했는데, 학교에서 돌아오면 불평과 함께 요구 사항이 많았다. 숙제가 있는 것 같은데 무엇인지 잘 모르겠다고 엄마가 선생님에게 전화를 하라고 하곤 했는데 나로서도 난감했다. 얼굴 보고 이야기 나누는 것도 뜻대로 되지 않는데 전화라니……. 궁리하다가 선생님께 편지를 보냈다. 우리 아이가 숙제를 알아듣지 못하니 숙제의 내용을 노트에 적어 주시면 감사하겠다고. 그 후로 선생님께서는 숙제 내용을 자세하게 적어 보내 주셨고 많은 시간이 소요되긴 해도 숙제를 해 갈 수 있었다. 갓 입학한 유학생에게 숙제 등을 기대하지는 않으셨지만, 열의를 보시고 대견해하시며 아이에게 관심을 가지기 시작했다.

수학에 관한 한 남에게 뒤질 것이 없다고 자부하며, 뉴질랜드 학교에 다녔지만 영어가 턱 없이 부족했던 아들은 영어로 된 문제를 읽고 이해하지 못했다. 물론 영어에 상관없이 풀 수 있는 문제들도 더러 있었지만 그것으로는 만족하지 못했다. 나는 서점에 가서 7학년초등학교 6학년과 8학년중학교 1학년에 해당하는 수학Numbers, Algebra, Geometric 3권으로 나뉨 문제집 6권을 사 왔다. 나와 아들은 저녁 식사 후 매일 밤 12시까지 문제를 풀며 수학용어를 외우고, 해석하고, 수학용어 단어장도 만들어 나갔다. 첫 한 권을 풀고 이해하는 데 한 달이 걸렸고, 두 번째 문제집은 2주, 세 번째 문제집은 1주일, 네 번째 문제집은 3일만에 풀고 나더니 이제는 안 해도 될 것 같다고 하였다.

어느 날 아들이 학교를 다니기 시작한 지 6개월 정도 되었을 때, 수학시험을 보았는데 그리 어렵지는 않았다고 이야기를 했다. 그리고 한참 후에 집에 돌아온 아들이 "엄마, 나 지난번에 본 시험, 선생님이 잘 보았다고 하셨는데 아마 1등 한 것 같아."라고 이야기를 했고 우리 가족은 오랜만에 보람되고 행복한 시간을 가졌다. 며칠 후 학교에서 온 편지를 보고서야 자세한 내용을 이해할 수 있었다. 아들이 본 시험은 호주에 있는 뉴사우스웨일즈 대학에서 주최하는 호주 수학경시대회로서 매년 뉴질랜드 초 · 중 · 고등학교 학생들도 참여하는 전국 규모의 수학경시대회였으며, 이 경시대회에서 뉴질랜드 전국 1등을 해서 금메달과 상금을 받을 예정이라는 내용이었다. 이 소식으로 뉴질랜드에서 정착하며 겪은 설움이 모두 사라졌고, 정말 표현할 수 없는 기쁨이 찾아왔다. 아마도 내 고향이 아닌 타향이었기에 기쁨이 더 배가 된 것 같다. 학교 선생님들께서도 개교 이래 처음 있는 결과라면서 마음을 담아 축하해 주셨다. 영어가 늘수록 다른 교과목의 성적도 함께 오르기 시작했고, 실력만이 인정받고 살아남는 유일한 방법임을 깨달았다.

떠나 본 사람들[3]

조기유학을 가고자 하는 사람들이 접할 수 있는 이야기는 주변의

3. 본 내용은 「조기유학 경험의 초국가성에 대한 근거이론적 분석」 박소화, 2010의 내용을 참고하여 작성하였다. 여기에서 대상으로 삼은 조기유학 관련 경험 수기는 총 21권으로 학생의 저술이 8권, 학부모의 저술이 8권, 학생 · 학부모의 저술이 3권, 한국 교사와 미국 교사의 저술이 각각 1권씩으로 조기유학을 경험한 사람들의 경험을 통하여 그들의 생각을 엿볼 수 있다.

경험뿐 아니라 시중에 출판되어 있는 조기유학 관련 경험서에도 잘 드러나 있다. 출판된 책의 경우 조기유학에 대한 저자의 입장이 드러나 있는 경우가 많고, 책을 선택하는 사람도 나름의 입장에서 받아들이게 된다. 이러한 책이 읽는 사람들에게 어떠한 영향을 미쳤을지 단정하기는 어렵지만 조기유학을 결심한 사람들에게 긍정적 경험을 통해 유학을 긍정적으로 생각했을 수도, 부정적인 내용을 접하고는 신중하게 접근했을 수도 있다. 수기에서 발견되는 조기유학 경험자들의 공통된 이야기는 크게 세 가지로 보인다.

첫째, 자신을 보는 다른 이들의 관점을 만나다

> FOB Fresh Off the Boat, 트윙키…… 어느 사회에서나 끼리끼리 문화가 있듯이, 이곳에서도
>
> ❖ 정진아(2005)

> 젊은 나이에 말도 통하지 않는 당나라로 떠나 미래를 바라보며 고난을 견뎌 낸 장보고, 나 또한~
>
> ❖ 이소정(2005)

> 외할아버지는 자부심과 애국심으로, 아버지는 집안의 자랑거리이자 희망으로, 나는 더 이상 공부에만 목숨을 걸지 않아
>
> ❖ 손준홍(2006)

조기유학을 떠난 사람들이 가장 먼저 직면하게 되는 일은 이질적인 문화 속에서 이방인으로서의 자신의 모습을 깨닫는 일이다. 이들은 한국인으로서의 자신의 모습뿐 아니라 그들의 문화에 적응하고 동화되는 과정을 통해 하나의 성숙된 인격체로 성장하는 과정을 거친다. 자신에 대해 보다 객관적인 시선을 얻는 일은 개인의 인격을 성숙하게 한다. 학생들은 친구들과의 다름을 통하여 타인의 관점으로 자신

을 바라보게 된다. 이들은 달라진 우리나라의 위상, 부모 세대와의 정서적 분리과정을 거치며, '국가와 민족을 위하여'라는 대의를 중시했던 과거의 유학 세대와는 다른 관점으로 유학생활을 한다.

둘째, 학습에 대한 책임감이 생기다

> 핀란드 사람에게 학교란 '배우는 곳'이라는 인식이 확실히 자리 잡고 있다……. 그들은 수업 중에 절대로 졸지 않는다.
>
> ❖ 지쓰카와 마유, 지쓰카와 모토코(2009)

> 자유로운 공부환경에서 꿈을 펼칠 수 있는 기회를 만들기 위해 스웨덴에 온 것인데, 정작 나는 한국 방식으로 공부하고 있었다.
>
> ❖ 이하영(2008)

조기유학생들은 한국과는 다른 학교생활을 통하여 배우고, 학습하는 일에 대한 즐거움과 학생으로서의 책임감을 느낀다. 이들이 책임감을 느끼는 원인 중 하나는 외국에서 공부하는 일 자체이기도 하지만, 공부한다는 자기인식의 과정을 통해 학습을 의미 있는 일로 경험하기 때문이다. 학습에 대한 의미 있는 경험은 학생을 내적으로 성숙하게 만들고, 학습에 대한 책임감으로 이어지며, 이는 배움의 즐거움과 보람이 된다. 학습에 대한 책임감이 외국에서만 키워진다고 볼 수는 없지만, 우리나라와는 다른 학교문화, 사회 분위기는 학생의 학교에 대한 생각과 책임감을 변화시키는 데 큰 영향을 주고 있었다.

셋째, 자신을 볼 수 있는 다른 관점을 갖게 되다

> 언젠가는 정체성의 혼란이라는 큰 과제를 겪어야 하겠지만 지금 한국의 교육 현실로 볼 때 미국에서 태어나 성장하는 것이 더 유리한 환경이라는 것은 부정할 수 없다. 하지만 세계는 어디에도 적을 두지 못한 유랑자를 반기지 않는다.
>
> ❖ 신동혁, 한윤정(2008)

> 공교육이 제대로 자리 잡을 때까지는 외국에서라도 우리 인적 자원의 수준 향상을 꾀해 보는 것이 좋을 것 같다. 좋은 교육도 인간의 중요한 기본 권리 중 하나다.
>
> ❖ 김성혜(2003)

> 현재는 미국의 교육전문가이기는 하지만, 내가 한국 사람이다 보니 여기에 살고 있어도 한국의 교육문제에도 자연히 관심을 갖게 된다. '무엇을 하든 한국이 잘되었으면 좋겠다'는 생각을 하는 나를 본다.
>
> ❖ 심미혜(2001)

외국교육을 경험하는 일은 우리나라의 교육에 대한 다른 관점을 배우는 일이기도 하다. 조기유학을 경험한 사람들은 끊임없이 외국과 우리나라의 교육을 비교하게 되는데, 이러한 과정에서 만족, 불만족의 경험을 하고 이를 개선하고자 하는 의지가 생긴다. 이러한 의지는 적극적일 수도 있고, 소극적일 수도 있으나, 이러한 의지가 보다 나은 교육을 모색하는 원동력이 되는 것은 분명하다.

떠나 본 사람들의 수기를 읽는 독자는 간접 경험을 통해 외국의 학교생활을 알고자 하는 사람들이다. 독자는 떠났던 사람들의 텍스트를 통하여 조기유학을 결심하기도 하고, 이질감을 느끼기도 하며, 그들만의 이야기로 생각하기도 하면서 자신만의 방식으로 재해석한다. 분명한 것은 조기유학에 관심을 가진 사람들에게 먼저 다녀온 사람들의 이야기는 길잡이나 나침반이 되어 방향 설정에 영향을 미치게 된다는 것이다.

남은 사람들의 이야기: 조기유학 관련 학부모 인식 조사

2008년 11월 KAIST 영재교육원에 응시한 교육열이 비교적 높다고 여겨지는 학부모를 대상으로 조기유학에 관해 학부모의 인식을 조사해 보았다. 이는 조기유학 관련 선행연구강지연, 2002; 김경근 외, 2005의 결과에 따른 것으로 조기유학에 참여하는 학부모의 특성을 잘 반영하는 표집이 될 수 있으리라 판단했기 때문이다. 설문 결과를 살펴보면 다음과 같다.

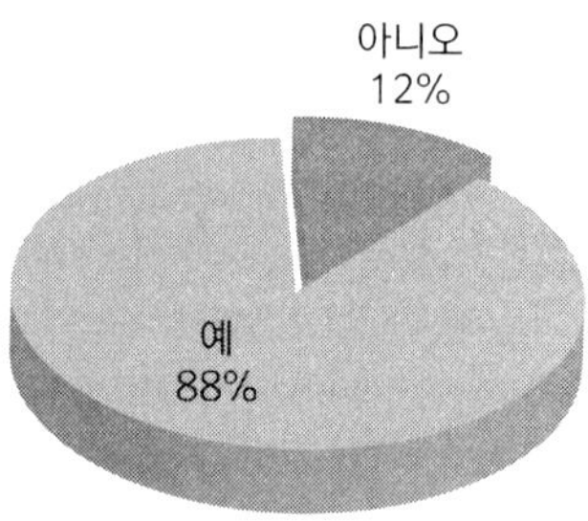

|그림 9-1| 조기유학 희망 여부

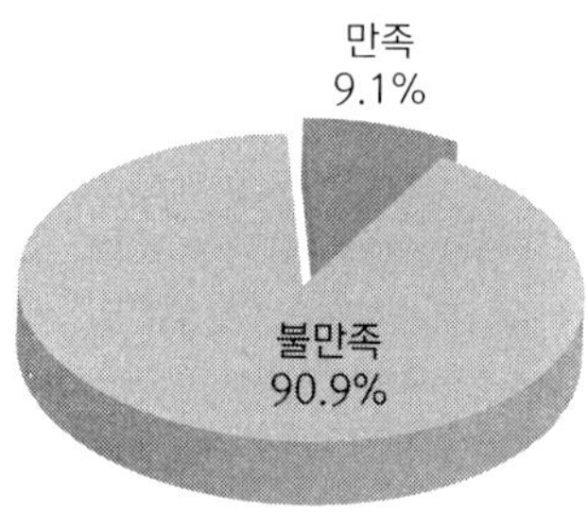

|그림 9-2| 한국교육 만족 여부

여건이 가능하면 유학을 가겠느냐는 질문에 응답자 208명 중 183명인 88.0%의 학부모들이 긍정적인 반응을 하였다. 유학을 원하는 가장 큰 이유를 묻는 질문에 응답자의 과반수가 외국의 교육이 영어를

비롯한 의사소통능력을 키우는 데 유리하기 때문이라고 생각하고 있었다. 반면, 한국교육에 만족하느냐는 질문에는 대부분의 학부모들이 불만족하고 있다고 내답하였다.

부모들은 미래 자녀의 거주와 직업에 있어서도 개방적으로 생각하고 있는 것으로 드러났다. 약 80%의 학부모는 자녀가 꼭 한국에서 살 필요는 없으며 한국에서 꼭 직업을 가질 필요가 없다는 생각을 하고 있었다. 이는 교통과 통신이 발달하고, 세계화시대로 접어들면서 개인의 활동범위가 확대하고 있는 것과 맥락을 같이한다고 볼 수 있을 것이다.

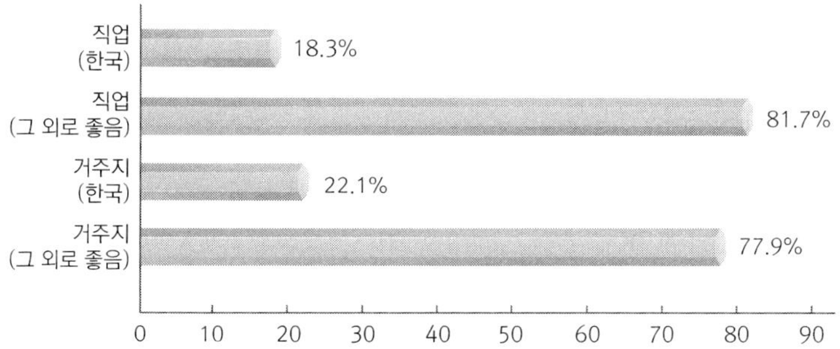

|그림 9-3| 자녀의 거주 및 활동범위

반면, 조기유학생이 귀국 후 적응하는 데 있어서 어려울 것이라는 의견이 다소 높게 나타났다. 이렇게 생각하는 이유로는 한국의 교육과정 중에 배우게 되는 역사, 문화 등의 시민교육을 받지 못해서라는 의견이 가장 컸으며, 어렵다는 의견이 대다수를 이루고 있었다. 이러한 이유에 대한 후속 질문의 답으로는 역사, 문화 등 시민교육을 받지 못해서라는 의견이 가장 큰 것으로 나타났다.

한국 학부모의 경우, 조기유학에 대해 긍정적으로 생각하고 있으며 능력 개발을 위해 유학을 떠날 수 있다고 생각하고 있었다. 또한 미래의 거주지와 직업에 대해서도 국가의 경계를 개방해 두고 있었다. 그러나 조기유학 후 적응문제에 대해서는 우려하고 있는 것으로 드러났다.

그럼에도 불구하고: 스포츠 클럽을 모집하는 두 학교

어떤 두 학교의 농구 스포츠 클럽에서 활동할 학생 10명을 모집한다는 공고를 냈다. 각 학교의 스포츠 클럽에는 학생들이 100명씩 지원하였다. 그렇다면 학생 모집은 어떻게 이루어졌을까.

먼저 A학교, 농구 클럽의 인원은 10명이므로 100명 중 10명이 농구 클럽에 가입할 수 있다. 따라서 교사들은 10명의 인원을 가장 공정하게 선발하기 위한 방법이 무엇인지에 대해 논의하기 시작했다. 학교를 대표할 스포츠 클럽이므로 능력이 뛰어난 사람을 선발하자는 의견, 미리 뛰어난 선수를 뽑겠다는 얘기를 하지 않았으니 선착순으로 선발하자는 의견, 제비뽑기를 통해 선발하자는 의견도 제기되었다. 신체적인 능력이 뛰어난 선수에게만 기회를 준다면 차별이라는 목소리도 커졌다. 능력이 뛰어난 선수를 선발한다고 해도 방법에 대한 의견은 저마다 달랐다. 지원한 학생 중 능력이 뛰어난 학생을 학급별로 선발할지, 아니면 전체를 기준으로 뽑을 것인지에 대한 의견도 분분했다. 학생이나 학부모의 민원을 줄이기 위해서는 미리 기준을 철저히 정했어야 한다는 자성의 목소리도 커져 갔다.

교사들은 학교를 대표해서 대회에도 출전해야 하니 뛰어난 선수를 뽑아야 한다고 의견을 모았다. 의견이 모아지자, 뛰어난 선수를 뽑는 공정한 기준에 대해 토론하기 시작했다. 농구를 활동내용으로 하니 농구와 관련된 능력을 검증하는 것이 좋겠다고 생각하여 농구 드리블, 슛 등을 테스트하기로 하였다. 그러나 100명의 학생 모두의 드리블이나 슛을 테스트하기 위해서는 시간과 장소, 선발과정을 감독할 교사가 필요하였기에 현실적으로 어렵다는 의견이 제기되었다. 결국 새로운 테스트를 통해 학생을 선발하기보다는 모든 학생이 가지고 있는 체력장 달리기 기록을 선발기준으로 결정하였다. 그리하여 100m 기록이 13초 이내인 10명의 학생이 선발되었다.

B학교, 농구 클럽의 인원은 10명이므로 10명을 선발하고자 하였는데, 생각지 않게 10배나 많은 학생이 지원하자 B학교의 교직원은 당황하였다. 그렇지만 학교에서는 농구 클럽의 수요를 파악하여 10개의 클럽이 필요하다고 생각하였다. 10개의 클럽을 운영하기 위해서는 각각의 담당 교사가 필요하고 훈련을 할 수 있는 시간과 공간이 요구되었다. 학교에서 지도가 가능한 교사는 3명이었기에 나머지 7명의 강사가 초빙되어야 했고, 방과후 체육관 사용 시간표를 조정하면 주 1회 훈련시간이 확보될 수 있음을 파악하였다. 스포츠 클럽 운영을 위한 인적 · 물적 자원을 지원하기 위해서는 추가 강사비가 요구되었기에 학교에서는 추가 재원을 구할 방법에 대한 논의가 시작되었다.

동시에 10개 클럽에 학생을 어떤 방법으로 배치해야 하는지에 대한 논의가 진행되었다. 10개 팀으로 학생이 모두 수용되기 때문에 각 클럽은 수준에 맞는 프로그램을 제공하고 이에 따라 학생의 수준을 가늠할 수 있는 테스트를 해야 한다는 의견이 제시되었다. 또한 활동하다가 능력이 향상되거나 능력이 부족해지면 클럽을 이동할 수 있도록 하는 것이 좋겠다는 의견도 있었다. 10개 클럽에 학생을 수용하기 위해서 테스트가 이루어졌고 테스트에 따라 주 1회씩 각각 공식적 연습을 하는 10개 클럽이 조직되었다.

보다 진정한 교육적 선택을 향하여

자원이 무한정이라면 좋겠지만, 그렇지 않기 때문에 선택의 문제는 늘 존재할 수밖에 없고, 경쟁은 불가피하다. 이러한 경쟁에서 소외되거나 불리한 사람에게는 교육적 혜택을 주어야 한다는 평등의 원리는 당연하게 받아들여진다. 누구를 선발할 것인가에 대한 기준은 스포츠 능력일 수도 있고, 선착순일 수도 있다. 우리가 중요하게 여기고, 문제시하는 것은 클럽에 가입할 수 있는 10명의 학생을 얼마나 공정한 잣대를 가지고 선별해 내었는지다. 그러나 조금 다르게 생각하면 스포츠 클럽 10명을 모집하고자 했으나 100명이 지원했을 경우 학생의 수요를 반영하여 10명의 팀 10개를 조직하여 기회를 주는 것을 공평하다고 인지할 것이다. 이런 경우 10개 팀을 효율적으로 운영하기 위한 노력이 중요한 문제가 된다.

그럼에도 우리가 자주 접하는 교육적 문제 상황에서 우리는 대안에 대한 고민 없이 너무나 쉽게 선발을 이야기한다. 그 원인은 부족한 자원에서 최고의 효과를 이끌어 내야 했던 과거 힘들었던 시기에서 기인한 것일 수도 있다. 우리의 중요한 문제점은 시대의 변화, 학생의 수요, 교육적 효과에 대한 고민이 본질적인 문제를 해결하는 해결책을 찾는 노력으로 이어지지 않는 것이다. 그저 경쟁을 통해 가지치기 방법을 이용해서만 문제를 해결하려는 뿌리 깊은 고정관념이다.

스포츠 클럽에서 활동하는 최상위 팀은 프로 구단에 입단할 수도 있을 것이다. 최하위 능력의 팀 선수나 선수의 보호자가 최상위 팀의 학생의 능력을 시기하거나 인정하지 않는다고 해서, 두 팀의 교육내용이나 수준을 똑같이 한다는 것은 비교육적인 일이다. 능력이 출중한 최상위 10명을 뽑아 우수한 성적을 내거나, 명예를 드높이는 것이 본질적인 목적이 아니라 학생 수준에 맞는 교육내용을 제공할 수 있는 인적·물적 자원을 동원해 교육하는 것이 진정한 의미의 교육활동이다.

앞에서 살펴본 A학교와 B학교 중 대부분의 사람은 B학교의 정책이 보다 교육적이라고 생각할 것이다. 선택할 수 있다면 B학교의 스포츠 클럽에서 활동하고자 할 것이다. 그렇다고 해서 A학교의 경쟁을 통한 선발 자체에 대해 비판하는 것은 옳지 않다. 학교의 자원이 한정되어 있을 경우 이러한 선발방식은 가장 성과가 뛰어나고 효율적인 방법이기 때문이다.

그러나 선발과정을 들여다보면 꽤 많은 부분에서 효율만을 추구한 것도 아닌 괴상한 장면에 맞닥뜨리게 된다. 효율성을 추구하려면 당연히 측정해야 하는 능력을 인적·물적 자원의 부족을 탓하며 비슷하지만 다른 능력으로 선발해 버린 것이다. 효율성을 추구한 것은 같지만 실제로는 효율적인 결과도 아니고, 그렇다고 공정한 것도 아닌 이러한 의사결정은 우리나라의 학교에서 흔히 만나게 되는 장면일 수도 있다. 비효율적이면서 동시에 공평하지도 못한 교육적 의사결정의 탄생, 우리가 비판하는 우리 학교의 현주소일지도 모른다.

교육적 관점에서 볼 때 B학교에서 실시하는 교육의 가장 큰 장점은 모든 학생이 원하는 것을 취할 수 있도록 하는 데 모든 에너지를 집중한다는 것이다. 자의였든, 타의였든 우리나라를 떠나는 수많은 조기유학생이 찾은 것은 영어능력을 키워 줄 수 있는 환경뿐 아니라 B학교에서 제공해 주는 진정한 의미의 교육기회일지도 모른다. 그렇다면 조기유학을 떠난 사람들에 대한 평가에는 특정 계층을 위한 귀족 교육이었는지보다는 거기에서 경험한 교육이 어떠한 것이었는지에 대한 탐구와 논의가 필요한 것인지도 모른다.

제3부

다시 자유를 찾아서

제10장

영원한 교육의 숙제, 문맹

오천년 역사시대를 거치면서 학문은 날로 날로 발전했지만 일반인으로부터는 날로 날로 멀어져 갔다. 선사시대 때의 제사장처럼 과학자들과 학자들은 점점 더 모를 이야기들만을 늘어놓아 왔다. 다행히 근대교육제도가 완성되면서 이제 모든 사람이 교육계에 접근할 수 있게 되었고 나아가 학문계에도 발을 들여놓을 수 있을 것이라 믿게 되었다. 이 모든 태생적 수고로움의 근저에는 언어가 갖고 있는 비밀이 있다. 학문은 언어를 기반으로 날로 추상화되었고 언어적 질서가 초대한 수학적 질서는 더욱더 오감을 사용하여 편하게 소통하고자 했던 인간의 꿈을 그냥 꿈으로만 남겨 두었다.

제10장
영원한 교육의 숙제, 문맹

가난극복의 열쇠: 교육열

교육역사사회학자 김기석은 대한민국의 교육열을 한국 특유의 사회현상 및 교육현상으로 보았다김기석, 1999. 물론 대한민국의 여러 교육학자들도 그렇게 생각한다. 특별히 교육학자가 아니어도, 교육과 하등 관계가 없는 사람이어도, 대한민국 국민이라면 그렇게 생각할 것이다. 교육열은 대한민국 사회가 가진 특유의 사회현상이다. 김기석은 교육열을 논하면서, 교육학자와 사회과학자들이 중요한 사회현상을 설명할 때 그 의미와 실체를 꼼꼼히 검토하지 않고 자주 사용하는 용어 중 하나를 교육열이라 하면서, 이를 분석적 용어로 한국교육 형성에 실질적인 영향을 미친 사회적 동인이라고 밝힐 필요가 있다고 하였다. 특히 그는 교육열을 개별 행위자 수준에서의 합리적 선택이 결국 사회 전체적으로 비합리적 결과로 귀결되는, 의도되지 않는 행위의 결과를 대표하는 현상이라 하였는데, 한국교육연구 50여 년 동안 난제가 있다면 그것은 교육열이라 할 수 있으며, 아마도 이것을 과학적으로 설명할 수 있을 때 '한국교육학이 성립되었다'는 평가를 듣게 될 것이라 하였다.

교육열fever for education, 더 많은 교육을 받고자 하는, 더 많이 공부하고자 하는 한국 사람들의 열망은 대한민국을 선진국의 대열에 올려놓은 몇 가지 동인 중 하나다. 미국 대통령 버락 오바마가 찬사를 보낸 한국교육 역시 우리의 교육열이다. 대한민국의 교육기적은 교육열을 동인으로 하였음이 분명하다. 그런데 왜, 대한민국 사람들에게는 교육열이라는 것이 생겨났을까. 폴 얼리히Paul Earlich의 설명방식을 빌리면 교육열은 대한민국 국민이 가진 문화적 유전자일 것이며, 한국인의 유전자에 각인되어 있는 본능에 가까운 것이리라. 그렇다 하더라도 교육열이 한국인의 문화적 유전자로 자리 잡은 데는 모든 유전자적 진화가 그러하듯 역사적 이유가 따로 있을 것이다. 그 역사적 이유에 대해 대한민국이 가진 유교문화의 전통으로 설명하고자 한다.

유교문화의 전통: 공부가 인간을 완성시킨다

유교의 기본 가치는 '배움으로써 사람군자이 된다'는 것이다. 공자가 이룩한 유교문화는 배움과 교육에 가치를 두고 유달리 그 중요성을 강조해 왔다. 서양 문명과는 다르게 동양은 배움과 교육을 통한 개인의 완성과 성숙된 개인을 통한 문명의 창조가 강조되었던 것이다.

인간 본성의 완성과 교육의 관계는 논어 위정爲政 편에서 찾아볼 수 있다. 공자에 의하면 "덕德으로 정치政治를 하는 것은 비유컨대 뭇별들이 북극성을 중심으로 하여 그 주위를 도는 것과 같다." 이 내용에 대하여 장성모 외1997는 이렇게 설명하고 있다. 이것은 표면상 정치를 어떻게 해야 하는가에 대한 답처럼 보이지만, 실은 인간이 어떤 존재인가를 보여 주는 것에 대한 답이다. 북극성은 통치자로서의 군주의

덕을 뜻하며, 뭇별들은 군주의 통치를 받는 백성들 또는 그들의 마음이다. 군주가 덕으로 백성들을 교화하면 백성은 군주를 중심으로 질서를 이루며 살아가게 된다. 공자의 생각은 인간은 누구나 자신이 의지하고 살아갈 삶의 표준을 필요로 하며 그 존재가 삶의 표준을 보여주거나 그 앞에 드러내면 누구나 기꺼이 거기에 헌신하게 되는 존재라는 것이다.

이렇게 동양교육의 전통은 사람이 올바른 존재를 표준으로 정해 닮아 가기를 원하는 존재로 전제하고, 교육을 통해 그 몸과 마음을 바르게 하여 닦음으로써 인간이 되어 간다고 보았다. 인간의 본성, 즉 선을 인식하고 그것을 추구하는 존재로서의 인간의 모습은 교육사태 속에서 드러나며 교육을 통해서 형성되고 성취되는 과업이라는 생각이다. 이는 유학의 역사적 전개과정에서 끊임없이 확인되고 아주 자연스럽게 받아들여져 온 가정이다. 이런 과정을 통해 인간이 완성되면 어떻게 되는가? 유교적 전통을 통한 교육의 결과는 무엇인가? 여기서 유교적 철학과 교육을 온몸으로 살았던 사람의 삶을 보여주고자 한다. 그 삶을 만나는 것이 이것저것 설명하는 것보다 유교적 전통으로 인한 교육의 결과를 쉽게 이해하는 데 도움을 줄 것이다. 그 주인공은 조선 중기의 정치가이자 학자인 퇴계 이황이다. 동양교육의 전통은, 유교문화는 교육을 통해 다음과 같은

| 그림 10-1 | 퇴계 이황

http://cpimage.kids.daum.net/sigong/data/jpg_service/2005/s2051004m4644032.jpg

삶의 모습을 보여 준다.

퇴계는 자리에 앉을 때 벽에 기대는 일 없이 하루 종일 단정히 앉았고, 날마다 소학의 글대로 살았다. 짚신에 대나무 지팡이를 짚었으며, 세숫대야로는 도기를 썼고, 앉을 때는 부들자리 위에 앉았다. 음식을 먹을 때는 수저 부딪히는 소리를 내지 않았으며, 반찬은 끼니마다 세 가지를 넘지 않았고 다만 가지와 무와 미역만으로 찬을 삼을 때도 있었다. 손님을 모실 때가 아니면 특별한 반찬을 놓지 않았고, 비록 어린이나 아랫사람에게 식사를 내릴 때도 반찬을 차별하지 않았다. 좋은 물건을 얻으면 반드시 종가로 보내 제상에 올리게 했다. 언제나 날이 밝기 전에 일어나 갓을 쓰로 서재로 나가 정좌하였고, 제자들과 마주앉아 이야기할 때는 마치 귀한 손님을 대하듯 했다. 그 가르침은 자상하고 다정하였으나 제자들은 감히 스승의 얼굴을 쳐다보지 못했다. 나라에 세금을 낼 때는 언제나 평민들보다 먼저 냈으며, 진실로 예와 의가 아니면 남으로부터 조그마한 물건도 받지 않았으며, 예로써 받은 물건이라 할지라도 이웃이나 친척이나 또는 배우러 오는 제자들에게 모두 나누어 주고 한 점도 집에 쌓아 두지 않았다. 제자들을 '너'라고 부르지 않았으며, 제자가 자리에 앉으면 반드시 그 부모의 안부부터 물었다. 아무리 춥고 어두운 밤이라도 방 안에서 요강을 쓰지 않고 반드시 밖에 나가서 소변을 보았다. 제사 때는 상을 거둔 후에도 오랫동안 신위神位를 향해 정좌해 있었고, 제삿날에는 술이나 고기를 들지 않았다. 퇴계는 70세에 이르러 병이 깊어지자 머무르던 제자들을 돌려보냈다. 아들을 불러 장례를 검소히 치를 것과, 장례에 대한 국가의 배려와 의전을 사양하라고 엄히 당부하였다. 남에게서 빌려 온 책들을 모두 돌려보냈고, 가족

> 에게 명하여 염습에 필요한 물건을 미리 준비케 하였다. 그가 세상을 떠나던 날 저녁에 눈이 내렸다. 제자들을 시켜 당신이 아끼던 매화나무에 물을 주게 하고 임종의 자리를 정돈시킨 다음 몸을 일으켜 달라고 제자들에게 명하여 한평생을 지켜온 정좌의 자세로 앉아서 세상을 떠났다.
>
> ❖ 김훈(2000). 『자전거 여행』. pp. 134-135.

우리의 이야기가 대한민국 국민의 문화적 유전자, 교육열에서 시작되었던가. 그리고 교육열의 시원이 동양교육의 전통에 있다고 말하고 있었던가. 한국인에게는 삶의 표준이 되는 원형이 주어지면 그것에 온 힘을 다해 매진하는 유전자가 있다. 유교가 가르치는 한 가지는 배움으로써 사람이 된다는 것이고, 그 사람이 된다 함은 이황의 삶에서 보여지는 바, 배움을 삶으로 체현하는 것이었다. 지금 현대를 살아가는 한국인의 피에 유교적 전통이 흐르고 있고, 그것이 교육열로 나타나고 있다고 한다면, 얼마나 많은 사람이 수긍할지는 모르겠으나, 분명한 것은 과거를 통해 현재의 문화적 유전자가 발현된다는 것, 그리고 분명히 한국인들은 교육을 통해 인간이 완성된다는 그 믿음을 가지고 있다는 것이다. 이것은 분명 서양의 그것과는 다른 전통임에 분명하다.

문맹퇴치의 기적: 한글

OECD의 국제학업성취도검사인 PISAProgram for International Student Assessment 결과가 발표 날 때마다 대한민국의 청소년들이 한 번도 놓치지 않는 부동의 1위 과목은 Reading, 곧 독해과목이다. 독해란 글을 읽을 줄 아는 것을 의미하며, 유엔이 그토록 인류세계의 지상 명제로 삼는 문맹퇴치를 의미한다. 제도나 외적 지표로서 나타나는 교육의 핵심 모습인 셈이다. 그러면 대한민국 교육발전사는 대한민국 국민의 문맹퇴치사라고 해도 과언이 아니다. 어떻게 그것이 그리 쉽게 가능했을까? 과연 그것이 교육열과 국민적 수고 그리고 정부와 국가의 노력으로만 설명이 가능할까? 이 지점에서 반드시 놓치지 말아야 할 것이 한글, 곧 세종대왕이 창제한 훈민정음의 우수성이다. 물론 해방 이후 우수한 한글을 버리지 않고 온 국민이 한마음이 되어 참여한 문맹퇴치운동이 있었다.

2009년 인도네시아의 찌아찌아 부족은 세계 최초로 한글을 자신들의 글자로 사용하기 시작했다매일경제, 2009. 8. 6.. 반가운 일이긴 하지만 나무나 늦은 일이기도 하다. 1446년에 창제된 훈민정음은 이미 세계의 모든 언어학자들이 가장 과학적이고 가장 배우기 쉬운 글자로 인정하고 있다. 한글의 우수성은 여러 곳에서 증명되지만 가장 분명한 것은 읽고 쓰기를 배우는 데 걸리는 시간이 가장 짧다는 데 있다. 여기서 한글은 한국어를 의미하기보다는 훈민정음 28자현재는 24자라고 하는 표음문자 체계를 말한다. 훈민정음은 뜻 그대로 사람들을 가르쳐 소리를 바르게 표현할 수 있게 해 주는 글이다. 교육이 사람 간의 소통을 이롭게 하는 것이고 글이 그것을 돕는 것인 만큼 글은 사람 간의 소통을 가능한 쉽게 도와줄 수 있어야 하는 것이다. 훈민정음은 이런 의미에서 인류가 발명해 온 그 어느 글자 체계보다 쉽고 과학적이다.

훈민정음은 통상 언문이라고 하여 정문인 한자에 밀려 보조적인 글자로 사용되었다. 한자가 정사를 기록하는 글이라면 한글은 야사를 기록하는 글이기도 했다. 조선이 세계 최고의 기록유산을 가지고 있지만 그 모든 기록은 한문으로 되어 있다. 또한 조선이 패망하는 순간

|그림 10-2| 한글을 공부하는 찌아찌아 어린이 / 찌아찌아 한글교재

http://cafe.naver.com/lovecheon

까지도 모든 공식기록과 학문적 저술들에는 모두 한문이 사용되었다. 그래서 종종 조선인들이 한글을 무시한 것을 사대주의라고까지 비판하였으며 해방 이후에는 한글전용주의가 굳어지기도 했다. 한글전용 시비와 사대주의 시비, 그리고 최근 영어열풍 시비를 잠시 접어 두고 한글이 해방 직후 배우기 어려웠던 한자를 버리고 배우기 위한 한글을 정사를 기록하는 정문으로 받아들였던 것은 획기적 사건이었다. 1945년 9월 17일 미군정 일반명령 제4호로 9월 24일을 기해 모든 공립초등학교의 개교를 지시하면서 교수용어로는 한국어를 사용하여야 함을 명시한 것이다김종철, 1989, p. 102. 그 결과 그 글은 정말 배우기에 쉬웠고 광복 후 10년도 안 되어 80%를 넘던 문맹률은 50% 아래로, 실질적으로는 전 국민 문해에 도달하게 되었다교육부, 1998.

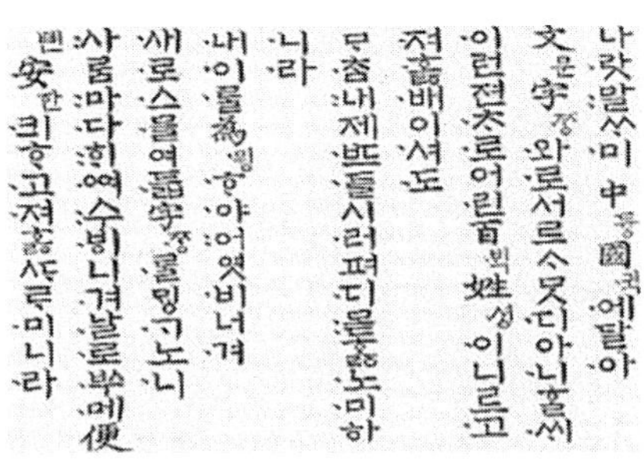

|그림 10-3| 훈민정음

http://blog.naver.com/ryuha149

1945년 해방과 더불어 가장 광범위하고 열정적으로

확산된 사회운동은 브나로드 등으로 대표되는 문맹퇴치운동이었다. 다시는 나라를 잃지 않겠다는 선각자들의 국민계몽운동과 더불어 억압과 가난의 굴레를 교육을 통해 벗어나 보겠다는 국민적 교육열을 기반으로 들불처럼 번진 전 국민적 문맹퇴치운동은 한국전쟁이라는 혹독한 시련기를 겪으면서도 10년이 지난 1955년경에는 이미 90% 이상 문해라는 기적을 만들어 냈다. 한글과 훈민정음의 과학성과 편이성만으로는 설명될 수 없는 국민적 에너지였다. 무엇보다도 한글학회가 중심이 되어 한글교과서보급운동에 나선 것은 매우 효과적인 문해 확산에 기여했던 것으로 평가되고, 의무교육확대정책이 성공적으로 완수될 수 있었던 것도 가장 확실한 요인이다.

문맹퇴치의 의미: 교육의 핵심으로서의 언어

움베르토 에코의 『장미의 이름』이 한창 인기를 얻던 때 사람들은 왜 추리소설 비슷한 이 소설의 제목이 『장미의 이름』일까를 궁금해했었다. 작가 에코의 설명은 이렇다.

> 그래서 비로소 대답하거니와, 우리에게서 사라지는 것들은 그 이름을 뒤로 남긴다. 이름은, 언어가 이 세상에 존재하지 않는 것은 물론이고 존재하다가 그 존재하기를 그만둔 것까지도 드러낸 수 있음을 보여 준다.
>
> ❖ Eco(1992). 『나는 장미의 이름을 이렇게 썼다』. p. 782.

언어는 추상을 가능하게 한다. 그럼으로써 인간의 두 발을 땅에서 들어 올려 무지개 너머로 인도한다. 언어는 인간됨의 핵심이다. 언어가 추상을 가능하게 하는 또 다른 예를 보자.

> 당신은 언어 세계의 신이다. 당신은 창조할 수 있다. 파괴할 수 있다. 다시 배열할 수 있다. 이것저것 마음대로 단어들을 주물러 보라. 당신은 전혀 존재한 적 없는 사람들에게 한 번도 일어난 적이 없는 일에 관한 이야기를 지어내 들려줄 수 있다. 낙타가 바늘귀를 통과하도록 밀어 넣을 수도 있다. '낙타'와 '바늘'이라는 단어만 있으면 쉬운 일이다.
>
> ❖ Kenneally(2009). 『언어의 진화: 최초의 언어를 찾아서』. p. 11.

언어는 인간을 비로소 인간으로 만든다. 고유의 문법체계를 갖는 언어는 인간을 동물로부터 구분하였고, 나아가 우월한 존재로 만들었다. 언어는 인간으로 하여금 논리적으로 생각하게 하고 기억을 용이하게 하였고, 인간을 동물에 대한 두려움으로부터 해방시켜 주었다. 무엇보다 기호체계로서의 언어는 동물들이 가진 신호로서의 소리와는 근본적으로 다르다. 이 다름을 슈바니츠Schwanitz, 2001는 다음과 같이 설명했다. 가령 개가 컹컹 짖음으로써 상대편 개에게 경고할 때 상대편 개는 여기에 대해 일정한 반응을 한다. 즉, 꼬리를 감추고 도망간다. 그러나 짖은 개는 그런 반응을 하지 않는다. 즉, 자신의 짖는 소리에 겁을 먹지 않는다. 짖는 개에게 그 소리는 듣는 상대편 개와는 다른 의미를 갖는다. 개들은 서로 다른 세계에 살고 있다. 사람들의 세계는 이와 아주 다르다. 음성언어에서는 화자가 한 말이 화자 자신에게도 마치 제삼자가 한 말처럼 귀에 들린다. 화자 자신도 그 말을 청자와 마찬가지로 듣고 있으며, 언어가 객관적인 사건처럼 작용하는 것이다. 언어는 말하는 화자와 동떨어진 대상이다. 두 사람 모두에게

거의 동일하게 이해된 정보 내용에 대해서 화자는 청자의 입장에 설 수 있으며 청자가 어떻게 반응할지 예측할 수 있다. 더 나아가 화자는 자신의 진술을 절제하며 '진지하게 생각해' 볼 수 있다. 이리하여 진술은 얼굴이 붉어지는 것 따위와 같이 화자의 심기를 단순하게 표현하는 것이 아니라 의도적인 것이 된다. 이런 특수한 관계를 통해 언어적 진술은 대화 당사자들에 의해 동일하게 이해되는 '객관적인' 의미를 획득한다. 바로 이 점이 인간이 동물과 구분되는 점이다.

호모 로퀸스Homo loquens, 곧 언어를 쓰는 인간은 인간을 인간되게 하는, 어쩌면 가장 중요한 요소일 것이다. 1장에서 언급했듯이 언어는 '인간에게 고유한 것', 휴머니즘인 것, 즉 인간적인 것이다. 그리고 이 인간적인 것의 핵심은 '언어를 이해하고, 언어를 사용하고, 언어로써 살아가는 것'이다. 그리고 더 나아가 '언어를 익히고 숙달해 가는 것'이란 언어를 사용하는 것이 아니고 언어에 걸맞도록 살아가는 것, 자신이 한 말에 대해 책임감을 가지고 그렇게 행동하는 것을 포함하는 말이다. 그러니 언어를 사용하는 것은 그 자체가 교육이다. 언어가 행동을 함의한다는 생각, 언어로부터 교육이 시작된다는 생각은 서양적 휴머니즘에서만 발견되는 것은 아니다. 동양적 전통도 언어가 교육의 전제라 말한다. 공자가 말하는 언어와 생각과 행동의 관계를 살펴보자.

공자가 말하는 언어

과거에는 말이 혹은 '발화utterance'가 의미 있느냐 그렇지 않으냐는 그 말의 진리조건에 의해 판단되었다. 발화된 말의 논리가 참true이냐 거짓false이냐에 의해 그 말의 의미, 즉 진리치가 매겨졌다. 어떤 말이 참인지 거짓인지는 어떻게 알 수 있을까? 그것은 그 말을 현실과 분리하여 그 말 속의 논리에 근거하여 참과 거짓을 가려내는 과정을 통해서다. 다시 말하면 세상 속에 사는 인간의 입에서 발화되는 말의 가치가 말 그 자체만으로 매겨진다는 것이다.

이에 비트겐슈타인Wittgenstein은 '의미는 사용meaning is use'이라는 주장을 펴면서 언어의 상황적 맥락을 인정하기 시작했다. 그것을 바탕으로 오스틴Austin은 발화의 진리치와는 관계없이 발화는 행위인 동시에 행위를 유발시키는 수행적 힘을 가진다는 화행speech act이론을 펼쳤다. 모든 말은 행동을 유발하며, 말의 의미는 이것, 즉 수행을 유발하는 데서 찾아진다는 것이다. 또한 발화가 수행적 힘을 갖게 되려면 그 발화의 문법성보다는 적절성이 더욱 중요하다고 하였는데, 이 적절성이란 발화 맥락context으로 이해된다. 즉, 발화는 원래의 진리치와는 관계없이, 맥락이 발화의 진리를 결정하게 된다는 것이다. 그러므로 맥락이 없는 말은 의미가 없으며, 맥락에서 벗어난 말을 지껄이는 것은 미친 사람이 하는 것과 같은 것이다. 사오정이 친구가 없는 것은 그가 어법에 맞는 말을 할 줄 몰라서가 아니고 맥락에서 벗어난 말을 하기 때문이다. 맥락이 없는 발화는 의미가 없다. 의미가 없는 말은 정밀한 의미에서 언어가 아니다.

그런데 오스틴은 발화가 말의 소리 단계를 넘어 맥락과 화자의 의지를 담은 수행발화를 하게 되더라도 의도하지 않은 수행이 발생할 수도 있고, 혹은 어떠한 수행도 일어나지 않을 수도 있음을 가정하였다. 발화 그 자체는 관습적이며 문법적이고 확정적이지만 그 수행은 맥락에 의한 비확정적이고 부수적인 특징을 갖기 때문이라는 것이었다. 생각해 보면, 오스틴의 이런 주장은 옳다. 실제 상황에서의 발화는 행동을 항상 담보하는 것은 아니기 때문이다. 즉, 모든 발화가 행동을 논리적으로 함의하지는 않는다.

발화의 의미가 수행에서 찾아진다는 것, 그러나 모든 발화가 의도된 수행을 수반하지 않을 수도 있음을 가정한 서양 언어철학과 비교해서 동양철학에서의 말과 행동의 관계는 조금 다르다. 동양철학에서, 특히 공자에게 있어서 말의 의미는 다음과 같이 정리될 수 있다. 말은 생각을 넘어서지 않고 행동은 말을 넘어서지 않는다. 에임즈와 홀Ames & Hall, 1987이 쓴 『*Thinking through Confucius*』에서 인용한 다음 글을 보자.

> "Ideas and their articulation in language are not simply academic and theoretical. They have real performative weight as promptings to act. …… He is concerned not only that words do not exceed action, but also that action does not exceed meaning p. 49."
>
> 공자의 견해로 보면 생각, 그리고 그 생각을 언어로 형상화한 말은 학문적이거나 이론적인 것이 아니다. 그 말은 행동을 촉발하는 진정한 의미의 수행적 무게를 갖고 있다. …… 공자는 다음과 같이 생각했다. 말은 행동을 넘어설 수 없을 뿐만 아니라 행동은 그 말의 의미생각를 넘어서지 않는다.[1]

그러니 이 세 가지의 논리적 관계를 따져 보면 생각은 말을, 말은 행동을 낳게 된다. 즉, 옳은 생각은 올바른 말을, 올바른 말은 올바른 행동을 낳는다. 그러니 공자의 경우에는 오스틴의 가정처럼 말만 있고 행동이 없는 경우란 없다. 모든 행동은 그 행동을 유발시킨 말과 생각이 존재한다. 그러니 말은 그 자체로 수행적 힘을 반드시 갖게 된다.

---

1. 필자 번역.

공자의 생각처럼 모든 말이 다 행동으로 나타날 수밖에 없고 모든 생각과 모든 말이 필연적으로 행동으로 성취된다고 가정해 보자. 생각을 하고 말을 하는 것이 얼마나 중요하고 또한 얼마나 힘든 일일까? 그러니 반드시 이렇게 되는 세상에서 산다면 교육이란, 그러니까 배움을 통해 생각하고, 말하고, 행동하는 것은 얼마나 어렵고 또한 중요한 일일까?

다행히도 현실은 그렇지 않다. 생각하고 말한다고 해서 모든 것이 그 말대로 이루어져야 하는 것도 아니고 그대로 수행되지 않는다고 해서 누가 잡아가는 것도 아니니 말이다. 그래서 공자의 '생각–말–행동'의 논리는 현실세계에서는 필연적 결과가 아닌 인간의 노력을 필요로 하는 당위적 규범이 된다. 그런 것을 현실에서는 도덕이라 한다. 즉, 논리적으로 그런 것은 아니지만 인간이라면 마땅히 그래야만 한다는 것 말이다. 그래서 현실에서는 그런 당위적 수행의 결과를 교육이 책임지게 된다. 굴뚝에 연기가 나는 것은 불을 지폈기 때문인 것처럼 공자 식으로 사유하며 사는 것에서는 말과 행동의 관계가 그러하다. 논리가 당위가 되는 경지. 그것이 공자로 대표되는 동양교육의 전통이다. 바로 그곳이 동양교육 전통이 서양 언어철학을 넘어서는 지점인 것이다.

말과 행동의 관계를 통해 살펴본 동양교육 전통은 이렇게 말한다. 교육은 논리를 당위의 경지로 끌어올리는 것이라고 말이다. 서양논리학이 자연주의 오류라고 분류한 그것을 동양교육 전통은 교육의 완성이라 믿는다. 그래서 동양교육 전통에서 성장한 동양인들은 말이 갖는 수행의 힘으로부터 시작된 교육의 완성이라는 공자의 메시지에 대체로 공감한다.

교육과 학문의 관계: 그 차이와 상생

'페로트발명가는 구슬을 나란히 늘어놓아 아이들의 간단한 계산기를 흉내 내어 수십 가닥의 철사 줄을 쳐 놓은 틀을 짰다. 그 철사줄에 갖가지 크기와 빛깔과 모양의 유리알을 늘어놓았다. 철사줄은 오선보에, 유리알은 음의 장단에 해당하는 셈이었다. 이리하여 그는 음악상의 인용이나 착상한 주제를 유리알로 구성하고, 바꿔 놓고, 변조시키고, 발전시키고, 변화시키고, 다른 주제를 대립시켰다. 그것은 기술적인 점에서는 하나의 유희에 지나지 않았으나 학생들이 이것을 좋아하고 모방하여 유행하게 되었다. 영국에서도 마찬가지였다. 한동안 음악 연습의 유희는 이러한 원시적이며 우아한 방법으로 행해지고 있었다. 흔히 있는 일이지만 이 경우에도 영속적이고 뜻 깊은 구상이 방편적이고 부수적인 일에 의해 이름지어졌다. 그 연구생들의 유희와 유리알을 매단 페로트의 철사줄이 발전되어 뒤에 생겨난 것이 오늘날 여전히 민중적인 유리알 유희라는 이름을 가지게 되었다.'

『유리알 유희』[2]는 헤르만 헤세가 1943년 발표한 소설로 노벨문학상을 수상한 작품이다. 위의 글은 소설 『유리알 유희』에 묘사된 유리

2. 헤세가 1931~1942년에 쓴 작품으로 1943년 스위스에서 발표되었다. 1946년의 노벨문학상 수상 작품이기도 하다. '유리알 유희'라는 것은 헤세가 창작한 것으로, 그러한 유희가 역사적으로 존재했던 것은 아니다. 카스터리엔이라는 미래의 이상향에서 2400년경에 씌어졌다는 설정을 해 놓고, 이보다 약 200년 전에 존재하였던 카스터리엔의 유희의 명인名人 크네히트를 회상하며 서술하는 형식을 취한 정신문화사적인 미래소설이다. 출처: 유리알 유희 | 네이버 백과사전

알 유희의 모습이다. 각각의 빛나는 유리알들은 학문 각각의 정수로서, 자기만의 음을 내고 각각의 음은 서로 조화를 이루어 점점 하나의 주제를 향해 나아가며 변주를 더해 간다. 음악의 조화가 그러하듯 하나의 주제 아래 모인 학문 정수의 조화가 더해 갈수록 유리알은 맑고 투명해지며 결국은 빛을 발한다. 상상이 되는가? 그 음악이 어떤 조화를 이루며 발전하고 변주를 거듭하는지. 어떻게 클라이맥스에 이르고, 또 그 절정을 넘어 평온한 상태로 내려서는지, 그것이 상상이 되는가?

헤세의 『유리알 유희』는 음악을 매개로 한 학문과 예술의 궁극, 그 현현顯現이다. 유리알 유희 전국대회를 상상해 보자.[3] "참가자들은 어떤 학문에서든지 그 주제와 가장 잘 어울리는 아이디어나 이론을 차례로 제시합니다. 이와 같이 주제가 여러 아이디어와 어울리면 그것은 음악의 화음과 비슷한 지적 조화를 이루고, 유희가 진행됨에 따라 마치 장엄한 오케스트라의 연주와 같은 반향反響이 모든 사람의 영혼을 흔들게 될 것입니다."

『유리알 유희』를 지금 여기에서 거론하는 이유는 학문의 조화가 만들어 내는 아름다움을 통해 학문에서 연유한 교육이 얼마나 아름다운가를 보여 주고 싶어서다. 또 교육의 근원이 학문임을 말하기 위해서다. 물론 그럴 수 있다면 말이다. 이쯤에서 유리알 유희의 유용성에 대한 이야기를 꺼내고 싶다면 조금만 참아 주길 바란다. 학문은, 감히

---

3. 이 부분은 이홍우1999가 『교육의 목적과 난점』 제4판의 서문에서 자신의 아이디어를 설명하면서 '유리알 유희'를 인용한 데서 따온 것이다. 그는 이 글에서 자신의 상상력을 다음과 같은 말로 시작하고 있다. "전국대회의 경우에, 아마 다음과 같은 상상이 어떨지 모르겠습니다. 많은 청중이 모인 큰 강당이 있습니다. 무대 위에는 대회 참가자들이 앉아 있습니다. 마기스테르 루디유희의 총수가 그 의식에 알맞은 복장으로 등장합니다. 그는 대회를 위하여 오랜 탐색을 거쳐 준비된 주제를 발표합니다. 가령 '중국의 가옥구조'가 그것입니다."

말하건대, 그 지향하는 바가 유용성은 아니다. 그 부수적 결과가, 즉 2차적 결과가 유용성으로 이어질 수 있다 하더라도, 그 가치와 지향점은 그것이 아니다. 미리 말하지만 유용성을 지향하는, 다시 말해 외재적 목적을 가지는 교육은 제도에 의해 만들어진 교육의 불가피한 숙명일 뿐이다.

우선 학문을 역사적으로 고찰해 보아야 한다. 그 역사적 흔적 속에서 학문이 어떻게 대학이라는 제도의 옷을 입게 되었는지 그리고 그 학문이 어떻게 세속화되어 가는지 알 수 있을 것이다. 그 과정을 통해 학문과 교육의 관계를 좀 명확히 할 수 있지 않을까 한다.

학문의 역사적 이해

학문學問이란 말은 서양에서 유래한 것이 아니고 동양의 오랜 전통에서 유래하였다. 그 원래의 의미는 배움과 연구를 통칭하거나 혹은 큰 깨달음에 이르는 구도의 과정을 뜻한다. 동양적 의미의 학문은 그 철학적 의미가 광대하고 개인적인 수도의 의미를 짙게 포함하고 있다. 공자가 『논어』에서 학이시습지學而時習之라 할 때의 학學으로서의 학문, 그리고 자사子思의 『중용』에서 수도지위교修道之謂敎라 했을 때의 수도修道로서의 학문은 가히 종교적 수양을 가르친다. 다시 말해서 동양 휴머니즘에서의 학문이라 함은 근대 과학적 학문 분야disciplines of sciences에서 말하는 학문이 아닌 개인의 수양을 통해 도를 득하고 나아가 군자에 이르는 인격도야의 과정을 의미한다.

그러나 오늘날 서양 문명 중심의 현대적 지식체계, 곧 학문론에서 이야기하는 학문은 과학science 혹은 wissenschaft이라는 말로 이해된다. 이것은 대상세계를 적은 개념으로 요약하여 사색의 수준에서 이해하려는 활동이다. 다시 말해서 서양 중심 현대문명체계에서의 학문은 인간 이성의 세계와 관련이 있다. 여기서 이성에 대해 다시 설명하는 것이 불필요할 수 있겠으나, 다시 한 번 환기하자면, 이성은 인간이 가진 능력 가운데 식별하고 구분하며 종합하는 능력을 가리킨다. 인간은 이성에 의하여 대상을 알아내고 분석하며 나아가 종합함으로써 대상을 이론적으로 체계화시킨다. 이것이 인간의 학문활동이다. 이러한 학문활동은 체계화된 이론을 전체 삶에 적용함으로써 삶 전체를 파악하고 인간과 세계를 확인하려는 궁극적 목적을 가진다.

이 지점에서 우리는 교육기관으로서 학교의 발달이 초등학교, 중학교 …… 순으로 시작된 것이 아니라는 점을 상기해야 한다. 우리가 그리고 우리의 아이들이 초등학교부터 다니며 공부를 시작한다고 해서, 학교의 시작도 그러했으리라 생각한다면, 그건 너무 순진한 생각이다. 지난 5장에서 보았듯 공교육으로서의 기본, 기초교육의 시작은 초등교육부터이지만 그건 19세기에나 들어서면서 일이다. 대학은 그로부터 800년 전쯤부터 아주 우연한 기회에, 말하자면 거의 자생적으로 생겨났다. 그럴 수밖에 없는 필연적 이유가 있었으리라 짐작된다.

그 필연적 이유 중에서 가장 유력한 것은 아마도 학문세계 그 자체의 유기적 성질 때문이다. 학문을 하는 사람으로서 학문 스스로 발달하고 팽창하고 깊어지고자 하는 성질이 있다는 것을 순간 순간 느낀다. 마치 화분의 선인장이 몰래몰래 자라듯이, 감자를 물 담긴 컵에 올려놓으면 답답해 미칠 뻔했다는 듯 싹을 틔어 그 눈부신 초록을 보여 주듯이, 학문도 저 선인장이나 감자처럼 스스로 자라나고 싶어 답답하지 않았을까 생각한다. 진리를 발견하고자 하는 그 어떤 사람에게 자신의 그 진리를 보여 주고 싶어 안달하는 학문의 모습을 필자는 여러 번 목격하고 경험했다.

학문의 세계 속에서 교육 찾기[4]

교육과 학문의 관계 규명을 시도한 교육학자는 장상호 교수다. 그의 책 『학문과 교육』[5]은 학문의 세계에서 교육현상을 찾아내고 교육학의 위치를 명시하는 것을 하나의 목적으로 하고 있다. 교육현상을 학교교육 그것 자체만으로 보려는 교육학계의 관행은 교육학을 이론수입활동으로, 교육을 학교에서 이루어지는 현상으로 국한하여 연구하도록 하는 좁은 시각을 낳았다. 학문학의 입장에서 조동일 교수는 교육학을 다음과 같이 폄하하는 데 주저함이 없다. 1994년도에 쓴 책에서 인용한 말이기는 하나 아직도 부정할 수 없는 부분이 있어 안타깝다.

> 교육학이 학문인가? 남들의 기존 지식이나 이론을 수입하는 활동도 학문으로 인정해야 한다면, 교육학은 학문이며, 그 경력이 화려해 자랑스럽다. 우리 전통 학문을 이어 오늘날의 문제를 다루고, 주체성과 세계성을 아울러 갖춘 이론 창조의 작업을 해야 학문을 한다고 평가한다면, 교육학은 아직 많이 모자란다.
>
> ❖ 조동일(1994). pp. 147-148.

교육학이 이러하기 때문에 교육은 교육학의 이러한 학문적 활동에 예속되어 성격이 규정되고 그 영역이 왜곡되는 일도 있어 왔다. 그러나 교육이라는 현상은 학문과 떨어져서는 설명이 어렵다. 지금껏 논의해 왔듯이 학문은 교육이 없으면 존재가 불가능했으며, 그것은 교

4. 남미정(2004). 『학문의 지형도 속에서 교육학 찾기: 간학문으로서의 교육학』, 교육발전논총 25권 제2호 중 일부 내용을 저자의 허락을 받아 발췌 요약하였다.
5. 장상호(1997). 『학문과 교육(상)』. 서울대학교출판부.

육의 입장에서도 마찬가지였기 때문이다. 그러므로 교육을 규명하는 데 학문을 논의하는 것은 매우 당연하다. 그런데 이 당연한 일이 장상호라는 교육학자에 의해 논의되기까지는 별다른 관심을 받지 못했고 그 필요성에 대해서도 이해가 낮았다. 이제 『학문과 교육(상)』에서 논의하고 있는 학문과 교육의 관계를 간단히 살펴보자.

장상호는 『학문과 교육(상)』에서 이 세계를 세속계, 수도계, 교육계로 구분하여 설정하였다. 이 중에서 수도계 안에는 예술계, 도덕계, 학문계가 포함된다. 교육계를 설명하기 위해서는 수도계와 학문계를 설명하지 않을 수 없다. 수도계의 특징을 알아보자.

수도계는 인간의 내면적인 요청에 따라 잠재적인 가능성을 주체적으로 실현시켜 나가는 세계다. 진, 선, 미라는 수도계적 가치는 어떠한 세속적 혹은 공리적 목적과 무관하게 추구된다. 인간의 다양한 가능성 가운데 가치 있는 것을 실현하는 일 자체를 소중히 여기기 때문에 가능하다. 수도계는 내적인 성장에 의해서 접할 수 있는 세계다. 수도계가 지향하는 가치는 내재적이며, 그 전통은 날로 쇄신되고 있다. 그리고 수도계에서의 선후는 세속계적인 지위와는 다른 차원의 것이다. 수도계를 시각적으로 설명하자면 그것은 피라미드의 형태를 하고 있다. 피라미드의 정점에 위치한 소수에게는 존경과 두려움과 찬미가 주어진다. 모든 사람은 피라미드의 정점을 향해 나아가고 있다.

수도계의 하나로 우리의 관심 대상이 되는 학문계가 있다. 학문계는 과학적 이론의 세계로서 상식이 지배하는 일상적인 세계도 아니고 생활에 유용한 도구를 생산하는 일의 세계도 아니다. 다만 과학적 이론의 세계일 뿐이다. 학문계는 하위 분과 학문으로 세분되어 있고, 이들은 서로 환원될 수 없는 자율성을 갖고 있다.

장상호는 플라톤의 『국가론』 제7편 첫머리에 나오는 동굴의 신화를 빌려, 학문계의 품위品位를 상정하고, 각 학문계는 무수한 수준의 품위가 있다고 하였다. 그리고 여기에는 올라가는 활동배움과 내려오는 활동가르침이 있다.

교육은 이러한 수도계 혹은 학문계의 생산과정에서 생성된 품위의 차이와 부재에서 비롯된 모순의 틈새와 공간 안에서 이루어진다. 교육계는 한마디로 각각의 품위를 연결짓는 과정적 실재라고 할 수 있다. 장상호는 이러한 과정적 실재에 올라가는 활동과 내려오는 활동에 새로운 교육학적 언어를 입혀 상구上求와 하화下化라는 용어를 사용하였다. 그리고 장상호는 교육계와 학문계와의 관계에 대하여는 다음과 같이 설명한다.

> 수도계와 구분되는 교육계의 첫 번째 특징은 후자가 똑같은 요소와 구조를 가지고 수도계의 모든 품위에서 매번 반복적으로 작용한다는 점이다. 교육의 구조는 특정한 수도계 혹은 특정한 품위와는 별개로 언제나 동일하다. 교육은 수도계의 각 품위의 끝에서 종료되는 동시에 다시 시작한다. 즉, 그것은 품위의 각 단계에서 영원히 회귀한다고 말할 수 있다. 교육은 그 과정에서 낮은 수준의 품위를 해체시키고 다음의 더 높은 품위를 획득하는 양태로 반복된다.
>
> ❖ 장상호(1997). pp. 92-93.

동시에 그는 교육계의 다른 특징으로 교육계는 수도계와는 다른 내재적 가치를 가진다는 점과 교육에는 항상 얼마만큼의 열정이 포함되어 있다는 점을 강조한다. 수도계는 소수만이 오를 수 있는 가파른 길이지만, 교육계는 최고의 품위 혹은 완성된 품위를 중시하는 것이 아닌 거기에 이르는 매 단계의 과정을 중시한다. 오히려 완성된 품위가 있는 곳에는 교육이 존재할 수 없다. 즉, 교육계는 수도계로 상정된 각 학문의 단계와 단계 사이에 존재하면서 학문 활동과는 다른 내재적 목적을 갖게 된다. 이상의 설명을 그림으로 표현하면 [그림 10-4]와 같다. 이는 장상호 교수의 교육계의 아이디어를 도형으로 시각화해 본 것인데, 교육계에 대한 장상호 교수의 아이디어가 그림에 모두 정확하게 표현되었다고는 할 수 없으나 적어도 제반 학문과 교육 간의 공간적 위치는 그 관계에 맞도록 그려졌다고 생각한다. 또한 이러한 그림의 피라미드는 다른 학문에도 모두 적용될 수 있을 것이다.

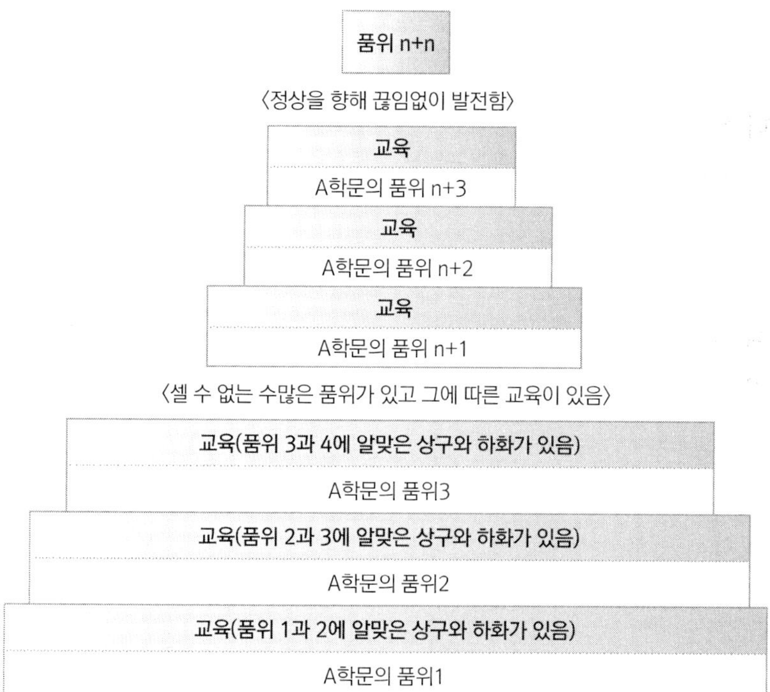

[그림 10-4] 학문 내적으로 존재하는 교육의 위치

장상호 교수의 수도계, 학문계, 교육계에 대한 구분과 각각의 세계에 대한 통찰력은 매우 중요하다. 그 이유는 교육이라는 현상에는 학문과 분리할 수 없는, 학문 활동 혹은 학문 그 자체의 성립 혹은 존폐를 가능하게 하는 것에 대한 통찰이 있기 때문이다.

학문하기의 태생적 수고로움

교육과 학문의 관계가 장상호의 경우에서처럼 불가분의 것이라는 말은 아이러니컬하게도 학교를 다니는 학생들에게 그리고 세상을 살아가고 살아온 모든 사람에게 결코 편치만은 않은 숙제를 던져 주고 있다. 교육계는 결국 수도계로 향하는 전 단계인 학문계로의 밑거름인 것이다. 이는 교육계를 잘 통과하면 학문계로 나아갈 수 있고 다시 더 올라가서는 인간의 궁극적 지향이라고 할 수 있는 수도계, 곧 종교적 해탈과 구원의 단계로 갈 수 있다는 것을 의미한다. 그러니 결국 모든 것은 교육에서 시작된다. 즉, 교육을 통해서 인간은 궁극적 자유에 이른다. 그러나 그사이에 존재하는 학문계를 통과하는 과제가 놓여 있는데 오천 년 문명사를 통해 인류는 그 과제가 난공불락임을 어렴풋이 깨닫고 있고 통과하는 사람은 극소수에 불과했다. 공자와 부처, 소크라테스와 예수 넷을 빼고 과연 누가 거기에 이르렀는지 아무도 장담 못하며 그 외에 레오나르도 다빈치와 아인슈타인으로 대변되는 학문의 최고 경지에 이르는 몇 안 되는 천재들만 해도 일반인들로서는 감히 쳐다볼 수도 없는 신과 같은 존재일 뿐이다.

학문은 어쩌면 애초부터 보통 사람들로서는 다가갈 수 없는 세계였는지도 모른다. 그러나 만약 그렇다 치면 인간은 영원히 윤회와 죄악의 굴레를 벗어나지 못한 채로 생로병사의 고해를 시지프스처럼 건너야 하는 부조리에 갇히게 된다.

좀 더 쉬운 길은 없었을까? 그래 보이지는 않는다. 오천 년 역사시대를 거치면서 학문은 날로 날로 발전했지만 일반인으로부터는 날로 날로 멀어져 갔다. 선사시대 때의 제사장처럼 과학자들과 학자들은 점점 더 모를 이야기들만을 늘어놓아 왔다. 다행히 근대교육제도가 완성되면서 이제 모든 사람이 교육계에 접근할 수 있게 되었고 나아가서 학문계에도 발을 들여놓을 수 있을 것이라 믿게 되었다. 그러나 수백 년이 흘러도 그런 날은 오지 않고 대학은 여전히 입학이 어렵고 Ph.D 철학박사 학위를 얻는 것은 더더욱 어려운 일이다. 유사한 박사제도로서 MD, DD, LD, Ed.D 등도 도입되었지만 그 역시 쉬운 일은 아니고 더구나 돈도 많이 드는 일이다. 결국 이 모든 태생적 수고로움의 근저에는 언어가 갖고 있는 비밀이 있다. 소크라테스와 플라톤의 사이를 갈라 놓고 있는 음성적 세계와 문자적 세계는 플라톤 이후 후자가 전자를 포섭해 버렸고 그 이후는 더욱더 난해한 언어적 세계를 만들어 냈다. 그리고 학문은 언어를 기반으로 날로 추상화되었고 언어적 질서가 초대한 수학적 질서는 더욱더 오감을 사용하여 편하게 소통하고자 했던 인간의 꿈을 그냥 꿈으로만 남겨 두었다.

결국 학문의 어려움은 언어의 어려움을 극복하지 않고는 불가능해 보인다. 문맹으로 비롯된 죄업과 가난 또한 언어의 어려움을 극복하지 않고는 불가능해 보인다. 도대체 어떻게 해야 언어를 배우는 수고로움에서 벗어나 언어만이 아닌 오감을 통해 멀리 있는 이웃과 오래전의 선조들과 소통할 수 있단 말인가. 종이 위에 박힌 글자 암호를 해독하는 고통에서 벗어나 느낀 대로 표현하고 본 대로 그리고 들은 대로 말할 수 있는 그런 해방은 불가능한 것인가. 멀리 떨어져 있는 연인에게 아무 때나 얼굴을 맞대고 이야기하고 공감할 수는 없는 것이며, 오래전 돌아가신 어머님의 생전 모습을 언제든 되돌려볼 뿐 아니라 죽음을 앞두고 살아남은 자식에게 들려주고 있는 속내를 생생한 목소리로 훗날을 위해 남길 수는 없는 것인가. 홀로 고통받은 억울한 사연을 세상 모든 사람에게 속 시원하게 털어놓을 수는 없는가.

그런데 어디선가 소식이 들려오고 있으며, 바로 이웃에서 그리고 어린 학생들의 손끝에서 해방의 노래가 들려 오고 있다. 인터넷이 연결된 스마트폰을 통해 이국 땅 멀리 시집간 언니와 소식을 주고받고 최신 물리학의 발견을 쉽게 풀어 설명하는 유명 대학교수의 강의를 바로 듣게 되었다. 멋진 기타 솜씨를 유튜브 동영상 사이트에 올려놓은 지 하루도 안 되어 세계 수십만, 수백만 네티즌들이 듣고 열광하고 k-pop 무대가 생각지도 못한 유럽의 팬들을 불러 모으고 있다. 그렇다. 이제 새로운 언어의 시대가 열리고 새로운 학문과 새로운 교육의 시대가 열리고 있다. 더 이상 언어와 수학 교육의 수고로움으로 고생않고 내가 가진 가장 손쉬운 방법대로 내 이야기를 다른 사람들에게 전달할 수 있게 되었다. 이제 교육과 학문의 새판을 짜고 모두가 군자가 되고 철학자가 될 수 있는 날이 다가오고 있다.

제11장

자유를 향한 교육개혁의 길

'시대의 변화는 어떻게 일어나는가? 시대의 변화는 어떻게 읽을 수 있는가?' 그런데 갑자기 나에게, 우선 나에게 시대를 읽어 내는 틀 자체가 없음을 깨닫는다. 그래서 몇 가지 자의적인 틀을 만들고 하나씩 끈을 이어 가는 방법을 택할 수밖에 없음을 깨닫는다. 시대를 읽어야 한다. 교육은 본질적으로 의사소통의 방식이기 때문에 의사소통의 변화는 곧 교육의 변화를 가져올 것이다. 읽혀진 시대를 우리는 디지털문명사회, 정보사회라고 한다.

제11장

자유를 향한 교육개혁의 길[1]

교육제도의 위기

시대가 변하고 있다고 한다. 그리고 그 변화가 교육제도의 개혁을 요구하고 있다고 한다. 변화의 초점은 산업자본주의시대가 막을 내리고 새로운 지식정보시대가 온다는 말이다. 정말 그러한지 그리고 그 변화가 우리의 구체적 삶과 어떤 관련이 있다는 것인지 궁금하다. 교육학자에게 주어지는 질문도 많다. 가장 극단적으로는 학교가 없어진다는 것이며, 구체적으로는 교사가 없어지거나 적어도 '전통적'인 의미에서의 교사의 역할이 바뀔 것이라고 한다. 그래서 학교가 달라져야 한다고 한다Gerstner, Seramed, Doyle, & Johnston, 2001. 한발짝 더 나아가면 지식인의 종말Debray, 2001이 예견되며 지식인과 전문가 사이의 경계가

1. 이 장은 저자가 10여 년 전에 주제와 관련하여 발표하고 게재하였던 글 중 대표적인 글천세영(2001. 12.). "교육제도변화에 관련된 담론의 구조와 전망", 교육개혁현안: 쟁점과 대안모색, pp. 81-104. 2001. 12. 강원대 교육연구소과 그 영문본 학술지 게재본Se Young, Chun(2002. 12.). "Scope of discourses on educational reform and their prospects", The SNU Journal of Educational Research. pp. 103-133. Educational Research Institute, SNU.을 이 책의 흐름에 맞추어 재구성한 것이다.

희미해지고 지식과 정보 사이의 경계가 희미해진다.

학교가 변하고 있는 것인지에 대한 답을 찾기도 전에 사람들은 이미 학교가 변해야 한다고 주장한다.[2] 그러나 또 한편에서는 학교는 하나도 변하지 않고 있으며, 또 앞으로도 변하지 않을 거라고 한다. 더욱 당혹스러운 것은 똑같은 사람이 여기서는 변하고 있고 변해야 한다고 하고서는 다른 곳에서는 변하지 않고 있으며 변할 필요도 없다고 얘기한다는 것이다.

무엇이 어떻게 변하고 있는지 혼란스럽기까지 하다. 우선은 가닥을 쳐서 정리해 보고 정신을 가다듬어 보아야 한다.

첫째로 도대체 교육이 변해야 한다는 것과 관련된 얘기들이 서로 어떻게 뒤얽혀 있는가를 풀어 내야 한다. 이것을 우선 '교육제도 변화의 담론구조'라고 이름 붙여 보고 이야기를 이어 가 보려고 한다. 담론은 미셸 푸코Michel Foucault가 말하는 바의 언표와 규칙의 집합체로서 의미를 갖는다. 즉, 담론은 개인들 간의 교환에 의해 규정되는 것이 아니라 익명성의 층위에 존재하며, 사고하고 인식하는 주체의 표현이라기보다는 '~라고 말해진다'의 층위에 존재하는 사회적 구성물이다. 교육제도 변화에 대한 얘기들을 담론이라고 이름 붙이는 이유도 이 때문이다. '교육제도가 변하고 있고 변해야 한다'는 얘기들은 모두 뚜렷한 화자도 없이 뚜렷한 대상도 없이 우리에게 들려온다. 그러므로 우선은 그 소리가 어디서 어떤 의미를 가지고 다가오는지부터 들어 보아야 한다.

---

2. 교육의 변화와 학교의 변화는 깊이 들여다보면 전혀 다른 이야기이지만 당대의 교육제도가 거의 학교제도와 같은 층위로 사용되고 있다고 볼 때, 종종 교육과 학교 그리고 교육제도와 학교제도는 맥락에 따라 같은 의미로 사용되어 왔다. 이것은 이 장에서도 마찬가지임을 미리 밝혀 둔다.

둘째로 불확실한 가운데서도 우리는 실천적 이성을 가져야 한다. 여기서의 실천적 이성은 칸트가 말하는 바의 도덕적 힘을 가진 명령으로서의 실천적 이성이 아니다. 그것은 오히려 현실적 합리성practical rationality이라고 할 수 있는 바, 만하임Karl Manheim류의 기능적 합리성functional rationality에 가깝다. 언표로 확인될 수밖에 없는 담론구조상에서 각 개인이나 각 집단은 때로 정치적으로, 때로 경제적으로 타협함으로써 자신들의 행동 방향을 결정해야 하기 때문이다. 한국교육은 이 상황에서 어떤 담론을 택해야 하며, 당장 지금 어떻게 해야 하는가? 아니 내 자녀를 어떻게 '교육시킬' 것인가?

교육학자의 사명은 지금 이 시대에 필요한 교육론을 만드는 것이다. 그리고 교육학자는 경제학자나 정치학자들보다는 더 정확한 교육론을 만들어야 한다. OECD가 유네스코에 비해 '교육'에 대한 관심을 더 갖게 되었으며 우리나라에서도 경제학자들이 언제부터인가 교육에 대해 교육학자들보다 더 많은 얘기판을 '힘 있게' 벌려 놓고 있다천세영, 2001b. 그런가 하면 학부모들은 언제부터인가 교사를 믿지 않으려하고 학교를 믿지 않으려 한다. 대신 학원 강사에게 자녀의 교육문제를 더 의존하려고 한다. 분명히 교육학자들은 지금 이 시대를 정확히 읽을 필요가 있다. 그리고 교육학과 교육의 운명을 위해 모험을 해야 한다. 그 모험적 선택이 현재 순간에서는 기능적 합리성일 수 있지만 궁극에 가서는 실천적 이성으로서 자리 잡을 수 있다는 희망을 가져야 한다.

이 지점에서 나는 우리 모두 교육학자로서의 모험을 떠나야 한다고 믿는다. 그리고 모험을 떠나기 전 먼저 가능한 모든 수단을 동원하여 앞에 놓인 덤불숲에 몇 가지 길을 내고자 한다. 그리고 최종적으로 그 길 중 하나를 택하려고 한다. '가지 않은 길'은 항상 미련의 주인공이 될 뿐이겠지만 결국은 하나만을 선택해서 가야 하기 때문이다.

교육제도개혁 담론으로의 모험

우리 앞에 놓인 길은 세 가지다. 교육제도의 개혁과 관련되어 진행되고 있는 많은 논의는 세 가지 부류로 나뉜다는 말이다. 첫째는 문명사적 변화론이며, 둘째는 실패론이며, 셋째는 일상적 개선론이다. 즉, 교육제도가 변하고 있거나 혹은 변해야 하는 이유와 관련되어서는 첫째로 거대한 역사의 변화가 필연적 과정이며 한국의 교육제도 또한 그러한 문명사적 조류의 종속변인일 뿐이라는 것이다. 둘째의 실패론은 두 가지의 상반된 방향에서 동시에 논의되는데 하나는 전통적인 실패론이며, 또 하나는 첫째의 거대 변화론과 일맥 연계된다. 전자는 민간시장의 실패에 따른 공공 부문 교육의 강고화를 지향하는 논의이며, 후자는 정부의 실패와 맥을 같이하는 학교실패론이 결국 학교의 변화를 재촉한다는 논의다. 마지막 일상적 개선론이라 함은 교육제도가 변해야 한다는 논의에 겉으로만 참여하는 척할 뿐 실제로는 교육제도가 변하고 있지도 않으며 변할 필요도 없다는 것이고 단지 지속적이고 점진적인 개선은 일상적인 현상일 뿐이라는 것이다. 특히 마지막 부류의 담론은 현재 학교를 지탱하고 있는 사람들의 보수적 성향과 종종 연대를 하고 나타난다.

그러나 이 세 가지 모두 상호 부분적으로 언표 수준에서는 상대방의 논리를 적당히 빌려 쓰고 있다. 그러므로 세 갈래 길을 구분하기 위해서는 각각의 순수한 모습만을 취할 필요가 있다. 여기서는 이 세 가지 서로 다른 담론구조에 대해 가능한 한 분명하게 이해하고자 한다.

문명사적 변화론

문명사적 변화론이 처음 우리 교육의 변화무대에 등장한 것은

1997년의 교육개혁위원회의 보고서에서라고 볼 수 있다. 교육개혁이 필요한 이유는 '문명사적 변화'에 대처하는 데 현재의 교육제도가 충분치 않다는 것이다. 물론 당시 보고서에서 '문명사적 변화'의 핵심이 무엇인지는 분명하지 않다. 그냥 막연히 세계화와 정보화가 진행되고 있으며, 그러한 사회에서 교육은 열린 학습사회를 지향해야 한다는 것이었다. 동 위원회의 진단에 따르면 우리의 교육제도는 '닫힌' 제도이므로 당연히 '열린' 체제로 탈바꿈해야 한다는 것이다. 그리고 이른바 '열린 교육'의 열풍이 밀어닥쳤다. 우리는 그 열린 교육이 그 후 어떻게 전개되었으며 최근에 그 모습이 왠지 초라해진 것을 본다. 아무래도 정부가 앞서 외쳤던 문명사적 변화론이 과연 기대했던 바의 도도한 역사의 물결이었는지는 아직 평가하기에 이르다.

비교적 최근에 그리고 학문적으로 문명사적 변화론이 교육제도 변화의 이유로 제기된 것은 아마도 이진우2001의 논문에서일 것이다. 이진우는 변화의 핵심을 아날로그적 지식이 디지털적 지식으로 바뀌며 이러한 지식의 속성 변화는 결국 교육의 핵심 문제와 관련된다고 지적한다. 다시 말해서 아날로그적 지식이 교사 대 학생 간의 1 : N의 일방적인 전달방식을 기준으로 하고 있는 데 반해 디지털적 지식은 교사 대 학생의 구분 없이 지식생산자 대 지식생산자 혹은 지식소비자 대 지식소비자 간의 N : N 관계에 기반하고 있기 때문에 현재와 같은 학교구조는 본질적으로 더 이상 쓸모가 없을 것이라는 다소 과격한 논의를 전개하고 있다.

앞의 두 예는 문명사적 변화를 언표하고 있다는 점에서는 동일하지만 그렇다고 하여 상호 동일한 시니피에signifie를 갖고 있지는 않다. 적어도 이진우의 담론에는 현존 학교제도가 지향하고 있는 교육적 인간상 자체에 대한 근본 변화를 암시하고 있지만 교육개혁위원회의 담론에는 교육적 인간상은 고정된 채로 그것을 형성하기 위한 방법적 틀로서의 현재 학교의 운영 소프트웨어를 바꾸는 것을 암시하고 있어 보인다. 그러므로 우리는 문명사적 변화론이라고 하는 시니피앙singnifiant이 대상으로 하고 있는 시니피에들을 우선 수면 위로 드러내 보일 필요가 있다. 즉, 문명사적 변화론이라고 할 때 구체적으로 교육제도의 어떤 속성이 변하고 있거나 변해야 하는 것에 대해 드러내 보일 수 있어야 한다는 말이다. 그러나 실제로 시니피에를 드러내 보이기란 현재로선 매우 어렵다. 문명사적 변화론이 교육제도 변화의 사실적 차원에서이든 당위적 차원에서이든 하나의 담론구조로서 성립하고 있는 것은 대체로 다음과 같은 두 가지의 상반된 언표구조로 이루어진다.

첫째로 교육제도는 사회와 밀접한 관계에 놓여 있다. 따라서 사회의 변화는 교육제도의 변화를 필연적으로 수반한다. 이는 흔히 교육학 개론이나 교육사회학 개론 첫 장에 등장하는 교육의 사회적 기능 혹은 사회의 교육적 기능에서 다루어지는 기본 명제라고 할 수 있다. 그러므로 여기서 이 명제의 진위를 논할 필요는 없다. 단지 이 논의 구조에서 독립변인이라고 할 수 있는 '사회의 변화'가 사회적 실재인가라는 점에 대해서만 확인하면 된다. 그런데 이는 교육학 내의 질문이기보다는 가깝게는 사회학적 질문이며 보다 넓게는 학문계 전체 혹은 당대 전체에게 주어지는 질문이기도 하다. 그러므로 섣불리 사회학적으로나 당대의 분명한 인식 이전에 교육학자들이 막연하게 "사회가 변화하고 있고 그 결과로서 교육이 변하고 있거나 변해야 한다."고 주장하는 것은 매우 위험한 일이라고 할 수 있다. 단지 그러한 인식이 확보된다는 전제 아래에서 제한적으로 논의할 수 있을 뿐이다.

둘째로 앞서의 주장과는 반대로 교육제도가 문명사적 변화의 독립변인이 될 수 있다는 논의다. 즉, 교육제도 안에서 변화가 시작되며 이것이 급기야 사회의 변화를 만들어 낼 것이라는 전망이다. 흔히 다가오는 사회가 지식정보사회라는 논의에 담겨 있는 의미들이다. 지식정보사회가 이전 사회 혹은 현존 사회와는 전혀 다른 사회구성체라고 전제할 때, 사회구성체 간 이행을 촉발시키는 원인을 생산양식mode of production을 가지고 설명하지 않고 정보양식mode of information을 가지고 설명하려 했던 포스터Poster, 1989는 이 점에서 매우 유용하다. 그런가 하면 플루서Flusser, 1998가 디지털 정보혁명이 글쓰기의 소멸을 가져올 것이며 역사시대를 넘어서는 후기역사시대를 가져오는 제3의 커뮤니케이션 혁명으로 이해되어야 한다고 주장한 것 또한 유용한 관찰이다. 말하자면 현재 진행되고 있는 정보혁명은 지식의 최초이며 최후라고 할 수 있는 의사소통방식의 변화를 가져오며 그것은 결국 교육의 변화, 그리고 교육제도의 변화를 통한 사회의 변화를 가져올 것이라는 관찰이다.

나는 여기서 문명사적 변화라는 담론의 미래는 전자와 같은 방식보다는 후자와 같은 방식으로 귀결될 것을 전망한다. 즉, 문명사적 변화론이 교육제도변화론의 근거로 활용된다면 교육제도가 종속변인이기보다는 독립변인으로서 보다 적극적으로 관여해야 한다는 것이다. 사실은 그것은 당위적 진술로서 '관여해야 한다'기보다는 이미 '관여하고 있다'라는 사실적 진술이어야 할 것이다.

두 가지 실패론, 시장실패론과 정부실패론

두 번째의 교육제도변화론은 두 가지 실패론, 곧 시장실패론과 정부실패론이라는 상호 대립적인 이론에 각각 근거하고 있다. 아이러니컬하게도 두 이론은 모두 고전 혹은 근대경제학[3]에 뿌리를 두고 있는 자유주의 경제학과 연을 맺는다.

시장실패론은 케인스 경제학으로부터 출발한다. 현대경제학은 기본적으로 사유재산제도에 근거한 민간재의 공급과 소비가 시장에서 보이지 않는 손에 의해서 균형을 이룬다는 데서부터 출발하였는데 이후 자본주의의 발전과정에서 공공재라고 하는 특이한 재화들이 속속 등장하였다. 이러한 공공재는 재화의 외부경제를 갖게 되고, 개인이 이러한 외부경제를 갖는 공공재에 대한 소비를 기피함으로써 특정 재화의 시장불균형이 발생하게 되는 것을 시장실패라고 한다. 정부는 이때 적절한 간섭, 곧 공공소비를 함으로써 시장의 균형을 이루어야 한다는 것인데, 교육재는 가장 대표적인 공공재화로 받아들여졌다. 적어도 1980년대 이전까지는 이러한 시장실패의 조정자로서 정부의 공공 역할이 높이 인정되었다. 그러나 1980년대 이후 등장한 신보수주의 혹은 신자유주의는 오히려 그 반대로 정부실패론을 들고 나섰다. 즉, 시장실패를 조정하기 위해 관여한 정부 부문이 지나치게 비대해져서 오히려 시장의 균형을 해친다는 것이다. 정부실패론을 주장하는 측에서는 본질적으로 공공재는 존재하는가, 그리고 정부는 공정한 중재자인가부터 묻는다.

첫째로 공공재는 존재하는가? 여기에 대한 답은 '반드시 그렇지 않

---

3. 고전경제학과 근대경제학은 사실상 같은 의미인데 맥락에 따라 다르게 쓰인다. 즉, 애덤 스미스Adam Smith를 비조로 한다고 할 수 있는 현대경제학은 산업자본주의의 발흥과 함께 철학으로부터 최초로 분화된 근대 사회과학의 한 조류다. 이후 대공황을 거치면서 성립한 케인스 경제학과 마르크스 경제학과의 이론적 대립과정에서 다양한 모습으로 발전되면서 대체로 자유주의 경제학이라는 이름을 갖게 되었다. 통상 고전경제학은 이러한 자유주의 경제학이 경제학의 주류 혹은 원형 혹은 정통이라는 의미로 쓰일 때는 고전경제학의 모습으로, 그리고 거기에 근대성을 더 갖추었다는 의미에서 근대경제학의 모습으로 마르크스 경제학과는 차별성을 유지해 왔다고 할 수 있다.

거나, 아니면 불확실하다'는 것이다. 왜냐하면 종종 '공공재'는 국가와 정부관료를 위한 민간재로 둔갑되어 있는 경우가 흔하기 때문이다. 흔히 '국가의 몫'이 공공재로 오해받아 왔을 수도 있다. 볼프람 엥겔스 Volfram Engels, 1996, p. 405에 따르면, "국가에 의해 즉, 관료조직에 의해 생산되고 조세징수를 통해 재원이 조달되는 재화 중 많은 부분은 공공재가 아닌 민간재이며, 이것은 특히 소규모 지방자치단체에 있어 더욱 그렇다."는 것이다. 공공재는 오히려 희소한 민간재를 얻기 위한 개인적 소망이 표출된 형태라고 볼 수 있다. "정치적으로 볼 때 순수공공재의 평등주의적인 특징은 매혹적인 것이다. 사람들은 민간재도 많든 적든 누구나 누릴 수 있도록 만듦으로써 순수공공재의 균일한 공급과 유사한 상황을 만들려는 유혹에 빠진다는 것이다 Bonus, 1996, p. 449." 그러므로 20세기 국가주의의 확대와 정부개입의 증대는 어느 개인인지 어느 집단인지는 규정할 수 없지만 정치적 합의에 의해 특정 민간재들이 공공재로 변경되어 온 과정으로 해석될 수 있다는 것이다.

둘째로 정부는 불편부당한 존재였는가? 여기에 대한 답 역시 '거의 그렇지 않다'라는 것이다. 프리드먼의 비판에 따르면 뉴딜 정책은 "생각이 좁고 이기적인 수전노가 지금까지 함부로 써온 권력을 이제부터는 자비심 깊은 공무원이나 사심 없는 전문가가 맡아야 한다."는 억지 논리에 불과하다 Friedman & Friedman, 1980, pp. 133-134. 사실상 동구권 사회주의의 몰락사에서 '허위의식이 없는 무산자계급의 당 공산당'과 '인텔리겐치아'의 공정성은 입증되지 못했음을 보여 준다. 그들 역시 프리드먼의 말대로 '생각이 좁고 이기적인 수전노'였던 셈이다. 뿐만 아니라 정부를 움직이는 거대한 관료주의는 기본적으로 비효율적이며 그것도 커지면 커질수록 더 비효율적이 되어 왔다 Engels, 1996, p. 406.

이처럼 시장실패론과 정부실패론은 뿌리를 같이하고 있는 자유주의 경제학이 서로 다른 국면에서 나타나고 있는 것이며, 적어도 1980년대 이후로는 시장실패론보다는 정부실패론이 앞서 있다고 보아야 할 것이다. 그런데 이 두 가지의 실패론은 교육제도변화론과 각각 양극단의 모습으로 대립하고 있다.

우선 교육제도 변화는 오히려 시장실패를 인정하고 보다 더 강력한 공교육정책으로 나타나야 한다는 주장이다. 최근에 논의되고 있는 소비자 중심 교육체제의 구축과 공공 부문의 축소는 모두 학교 현장을 '일상을 벗어난 비상시국'으로 몰아넣고 있으며이인규, 1998, 학교를 '시장판'으로 만들어 버릴 것이라고 우려한다. 이러한 시장판은 첫째로 '교육받은 인간상'은 생각할 겨를도 없이 '전인교육과는 전혀 상관없는', 그래서 '인성교육'에 가장 반하는 '지식위주교육' '입시위주교육'의 '비교육'을 낳고야 말 것이라고 걱정을 한다. 두 번째는 그것이 시장인 한, 돈과 정보를 갖추지 못한 사람들은 영원히 시장으로부터 배제당할 수밖에 없게 된다. 교육의 기회불균등이 지속될 것이라는 것이다. 또 이러한 시장주의는 국가의 공적 책임감을 경감시키는 논리와 연결됨으로써 공공 교육재정의 축소로 이어진다고 한다. 그러나 교육제도의 현실은 정부 부문이, 특히 민간의 교육 수요를 충분히 포착하지 못하고 과도하게 축소되어 오히려 시장의 가수요를 만들어 내는 구조를 갖추고 있다고 한다. 특히 이는 한국교육의 과도한 사교육 시장 규모를 설명할 때 등장한다. 즉, 공공 부문의 역할은 민간 부문의 균형을 조정할 수 있는 적정투자 규모를 유지해야 하는데, 그렇지 않을 경우 과도한 민간경쟁이 국가자원의 비효율성과 집단 간 불균등으로 인한 정치사회적 비용이 비대해진다는 것이다. 한국의 공교육이 사교육에 의해 왜곡되는 것은 민간영역의 교육 수요를 공공 부문이 적절히 흡수하지 못한 데 있다는 설명이다.

한편 이와는 반대로 학교실패를 주장하는 쪽은 국가제도의 경직성에 대한 비판을 기반으로 한다. 미국의 경험은 '정부의 간섭은 아무런 효과도 없었지만'West, 1994, '가톨릭계 사립학교들은 분명히 많은 성과를 보이고 있으며, 소득계층 간의 기회평등에도 기여해 왔다'Bryk, Lee, & Holland, 1993는 것을 알려 오고 있다. 이러한 논의에 기초하여 첫째, 학교교육이 공공재라는 전제, 둘째 기회의 평등은 전체 사회가 지켜야 할 덕목이고 이를 위해 교육이 봉사해야 한다는 주장에 대해 전면적인 도전을 하고 나선다. 첫째, 신념은 경험적으로 신빙성이 없으며, 둘째 결과의 평등은 사회 전체가 망하는 길이라는 것이다. 따라서 최선의 길은 민영화하여 공급을 민간 자율에 맡겨야 한다고 주장된다. 아마도 이러한 정책을 가장 구체적으로 프로그램화한 것은 대처리즘 패키지에 들어가 있었던 영국의 학교평가모델이다. 이후 영국의 모델은 영연방 국가로 퍼져 나갔고 뉴질랜드와 호주는 영국에 이어 가장 성공적으로 그리고 가장 '충실하게' 운영하고 있는 것으로 평가된다. 최근 한국도 이를 닮아 가려고 애쓰고 있어 보이나 성공 여부는 미지수다.[4]

사실 두 가지 실패론은 모두 일면의 진리값을 가진다. 그 진위는 당면한 상황에 대한 정확한 인식에 구속된다. 그리고 개별 학교의 상황에 따라 달라진다고 할 수 있다. 그런데 나는 그 어느 쪽이든 실패론과 교육제도의 변화론과는 간극이 매우 크다는 것을 발견한다. 즉, 실패론은 교육제도의 변화를 귀결해 내기보다는 교육제도의 개선을 위한 이해당사자들의 정치적 견해일 수 있다는 것이다. 적어도 그것은

4. 이 부분에 대해서는 다음 논문을 참조하기 바란다. 천세영(2000). "학교의 행·재정 평가," 『학교종합평가 활동보고와 전망』, 한국교육개발원.

교육의 기본 골격, 곧 학교가 있어야 한다 말아야 한다는 주장보다는 학교에게 주어진 목표를 기능적으로 얼마나 '효과적으로 달성할 것인가'의 문제를 다루고 있다고 보아야 할 것이다. 그러므로 교육제도 변화 담론의 지평에서 볼 때는 그 함량이 미달되어 보인다.

일상적 개선론

마지막으로 일상적 개선론은 바로 앞에서 다룬 실패론에 비해 더욱 더 학교제도변화론과는 거리가 멀다고 할 수 있다. 일상적 개선론은 결국 현재의 학교 모습 진단을 어떻게 하는가에 따라 개선의 범위를 달리한다. 아마도 학교제도변화론에 가장 가까이 다가가 있는 것은 학교붕괴론과 관련된 담론일 것이다. 그러나 전혀 다른 편에서는 학교가 하나도 붕괴되어 있지 않으며 종전과 다를 바가 없다는 관찰도 발견된다. 후자와 관련하여 가장 흥미 있는 관찰은 김원중2000의 논문에서 발견된다. 김원중은 이 논문에서 학교의 학생들은 옛날 그대로 구석에서 따로 놀고 있으며 학교도 옛날 그대로 할 일을 묵묵히 하고 있을 뿐이라고 한다. 그래서 교실붕괴니 학교붕괴니 하고 떠들어대는 것은 모두 신문과 방송, 그리고 저잣거리의 얘기들이며 그 얘기들을 자신들의 정치적 · 경제적 이익과 관련시키려는 정치가들, 관료들 그리고 교육학자들이 있을 뿐이라고 한다.

일상적 개선론에서는 연일 대책안이 쏟아져 나온다. 우리나라의 경우도 여러 차례 설치 · 운영되었던 교육개혁 관련 기구들이 '개혁안'을 내놓았지만 실제로는 모두 일상적 행정개선안들이었으며, 종전 정책안들과 비교해서 대동소이한 것들의 반복에 불과하다. 따지고 보면 교육학 연구의 가장 오래된 주제의 하나라고 할 수 있는 학교효과연구school effectiveness research에서 수많은 종류의 독립변인과 종속변인 간의 관계를 표본과 측정도구를 달리해서 요모조모로 수없이 연구해 왔지만 아직 뚜렷한 결론에 이르지 못한 것과 마찬가지다.

그러므로 나는 일상적 개선론을 학교제도변화론의 담론 모험길에 일단 놓고 떠나기로 했다. 왜냐하면 일상적 개선론은 일상적 수준의 학교 현장의 충실한 활동 속에서 소화될 수 있는 주제이어야 함에도 마치 근본적인 수준의 제도개혁론처럼 확대하는 것은 오히려 당대 수준에서라도 지켜낼 수 있는 최소한의 교육 표준마저 소홀히 해 버릴 위험을 안고 있기 때문이다.

모험을 위한 지도 작성

이젠 보다 확실한 지도가 필요하다. 그리고 버릴 것과 가지고 갈 것을 구분해야 한다. 실천적 선택을 위한 기능적 합리성을 갖추어야 한다. 분명한 것은 변화는 일어나고 있다는 것이며, 그 변화는 미시적 수준과 거시적 수준에서 항상 상호작용적으로 일어나고 있고, 이 땅에 살고 있는 모든 피조물은 양쪽 수준의 변화를 모두 포착해야 하는 운명을 타고났다.

교육제도의 변화와 개혁을 우리는 이제 어떻게 인식하여야 하는가? 그것은 아마도 정말 그 변화가 일어나고 있는가 다시 묻고 또 그 변화의 속성은 정말 무엇인가 다시 물어야 한다는 것을 의미한다. 그러나 다시 생각해 보면 우선 첫 번째 질문부터 답을 찾고 두 번째 질문에 대해서는 보다 신중하게 유보해 두어야 할 듯하다. 앞에서 파악한 교육제도 변화의 세 가지 담론, 세 가지 모험 중 우리가 택해야 할 것은 분명해진다. 적어도 이 시점에서 다른 두 길은 분명 가지 않아도 되는 길로 보인다. 즉, 첫 번째 '문명사적 변화론'이 '당대비평'이 되어야 하며 가장 최선의 선택임을 인식하는 일이다.

이러한 인식을 채택할 경우 우리는 [그림 11-1]과 같은 교육제도의 변화도를 그려 볼 수 있을 것이다. [그림 11-1]은 교육제도 변화에 대한 세 갈래의 서로 다른 관점, 곧 문명사적 변화론, 실패론, 일상적 개선론에 기초하여 사분면상에 산업자본주의 이래로 확립되어 온 공교육의 상황 변화를 위치시켜 본 것이다. 여기서 실패론은 양극단인 정부학교실패론과 시장실패론의 축으로 재구성되었으며, 문명사적 변화론과 일상적 개선론이 또 다른 한 축으로 구성되었다. 결국 학교제도와 교육제도의 변화에 대한 인식은 1사분면에 위치한 정상의 공교육이 2사분면을 지나 3사분면을 향하는 과정에 대한 것이라고 할 수 있을 것이다. 최근 한국에서의 공교육 위기에 대한 담론은 결국 [그림 11-1]에서 볼 때 제4분면에 처한 교육의 위기상황이라고 해석된다. 그러나 과연 현재의 교육제도는 어디에 위치해 있는지 분명하지는 않

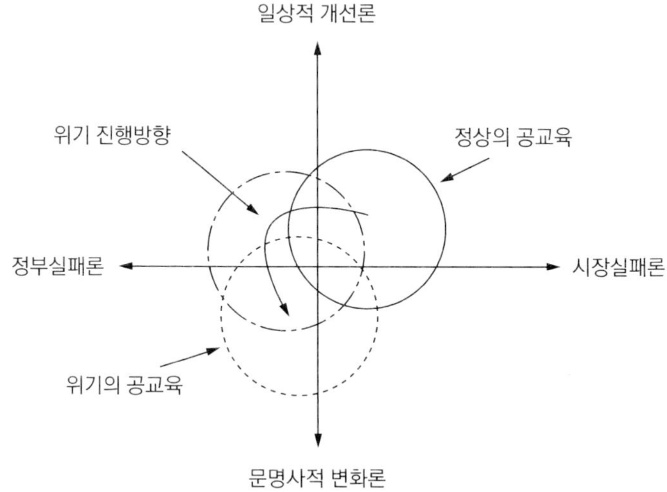

[그림 11-1] 교육제도 개혁에 관한 담론과 모험지도

다. 현상적으로 학교교육의 부조화 현상이 많이 나타난다고 하여 곧 바로 그것이 시대적 변화에 부적응하고 있는 것으로만 볼 수는 없다. 이러한 인식이 타당하려면 선행 인식으로서 시대 변화가 먼저 확인되어야 하기 때문이다.

이제 우리는 이 험로를 어떻게 뚫고 나가야 할 것인가? 우선 세 가지 숙제가 떠오른다. 첫째는 시대를 읽어야 한다는 것이다. 즉, 지금 일어나고 있는 문명사의 변화를 가능한 정확하게 읽어야 한다는 것이다. 그리고 앞서 우리가 검토했듯이 그 변화의 핵심에 교육의 핵심 문제가 놓여 있음을 확인해야 한다. 둘째는 실천적 수준에서 교육제도의 의미를 검토해야 한다. 교육제도는 무엇이며, 그것이 문명사적 변화와 어떤 관련을 갖고 있는가를 찾아야 한다. 셋째는 추상적 수준의 논의를 구체적 수준으로 끌어내려야 한다. 이를 위해 우리의 주변과 일상, 곧 한국교육의 현장을 조명해 보아야 한다.

시대 읽기, 새로운 소통

'시대의 변화는 어떻게 일어나는가? 시대의 변화는 어떻게 읽을 수 있는가?' 그런데 갑자기 나에게 우선 시대를 읽어 내는 틀 자체가 없음을 깨닫는다. 그래서 몇 가지 자의적인 틀을 만들고 하나씩 끈을 이어 가는 방법을 택할 수밖에 없음을 깨닫는다. 시대를 읽어야 한다.

첫째로 시대가 변화한다면 그 끝은 무엇인가에 대한 답을 생각해 본다. 그것은 인간의 개념 변화다. 즉, 인간에 대한 개념 변화가 없다면 '문명사적' 시대까지 변화했다고 할 수 없을 것이기 때문이다. 얼리히Ehrlich, 2008는 인간의 본성nature 중 많은 부분이 문화에 의해 양육된 것으로 파악해야 한다고 한다. 원효의 유심唯心이나 버거와 류크먼

Berger & Luckman, 1966 류의 말을 빌리지 않더라도 '인간다움'이라는 것이 초역사적인 것이 아님은 이미 우리에게는 상당한 정도의 개관적 인식이다. 즉, 시대가 변화한다는 것은 그로 인해 우리가 인간다움 혹은 인간의 본성에 대해 다르게 보게 되었다는 것을 의미한다. 우리는 교육학에서 이것을 교육적 인간상educated person or the educated이라고 한다. 그렇다면 지금 일어나고 있는 변화는 이러한 종류의 변화인가? 그리고 과연 과거에 그러한 변화가 있었는가?

슈프링거Springer, 1998는 데카르트가 발견한 이성적 인간이 사이버시대를 열어 가는 사이보그들에게 대망의 과제로 등장하고 있음을 관찰하고 있다. 즉, 인간은 데카르트 이후 이성을 발견했지만 감성을 억눌러야 하는 굴레를 써 왔는데 이제 드디어 사이보그는 이성과 감성을 완전히 분리할 수 있게 되었다는 것이다. 결국 새로운 정보기술문명은 이성적 인간이 감성을 완전히 정복할 수 있게 해 준다고 한다. 이는 매우 극단적인 수준에서의 변화다. 그러나 우리는 사이버공간에서 분화되어 가는 아바타들을 대하면서 정말 장자莊子적인 비몽사몽을 대할 때가 있다.

둘째, 적어도 개체 인간의 변화는 읽어 내기 어렵다 하더라도 인간간 의사소통방식의 변화는 읽을 수 있다. 플루서1998는 분명히 지적하고 있다. 인간이 사회적 인간으로 탄생하는 것은 결국 커뮤니케이션communication을 통해서 자신을 타자에게 각인하고 타자에게 쓰여져 있는 자신을 읽게 됨으로써 가능하다고 한다. 이 점은 버거와 류크먼에게서도 발견된다. 리프킨Rifkin, 2001은 커뮤니케이션이 커뮤니티community와 동전의 양면임을 주시하면서 결국 인간들 사이의 의사소통방식은 인간의 개념과 사회의 개념을 바꾼다고 한다. 최근의 전자출판혁명은 인류문명사에서 글자를 발견한 이후 최대의 발견이다. 플루서가 글자로 인해 선사시대가 역사시대로 바뀌었고 다시 디지털에 의해 역사시대가 후기역사시대로 바뀐다고 예견하는 것도 이 뜻이다.

이제 우리는 새로운 의사소통기호인 비트의 디지털을 읽어 내야 한다. 디지털은 1과 0이라는 매우 단순한 기호이며 이 기호는 분산과 조합을 통해 원래의 정보를 하나도 가감 없이 멀리까지 많은 사람에게 광대역으로 전달한다. 그리고 소리와 몸짓과 색과 표정과 이미지, 그리고 말과 글을 모두 통합하여 멀티미디어를 만들어 낸다. 이제 사람들은 자신의 얘기를 정말 쉽게 남에게 할 수 있게 되었다. 굳이 책을 쓰지 않아도 되며 굳이 비싼 광고료를 내지 않아도 된다. 조그만 단말기 하나면 나의 모든 것을 세상의 모든 사람과 모든 개체에게 '각인'할 수 있다.

셋째, 거대지식은 어디로 가는 것일까? 교사와 랍비, 구루와 도사에게 독점되어 있었던 지혜는 어디로 가는 것일까? 선생님은 누가 되는 것일까? 드브레가 '우울하게' 전망하고 있는 지식인의 종말은 과연 우울한 것일까? 보보bobo들은 과연 하잘것없는 작은 지식 장사꾼들일까? 그렇지가 않아 보인다. 이제 모든 개인은 혼자 두꺼운 책을 써야 할 필요가 없다. 그저 한두 문단씩만 쓰면 된다. 그리고 그것이 모여서 거대한 책이 된다. 거대기계지식이 탄생하는 것이다Rötzer, 2000. 이미 월드와이드웹의 탄생 과정에서 우리는 이것을 보았다. 한 사람의 대大철학자보다는 세계두뇌world brain[5]가 그 역할을 한다Wells, 1938; Gaines,

5. world brain은 1937년 웰스H. G. Wells의 탁견에서 비롯된다. 마치 세계 모든 사람의 두뇌가 하나의 체계 속에 묶인 거대 두뇌로서 정보가 자유롭게 교환되는 것을 의미한다. html 문법, linux 체제가 세계 네티즌의 공동 작업으로 이루어지는 것을 보면 이제 우리는 하나의 거대한 세계두뇌가 활동하고 있음을 느낄 수 있을 것이다.

1996. 지식의 형태는 꼭 책 속에 담겨 있을 필요도 없다. 그냥 그림으로 남아 있을 수도 있으며, 말로 남길 수도 있다. 그리고 반드시 추상적이고 논리적인 수학의 세계일 필요도 없다. 과학만이 지식은 아니다. 그리고 이성만이 지식은 아니다. 이성과 감성이 모두 모여 하나의 거대기계지식을 만들어 가는 것이다.

넷째, 아무도 지식의 독점권을 주장할 수 없게 된다. 즉, 아무도 1 : N의 전제적 위치에 오를 수 없게 된다. 인터넷이 서버 대 단말의 종속 관계가 아니라 서버 대 서버의 관계이듯이 이제 사람들은 모두를 향해 모두가 자신의 의사를 전달한다. 이를 P2P 네트워크라고 한다. 저작권은 실상 인쇄술을 독점한 출판자본가들에 의해 만들어졌다. 정작 저작의 주인이었던 시인과 소설가나 학자는 몇 푼 안 되는 원고료만 받으면 그만이었다. 텍스트는 텍스트 자체로서는 의미를 갖지 못한다. 텍스트는 읽혀야 한다. 그래야 의미를 갖는 콘텍스트로 발전한다. 작자의 텍스트와 독자의 텍스트는 서로 다른 것이며 독자가 손에 든 텍스트가 작자의 것이라고 소유권을 주장할 수는 없는 것이다. 『비트의 도시』Mitchell, 1999에서 출판은 원판이 하나도 손상되지 않은 채로 복사된다. 텍스트가 손상되지 않은 채로 새로운 텍스트로 가감될 것이고, 그리고 새로운 텍스트가 더해져서 전혀 새로운 콘텍스트가 탄생한다. 이러한 정보와 지식의 흐름, 텍스트와 텍스트들은 하나의 세계두뇌 안에서 만나면 그만인 것이다. 더 이상 저작권의 독점, 지식의 독점이 없다는 것은 사람들 사이의 독점이 없어진다는 것을 의미한다.

계속해서 시대를 읽어야 한다. 그러나 이쯤만 읽고 나도 교육제도 변화의 필연성이 엿보이기 시작한다. 교육은 본질적으로 의사소통의 방식이기 때문이며, 의사소통의 변화는 곧 교육의 변화를 가져올 것이기 때문이다. 더구나 교육에서의 의사소통은 저잣거리의 의사소통보다 훨씬 체계적인 의사소통을 의미하지만 이제 저잣거리에서의 의사소통과 교육에서의 의사소통 사이의 구분이 애매해진다.

읽혀진 시대를 우리는 디지털문명사회라고도 하고 정보사회라고 한다. 그리고 정보사회는 산업사회와 다른 것으로 규정된다. 산업사회가 전통사회와 다르듯이 말이다.

인류의 문명사는 중세봉건사회 이전까지는 적어도 인간의 이성보다는 초월자의 절대권력에 지배되어 살아온 세기였다. 절대군주의 철권통치가 가능했던 것은 그 자신이 초월자가 되거나 아니면 적어도 초월자로부터 권력을 위임받았기 때문이었다. 민중의 사유재산은 존재할 수 없었고 초월자와 절대 군주의 은혜로 생명을 연장할 수밖에 없었다. 산업자본주의와 현대사회의 의미는 이성의 세기이며 돈의 세기다. 산업혁명과 종교혁명 그리고 시민혁명을 거치면서 초월자는 물러났다. 바야흐로 인간은 시장을 통해 자신의 힘으로 사유재산을 획득할 수 있었으며 재산의 많고 적음이 유일하고 객관적이고 합리적인 권력의 원천이 되었다. 그러나 20세기가 다 지나도록 시장의 완전한 자유는 주어지지 않았다. 마지막까지 남아 있었던 도덕성은 사회주의라는 모습으로 시장의 야만성을 붙들어 놓고 있었다. 그런데 인류의 욕망은 끝내 그 마지막 남은 초월자의 의지를 꺾고야 말았다. 그리고 WTO 체제로 시장은 그 위력을 발휘하고 있다. 우리는 이 시장을 세계시장이라고 부른다. 하나 남은 걸림돌은 자유로운 정보의 흐름이었다.

인터넷은 바로 이 자유로운 정보의 흐름에 대한 인간의 갈증을 풀어 주었다. 인터넷은 많은 사람에게 쉽게 내 얘기를 알릴 수 있을 뿐 아니라, 내가 듣고 싶은 얘기를 언제든지 어디서든지 들을 수 있는 전혀 새로운 형태의 의사소통방식이다. 실제 세계에서는 갈 수 없었던 아프리카 오지의 사람들을 만나볼 수 있을 뿐 아니라 미국의 국회 도서관을 마음대로 드나들 수 있는 가상의 세계가 인터넷으로 만들어지고 있는 것이다. 여기서 가상virtual이라 함은 공상fantasy을 의미하기보다는 인공cyber을 의미한다. 즉, 우리가 있었으면 하고 바랐던 세계가 거의 그 모습대로 현실화되어 가고 있는 세계다. 꿈은 꿈이지만 꿈 같은 현실인 것이다. 이제 사람들은 정보의 자유로운 흐름을 기반으로 시장에서 자신의 상품을 내다팔고 또 원하는 상품을 싼값에 살 수 있게 되었다. 세계시장에 맞는 세계두뇌world brain를 우리는 얻은 셈이다.

이렇게 시대는 변하고 있다. 이 변화를 다음 〈표 11-1〉과 같이 정리해 보자. 이 표가 제시하고 있는 핵심을 보다 정확하게 우리 식으로 표현하면 우리들의 의사소통체제가 바뀌고 그것이 지식의 모습을 바꾸고 있으며, 제도적으로는 교육제도를 먼저 변화시키고 있다. 그리고 교육제도의 변화가 문명사 변화의 핵심에 놓여 있는 것이다.

이쯤 되면 우리는 수천 년간 역사시대를 이끌어 온 의사소통방식의 변화가 이루어지고 있음을 눈치 채야 한다. 그것은 의사소통을 넘어서고 여러 가지 상징과 기호체계를 모두 통합하는 소통 코드가 현현하기 시작하고 있음을 알아야 한다. 비밀스런 상징과 기호로 이루어진 코드를 쓰지 않고 인간과 인간, 인간과 사물 간의 연결로서의 소통,

〈표 11-1〉 시대 읽기

구 분	선사시대	역사시대	후기역사시대
의사소통매체	미분화된 몸짓언어	글과 책	멀티미디어
대물대인관계	공유	사유(소유)	접속
지식	신학	과학	디지털 코드(정보)
인간상	육체적 존재	이성적 존재	감성적 존재
중심산업	1차 산업	2차 산업	3차 산업

곧 connect가 communication을 대체할 것이다. 모든 만물이 공생하고 공감하는 것은 모든 만물이 서로 연결되어 있기 때문에 실상은 비밀스런 코드체계를 거치지 않고 직접적으로 소통해 왔다. 다만 우리는 그것을 알아차리지 못하고 돌고 돌아서 코드화codification와 디코드화decodification를 반복해 왔으며, 디코드된 암호가 지식이라 불리는 권력구조를 만들어 왔다. 교육은 바로 그러한 코드체계를 배우고 가르치는 과정이었다. 이제 코드가 소멸되고 만물이 직접 소통하는 시대에 당면한 교육제도의 근본적이며 파괴적인 변화는 필연이다.

교육제도 변화의 두 차원

교육제도는 크게 개인적 차원과 사회적 차원으로 구성되어 있음을 기억하자. 따라서 교육제도의 변화도 적어도 이 두 가지 차원에서 이루어지고 있음을 깨닫게 된다.

첫째, 교육은 교사와 학생 간에 이루어지는 지식의 전수과정이다. 그것이 거대기계지식으로 이루어지든 개인지식으로 이루어지든 최종적인 귀착점은 지식이 개인에게 체화 또는 내면화되는 것으로 정의될 수밖에 없다. 여기서 지식의 체화는 자신에게 가장 필요한 지식을 가장 효과적인 방법으로 '공부'할 때 발생한다. 그러한 지식의 체화는 개인의 변화와 성장을 의미한다. 여기서 공부가 앞으로도 '어려운 일'에 속할 것인가의 문제가 남는다. 물론 삶이 어려운 일인 이상 공부도 어려운 일이다. 그러나 그동안 특별히 공부가 어려웠던 것은 두 가지 이유에서다. 하나는 무엇을 공부해야 할지 몰랐고 다음은 책이 없어서였다. 전자를 교과과정이라 하고 후자를 교육방법이라고 한다. 따라서 보다 더 정확히 말하자면 공부가 어려운 이유는 교과과정이나 교육방법이 내게 잘 맞지 않거나 기본적인 접근권이 제한되어 있었기 때문이라고 보아야 한다. 그러나 이제 이러한 제한들은 거의 무의미해진다. 국가적으로 통일된 교과과정이 존재할 필요가 없어지며 반드시 책과 선생님에만 의존해야 할 이유도 없어진다.

둘째, 교육은 사회적 관계를 만드는 과정이며, 보다 구체적으로는 사회적 지배 엘리트를 길러 내는 과정이다. 아마도 이에 대한 가장 오래된 전통과 세련된 제도를 발전시켜 온 것은 한국인들일 것이다. 이원재2001의 연구에 따르면 조선 사회는 분명히 교육에 의해 사람과 사람 아님을 구분하였다. 즉, 배우면 사람이되, 배우지 않으면 사람 취급을 받지 못했다. 정재걸1989은 이를 교화권이라고 하였다. 조선시대에는 평생 공부를 하고도 공부를 마치지 못한 사람, 곧 과거에 합격하지 못한 사람은 배우지 못한 사람이며 죽어서도 묘비명의 '학생'이란 딱지를 떼지 못하였다. 사회마다 지배 엘리트를 선발하는 기제는 달랐다. 그러나 전통사회에서 근대사회로 이행하는 과정은 귀속적 신분사회에서 후천적 능력사회로의 변화를 의미했으며, 이때 능력은 생산성으로 측정되었다. 프랜시스 베이컨의 격언 "아는 것이 힘이다."를 다시 생각해 보자. 분명 이것은 지식이 상품화될 수 있다는 성찰이다. 그런데 산업사회를 거쳐 오면서 베이컨의 이 격언은 한 번도 구체적인 현실이 되지 못하였다. 무엇보다도 우리는 지식인 혹은 지성인이 분명히 상품화된 지식을 '더 많이' 가지고 있는 '부자'임에도 그 때문에 더 많은 부를 가져야 한다는 것에 동의하지 않았다. 물론 사회과학은 여러 방면에서 사실은 그러했다는 것, 지식인들이 여러 형태의 지배층에 속해 왔음을 증명해 내려고 했지만 언제나 지식인 지성인은 사회적 봉사 기관이었지 자신이 가진 지식을 경제재로서의 상품으로 인식하고 다른 상품과의 교환가치로 활용하지는 않는 모습을 견지해 왔다. 물론 지식은 푸코의 말대로 인류사에서 권력의 상징물이 되어 왔으며 근대 이후에는 더욱 공고한 권력기구였다. 오늘날까지도 학자, 기술자, 기계 등을 사는 것은 진리/지식을 '알기' 위해서가 아니라 권력을 확장하기 위해서라고 한다Lyotard, 1992, p. 105. 이는 근대적 지식이 일상 언어에 근거하고 있음을 의미하며, 지식의 개인성 혹은 절대성보다는 공공성 혹은 상대성이 보다 중요하다정대현, 1990는 분석철학자들의 논의에서도 입증된다. 결국 산업사회도 지식의 사회적 속성 혹은 교육의 사회적 속성에 관한 한 전통사회적 유제로부터 완전히 벗어나지는 못했다. 즉, 지식은 생산활동에 직접적으로 투입되기보다는 권력을 정당화하는 기능을 할 뿐이다.

이제 지식은 보다 직접적으로 생산에 투입된다. 따라서 지식기업인 교육제도는 전혀 새로운 방식으로 사회제도를 규제할 것이다.

우리의 일상, 우리의 한국교육

오늘도 우리의 아이들은 무거운 책가방을 들고 아침 일찍부터 밤늦은 시간까지 국어와 영어와 수학을 낑낑대며 외우고 풀고 까맣게 색칠한다천세영, 2001a. 학생들이 인터넷을 이용하고 컴퓨터를 다루지만 숙제하는 내용은 그대로이고 오히려 더 어려워졌다고 한다. 솔직히 그런 숙제들은 '진짜 공부'에는 도움이 안 된다. 여기서의 진짜 공부는 대학 가기 위한 공부를 말한다. 초등학생들은 그래도 인터넷이 필요하지만 고등학교 상급학년으로 갈수록 귀찮은 존재일 뿐이다. 선생님들도 마찬가지다. 열린 교육이나 첨단 기자재의 활용은 연구수업의 주제가 될지는 모르지만 정작 당장 필요한 학과공부를 위해서는 도움이 안 된다. '학교보다 더 잘 가르친다고 하는 학원과 과외교사'는 컴퓨터를 전혀 쓰지 않고 칠판식 강의를 그대로 쓰고 있다. 대단히 곤혹스럽게도 '교육학자들' 그리고 '교육관료들'은 이런 교육이 잘못된 교육이라고 한다. 그래서 초등학생처럼, 학교에서 컴퓨터를 써서 교육을 해야 진짜 교육이 된다고 한다. 그러나 아마도 그들 자녀들이 고3 수험생이 되어서도 컴퓨터 앞에 앉아 있으면 불안해할 것이다. "이 녀석이 공부를 하고 있는 거야, 채팅하고 놀고 있는 거야?"라며. 또 어떤 이들은 채팅하고 있는 그 녀석이 크게 될 녀석이라고 한다. 그러나 어지간히 용감한 부모가 아니고서야 남들 자녀가 그렇다면 쉽게 말하겠지만 자기 자녀의 경우에는 쉽지 않다. 아무래도 학교와 교육은 아직도 변할 뜻이 전혀 없어 보인다. 괜히 학교와 교사들에게 변화를 강요하는 바람에 아이들은 학원과 과외교사를 찾고 있는 것 같다.

한국교육은 어떻게 바뀔 것인가? 사실 이 질문에 대한 답은 현재로서는 불가능하다. 오히려 어떻게 바뀌어야 하는가 혹은 현재 일어나고 있는 변화는 어떤 것들이 있는가라고 물러서는 편이 낫다. 그리고 그중에서 마지막을 택하는 것이 보다 안전할 것이다. 앞의 두 종류에 대한 답을 하기에는 여기까지의 논의가 지나치게 추상적이기 때문이다. 그러므로 여기서는 과연 어떠한 변화가 일어나고 있는가를 드러내 보이고 그것을 어떻게 읽어야 할 것인가를 생각해 보기로 한다.

첫 번째의 틀림없는 변화는 결국 학생, 우리의 자녀들에게서 일어나고 있는 것들이다. 그들은 한국의 십대다. 지금 한국의 십대는 세계에서 한국을 인터넷 강국으로 만들어 가고 있는 주역들이다. 무선 인터넷을 주도하고 있는 주역은 그들의 재빠른 손놀림으로 휴대폰 쪽지를 주고받고 있는 십대이며, 채팅방에서 자신들의 새로운 세계를 열어 가고 있는 십대다. 훈민정음의 우수한 글자 조합력에 힘입어 이제 우리 아이들은 그 조그만 자판으로 분당 400타라는 가공할 속도로 새로운 의사소통체계를 만들어 가고 있다. 말하자면 십대, 우리가 변화시키려고 하는 교육의 주역들은 그들 스스로 새로운 세계를 만들어 가고 있다. 이들이 만드는 세계는 전통적 세계에서 말하는 교육이 아니다. 학생들이 인터넷을 쓴다고 해서 교육이 변하고 있는 것은 아니겠지만 분명 이들은 알 수 없는 변화를 만들어 가고 있다.

두 번째의 변화는 학교 아닌 사교육체제에서 나타나고 있는 사이버교육체제들이다. 하나는 기업교육에서 이루어지는 것이며, 다른 하나는 학원과 과외교육이다. 우선 기업교육은 직원의 현직연수를 사이버공간에서 하는 것인데 주로 IT 분야의 훈련을 대상으로 하고 있으며 자사의 교육체제에 대한 경험이 축적되면 점차 그 대상을 일반인에게 확대하는 형태로 나아가고 있다. 기업의 사이버교육은 또한 자사의 상품을 광고하기 위한 방법으로도 활용되고 있다. 대표적으로는 IT 관련 출판사들이 자신의 책을 알리는 방법으로 활용하고 있으며, 국내 모 출판사는 이를 기반으로 하여 사이버대학을 개교하기까지 이르렀다. 한편 학원과 과외교육을 위한 사이버교육은 아마도 현재 진행되고 있는 사이버교육체제에서 가장 활기를 띠고 있는 부문이라고 할 수 있다. 우선 대표적으로는 대학수학능력시험 준비 사이트와 같이 학교교육을 직접적으로 보완하는 교육체제를 들 수 있다. 현재는 주로 문제은행 방식으로 이루어지고 있지만 점차 그 내용이 풍부해질 것으로 판단된다. 이외에도 학생들의 과제물 준비를 위해 다양한 학습자료를 제공해 주는 사이트도 활발히 그 영역을 넓혀 가고 있다. 에듀넷과 같이 아예 국가기관이 나서서 이러한 보조학습체제를 구축해 가고 있다. 이러한 사이트들은 학생들만 이용하는 것이 아니고 교사들도 수업연구와 수업자료 확보를 위해 적극적으로 활용하고 있으며 학교의 ICT 교육을 지원하는 기능을 담당하고 있다. 다양한 교사모임들은 이러한 사이트를 공동으로 구축하고 자신들이 연구한 자료들을 상호 교류하는 공간으로 활용하기도 한다. 지금은 보조적이지만 언젠가 학교를 위협하는 존재로 등장할지도 모른다.

세 번째의 변화는 대안교육 움직임이다. 물론 아직 대안교육체제는 기존 학교체제의 틀을 크게 벗어나지는 않고 있다. 그러나 이러한 움직임은 산업사회의 학교체제가 모든 사람의 교육적 필요를 채우지 못한다는 것을 반증한다. 그러므로 대안교육이 차지하는 역량이 커져간다면 일상적 학교개선이 아닌 보다 근본적인 교육제도 변화의 주역임을 스스로 보여 줄 것이다. 반대로 기존의 학교들이 이러한 대안교육 학교들로부터 자극을 받고 스스로를 개선하려는 노력을 함으로써 대안교육의 영향력을 흡수해 버린다면 그것은 본질적인 제도 변화의 핵이 될 수 없을 것이다.

네 번째의 변화는 교육관리 시스템의 변화다. 곧 인적 자원 관리Human Resource Management: HRM 시스템이 교육제도를 대체할지도 모른다는 두려움이다. 최근에 이루어지고 있는 인적 자원에 대한 논의는 종전의 학교교육 개념을 넘어서서 교육량이 개인과 사회, 사전교육과 현직교육, 그리고 지식의 활용 등 모든 측면이 동시에 고려된 개념임을 의미한다천세영, 2001b. 결국 인적 자원에 대한 투자는 단순히 학교교육에 대한 투자뿐 아니라 인적 자원을 관리하는 체제에 대한 투자, 보다 구체적으로는 기업의 인사관리체제에 대한 투자까지 포괄하게 된다. 이는 인적 자원의 문제가 종전의 학교체제 문제를 넘어서서 기업의 생산체제에 직접적으로 관여될 수밖에 없음을 의미한다. 그러므로 교육과 인적 자원 간의 분리를 할 것이냐 통합을 할 것이냐의 문제는 교육학자들이 기업의 인사관리체제를 연구 대상으로 삼아야 할 것인가 말 것인가의 문제를 포괄한다. 반대로 경제학자들로서는 전통적으로 기업경영의 핵심 영역의 하나를 교육학자들에게 넘겨 주느냐 마느냐의 얘기일 수도 있다. 이제 교육계와 교육학계는 보다 심각하게 '교육 인적 자원'의 개념에 대해 생각해야 한다. 그저 막연히 개념의 확대를 환영할 것이 아니라, 과연 그 개념을 받아들일 만한 여유가 있는지, 그것이 교육의 개념 안에 포섭될 수 있는 것인지, 혹은 그것이 교육의 개념을 소멸시켜 버리는 것은 아닌지 심각하게 고민해야 할 것이다. 평생 동안 공부하는 것과 평생 동안 개인의 지식을 경제적 생산에 활용하는 것은 전혀 다른 문제일 수도 있기 때문이다.

희망의 불빛

분명히 시대는 변하고 있다. 1차 산업과 2차 산업에 종사하는 사람들은 전체 인구의 5% 이하로 줄고 모두가 서비스산업에 종사할 것이다. 그러나 이러한 산업 분류 또한 산업사회적인 분류다. 여하튼 그 95%의 서비스산업은 기본적으로 인간과 인간 사이, 인간과 물질 사이의 정보를 기반으로 하며, 지식을 기반으로 한다. 그래서 지식과 정보는 미래사회의 중심 에너지이며, 적어도 오늘날의 개념으로 볼 때 그것은 교육의 몫이다. 그러나 과연 그러할까? OECD가 교육을 핵심 관심사로 끌어오면서 '교육'이라는 말 대신에 '인간자원'이라는 말로 바꾸었다. 그리고 교육학자들은 그것이 교육의 영역을 넓혀 주는 것으로 좋아라 하는 모습이다. 과연 교육학자들의 뜻대로 될까?

그러나 분명한 것은 지식과 정보는 전통적으로 교육 영역에 속해 왔으며, 그것은 쉬이 바뀔 것 같지는 않다. 다만 그 기호가 아날로그 글쓰기에서 디지털 멀티미디어로 바뀌고 있을 뿐이다. 그렇지만 또 다른 딜레마에 빠진다. 멀티미디어는 글과 책에 비하면 어딘지 난삽

하고 자극적이고 논리적이지 못하고 사려 깊지 못하다. 어딘지 지적인 고상함이 풍기지 않는다. 그런데다 새로 배우는 학생들은 책을 보려고 하기보다는 멀티미디어를 즐기려고 한다. '공부를 하려고 하지 않고' 즐기려고만 하는 것이다. 이 현상을 어떻게 받아들여야 할까?

교육의 변화를 전망하면서 물어야 할 가장 첫 번째 질문은 앞으로 다가오는 시대는 지금의 시대와 어떻게 다른가를 묻는 것이다. 이 시대를 대표하는 가장 상징적인 용어라고 할 수 있는 디지털 시대, 인터넷시대, 사이버시대는 과연 어떠한 시대를 의미하는가를 읽어야 하는 것이다. 한편 교육의 변화를 읽기 위해서는 첫 번째 교육의 대상인 학생의 변화부터 읽어야 한다. 요즘말로 N세대에 대한 정확한 규정이 있어야 교육제도 변화의 지평이 설정될 것이다. 그런데 우리 어른들은 N세대의 모습에 대해서 무언가 불안감을 떨쳐 버리지 못하고 그들을 우리의 모습으로 돌려놓기 위해 정보술을 이용하려는 모순에 빠져 버릴 수도 있다. 한국이 인터넷혁명의 선두에 서게 되는 이유는 무엇일까 생각해 보아야 하지 않을까? 왜냐하면 그 주체가 교육의 주체이기 때문이다. 왜 한국의 아이들은 휴대폰, 채팅, 유행, 힙합을 그리 좋아할까? 우리가 이에 대한 답을 얻지 못한다면 미래교육에 대한 바른 전망을 할 수 없을 것이다. 그들이 컴퓨터 화면 안에서 만들어 가고 있는 그들만의 신세계에서는 어떤 인간상을 영웅으로 그리고 있으며 그러한 영웅이 되기 위해서 스스로 어떻게 준비해 가고 있는지 이해해야 한다. 과연 우리는 그 내용을 학교 안으로 끌어들일 자신은 있는 것일까?

제12장

두 번째 르네상스, 疏通創世의 꿈

공부는 쉬운 일이 결코 아니었다. 대부분의 사람들은 과거에 근처도 못 가 보고 학생묘비명으로 생을 마감했다. 그처럼 공부는 평생의 소원이 되었고 사람들의 한이 되었다. 그러나 사실 공부만 어려운 일이 아니었으며 조선인만 한을 가지고 살지는 않았다. 인간이 세상에 창조된 그 첫날부터 그랬으며 지금도 그러하며 앞으로도 그러할 것이다. 또 인간만이 그렇지 않을 것이다. 한살이를 하는 매미의 삶도 그러하며 살아 천년 죽어 천년이라는 주목의 삶도 또한 그러할 것이다. 인류의 오래된 소망은 동서고금 한 번도 변함없이 학생 딱지를 떼는 일이었다. 학생 딱지를 뗀다는 것은 이제 성인이 되고 남을 가르칠 수 있게 되었고, 자유인이 된다는 것을 의미한다.

제12장
두 번째 르네상스, 疏通創世의 꿈

오래된 소망, 학생 졸업하기

조선에 살던 사람들은 평생의 소원이 하나 있었다. 학생 딱지를 떼는 것이다. 과거제도의 맨 아래 단계인 소과의 초시만 합격해도 그의 묘비명은 초시 누구누구로 쓰인다. 물론 영의정 누구누구로 쓰여지는 것에 비하면 초라하지만 학생 누구누구로 쓰이는 것에 비하면 빛나는 묘비명임이 분명하다. 조선인들은 평생 공부를 했고 소과 초시에만 합격해도 선비와 양반 행세를 할 수 있었던 모양이다. 우리 속담에 알아야 면장을 한다는 말이 있다. 면장이라는 최하 단위의 관리를 하려 해도 아는 것, 곧 지식을 갖추는 일이 조건이라는 것이다. 대대로 내려오는 면장 족보가 있는 것이 아니라 누구나 능력이 있으면 면장이 될 수 있었고 그 능력은 공부를 하고 과거에 합격을 하는 것으로 증명되었다. 오로지 왕만이 세습되었으나 그 왕 역시 제왕학의 범주 안에서 태어나기 전부터 가르쳐지고 태어난 직후부터 당대의 최고 학자이며 선생으로부터 가르침을 받아야 했으며 왕의 직분을 수행하면서도 아침 저녁으로 경연이라는 이름의 공부를 게을리할 수 없었다.

그런데 공부는 쉬운 일이 결코 아니었다. 대부분의 사람은 과거에 근처도 못 가 보고 학생묘비명으로 생을 마감했다. 그처럼 공부는 평생의 소원이 되었고 사람들의 한이 되었다. 그러나 사실 공부만 어려운 일이 아니었으며 조선인만 한을 가지고 살지는 않았다. 인간이 세상에 창조된 그 첫날부터 그랬으며 지금도 그러하며 앞으로도 그러할 것이다. 또 인간만이 그렇지 않을 것이다. 한살이를 하는 매미의 삶도 그러하며 살아 천년 죽어 천년이라는 주목의 삶도 또한 그러할 것이다. 생명은 그 자체가 시작 순간부터 마지막 순간까지 치열함의 연속이며 한을 삼켜 가는 과정이리라. 인류의 오래된 소망은 동서고금을 통해 변함없이 학생 딱지를 떼는 일이었다. 학생 딱지를 뗀다는 것은 이제 성인이 되고 남을 가르칠 수 있게 되었고, 자유인이 된다는 것을 의미한다.

선사시대의 꿈, 체력

딱지를 떼는 방법은 동서고금을 통해 달라져 왔다. 그러나 크게 그 범주를 구분해 본다면 선사시대와 역사시대로 나누어 전대에는 체력을 갖추는 일이며 후대에는 지력을 갖추는 일이다. 그리고 그 이유는 그 체력과 지력이라는 것이 생명존속을 위한 에너지원인 식량을 얻는 최고의 수단인 힘이었기 때문이다. 힘이 센 자일수록 살아남을 수 있는 가능성은 높았다. 체력과 지력은 서로 많이 다르지만 근본적으로 태어날 때 가지고 있는, 곧 부모에게서 물려받은 유전에 의해 그 크고 작음이 거의 결정된다. 그러므로 날 때부터 강자는 약자에 비해 살아남을 가능성이 높아진다. 자연히 배우자를 선택할 때부터 힘 센 자를 고르는 데 온 힘을 다 쏟는다. 자연생태계에서는 배우자 선택의 주체는 여성 선택이라고 한다.[1] 물론 겉으로 보기에는 여왕벌의 경우와 같은 소수를 제외하고는 대개는 남성 선택으로 보이나 그 힘센 남성도 최종적으로는 여성의 마음을 얻음으로써 드디어 종자번식의 기회를 얻게 된다. 물론 이러한 여성 선택의 제일 조건은 당연히 당대의 위협과 굶주림을 면케 해 주는 힘이겠지만 더 근본적 조건은 2세가 자신들보다 더 강한 자로 태어날 수 있는가 하는 것이다.

물론 선택이 항상 성공하는 것은 아니다. 정작 태어난 2세는 때로 자신보다도 허약하기 그지없고 그만두면 며칠 못 가 생을 마감해 버리기도 한다. 인간은 오랜 진화과정과 문명창조의 역사를 통해 허약한 2세를 강한 2세로 바꾸는 각고의 지혜를 터득한다. 훈련을 통해 허약한 몸을 강한 몸으로 거듭나게 하는 지혜를 얻었고 스파르타 레오니다스 왕[2]을 따르는 300전사로 거듭날 수 있었다.

---

1. 최재천은 그의 책 『여성시대에는 남자도 화장을 한다』최재천, 2003에서 자연계는 기본적으로 여성이 남성을 선택하는 것이 일반 법칙이기 때문에, 인간세계에서도 본능적으로 남성이 여성으로부터 선택받기 위한 노력을 하는 것으로 파악한다.
2. 스파르타의 왕으로 BC 487~BC 480 동안 재위했다. 클레오메네스 1세의 이복동생이다. 클레오메네스 1세의 딸 고르고를 아내로 삼아 형 클레오메네스가 죽은 뒤에 왕위에 올랐다. BC 480년 페르시아군軍이 침입하자, 펠로폰네소스군 약 4,000명과 기타 중부 그리스병兵을 이끌고 테르모필레를 수비하였다. 그런데 포키스인이 내통하여 우회로迂回路를 가르쳐 주었기 때문에 그는 동맹군의 태반을 귀국시키고, 스파르타군 300명과 테스피스인 700명으로 이곳을 사수하다 전원이 전사하였다. 그러나 그사이에 그리스 함대는 아르테미시온에서 퇴각할 수 있었다. 전사자는 뒤에 그리스의 국민적 영웅으로 추앙받았고, 특히 시인 시모니데스가 용사를 기린 시는 유명하다. 출처: 레오니다스 | 두산백과

역사시대의 꿈, 지력

인류문명의 진화는 끝없이 진행되고 있다. 동시에 그건 매 순간 고통의 과정이었다. 300전사도 결국은 모두 죽고 말았으며 인류는 또 다른 진화의 비밀을 신으로부터 얻기 위해 수없이 바벨탑을 쌓아야 했다. 쌓을 때마다 신은 노하여 허물어 버렸지만 수백 수만 년, 수십 수천 년 동안 하루도 쉼 없이 또 하나의 바벨탑을 세웠다. 체력의 한계를 극복하고 인간은 또 하나의 바벨탑을 세운다. 즉, 지력을 발견하고 지력을 만들어 오기 시작한 것이다. 전체 몸무게의 2%에 불과한 1,300여 cc의 뇌는 온몸에서 사용되는 산소의 20%를 에너지로 소비한다. 인간이 태어날 때 뇌의 무게는 350g으로 크기로 보자면 신체 비율의 25%에 이르는 머리만 큰 외계형 생물이다.

인간의 운명은 그렇게 진화하여 뇌의 힘을 이용해야 했다. 그 뇌의 힘이 역사시대를 개척한 지력이다. 생각하는 동물, 호모 사피엔스는 이렇게 태어난다. 호모 사피엔스는 생각에 생각을 거듭하여 어느 날

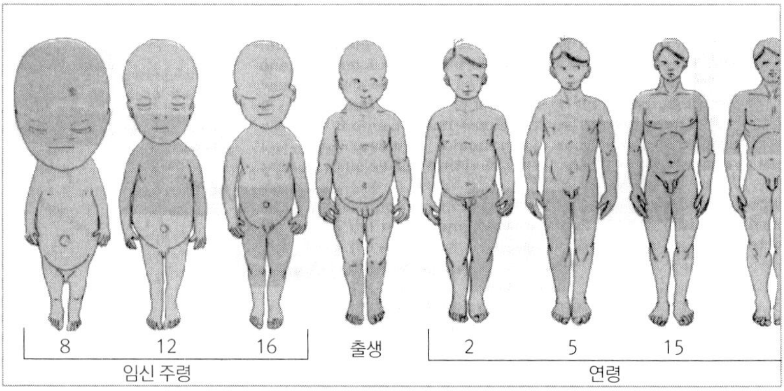

|그림 12-1| 인체의 알로메트릭 성장

http://biophilosophy.tistory.com/23#recentTrackback

갑자기 음성을 발견하고 그리고 한 세월이 지난 어느 날 갑자기 글자를 발견하였다. 언어가 완성되고 수가 발견되었다. 드디어 사람들은 신에게 노래와 시로 찬양하고 신에게 너 큰 지혜를 빌리기로 했다. 공자와 석가모니가 문을 열었고 소크라테스와 예수가 뒤를 이어 인류는 찬란한 문명의 세기를 열고 엎치락뒤치락 많은 피를 흘리고 난 후 서구 근대과학문명의 세기를 열었다. 만민이 배불리 먹고 살 수 있는 세기를 열었다. 1~2차에 걸친 세계대전을 겪고 난 후 드디어 인류는 서로 돕고 사는 것이야말로 번영의 길임을 깨달았다.

유네스코라는 인류공동체가 제2차 세계대전의 아픔을 딛고 탄생했다. 유엔회원국으로서의 정치적 · 외교적 독립성이 취약했던 대한민국 남한과 조선민주주의인민공화국 북한도 여기에 가입했고 전범국가 일본과 독일 그리고 이탈리아도 가입했다. 서로 간의 이해와 평화를 이야기하기로 했고 자녀들과 이웃들에게 글을 가르치고 역사를 가르치기로 했다. 萬民文解 literacy for all 萬民敎育 education for all을 사명으로 학교를 짓고 선생님을 보내고 책을 찍어 나누어 주었다.

50여 개국에 머무르던 나라는 50~60년이 흐르고 세기가 바뀌는 사이 200개가 넘었고 30억 인구는 60억으로 늘어났다. 그럼에도 변하지 않은 것은 전쟁이 하루도 멎지 않았다는 것이고 만민문해 만민교육의 목표는 매 십년마다 십년씩 연기되었다. 지구상 딱 한 나라 대한민국은 그 굴레를 벗었다. 세계대전이 끝난 지 5년만에 발발한 남북민족상잔은 2,000만 남짓 인구 중 열에 셋의 목숨과, 이름도 모르는 나라를 돕기 위해 불려 온 열여섯 나라의 젊은이 수십만 명의 목숨을 잃게 했다. 유네스코는 전쟁 중에도 교과서 공장을 지어 주고 교사를 훈련시켰다. 국민은 전쟁 중에도 학교를 열었다. 독립 후 십년 남짓한 기간 동안 대한민국은 만민문해 만민교육의 꿈에 도달했다. 그리고

50~60년이 지나고 21세가 되는 날 세계 10대 경제대국이 되었고 2011년 20대 강국회의의 주최국이요 의장국이 되었다. 분명히 지

|그림 12-2| 조기교육과 입시교육

http://www.ibestbaby.co.kr
http://www.toronsil.com/technote7/data/board/publicopinion/file_in_body/2/20110526_0002.jpg

력의 승리였다. 지금도 대한민국의 아이들은 태어나자마자 조기교육을 받고, 십대 청소년들은 밤늦게까지 공부하며 모두가 대학을 가기 위해 공부하고 또 공부한다.

신이 독점한 덕德

대한민국은 혼란에 빠져 있다. 토머스 프리드먼이 한국인을 유대인에 이은 두 번째 천재라 했는데 정작 한국인들은 온통 혼란 속에 있다.[3] 반짝 성공에 우쭐대는 졸부의 잔치 딱 그 형국이다. 나라를 뺏기고 나라가 갈라져 싸우고 보릿고개를 넘어가며 겨우 목숨을 부지하면서도 부모들은 자식들을 가르쳤다. 동방예의지국이라면서 예의를 가르치고 충과 효를 가르쳤다. 자식들은 속으로 대들었다. 배 곪어 가며

---

3. 토머스 L. 프리드먼Thomas L. Friedman, 1953. 7. 20.~은 미국 언론인이자 컬럼니스트다. 현재 『뉴욕타임즈』 칼럼란에 국제 관계에 관해 주기적으로 기고하고 있다. 리버럴 성향을 대변하는 글을 쓰고 있으며 인기 있는 컬럼니스트로 많은 독자를 확보하고 있다. 그의 두 번째 명저 『세계는 평평하다The World is Flat』에서 대한민국의 교육열과 대한민국 국민의 두뇌에 대해 극찬한 바 있다.

공부해서 뭐하며 예의 지켜 내 것을 뺏기면 뭐하느냐 대들었다. 그러나 권위에 눌려 꼼짝 못하고 내 자식들은 굶기지 않고 남부럽지 않게 키우겠다고 다심했나. 그리고 꿈을 이루었다. 집도 사고 해외여행도 다니고 자식 대학교육도 시키게 되었다.

문제가 생겼다. 그렇게 잘 키워 놓은 자식들이 88만원 세대[4]의 일원이 되어 버렸으며, 장가도 시집도 늦추고 취직도 못하고 집 주위를 맴돌고 있다. 그래도 비싼 커피는 마시고 최신 스마트폰도 사고 일 년에 한 번 배낭여행도 갈 계획도 세운다. 이해가 안 간다고 고개를 갸우뚱거려 보았으나, 이제서야 자식을 무언가 잘못 가르쳤다고 깨닫는다. 지력만 키우고 덕력은 키우지 못했다. 도대체 버릇이 없다. 예의가 밥 주느냐고 한다. 꼭 자기 어렸을 때와 같다. 다른 점은 그때는 속으로 그랬는데 지금은 대놓고 그런다는 것이며 그때 부모들은 그래도 덕을 가르쳤는데 되돌아보니 자신들은 덕보다는 꾀만 가르쳤던 듯하다. 결국 부메랑이 되어 돌아왔음을 깨달으면서 모든 것이 혼란 속으로 빠져들고 있다. 연로한 부모님은 양로원과 공공 급식소를 헤맨다. 꿈을 이루었다 싶으나 은퇴 후 살날이 아직도 까마득하다. 노년 준비도 안 되어 있고 자식들의 봉양에 대한 기대는 커녕 그나마 하나 남은 집마저 자식 놈들에게 뺏기게 생겼다.

이제 다시 생각을 한다. 자식을 제대로 가르쳤어야 했는데 하며 말이다. 늦었지만 다시 옛 교과서를 꺼내고 부모님께서 무어라 하셨으며 공자와 석가모니, 소크라테스와 예수가 어떻게 가르쳤는지, 옛날 초등학교 선생님이 어떤 사람이 되라고 가르쳤는지 되돌아본다.

---

4. 우석훈이 2007년에 발간한 『88만원 세대: 절망의 세대에 쓰는 희망의 경제학』은 한국 청년들의 씁쓸한 자화상으로 매우 큰 반향을 일으켰다.

그 가르침은 바른 사람이 되라는 것이며 교육학 이론에서는 지덕체 전인교육을 하라는 것이다. 셋 중 어느 하나도 빼놓을 수 없는 것임을 받아들이기가 그렇게 어려웠던 것이다. 말과 글로는 수없이 외쳐 왔지만 정작 실천은 어려웠다. 만민교육은 만민지육에 머무르고 만민덕육에는 이르지 못했다. 모두가 대학 가면 모두가 바른 사람이 될 것으로 착각했던 것이다. 그러면서 조금씩 의문이 들기 시작했다. 덕은 가르쳐지지 않거나 적어도 쉽게 가르쳐지지는 않는가 보다라는 인식이다. 사실 7자유학과와 사서삼경의 고전적 교과가 성립된 지 2000년이 되었고 지덕체가 균형 잡힌 인간 함양이 교육의 목적이라고 외쳐 왔지만 늘 겉으로 드러난 것은 지력 중심의 인간성이었다. 독서백편의자현讀書百遍義自現이면 꼭 군자의 길에 이르는 것은 아니라 했어도 다른 뾰족한 수는 없었다. 예수가 사랑을 그 첫째라고 했지만 여전히 성경을 바로 읽고 뜻을 살피는 일이 사랑을 실천하는 것과 크게 다를 수 없었고 석가모니의 가르침 또한 『대승기신론』에서 보듯 실천지식이 꼭 이론지식에 앞설 수만은 없었다. 왕양명王陽明, 1473~1529에 이르러 지

|그림 12-3| **도덕수업 교재의 일부분과 예절교육 현장**

http://cfile231.uf.daum.net/image/114D5E0E4B09CD0353E349
http://news.goe.go.kr/upload/article/95753721448634ed5b5c3e1.jpg

행합일론을 본격적으로 다루었고 아인슈타인이 원자탄 발명에 대한 반성을 했지만 여전히 지와 덕 간의 수수께끼는 풀리지 않았다.

새로운 희망, 베짱이의 노래

새로운 희망이 보이기 시작했다. 디지털 소통의 기술이 어느 순간 인류의 곁에 와 있었다. 디지털기술은 문자시대 시각적 감각에 구속되어 있던 인류를 다시 오감형의 인간으로 부활시키고 있다. 무엇보다도 만민문해 만민교육의 꿈에서 소외된 공부 못하는 아이들에게 디지털 문화는 새로운 희망으로 다가왔다. 개미에게 추운 겨울 식량을 얻어야 했던 베짱이에게도 희망의 노래가 들려온 것이다. 베짱이의 노래가 이제 식량을 가져다주기 시작했다. K-pop의 인기는 단순한 한류의 문화 수출이 아닌 인류문명사의 코페르니쿠스적 전환을 예고하고 있다. 이제 신이 마지막 영역인 덕을 마지막 관문으로 하는 전인적 인간의 비밀을 인류에게 보여 주기 시작하는 것인가?

그렇다. 우선 베짱이의 슬픈 사연부터 들어 보아야 한다. 이솝우화가 발단이었다. 어쩌자고 이솝은 베짱이에게 게으름뱅이라는 천형 같은 낙인을 찍어 버렸는가? 뙤약볕 아래 목에서 피가 터지도록 노래를 불러 댔다. 개미의 등에 흐르는 땀방울 하나라도 씻겨 줄까 싶은 마

|그림 12-4| 유럽의 K-pop 열풍

http://cfile25.uf.tistory.com/image/154E39374E0178AA2F5862

음으로 노래를 불렀고 가끔 개미는 씨익 웃어 주기도 했다. 그런 날이면 일을 마친 개미가 한줌 쌀을 쥐어 주었다. 베짱이가 타고난 재주라곤 노래밖에 없었던 것이다. 개미처럼 힘이 세서 맛난 곡식을 거둘 수가 없었다. 그렇게 베짱이는 한여름을 나고 추운 겨울이 되었으나 식량은 그새 바닥이 나고 말았다. 베짱이는 자식을 굶길 수는 없었고 부득이 개미의 집 앞을 서성거려야 했다.

이솝은 베짱이의 슬픈 사연을 모른 채 개미만 치켜세웠다. 어떤 동네의 개미와 베짱이는 정말 서로 협업했다. 개미는 베짱이의 노래가 아름다울수록 일이 덜 힘든 것을 알았다.

디지털혁명

맥루한2001에 의하면, 원시 부족시대 인간은 수렵과 채집을 하며 구전으로 의사소통을 하였기 때문에 시각, 청각, 후각 등을 동시에 사용하는 오감五感형의 인간이었다. 듣는 것은 곧 믿음이 되었으며, 공동체적 사고가 생활을 지배했다. 그런 인간에게 약 2,000년 전 문자가 생겨나면서, 인간의 소통방식은 점차 시각적으로 변형되기 시작하였다. 그러나 문자를 사용하는 계층은 극히 일부였기에 필사시대의 인류는 여전히 주로 농경생활을 하며 체력에 의존하는 다감각형 인간이었다. 15세기에 이르러 구텐베르크의 활판 인쇄술이 발명되고 문자소통방식이 대중화되면서, 약 4세기 동안 인간은 인쇄물에 바탕을 둔 소통방식에 길들여지게 되었다. 인간의 사고는 선형적이고 연속적인 패턴을 띠게 되었으며, 시각적 정보에 의존하는 부분감각형의 인간이 되었다. 인쇄매체의 발달은 개인주의와 민족주의, 대량시장, 보편적으로 읽고 쓰는 능력을 갖추도록 하는 학교교육체제를 만들어 냈다.

한편 알파벳의 사용은 내면적 감수성을 드러내지 않도록 훈련시킴과 동시에 자기 자신을 당파나 가족으로부터 분리해 객관화할 수 있도록 함으로써 개인에게 자유를 주기도 하였다.

20세기 말엽에서 시작되어 21세기 초엽 급격한 변화가 일어나고 있다. 전자매체가 발명되고 디지털 테크놀로지가 보편화되면서, 이제 세계는 하나의 촌락으로 발전하게 되고 인류는 과거의 구전문화가 우세한 시대로 복귀하고 있다. 인쇄문화가 구술문화의 화자와 청자에게만 한정되어 있었던 시간을 영속에 가까운 것으로 확장시켰다면, 디지털 미디어는 공간의 제약을 없애 공간 차원 자체를 완전히 폐지하고 있는 것이다Mcluhan, 1997. 디지털환경은 선형적 사고보다 다중적 사고, 직관성과 통찰력을 인류에게 요구하고 있으며, 공동체적 구술문화의 특성을 상당 부분 되살려 내면서도, 역사의 발전을 가져온 인쇄문화의 영속성을 한층 심화시키고 있다. 인류는 디지털혁명으로 인한 새로운 소통의 시대와 이로 인한 문명사적 전기를 맞이하고 있다.

21세기 역량에 대한 요구

20세기가 끝나는 즈음에서부터 많은 사람이 많은 곳에서 미래를 이야기하고 21세기를 이야기했다. 1995년 OECD가 펴낸 Knowledge-based Economy1995는 매우 의미 있는 방향 전환이었다. 선진국 경제클럽들이 21세기를 지식경제시대로 선언하였으며 때마침 발간된 『Education at a Glance』라는 책은 1995년 최고의 베스트셀러가 되었다. 이후 PISA로 발전되었고 21세기가 시작된 지 10년이 지난 요즘은 세계 그 누구도 21세기가 지식의 세기, 정보의 세기 그리고 그와 관련하여 교육의 세기임을 부정하는 이는 없다. 그 방향이 어떻든 그 진단이 옳든, 그르든 적어도 오늘날 세계적 화두는 당면하고 있는 문제를 해결하는 급선무가 교육의 개혁이라는 것이다. 그리고 그러한 해결책의 하나로 등장한 화두의 하나가 21세기 역량21st Century Skills or Competences이다. 많은 저작이 관련된 진단과 처방을 쏟아 내고 있다. 대체적으로 창의성과 협동성을 강조하고 그러면서도 협업과 개방을 강조한다. 그리고 오늘날 학교시스템과 인재양성시스템이 이러한 요구를 제대로 수용하고 있지 못하는 만큼 21세기를 위해 대대적인 수술이 필요하다고 말한다.

그런데 이상한 것은 21세기 역량과 기술, 그리고 교육개혁의 방향에 대한 대부분의 진단은 어디에선가 많이 들어 본 이야기인 것 같다는 점이다. 자기 주도적 학습, 협동학습, 프로젝트 수업, 융합학습, 창의체험활동 등 많은 주제는 사실상 소크라테스와 공자가 제창하였던 지식과 학문의 태동기에 이미 이야기된 것들이 아닌가? 소크라테스와 공자는 절대 지시적인 강연을 행하지 않았고 늘 제자들과의 문답을 주고받으면서 협동학습을 하였다. 심지어 석가모니의 경우는 가섭과 염화시중의 미소 한 번으로 세상의 이치를 주고받았다.

21세기 역량이 이처럼 전혀 새로운 것이 아니라면 우리는 근본부터 질문을 다시 해야 할지도 모른다. 과연 우리가 제대로 진단하고 있는 것인지 정말 진단은 제대로 하고 있는데 우리가 가진 것을 버리는 일이 어려운 것인지 검토해 보아야 한다. 혹시 개미의 힘만이 아닌 베짱이의 노래도 필요한 것인지, 베짱이가 애시당초 되지도 않을 근력 키우는 일에 애써 몰두하지 않아도 될지를 따져야 했다.

새로운 시대는 다시금 근본으로 돌아가 인간의 영원한 이데아를 실현하기 위한 새로운 소통방식을 우리에게 던져 주며, 새로운 세상을 창조할 것을 요구하고 있다. 수많은 논의가 가리키고 있듯이 우리의 소통방식은 이제 구술과 문자의 시대를 넘어 제2의 구술문화 시대인 디지털 시대에 접어들고 있다. 21세기 역량이라고 논의되는 다소 식상한 키워드는 공교롭게도 공동체성, 참여성, 다변성, 상황의존성이라는 잊혀진 구술문화가 가지고 있던 특성이기도 하며, 현재 우리사회가 직면하고 있는, 그리고 다가올 미래사회의 특성이기도 하다.

문자시대의 읽고 쓰고 셈하는 단순한 3R이 아닌 면대면, 나아가 디지털 세상에서의 다양한 인간관계와 사물, 더 나아가 세상과 인간의 관계 맺음네트워킹에 대한 교양literacy를 익히고 체득할 필요가 있다. 우리가 새로운 제2의 구술사회인 미래사회를 살아가는 데 필요한 것은 지구촌 일원으로서의 공동체 의식과 변화하는 세상에서 가치 있는 것을 판단하고 행할 수 있는 능력, 그리고 그 근원이 되는 배려, 감사, 겸손, 경청 등을 바탕으로 한 사람으로서의 격, 즉 덕德을 갖춘 오감형 소통능력이기 때문이다.

세종어제 훈민정음, 만민교육 소통창세의 꿈

1443년 조선의 세종대왕은 훈민정음을 창제하여 반포하였다. 세종은 백성을 사랑했다. 백성의 아픔 중 가장 큰 일이 글을 모른다는 것임을 깨달은 유일한 왕이었다. 왕은 통치를 위해 글을 만든 것이 아니었다. 왕은 백성이 글을 몰라 천륜을 어기는 죄를 짓는 것이 안타까웠고 글을 배워 알게 되면 천벌 받을 죄를 더는 안 지을 것이라 여겼다. 맞다. 세종은 그것이 왕의 제일 중요한 임무라 여겼다. 예수가 십자가상에서 끝까지 어머니 마리아에게 간청했다. 저들이 모르고 하는 일이니 용서하시라고. 자기는 그들 때문에 십자가에서 어머니보다 먼저 죽는 천벌 받을 불효를 범하면서 말이다.

훈민정음 스물여덟 자가 만들어졌다. 스물여덟 자는 인간이 내는 모든 소리를 적기에 부족함이 없었다. 한나절이면 배우고 읽혀 자기 이름 석 자를 쓰고 소리 내어 읽을 수 있게 되었다. 너무 쉬웠다. 권력을 쥔 엘리트층의 상소가 빗발쳤고 대국 중국은 무력시위를 불사할 기세로 그 의도를 추궁했다. 왕은 신하들도 믿을 수 없었다. 총명한 정의공주와 셋째 수양을 믿고, 젊은 인재 신숙주와 성삼문을 믿고, 밤을 새워 가며 시력을 잃어 가면서 스물여덟 자를 만들었다.[5] 옹Ong, 1995이 지적했듯이 알파벳의 민주적인 속성은 한국에서 제시되었던 것이다. 백성들은 이제 세상을 깨달아 갔다. 삼강오륜을 배우고 부부간의 애틋한 정을 언문서간으로 전했다. 그러나 훈민정음 스물여덟 자가 세상을 환히 밝히기까지는 그 후로도 오백 년의 세월을 더 기다려야 했다. 조선 오백 년 동안 조선의 마지막 왕 순종의 실록까지 공식적인 글은 한문이었다. 세 살부터 천자문을 읽고 사서삼경을 백 번 천 번 만 번 읽고 외워야 겨우 깨치는 한문만이 유일무이한 글이었다. 훈민정음은 그냥 그런 언문, 아낙네들의 글, 평민들의 글이며 때론 세상을 어지럽히는 소설과 잡설류의 사문난적을 기록하는 글이었다.

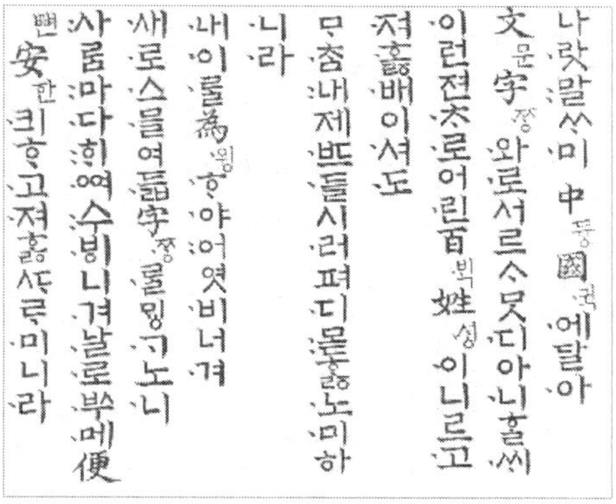

그림 12-5 훈민정음의 정신

5. 한소진의 소설 『정의공주』2011는 세종이 총애하던 정의공주가 한글 창제에 공을 세운 이야기를 중심으로 당시 훈민정음 창제사의 뒷이야기를 그려 내고 있다.

세종어제 훈민정음 스물여덟 자는 질긴 생명력을 잘도 지켜 조선말에 이르고 일제 치하에 이르러 조선의 정신이요 얼로 다시 태어났다. 주시경 선생은 네 자를 줄여 스물네 자로 만들고 한문과 일어에 대항하는 우리글이라 하여 한글로 명했다. 신문명 신문화는 더 이상 망한 나라 중국의 글도 아니고 원수의 나라 일본의 글도 아닌 우리의 글을 찾았고 세종대왕께 감읍할 뿐이었다. 참으로 신묘한 것이 오백 년 동안 거들떠보지도 않았던 조선의 글 한글은 그대로 거기에 있었고 다시 쓰는 데 하나도 손색이 없었다. 세계의 그 어떤 글보다 완벽했다.

해방이 되고 독립이 되고 건국이 되었다. 세계가 전쟁의 참화를 겪고 교육에 인류문명의 명운을 걸어야 한다는 인식에 도달했다. 그러나 5년 만에 인류세계를 배반한 북한과 공산권은 처참한 한국전쟁을 일으켰다. 대한민국이 기댈 것이라고는 오로지 교육밖에 없었다. 석유 한 방울 없었고 산업기반은 잿더미로 허물어졌고 그나마 있던 금은 일제가 모두 캐 갔다. 남은 것은 오로지 사람밖에 없었다. 가르치기로 맘먹었고 배우기로 맘먹었다. 그리고 10년 안에 모든 백성이 글을 깨치게 되었다. 분명 기적이었다. 그러나 그것은 한글이 가진 비밀이었다. 비밀은 한글의 언어학적 우수성만은 아니었다. 그것은 백성을 사랑하는 세종대왕의 마음이었다. 모든 사람이 자기의 생각과 이야기를 어려움 없이 나눌 수 있게 해 주어야 한다는 마음이었다. 사람에 대한 사랑이 한글을 만들었고 모두가 어려움 없이 배워 서로의 이야기를 나누는 일이 비밀이었다.

만민교육에서 만민소통으로

대한민국은 인류역사상 처음으로 모든 사람이 대학에 진학하는 나라가 되었다. 대학의 전통적 의미가 무엇이든 모두가 진학하는 한국 대학의 질적 수준이 어떠하든 분명한 것은 그들이 대학에 가고야 말았다는 것이다. 실상 최근 대졸 실업자 이야기는 경제발전 이전에도 똑같아서 우골탑 이야기가 1960년대에도 마찬가지였다. 한번쯤 생각을 바꾸어 볼 일은 대학의 전통적 성격이다. 꼭 대학이 어려운 학문을 연구하는 곳이어야 한다고 생각할 필요가 없을지도 모른다. 대학은 라틴어를 배우고 아인슈타인의 상대성이론을 탐구하는 곳만이 아니라 만화를 배우고 대중음악을 배우며 부동산 투자기법을 배우는 곳이다. 더 이상 문학과 수학에 출중한 재능을 갖춘 젊은이들을 뽑아 '유리알 유희'를 하는 곳도 아니며,[6] 호그와트 기숙사에서 마법을 배우는 곳도 아니다.[7] 직장을 다니던 나이 든 사람, 은퇴한 노년신사, 삶의 뒤안길에서 국화꽃 한송이를 다시 피우기 위해 돌아온 중년 여인도 섞여 있는 곳이 대학이다.

이제 대한민국의 대학은 만민고등교육의 일번지가 되었다. 더 이상 18세의 아이작 뉴턴이 만유인력법칙을 발견하는 곳만이 아니라 노년의 공자가 인륜지덕을 말하는 곳이기도 하다. 공부는 더 이상 지력만이 아닌 체력을 넘어 덕력까지도 충분히 배울 수 있는 그런 본연의 모습을 이룰 수 있게 되었다. 지행합일이 가능한가 아닌가를 논리적 · 이성적으로 담론을 펼치는 것이 아니라 실행을 통해 보여 주는 교육과

6. '유리알 유희'는 헤르만 헤세의 나이 65세에 완성된 헤세 문학의 완결판인데, 『명인 요제프 크네히트의 전기』라는 부제가 붙은 소설로 미래 어느 시대의 카스탈리엔이라는 학자들의 나라에서의 생활을 유려한 문체로 묘사한 장편소설이다.
7. 호그와트 기숙사는 세계 최고의 베스트셀러이며 영화가 된 조앤 롤링Joan K. Rowling이 쓴 판타지 소설 『해리포터Harry Potter』 7부작에 나오는 마법학교다.

공부의 실천이 대한민국의 대학에서 이루어질 날이 다가오고 있다. 물론 지금의 모습은 극도의 혼란 상태다. 한국 대학의 강의실은 이러한 만민소통 만민교육의 꿈이 사라진 채 교수와 학생 간의 대화가 끊겨 있다. 교수는 아인슈타인을 가르치고 있으나 학생은 비틀스를 노래하고 싶어 한다. 교수는 아인슈타인을 가르치고 싶어 하지만 학생은 수의 세계를 멀리하고 싶어 한다.

화해가 필요하다. 세종대왕께서 화해를 하셨듯이 오늘의 대학은 학생들과 화해해야 한다. 화해를 하려면 먼저 가진 사람들이 어른들이 선생님들이 못 가진 자들과 아이들과 학생들의 처지를 먼저 살펴야 한다. 먼저 만나야 한다. 그리고 대화해야 한다. 그리고 소통해야 한다. 그래야 그다음 무엇을 같이할 수 있을 것인지가 생각날 것이다. 아직은 서로 아무것도 모른다. 누가 먼저 알지도 모른 채 미리 재단하고 미리 결정하고 미리 행동하면 다시 불통의 시대가 반복되고 세상은 그렇게 또 막다른 길로 치닫기 시작한다. 세종께서는 시력을 잃어가면서 소통의 방법을 찾았다. 어려운 한자로는 정말 안 된다는 것을 알았다. 그리고 드디어 훈민정음 스물여덟 자를 만들었다. 그리고 그 훈민정음 덕에 대한민국은 만민소통 만민교육의 꿈을 이루었고 이제 인류 최초로 만민소통 인륜지덕의 꿈을 만민고등교육을 통해 시동을 걸었다. 세종께서 어리석은 백성의 마음을 헤아렸듯 지금 대한민국 대학의 교수들과 대한민국의 정치인들이 가난한 학생들, 마음 아픈 학생들, 몸이 불편한 학생들의 처지를 헤아린다면 인류의 새로운 희망을 쏘아 올릴 것이다.

스마트 교육의 의미, 청출어람과 소통창세

2011년 6월 29일 대한민국 정부는 만방을 향해 스마트 교육 추진 전략을 선포했다. 2009년 스티브 잡스가 세상을 향해 멋지게 날린 아이폰 열풍은 IT강국 애니콜의 나라 대한민국의 자존심을 한 방에 무너뜨렸다. 그리고 한 해 동안 기업과 정부는 노심초사 반격을 시도했고 2010년 스마트를 국가정보화 추진전략으로 설정했다. 애니콜은 삼성 옴니아폰을 버리고 삼성 갤럭시폰으로 이름을 바꾸고 아이폰에 대항하여 스마트폰 개발전략을 수립하고 전 세계 모든 모바일폰 기업을 끌어들이는 전략을 수행했다. 대통령 소속 국가정보화전략위원회는 스마트코리아의 비전을 세우고 2010년 10월 대통령에게 스마트워크 추진전략을 그 첫 번째 정책으로 보고했다. 그리고 그 두 번째 보고는 스마트 교육smart education이었다. 무엇이 스마트 교육이며 무엇을 하겠다는 것이며 무엇을 이루겠다는 것인가?

스마트 교육은 이전의 교육과 무엇이 다른 것인가? 교육의 의미가 시대를 넘어오며 달라져 왔지만 항상 그 원형 이데아는 변하지 않았다. 교육의 이데아는 늘 가르치고 배우는 일이며, 가르치는 선생님은 인류문명의 고전을 가르치고, 배우는 학생은 청출어람의 지혜로 새로운 세계를 창조해 내는 일이다. 바른 교육의 지표는 결국 이러한 청출어람이 일어나는가 하는 것일 수 있고 교사의 존재는 청출어람하는 제자의 존재에 의해 증명된다.

어찌해야 청출어람하는가? 청출어람의 주체는 선생인가 제자인가? 답은 선생이다. 인류의 4대 스승인 공자와 석가모니 그리고 소크라테스와 예수는 잘 가르친 스승이지만 그 가르침은 맹자와 가섭 그리고 플라톤과 베드로라고 하는 제자를 통해 부활하였다. 제자들이 없었으면 스승도 없었다. 물론 여기서 닭과 달걀의 순환론과는 다르게 우리는 분명 선생이 제자보다 앞서 있었음을 안다. 어찌해야 선생은 제자를 어람하게 가르치는가? 그것은 매우 간명하다. 선생 스스로 푸르름, 곧 청靑을 발해야 한다. 그 푸르름은 먼저 제자의 입장과 처지를 이해하는 것부터 시작한다. 소크라테스가 말했듯이 기실 선생은 제자가 모르는 어떤 비밀, 곧 신의 비밀을 그냥 전해 주는 것이 아니라 제자 안에 감춘 앎의 이데아를 회상해 내도록 도와주는 산파일 뿐이다. 제자 스스로 자기 안에 감추어 있었던 이데아를 스스로 발견해 내는 순간 청출어람의 비밀이 풀린다.

스마트 교육은 새로움이 아니다. 교육의 역사 가운데 숨겨 있는 교육의 이데아를 되살려 내는 일이다. 그래서 무엇을 잃고 있었는가를 다시 생각하는 것부터 시작해야 한다. 잃고 있던 것은 문자문화의 합리성에 갇혀 있던 베짱이의 감수성이었을 수도, 창의성이었을 수도 있다. 혹은 세대를 거듭하여 이야기되는 요즘 아이들의 버릇없음과 방종함으로 인해 찾아보기 힘든 덕의 존재인지도 모른다. 그러나 새로운 디지털 혁명과 소통방식은 전인적 인간 혹은 성인을 길러 내기 위한 인류 역사의 이데아를 실현시켜 줄 몇 안 되는 문명사적 기회를 우리에게 주고 있다. 이에 대한민국은 새로운 시대, 만민교육, 만민소통의 꿈과 의지를 실현하기 위한 디지털 시대의 훈민정음을 반포하려는 것처럼 보인다. 대한민국의 2011년 6월 29일, 곧 629스마트교육플랜이 바로 그 시작이다. 작업에 참여했던 사람들은 대한민국의 모든 교육적 자원을 점검했고 그리고 하나의 꾀를 내기로 했다. 사람들과 소통하기 위한 그럴듯한 마술 하나를 펼치기로 약속하고, 그것을 영어의 smart의 다섯 개 철자, 즉 S, M, A, R, T로 풀기로 한 것이다. 이런 의미에서 스마트 교육은 새로운 테크놀로지가 펼쳐 주는Technology

Embeded, 확장된 자원의 세상에서Resource enriched, 자신의 상황에 맞는 학습을 통해Adaptive, 학습이 자신에게 의미를 갖도록 하고Motivated, 이를 통해 스스로가 학습의 나아가 인생의 주인이 되어 시공간을 바르게 다스리도록 하는政治 교육Self-directed이라 할 수 있으며, 나아가 인류의 이데아를 실현해 새로운 세상을 창조하기 위한 새로운 시대의 교사와 학생의 소통방식이라 할 수 있다. 스마트 교육을 통해 우리는 먼저 새로운 시대에 바르게 소통하는 법을 배울 수 있도록 하고疏通, 이를 통해 스스로의 세상을 바르게 다스리며 나아가 새로운 세상을 창조할 수 있는創世 힘을 키워 주고자 한다.

스마트 교육, 어떻게 할 것인가

만민소통의 새 역사를 창조하기 위한 대한민국의 스마트 교육 추진전략은 크게 다섯 가지의 전략적 과제로 구성되어 있다. 스마트 교육 추진전략은 디지털 교과서를 개발 · 적용하고, 온라인 수업 및 평가를 활성화하며, 교육 콘텐츠의 자유로운 이용을 위한 저작권 법제도의 개선을 추진하는 세 가지 제도 개혁 과제와 이를 성공적으로 지원하기 위한 인적 인프라로서 교사의 스마트 교육 실천 역량강화, 물적 인프라로서 모든 학교에 무선 인터넷 환경을 비롯한 클라우드 기반을 구축하고자 하는 것이다.

첫째, 스마트 교육을 통한 교실혁명을 이루기 위한 출발점이자 첫 고리는 교과서에서 찾았다. 한 해에 생성되는 디지털 정보량은 1.8 제타바이트1조 8000억 기가바이트로 한 사람이 쉬지 않고 2시간짜리 HD급 영화를 4700만 년 동안 시청할 만한 분량이고, 이러한 정보량이 매 2년마다 2배씩 증가되는IDC, 2011 지식정보사회에서 급속히 짧아지고 있는 지식교환주기는 발행하는 순간 구식 정보를 담은 교과서가 될 수밖에 없는 매우 현실적인 상황에 직면해 있다. 표준화되고 일률적인 지식의 '주입'이 의미가 있던 산업사회가 가고, 정보와 지식이 급격히 변화하고 개인마다 필요한 지식이 다른 후기 지식정보화사회에서 디지털 교과서의 도입은 이제 선택이 아닌 당위적인 일이 되었다. 이는 인쇄매체의 획일성과 반복성, 고정성을 벗어나 다변적이고 창발적이며 참여적인 디지털 시대의 소통방식을 받아들이는 시대적 사명이기도 하다.

디지털 교과서는 기존의 서책형 교과서에 있는 학습내용뿐만 아니라 참고서와 문제집 등을 포함한 풍부한 학습자료와 맞춤형 진단 처방 기능을 제공하고 학교 내외의 다양한 교육자원을 연계하여 학습의 폭을 넓혀 주면서도 무거운 책가방으로부터 아이들을 벗어나게 해 주는 가장 기본이 되는 학습자원으로, 새로운 소통의 학습문화를 열어 줄 것이다.

둘째, 교육과정의 유연성을 확보하기 위한 온라인 수업과 맞춤형 온라인 평가제도의 도입이다. 사회가 복잡해지고, 다양한 학습 상황과 학습자의 요구가 증대하면서 개별 학습자의 학습 요구와 상황을 고려해 주어야 하는 사회적 책무성이 증가하고 있다. 이를 위해 병원, 학교, 국가재난상황에서의 학습의 지속성 유지, 상치교사 해소 등 학교교육이 원활하게 진행되기 어려운 상황에 대비하여 학생의 학습권 보장, 천재지변 상황에서의 학습의 지속성 유지 등을 위해 수강한 온라인 학습을 학점으로 인정하는 등의 제도 개선이 필요하다. 이는 맞춤형 학습을 지원할 수 있는 공교육체제로의 전면적 혁신을 유도하는 것으로 학생들의 학습 선택권 강화를 위해 기존의 공교육체제의 유연성을 강화하기 위한 핵심 동력이 될 수 있다.

셋째, 스마트 교육이 이루어지기 위해서는 자유롭고 안전한 교육 콘텐츠 이용 환경의 조성이 필수 과제다. 현 저작물 관련 법에 의하면 교실 내에서 수업 목적으로 사용하는 경우에만 저작물을 자유롭게 사용할 수 있어, 학교 밖의 폭넓은 교육을 목적으로 교육 콘텐츠를 사용하는 데 큰 제약이 있으며, 정보기기의 교육적 활용에 대한 우려와 불안감이 상존하고 있다. 이를 해소하기 위해 디지털 교과서를 온라인으로 전송할 수 있도록 하는 등 교육 콘텐츠 이용 활성화를 위한 저작권법 제도를 정비하고, 공공창출 교육 콘텐츠의 저작물 관리센터 지정 및 운영을 통해 공공 부문에서 우수한 교육 콘텐츠 생산을 촉진하며, 민간 차원의 콘텐츠 자유 이용 허락 운동 등을 통해 교육 콘텐츠 기부와 나눔의 문화를 확산해 나가고자 한다. 아울러 스마트 교육 추진과정에서 발생하는 정보 격차 및 역기능을 해소하기 위해 방송통신위원회 등 관계 부처와 범국가적인 노력을 기울여 나가고자 한다.

넷째, 앞서 지적했듯이 청출어람의 필요충분조건은 바로 스승이다. 스마트 교육의 성공에 가장 핵심적인 인적 인프라로 교사들의 새로운 소통 역량을 강화하고자 한다. 이를 위해 매년 전체 교원의 25%를 대상으로 스마트 교육 연수를 실시하고, 학교별로 스마트 교육 전문 지원 인력을 배치하여 교사의 수업 연구 시간을 확보하고, 일자리를 창출하고자 한다. 또한 스마트 교육에 대한 이해 및 스마트 수업 지원을 위하여 교사용 스마트 기기 보급을 단계적으로 추진할 예정이다.

다섯째, 다양하고 질 높은 콘텐츠를 장소와 기기에 관계없이 연결하여 활용할 수 있도록 해 주는 클라우드 교육기반을 2015년까지 모든 학교에 조성하고자 한다. 네트워킹을 기반으로 하는 미래사회에서 학습자나 교사가 원할 때 원하는 정보를 바로바로 접속해 사용할 수 있는 체제는 무엇보다 중요한 기반이 될 수 있다.

개별적인 하드웨어 특성에 구애 없이 인터넷상에서 자유롭게 자신의 학습정보를 꺼내 활용할 수 있는 무선 인터넷 환경과 클라우딩 기술의 도입은 무엇보다 기본적인 파세로, 클라우딩 기술기반의 하교 체제 구축은 기존 정보화의 고질적인 장애요인으로 지적되어 온 하드웨어 교체 비용을 줄이고, 라이선스를 집중적으로 관리하며, 소프트웨어 배포를 용이하게 하고, 보안성을 높이는 효과가 있을 것으로 기대된다. 또한 민간 및 유관기관의 교육 콘텐츠의 생성과 유통, 활용을 촉진할 수 있는 교육정보 오픈 마켓을 조성하여 교육생태계가 스스로 자정되고 발전해 나갈 수 있는 기반을 마련하고자 한다.

제2의 르네상스를 꿈꾸며

니콜라스 카N. Carr, 2011는 컴퓨터와 디지털문명이 등장한 이후 인간이 점점 더 생각하는 능력을 잃어 가고 있다고 말한다. 마치 소크라테스가 플라톤에게 글자를 쓰기 시작하고 글을 읽기 시작하면 말을 하고 말을 듣는 능력이 퇴화되어 급기야 인간에 내재된 고유의 이데아를 회상하고 지식을 아는 기쁨을 얻지 못할 것이라고 경고한 것과 마찬가지다. 과연 그러할지 아니면 플라톤의 글쓰기가 우리에게 소크라테스의 산파술을 전승하여 인류문명의 새로운 세기를 창조하였듯이 전혀 새로우면서도 좀 더 풍요로운 세기를 창조하게 될지는 모르는 일이다.

맥루한1997이 주장하듯 서구세계가 이룬 성과는 분명히 문자문화의 경이적인 가치로 인한 것이며, 인류의 역사는 이를 증명하고 있다. 그러나 동시에 반복되는 인쇄물 형태의 문자를 통해 인간은 획일화, 전문화, 단편화의 과정을 거쳐 왔으며, 확실히 현재 서구의 발전은 인쇄와 표음문자의 전문화, 인과성의 논리, 단편화의 기반 위에 서 있음 또한 간과할 수 없다. 어쩌면 인류는 전문화된 테크놀로지와 가치체계를 손에 넣기 위하여 너무도 많은 것을 희생했을 수도 있다. 그러나 인류사가 늘 그래 왔듯이 종말의 직전까지는 번영을 향해 달려 왔기 때문에 지금 눈앞에 펼쳐지는 디지털혁명은 분명 또 다른 이로움과 번영을 가져온다고 보아도 무방할 것이다. 적어도 종말 이전까지는 인류가 달리는 기차를 세울 수 없을 것이기 때문이다.

문제는 눈앞에 벌어지는 디지털혁명의 속성이 어떤 것인지 사실 아무도 알 수 없다는 점이다. 소크라테스가 글쓰기의 미래에 대해 알지 못하였듯이 우리는 디지털혁명의 미래를 알지 못한다. 다만 그 냄새를 약간 느끼고 그림자를 살짝 엿볼 수 있을 뿐이다.

새로운 디지털기술은 역사의 시작을 가져온 문자문화의 영속성과 합리성을 바탕으로, 그간 문자문화에 묻혀 잊혀져 왔던 인류의 공동체적 소통방식과 감성을 다시금 불러일으키고 있다. 과연 인류는 디지털혁명을 통한 두 번째 르네상스를 맞이할 수 있을까? 테크놀로지를 통한 새로운 소통방식이 가져온 인간의 능력과 경험의 확장을 어떻게 가치 있게 활용하고 발전시킬 것인가 하는 인류의 새로운 문명사적 과제가 여기 우리 눈과 손 앞에 놓여 있다.

제13장

다시 자유교육, 아프리카로의 귀향

교육의 영원한 진리는 자유의 쟁취다. 버릴 것은 버리고 그곳에 버려진 아이들이 꼭 바라는 것만을 가지고 우리는 우리의 고향 아프리카로 가야 한다. 가서 그곳 아이들의 이야기를 들어 보고 또 우리의 이야기를 들려주어야 한다. 그러다 보면 우리는 평화롭게 같이 살 수 있는 희망을 찾을 수 있을 것이다. 교육은 삶이다. 교육은 삶의 이야기를 나누는 것이다. 우리들이 살아온 이야기를 서로 나누다 보면 보다 나은 삶의 꾀가 서로들 가운데 피어날 것이다. 그러면 한 아이의 생명이라도 더 지켜질 것이고 한 웅큼의 땅이라도 덜 버려질 것이다. 그러면 지구가 지켜질 것이고 우주 또한 지켜질 것이다.

제13장 다시 자유교육, 아프리카로의 귀향

자유를 위한 여정

교육의 영원한 진리는 자유의 쟁취다. 교육은 결국 하나의 가르침이며 가르침은 하나의 질문에 대한 대답이다. 그 질문은 '이것이 무엇인가?'라는 것이다. 그리고 '이것'은 내가 모르는 것이다. 내가 모르는 것은 내게는 두려운 존재다. 우선은 내 앞에 있는 존재가 '실존being'하는 것인지부터 물어야 한다. 장주莊周의 호접지몽胡蝶之夢에서처럼 나비가 장주인지 장주가 나비인지는 모를 일인 것이다. 사실은 허상과 실존 사이의 구분도 어려운 일이다. 단지 실존한다고 당분간 생각할 뿐이다.

내 앞에 놓여 있는 실존에 대해 알아야 하는 이유는 그것이 나의 실존에 해가 되는가 아닌가에 대한 실존적 목적 때문이다. 해가 된다면 제거해야 하며 이익이 된다면 상생해야 한다. 그 최초의 실존과 앎은 어머니였다. 그리고 실존은 어머니로부터 시작하여 미지의 세계로 자꾸만 넓어졌으며 그 미지로의 여행은 모험을 통해서 이루어진다. 보다 많은 모험을 통해 보다 넓은 미지의 세계로 갈 수 있다는 것은 상생의 영역이 커진다는 것을 의미했다. 걸리버가 떠났고 앨리스가 떠났으며 톰 소여가 떠났다.

이 꿈 많은 어린이들은 모두가 자유로운 세계로 여행을 떠났다. 자유롭게 마음대로 떠날 수 있는 것은 인간이 선택한 최고의 비밀이었으며 전략이었고 행운이었다. 그들은 판도라의 상자를 열었으며 금단의 사과를 따먹었다. 모두 신께서 금지한 일이었지만 버릇없는 아이들은 어른의 말을 듣지 않고 미지의 세계로 나아갔다. 그들의 후손 콜럼버스는 드디어 신대륙을 발견했으며 그 땅은 젖과 꿀이 흐르는 진정한 가나안 복지였다. 여리고성의 모든 생명을 다 죽이고 얻은 처절한 전리품이었지만 어쨌든 인간은 이렇게 새로운 생명을 얻었다.

오로지 자유다. 자유롭지 않고는 가나안 복지도 없으며 신대륙도 없었다. 자유는 어디서부터 시작되는가? 생명에 대한 갈구다. 현재의 상황에서는 도저히 획득할 수 없는 나의 실존을 구할 수 있는 유일무이한 저편에 나의 님프가 있으며 그 님프를 향해 큐피드가 화살을 날린다. 그리고 그 화살을 좇아 나는 그냥 날아간다. 그러므로 자유는 에로스로부터 시작되며 로미오와 줄리엣의 만남을 예고한다. 왜 로미오와 줄리엣이 만났는지 물을 수 없다. 물으려면 신에게 물어야 한다. 로미오와 줄리엣을 창조한 신에게 물어야 한다. 파리스가 헬레나를 훔쳐 달아난 것이 모두 올림포스 신들의 유희가 아니었던가? 인간에게 그 책임은 없다. 그냥 파리스와 로미오는 헬레나와 줄리엣을 보았을 뿐이다. 왜 이브에게 사과를 따먹었느냐고 물으면 안 된다. 거기에 예쁘고 먹음직한 사과가 있었을 뿐이다. 그러므로 자유는 존재 그 자체인 셈이다. 그런데 엄청난 고통이 따랐다. 이브는 아담과 함께 에덴에서 쫓겨났으며 줄리엣은 마술사의 명약으로도 로미오의 생명을 구하지 못했다.

부처의 가르침: 삶의 덧없음

석가모니, 고타마 싯다르타Gautama Siddhārtha, BC 563~483는 인도의 왕족으로 태어났고 결혼도 하였고 부귀영화가 보장되었다. 어찌된 일인지 그는 부인과 자식을 버리고 29세에 출가하여 고행길에 들어섰다. 그리고 35세 때 크게 깨달음을 얻고大悟成道, 각지에서 교화敎化를 실시하였고, 80세 때 입적入寂하였다고 전해진다. 그의 이름은 후에 석가모니 또는 부처로 불리게 되었고 위대한 이름이 되었다.

인더스문명이 있었다. 인더스 강 하류 유역을 중심으로 하고 북은 히말라야 산맥의 남쪽인 네팔로부터 남은 인도의 카티아왈 반도 내지 칸베이 만 연안까지, 동은 델리에 가까운 아랑기르불에서, 서는 이란 국경에 가까운 마크란 해안의 스트카겐들까지 동서 160km, 남북 100km의 광대한 지역에 BC 2500~1500년까지 약 1,000년간 지속된 문명이었다. 부처는 그런 문명이 전설이 되고 사람들의 삶은 피폐해진 시대에 태어났다. 그는 피폐해진 사람들의 삶을 구해 화려했던 과거의 영광을 재현해야 할 책임을 어깨에 지고 태어났다.

| 그림 13-1 | 고타마 싯다르타

http://blog.chosun.com/web_file/blog/369/83369/1/20091229152228_1_9080.jpg

짐이 무거웠을까? 부처는 홀연히 짐을 벗어던져 버리고 새털처럼 가벼운 인생을 구하러 나섰다. 그러나 그 길은 결코 쉬운 길이 아니고 고행 그 자체였다. 그가 크게 깨달았던 것이라고 해야 고작 인생은 본디 고행이라는 것, 사고

四苦, 곧 생로병사生老病死 이외에 아무것도 없다는 것이었다. 고행길은 백팔번뇌와 함께했으며 백팔번뇌를 벗어나는 유일한 길은 백팔배, 곧 백팔 번이나 오체를 투지하는 일, 땅에 대고 절을 하는 일이었다. 아무리 찾아보아도 인생은 없었고 급기야는 부처 자신도 없어지는 무아지경에 이르렀다. 그러나 신기한 일이 벌어졌다. 존재와 부존재의 경계가 없어지고 자아와 타자 사이의 경계가 사라지니, 행과 불행, 삶과 죽음, 이 세상 모든 것의 경계가 사라졌다. 그러고 나서야 고통이 사라지고 삶은 자유로워졌으며, 부처는 드디어 억겁 윤회의 굴레에서 벗어날 수 있었다. 후세 사람들이 그리도 찾아 나선 열반의 경지와 극락복토는 애초에 그런 것이었다.

부처는 오래 살았다. 부처는 그래서 드넓은 인도 대륙을 주유했다. 그리고 사람들이 모여들었다. 사람들은 조금씩 조금씩 부처의 고행에 함께했다. 부처의 가르침은 매우 단순했다. 그렇다. 삶은 단순했다. 욕심을 버리고 살면 삶은 의외로 간단한 것이었다. 다만 욕심을 욕심으로 깨닫는 일, 그리고 깨달은 욕심을 버리는 일은 그리 간단치가 않았다. 끊임없이 그것을 깨닫는 수행이 필요했고 수행을 같이하는 친구들이 필요했다. 그러나 수행을 하고 수행이 거듭되고 어느 순간 그들 스스로 선배요 선생님이셨던 석가모니 부처의 길을 닮아 가고 있었으며 그들의 단순해진 삶은 평화로워졌다. 홀연히 부처는 떠났다. 사람들은 그렇게 부처가 살아간 삶을 십년을 이어 백년을 이어 가기 시작했다.

인도에 최초의 고대 통일제국 마우리아 왕조BC 317~180가 찬드라굽타에 의해 세워지고 3대 왕 아소카 왕은 부처를 따라 수행하는 자들의 이야기와 부처의 이야기를 듣고 그 자신이 부처의 제자가 된다. 그리고 부처의 사리를 팔만사천 개로 분봉하고 인도 전역뿐 아니라 세계의 모든 곳으로 나누어 묘를 세우게 했다. 인도의 스투파Stupa가 중국을 거쳐 한국의 불탑으로 전래되는 과정이다. 진신사리가 있든 없든 불자들은 탑을 세우고 탑 주위를 돌며 부처의 가르침에 함께하기 시작했다.

그러나 부처처럼 수행만 하기에는 무언가 부족했다. 석가모니의 열반 직후 500명의 제자들이 왕사성王舍城에 모여 각자가 기억하고 있는 가르침을 확인하는 회의를 하였는데, 이름하여 최초 결집이라 한다. 다문제일多聞第一의 아난이 중심이 되어 교법敎法을, 지율제일持律第一의 우바리가 중심이 되어 계율戒律을 확인하였다. 이 중 교법은 차차 정리되어 경經, Sutra이라고 불리게 되었고, 이것이 모여서 경장이 되었다. 한편 계율은 제자들의 수도생활의 규정과, 불교 교단敎團: 僧伽의 규칙을 이야기하고, 그것이 차차 증대, 정비되어 율장이 되었다. 이 경과 율은 석가모니 열반 후 제자들에 의해 전승되었으나, 얼마 뒤 교법에 대한 연구와 해석이 발달하여 오랜 기간에 걸쳐 많은 저서가 나왔는데, 이는 제자들의 손에 의해 이루어졌다고 해서 경장과 구별하여 논장이라고 하였다. 그리고 경 · 율 · 논을 총칭하여 삼장三藏이라 하였다.

이 삼장은 부처가 죽은 지 200여 년이나 지난 기원전 1세기경부터 오늘날 스리랑카 땅의 수행자들이 처음으로 야자수나무의 잎을 말려서 만든 패엽貝葉에 기록하였다고 하며, 그래서 불경의 원조 패엽경이 되었다. 이후 패엽경은 중국으로 건너오고 한국으로 건너와서 해인사에 팔만대장경이 되었고 유네스코는 이를 인류의 찬란한 기록문화유산으로 숭앙하게 되었다.

사람들은 오늘도 부처의 가르침을 배우고 있고 그 가르침대로 살면 보다 편안한 삶, 고통이 없는 삶, 그리고 죽어서도 영원히 극락왕생하게 된다고 믿고 있다.

공자의 가르침: 인간의 본성

공자孔子, BC 551~479는 일흔이 훨씬 넘은, 그러나 삶의 역정을 지내온 지혜로운 노인이 무당의 딸이지만 생기왕성하고 현명하며 덕스러운 열여덟 처녀와 야합野合하여 늘그막에 얻은 아들이다. 야합이라 함은 들에서 만났다는 뜻이니 그 두 사람 간의 정분이 사람들 사이에 손가락질을 당할 일이었든 우리가 모를 애틋한 사연이었든 그 결실만은 인류에게 큰 선물이었던 것만은 사실이다.

공자가 살던 시대는 춘추전국의 군웅들이 할거하였다. 요순堯舜시대라 일컫는 삼황오제와 하은주夏殷周 삼대의 치세가 끝나고 천하는 혼란과 전란이 끊이지 않았고 사람들은 옛 시대를 그리워했다. 패권을 쥐려는 군웅 간의 경쟁은 날로 심해졌고 춘추백가의 현자들은 상호 쟁명하며 자신들의 정치이론을 호가했다. 마치 소크라테스 이전의 소피스트들이 아테네와 인근 그리스 도시국가들을 주유했던 것과 유사했다고 보면 인류의 역사는 고금에도 동서 간에 앞서거니 뒤서거니 하면서 서로를 닮아 가며 새로운 것을 향해 나가는 것이라 하겠다.

공자는 노魯나라 사람이다. 노나라 사람들은 설에 따르면 한겨레 선조인 동이족처럼 음주와 가무를 즐겼다 했다. 공자의 어머니가 무당의 딸인 것도 어쩌면 그런 연유와 맥을 같이할지도 모를 일이다. 여하튼 분명한 것은 공자의 어린 시절은 평탄치 않았을 것이고 아버지는 일찍 돌아가시고 젊은 엄마와 곤구한 삶을 시작했을 것이다. 행인지 불행인지 그는 요순우탕의 치세에 대해 공부하고 다른 선비들처럼 벼슬을 구해 자신의 불행한 삶을 자식에게는 넘겨 주지 않으려는 요량으로 무던히 애썼을 것이다.

공자의 공부가 너무 깊었을까? 노나라는 간신히 위기를 면했지만 모든 것에 끝이 있듯이 공자의 공부는 노나라의 그릇을 넘어섰다. 아니다. 공자의 공부는 노나라반이 아니라 춘추제국을 모두 넘어서 버렸고 인류문명사의 시원에서부터 아직은 그 끝을 모르는 미래의 어느 지점까지 가 버렸다. 결국 공자는 평생을 방랑하고 그 역시 아버지처럼 부인과 자식에게 편안하고 평범한 삶을 만들어 주지 못한 실패한 인생의 주인공이 되고 말았다. 아버지를 원망한 것은 부인과 자식들만이 아니었다. 그를 따르던 많은 제자들 역시 그러했다. 물론 그중에는 선생님이 살아 계시는 동안 혹은 죽고 난 다음에도 혹 그 뜻을 알아주는 군주들이 있어 벼슬길에 나가고 제법 성공을 한 제자들도 있었다. 그러나 대체적으로 큰 벼슬을 얻을 지혜를 얻을 수 있다는 소문을 듣고 찾아온 많은 제자는 끝내 바라던 영화에 가까이 가 보지 못한 채 선생님의 뒤를 따라 쓸쓸한 인생을 마감할 수밖에 없었다.

|그림 13-2| 공자

http://2.bp.blogspot.com/_ZwQWAEnOaM/TFQHJ0PEYtI/AAAAAAAAGgA/4INeR_gGdUo/s1600/%EA%B3%B5%EC%9E%90.jpg

공자가 말하고 제자들이 서른 자로 썼다.

學而時習之不亦說乎
有朋自遠方來不亦樂乎
人不知而不慍不亦君子乎

공자는 사람이 배우고 익히면 달라진다고 하였으며 그것은 큰 기쁨이라 하였다. 무엇을 배우고 익힌다는 말인가? 선생님이 말씀하신 것을 배우고 그것을 익히는 제자의 삶은 선생님을 닮아 가서 어린이의 무지를 벗고 장차 왕후장상의 씨로 자라날 수 있다는 것이다. 정말로 그러한 것일까? 타고날 때부터 왕이었고 타고나는 순간 남의 집 종으로 인고의 삶을 평생토록 이어 가야 하는 것이 사람의 운명이 아니었던가? 공자 자신도 늙은 애비와 철모르는 엄마의 손에 이끌려 세상에 나왔을 때 세상은 무섭기만 했을 것이다. 그러던 그가 어쨌든 노나라의 재상이 되었다. 그 스스로 배우고 익혀 장상의 위에까지 올랐다. 그 스스로 학이의 모범을 보여 주었다고나 할까? 동양과 조선의 제왕학은 왕이 하늘로부터 오는 것이 아니라 사람이 공부를 시켜 기른다는 것을 믿었던 증거이며 진시황의 분서갱유가 폭군의 대표적 상징이 되고 춘추전국의 군웅들이 현자를 찾고 유비가 제갈공명을 얻었고 조선의 군주들이 아침저녁으로 경연을 벌였던 일들이 모두 그 증거다.

사람들이 모였다. 그런 공자를 배우려고 모였다. 입소문이 바람을 타고 춘추제국으로 뻗어 나갔고 현자가 되고 벼슬을 얻고 안온한 삶을 원하는 무지랭이 같은 하찮은 인간Homo Rapiens; Gray, 2010들이 모여들었다. 공자는 그들을 멀리하지 않았다. 오히려 친구들로 여겼고 기뻐했다. 아주 먼 훗날 일본 제국주의자들은 조선의 선비들이 모여서 공부하는 것들을 일러 붕당정치라 하고 폄하했다. 사실은 두려워했으리라. 붕당을 만들어 서로 공부하고 독립만세운동을 벌이고 자신들의 영웅 이토 히로부미를 쓰러뜨리는 조선 선비들이 두려웠을 것이다. 그들은 그렇게 조선의 선비들을 공자의 쓰러져 가는 서당에 모여드는 정치꾼들로 폄하했다. 더 안타까운 것은 그들의 간교한 선전선동에 놀아나고 아직도 미망에서 못 벗어나고 있는 조선의 후예들이다. 공자의 친구들은 그렇게 한둘 늘었고 가끔 공부를 마치고 세상에 나가 큰 돈을 벌고 큰 권력을 얻는 이들도 있었다. 선생님을 생각하여 그들은 쌀 한두어 말을 가져오기도 하였고 그것으로 모여든 친구들은 또 하루의 삶을 연명하기도 하였다.

공자의 붕당도 조선 선비들의 붕당처럼 편치만은 않았고 일제의 간교한 언사처럼 친구들 사이도 생각들이 달랐다. 그러나 종국에 그들은 선생님의 가르침을 받아들이고 사람들이 무어라 하든 선생님의 말씀을 따르기로 했고 선생님이 떠난 후에도 그 말을 이젠 자신들이 세상의 사람들에게 전하기로 하였다. 그것이 인간이 사는 궁극적 목적이고 그것을 일러 도에 이르고 군자가 되는 길이라 여겼다.

그리고 그 후예의 후예들이 이천 년을 넘어 조선을 만들었고 대한민국을 만들었다.

소크라테스의 가르침: 지식에 대한 사랑

소크라테스BC 470~399가 우리에게 남긴 가장 중요한 가르침은 '너 자신을 알라!'다. 소크라테스는 왜 이 말을 남겼으며 그 뜻은 과연 무엇일까?

소크라테스는 아테네 함대가 살라미스 해전에서 대승을 거두고 그리스 도시연합의 맹주로 커 가던 시절에 살았다. 아버지는 조각가였고 어머니는 산파였다고 하며, 그의 아내 크산티페는 악처로 유명하다. 결혼은 50세가 넘어서 했고 독배를 먹고 죽던 70여 세까지 살았으며 스무 살 안 된 아들 하나도 있었다고 한다. 대체로 아테네의 중류 시민으로 살았고 당대의 많은 소피스트와 함께 지식을 논했다. 그러나 그가 원하는 참지식은 없었다. 그들은 정작 자신들이 제대로 알고 있는 것이 하나도 없다는 사실조차도 모르고 있었다. 당시만 해도 지식은 델포이Delphi에 있는 신전에 가서 신으로부터 받는 신탁이었다. 소크라테스도 델포이의 아폴론신전을 찾았다. 그런데 그 문전에는 "너 자신을 알라."라고 씌어 있었다.

|그림 13-3| 소크라테스

http://blog.joinsmsn.com/usr/e/d/edwdkim/245/2008-10-24%2014;38;19.jpg

소크라테스는 그제서야 깨닫는다. 지식의 근원은 자신이 아무것도 모르고 있다는 사실을 아는 것에서 시작되는 것을 깨닫는다. 지식은 몇몇 특권을 가진 제사장이나 왕이 신으로부터 받아 오는 비밀이 아니었다. 자신이 아무것도 모른다는 사실을 모른다는 사실은 동시에 자신이 아는 것이 무엇인지도 모르는 것과 같다. 만약 자신이 아는 것을 알아낼 수만 있다면 지식은 시작된다. 회상이다. 소크라테스는 모든 사람이 태어날 때부터 지식을 가지고 태어났다는 사실을 알게 되었다. 소크라테스는 사람들에게 각자가 가진 지식을 회상해 내는 데 도움을 주기로 했다. 어머니의 직업이 산파였다. 그래서인지 소크라테스의 대화법과 교수법을 산파술이라고 한다. 산파는 산모를 도와 아기의 탄생을 돕는다. 산파와 산모 중 누가 더 고통스러우며 누가 힘을 더 많이 쓸까? 물을 것도 없이 산모다. 그러나 산파 없이 산모가 아이를 낳는 것은 가능할까? 그 역시 아니다. 즉, 산파는 산모가 아이를 낳는 데 있어서 필수불가결 요소인 셈이다. 여기서 아이는 산모가 품고 있는 지식이다. 다시 산모와 아이인 지식 중 누가 더 고통스러우며 누가 더 힘을 많이 쓸까? 이 역시 산파와 산모와의 관계와 같을 것이다.

이제 우리는 지식이 세상에 태어나는 과정, 즉 이 고통스러운 과정이 반드시 산모를 통해 또한 산파의 도움을 통해 가능하다는 것을 알 수 있다. 산모가 지식을 품게 되는 과정, 다시 말해서 임신conception하는 과정 또한 얼마나 어려운 과정인지 짐작할 수 있다. 여자가 남자를 선택함에 있어서 얼마나 많은 번민을 거치고 얼마나 위험한 선택의 순간을 거치는지 자연생태계의 질서를 조금만 들여다보면 금방 알 수 있다. 이처럼 지식은 인고의 세월을 거쳐 잉태되고 태내에서 키워지고 산파의 도움을 받아 난산에 난산을 거쳐 세상에 태어난다. 그렇다고 세상에 태어난 지식이 바로 어른처럼 먹을 것을 찾고 포식자로부터의 위협을 피하는 방법으로 바로 쓰이는 것은 아니다. 긴 세월을 거쳐야 드디어 아이는 성인으로 자란다. 아이는 끔찍한 성인식을 거쳐야만 한다.

소크라테스는 이렇게 가르쳤다. 지식은 지식을 품고 있음을 알고 산파의 도움을 얻어 지식을 회상해 내는 과정을 통해 세상에 나온다고 가르쳤다. 노예소년이 품고 있는 기하학의 이데아가 소크라테스와 같은 최고 산파의 도움만 받는다면 세상에 빛을 발할 수가 있다. 지식은 이렇게 '가르쳐질 수 있다' 교육은 이렇게 가능하다.

소크라테스는 마침내 최후를 맞는다. 사람을 가르칠 수 있다는 해괴망측한 궤변으로 아테네의 청년들을 미혹시킨다는 죄목이다. 파이돈에서 마지막 변론의 기회가 주어진다.

"소크라테스, 그대는 아직도 가르칠 수 있다고 주장하는가?"

"그렇다!"

"소크라테스, 그대가 가르칠 수 있다는 주장만 거두어들인다면 그대의 목숨은 구해질 수 있다는 데도 아직도 그렇게 주장하는가?"

"그렇다!"

소크라테스는 독배를 마신다. 소크라테스의 죄목은 사람을 가르칠 수 있다는 것이었다. 이제 인류는 새로운 지평으로 들어섰다. 자녀에게 지식을 가르치게 되었다. 노예소년도 소크라테스와 같은 철학자가 될 수 있었다. 물론 많은 세월이 흘렀다. 데카르트가 이성을 재발견할 때까지 이천 년은 더 기다려야 했다.

예수의 가르침: 사랑

예수AD 1~32의 탄생을 기점으로 역사는 그의 탄생 이전사 Before Christ와 탄생 이후사 Anno Domini로 나뉜다. 기독교적 세계관이었든 서양적 역사관이었든 그것이 대세이며 지식이며 상식이다. 그것을 거부하는 것은 그 개인이나 집단의 자유이되 그것을 남에게 강요할 권리도 물론 없다.

|그림 13-4| 예수

http://img.blog.yahoo.co.kr/ybi/1/5e/c9/jh3choi/folder/261/img_261_14070_0?1252473200.jpg

예수 그리스도. 그는 33세에 십자가 극형을 당하고 짧은 생을 마감했다. 서른 전에는 평범한 목수로 지냈을 뿐이고 어찌된 사연인지 31세인가 32세이던 해에 세상에 그의 얼굴과 목소리, 이름을 알리기 시작했다. 길어야 1년 남짓한 짧은 그의 공생애 동안 도대체 무슨 일이 일어났기에 인류사가 송두리째 뒤바뀐 것일까?

예수의 탄생사도 공자만큼이나 기구했던 것 같다. 요셉이라는 선한 목수는 그가 태어나는 날부터 그의 양아버지가 되어 그의 탄생에 함께했다. 예수의 어머니 마리아는 신실하고 아름답고 정숙한 처녀였다. 근데 그녀에게 하나님이라 불리는 눈에 안 보이는 사랑의 정령이 있었고 그 결실이 예수가 되어 마리아는 베들레헴 마구간에서 성자를 낳기에 이르렀다. 당대의 사람들이 무어라 했든 요셉과 마리아가 그 수군거림을 어찌 견디었든 예수는 서른 살 장년으로 자랐고 급기야 구름떼 같은 사람들을 불러 모으는 신묘한 힘을 갖게 되었다. 그러나 그 힘은 너무 커서 사람들로서는 감당이 안 되었고 로마의 황제까지 두렵게 하였다. 타협은 없었고 예수는 결국 십자가에 못 박혀 죽었다. 그가 믿었던 하늘의 아버지는 이 땅의 황제가 하는 일은 막지 못했는지 아니면 그가 살았을 때 늘 예언한 대로 그는 한 알의 밀알이 되어 썩어 없어졌다.

그런데 인류사 이래 한 번도 본 적이 없는 기적이 일어났다. 예수가 무덤의 돌을 걷어차고 나와 죽은 자들 가운데서 세상 처음으로 다시 살아난 것이다. 부활이라 했다. 이제 모든 인류는 새로운 희망을 갖게 되었다. 예수처럼 살면 죽음의 두려움을 잊고 다시 살아날 수 있다는 마음이 그것이다. 몸이 살든 혼이 살든 사람들은 부활을 믿었다. 도마라는 제자는 창으로 찔린 옆구리를 만져 보았다. 예수는 부활 후 40일 동안 그가 거닐었던 갈릴리 호숫가를 다시 찾아 제자들을 불러 함께 나누었던 하나님 나라의 이야기를 되새겼고 곧 다가올 하나님 나라의 복음을 다시 들려주었다. 그리고 이번에 부활한 것처럼 곧 다시 오리라는 약속을 하고 홀연히 아버지의 나라 하늘로 구름을 타고 올라갔다.

네로의 폭압에 초기 그리스도인들은 사자의 밥으로 콜로세움 광장에서 먹혔다. 네로를 더욱 화나게 하고 로마인들을 더욱 광분시킨 것은 사자의 밥이 되면서도 그들은 찬송을 하였고 얼굴은 환한 빛으로 타올랐다. 그들에게는 부활이 있었고 그들에게는 천국이 눈앞에 펼쳐졌다. 그리고 그들은 엊그제 헤어진 예수 그리스도와 만나러 가고 있었다.

도대체 예수는 무어라 가르쳤는가?

예수는 서로 사랑하라고 가르쳤다. 원수를 사랑하라고 가르쳤다. 왼뺨을 때리면 오른뺨도 내주라 하였으며 강도가 겉옷을 달라 하면 속옷도 내주라 했다. 로마의 병사가 오 리를 짐을 매라 하면 십 리를 매라 했다. 그런가 하면 무한히 남을 도우라 했다. 오른손이 한 일을 왼손이 모르게 하라 했고 나그네에게 물을 한 됫박 건네면 곧 자기 예수 그리스도와 하나님을 섬기는 일과 같다 했다. 일곱 번 이혼당한 아낙네에게 돌을 던지려는 무리에게는 죄 없는 자만이 그러라고 하여 아낙네의 죄를 용서했다. 떡 다섯 덩이와 생선 두 마리로 오천 명을 먹였다. 앉은뱅이를 걷게 했으며 소경을 눈뜨게 하고 죽은 나사로를 살리기까지 했다. 그러나 정작 그 자신은 베옷만 걸쳤고 집도 없고 가족도 꾸리지 못했다. 세상에 나서 가장 몹쓸 죄는 어머니 앞에서 죽어가는 일이다. 그렇게 그는 불효했으며, 그렇게 그는 홀연히 사라졌다.

예수와 만난 이들은 예수가 죽는다는 것을 상상할 수 없었다. 예수와 함께한 이들은 늘 예수와 함께해야 했다. 예수로부터 가르침을 받은 자들은 예수가 늘 살아 있어야 했다. 그들은 예수가 살아 있었던 그날처럼 그렇게 서로 사랑하고 서로 나누고 서로의 병을 고쳐 주었다. 그들은 하나님의 나라를 보았다. 그제야 그들은 애굽땅 포로생활에서 구해 주고 광야 40년 동안 먹여 주고 가나안 복지를 주신 하나님이 예수 그리스도임을 알아차렸다. 그동안 로마병사의 군홧발에 짓밟히고 바리새인과 사두개인들에게 멸시를 당한 이유가 하나님께서 오늘을 허락하기 위해 예비한 길이었음을 깨달았다. 그리고 그제서야 그들이 지은 죄를 깨달았고 지은 죄를 회개하면 바로 용서하시는 하나님이 계심을 알았다. 그렇게 그들은 삶의 진리를 터득하였다. 하나님이 호렙산에서 모세를 통해 언약한 약속들을 회상하였다. 그리고 그렇게 열심히 살았나. 그리고 예수를 따르는 이들은 로마를 정복하고 서구문명을 개척하고 인류사에서 처음으로 모든 사람이 배불리 먹을 수 있는 근대 산업문명사회를 열었다.

뉴밀레니엄적 소통

교육은 시대를 넘고 공간을 넘어 사람들이 살아가는 이야기를 소통하는 기술을 배우는 과정이다. 어려서부터 천자문을 외느라고 고생했던 선조들의 이야기가 그것이다. 아이가 자기 이름 석 자를 쓰는 것을 보고 기뻐하는 엄마의 얼굴과 영어 때문에 고생하는 한국의 학생들과 학부모들을 떠올리면 글을 깨치는 일이 얼마나 고통스러운 과정임을 알 수 있다. 교육의 개념에 대한 논의가 교육학이라고 불리는 학문 분과에서는 영원히 풀릴 수 없는 본원적 질문이지만 여하튼 그것이 공부하는 일과 깊은 관련이 있는 영역이며 공부의 많은 것 중 기본하나는 글을 깨치는 일일 것이다.

그런데 왜 우리들은 그토록 글을 깨우쳐야 한다는 강박관념을 가지고 있으며, 더욱이 깨친 자들만이 잘살 수 있었고 번영과 문명을 이루었다는 신념을 갖게 되었을까? 이 질문에 답하기 위해서는 글을 통해 무엇을 하려 했을까를 생각해야 한다. 생명현상의 핵심적 본질은 존재의 유지이며 존재는 에너지의 획득과 소비를 통해 이루어진다. 에너지는 식량, 곧 먹을 것으로부터 얻어지는 것인 바 그 식량을 얻는 것에 관한 정보를 얻는 것은 핵심적 생명활동이다. 갑자기 솟아오른 새떼의 군무는 아름다움 이전에 생명의 근본적 먹이활동으로부터 시작된다. 누가 그들더러 '스마트한 스웜'똑똑한 벌레들, Smart Swarm: Miller, 2010이라 했는가? 그들 또한 인간들처럼 하찮은 벌레, 하찮은 미물에 불과하다. 기껏해야 새대가리에 불과하니 인간보다도 더 하찮은 것은 분명하다. 그들과 다른 게, 그래도 인간은 그 정보를 보다 정확하게, 보다 많은 동족에게, 보다 오랫동안 보존하여 전달하는 방법을 진화의 역사와 함께 발전시켜 왔다. 그것이 바로 현생인류가 터득하여 사용하고 있는 역사방법이다. 곧 동족 간에 공유해야 하는 정보의 생산과 기록, 그리고 기록을 통한 공유와 확산, 또 재생산의 선순환 구조다. 결국 인간은 글자 문명을 통한 소통기술을 익힘으로써 생태계의 강자로 살아남았다.

디지털 기술문명시대가 20세기 말부터 실로 미증유의 변화를 몰고 오고 있다. 디지털 소통기술은 수천 년의 역사문명시대를 버텨 온 글쓰기 문명의 종막을 고할 것 같은 기세다. 플루서Flusser는 디지털 시대의 글쓰기가 시작되면 역사가 사라지는 시대 a-History가 올 것이라고 한다. 디지털 소통방식은 기본적으로 글쓰기가 갖고 있는 암호체계와 논리체계를 요구하지 않는다. 유튜브 확산이 초기 웹기반 소통방식을 동영상 방식으로 바꾸고 있다. 즉, 더 이상 우리는 추상적으로 이야기와 정보를 전달할 필요 없이 구체적으로 있는 그대로 표현하게 되었고, 수단의 제한 없이 전달할 수 있게 되었다. 디지털 소통방식의 가장 대표적인 예는 이와 같은 동영상 소통방식이며 화상통화다. 글을 모르는 사람, 소리를 듣지 못하는 사람, 앞을 못 보는 사람 모두가 이젠 소통할 수 있게 되었다. 만민교육의 꿈이 만민소통이었음을 비로소 깨닫게 된 것이다.

뉴밀레니엄은 이처럼 만민소통의 기술을 기반으로 열리고 있다. 그 어느 누구도 소통의 장애로부터 차별받지 않음으로써 생명의 위협에서 벗어나게 되었다. 소통의 증대로 집단의 지식은 한층 풍요로질 것이고 새로운 지식이 창조될 것이다. 언제나 그랬던 것처럼 나보다 똑똑한 우리는 이제 전보다 더 서로를 의시하고 도와가며 평화를 구할 수 있게 될 것이다.

귀향, 아프리카를 향해

대체적으로 지금부터 170만여 년 전 지금의 아프리카 대륙 케냐 지방 어딘가에서부터 직립인류의 최초 진화가 이루어졌다고 생각된다. 물론 현생인류의 선조는 에덴동산의 아담과 이브임이 분명하다. 지식의 나무에서 사과를 따먹고 난 후 그들은 자신들의 창조주를 알게 되었으며 땀 흘려 일을 하고 출산의 고통을 통해 종의 번식과 번영을 이루어야 할 운명임을 깨닫게 되었다. 그러나 이러한 현생인류 호모 사피엔스로의 재탄생까지는 훨씬 오랜 진화의 시간이 필요했다. 아프리카 남부에서 메소포타미아 갈대아 우르까지 오는 시간이 족히 170만 년은 넘게 걸린 것이다.

아프리카 세렝게티에 가 보시라! 사자와 표범, 코뿔소와 코끼리 그리고 하마, 이렇게 다섯의 거장five bigs의 고향이다. 왜소하기가 참으로 볼품없는 우리의 선조들은 감히 그들과 겨루어 그곳에서 물 한 모금조차 얻어 마실 수가 없었을 것이다. 우리의 선조들은 그들과 겨루기보다는 물은 조금 부족할지라도 포식자의 위협이 덜한 사하라 사막을 넘고 시나이 광야를 넘어야 했다.

길고 긴 피난 여정의 끝이 과연 젖과 꿀이 흐르는 가나안 복지였을까? 기독교인들의 오랜 믿음과는 달리 실제 역사와 지리학적 고증에 의하면 전혀 그렇지 않다. 심지어 성경 어디에서도 가나안 땅이 문전

옥답이거나 세렝게티 초원처럼 물이 풍부했다는 표현을 찾을 수 없다. 고증에 따르면 유대인들이 맨 처음 정복한 큰 성 여리고성은 당시 가나안 광야에서 가장 큰 우물을 가진 오아시스였다고 한다. 오아시스의 특성상 물의 양은 한정되어 있어서 공동체의 식구가 일정 규모를 넘을 수가 없으며 그 경우에 누군가는 반드시 다른 오아시스를 찾아 떠나야 한다. 여리고성 전투는 이집트 탈출에 성공한 유대인이며 이스라엘인들이 정착할 큰 땅을 찾기 위해 벌인 첫 번째이자 가장 큰 전투였다. 물론 전투는 그들을 이끌어 내고 인도한 여호와 하나님의 도움으로 일곱 바퀴 성 둘레를 도는 것만으로 성이 무너지고 이스라엘인들이 성 안에 들어가 그 안에 살던 여리고인들은 물론 동물 새끼 한 마리도 남김없이 죽여야 했다. 누군가가 가축 한 마리를 감추었다. 결국은 여호와의 벌을 받고 하늘의 불이 내려 그 역시 죽임을 당해야 했다.

여리고성의 비극은 왜 일어났을까?

이유는 매우 간단하다. 오아시스에서는 계속하여 마실 수 있는 물의 양이 한정되어 있었기 때문이다. 성경에는 여리고성이 큰 성으로 그려져 있지만 고고학자들에 따르면 고작 1,300여 명이 살 수 있는 오아시스에 불과했다. 물론 시나이 광야에서는 가장 큰 오아시스였다고 한다. 그러나 물의 양은 한정되어 있었고 당연히 그 안에 살 수 있는 사람의 수, 가축의 수, 심지어는 길러 먹을 채소의 양 또한 철저히 성주에 의해 통제되어야 했다. 그런데 가축 한 마리를 감추었다고? 있을 수 없는 일이었다. 다만 한 여인이 살아남았다. 이스라엘 정탐꾼을 감추어 준 기생 라합이다. 라합은 인류의 메시아 예수의 조상이 되는 축복을 받는다.

인류는 고난의 여정을 통해 메소포타미아 지역에 도달했을 즈음 문득 한 가지를 깨달았다. 젖과 꿀이 흐르는 복지는 어디에도 없다는 사실을 말이다. 복지는 인간이 만들어야 한다는 사실, 만들 수밖에 없다는 사실 그리고 만들 수 있나는 임연한 사실을 깨닫는 데는 실로 170만 년이 필요했다.

인간은 드디어 점토판에 문자를 새기기 시작하고 법전을 만들었다. 문명이 만들어지고 역사가 만들어지고 지식이 만들어졌다. 인류는 더 이상 포식자에게 쫓기고 한정된 물의 양을 다투어 동족을 죽일 필요가 없었다. 농사를 짓기 시작하였으며 무에서 유를 생산하고 급기야 국가를 만들었다. 젖과 꿀이 흐르는 땅은 만들어지는 것이지 주어지는 것이 아님을 이제 모든 인류는 안다. 그리고 그것은 교육을 통해 가능하다는 것도 알게 되었으며 어떤 동물도 갖지 못한 교사와 학생이라는 범주를 만들어 냈다.

제2차 세계대전이 끝나고 유대인들은 다시 가나안 복지를 찾아 나섰다. 600만여 명이 홀로코스트로 몰살되었다. 애굽 땅에서 바빌로니아 포로 시기에 폭군 네로의 사자밥으로도 그들에게 주어진 유형은 멈추지 않았다. 그들이 찾은 예루살렘에는 솔로몬이 세운 성전은 없었다. 여리고성의 오아시스도 없었다. 그러나 그들은 그곳이 가나안 복지임을 알았다. 그리고 사막에 물을 대고 식물을 길렀다.

21세기가 열리고 뉴밀레니엄이 열렸다. 대한민국의 디지털 네이티브들은 새로운 가나안 복지를 향해 소크라테스와 공자를 넘고 부처와 예수를 넘어 미지의 세계로 모험을 떠나고 있다. 학교를 버리고 세상으로 바로 나가고 있다. 어른들은 막을 용기가 나지 않는다. 저들의 손에 들린 스마트폰 안에 어떤 세계가 담겨 있는지 알 길이 없다. 다만 저들이 스마트폰 안에 일구려는 뉴밀레니엄적 가나안 복지와 사대문명은 분명 우리가 살아온 세계와는 전혀 다른 곳일 것이라는 막연한 상상만 할 뿐이다. 그리고 혹시 저들이 꿈꾸는 세계가 20세기 초엽 인도의 시성 타고르가 예견한 동방의 등불이 타오를 그곳이기를 바랄 뿐이다.

귀향을 위해 준비할 것들

무엇을 준비해야 할까?

사실은 무엇을 가지고 가기보다는 무엇을 버리고 갈 것인가를 생각해야 할지도 모른다. 아프리카에는 전기도 없고 물도 없고 학교도 없고 선생님도 없다. 드넓은 초원과 사막 그리고 포식자의 울음소리와 말라리아 모기들만 있다. 한 보따리 싸 가 봐야 보관할 냉장고도 없다. 버리고 가야 한다.

학교를 버리고 가자.

학교는 선생님과 학생이 만나는 장소일 뿐이다. 그런데 언제부터인가 선생님과 학생은 학교를 머리에 이고 산다. 매일 깨끗하게 청소를 하는 것은 참을 만하다. 어머니가 아파서 병원에 있어도 학교에 가야 한단다. 나 말고는 밭에 풀을 뽑을 사람이 하나도 없는데도 학교에 가야 한단다. 선생님이 오늘 저녁에 우리 집에 오시면 안 될까? 오늘 못 가면 내일 가면 안 될까? 아프리카에는 학교가 없다. 아프리카의 아이들은 학교보다는 친구들과 재미있게 놀 수 있는 들판을 바란다.

책을 버리고 가자.

까막눈의 서러움을 모르는 바는 아니다. 그러나 책은 도대체 아무리 읽어도 무슨 소리인지 모를 때가 많다. 만화책이 더 좋고 영화가 더 좋고 컴퓨터 게임이 더 재미있다. 왜 책은 만화와 영화처럼, 게임이나 노래처럼 재미가 없는 것일까? 한자로 이루어진 어려운 고사성어는 왜 그리 많고 알 수도 없는 꼬부랑 영어 글씨는 도대체 몇 년을 해도 입에 붙질 않는다. 책은 부모님들이 그리고 선각자라는 분들이 겪은 경험을 전해 주는 이야기가 씌어 있다고 하는데 왜 꼭 어려운 글자로만 그러한 이야기들을 들어야 하는 걸까? 아프리카에는 책이 없다. 아프리카의 아이들은 책보다는 친구들과 재미난 이야기를 주고받을 수 있는 스마트폰을 갖기 바란다.

선생님을 버리고 가자.

선생님은 늘 언제나 곁에 계셨다. 선생님은 늘 예쁘셨다. 선생님은 늘 많은 것을 알고 계셨다. 엄마보다 아빠보다 나를 더 많이 이해해 주셨다. 그런데 언제부터인가 선생님이 무서워졌다. 나는 이해할 수 없는 것들을 칠판에 잔뜩 써 놓고 무조건 외우라고 한다. 언제부터인가는 나를 무시하기 시작하고 나를 학교에서 자꾸 쫓아내려고 한다. 그러다 지치셨는지 요즈음은 아예 그마저도 안 하시고 내가 잠을 자든 내가 떠들든 내가 공부를 못해 빵점을 맞든 관심도 없으시다. 아프리카에는 선생님이 안 계시다. 아프리카의 아이들은 선생님보다는 재미있는 모험을 같이 해 줄 형과 누나, 그리고 동네 아저씨가 찾아 주기를 바란다.

나라를 버리고 가자.

나라 잃은 설움이 이렇게 클 줄은 몰랐다. 학교에서 선생님이 말씀하실 때는 또 그 재미없는 이야기를 하신다고 피식거렸다. 그러나 세상을 나와 보니 그리고 철이 들어 보니 그 서른다섯 해 동안의 종살이가 얼마나 혹독한 것이었고 얼마나 치명적인 독을 우리 안에 남겨 놓았는지 몸서리가 처진다. 또 우리가 모르는 독이 어디에 얼마나 숨어 있는지 모른다. 그런데 나라가 세워지면 세상이 좋아질 줄 알았다. 그러나 새로 들어선 나라는 전에 있었던 나라에 비해 뭐가 좋은지 알 수가 없다. 총소리는 끊이지 않고 굶주림과 질병은 많은 친구의 생명을 앗아 갔다. 아프리카에는 나라가 없다. 아프리카의 아이들은 나라이든 나라가 아니든 총소리를 멎게 하고 한 끼의 음식과 깨끗한 마실 물이 있는 고향으로 돌아가고 싶어 한다.

버릴 것은 버리고 그곳에 버려진 아이들이 꼭 바라는 것만을 가지고 우리는 우리의 고향 아프리카로 가야 한다. 가서 그곳 아이들의 이야기를 들어 보고 또 우리의 이야기를 들려주어야 한다. 그러다 보면 우리는 평화롭게 같이 살 수 있는 희망을 찾을 수 있을 것이다.

교육은 삶이다. 교육은 삶의 이야기를 나누는 것이다. 우리들이 살아온 이야기를 서로 나누다 보면 보다 나은 삶의 꾀가 서로들 가운데 피어날 것이다. 그러면 한 아이의 생명이라도 더 지켜질 것이고 한 웅큼의 땅이라도 덜 버려질 것이다. 그러면 지구가 지켜질 것이고 우주 또한 지켜질 것이다. 그곳에 평화가 있을 것이다. 그리고 그곳에 자유가 있을 것이다. 그리고 우리는 그 자유가 교육으로 얻어진 것을 깨닫게 될 것이고 교육은 그 이후에도 계속될 것이다.

책의 무게, 진심의 무게[1]

어제는 집에서 책 정리를 했습니다. 어지럽게 뒤섞여 있는 책들을 나름의 기준에 따라 분류하고 모아 다시 책꽂이에 꽂는 작업이었습니다. 작업이 끝난 뒤 저의 소감이란, 책은 무겁다는 것이었습니다. 책은 그 크기에 비해 무게가 많이 나가는 물건이었습니다. 책과 비슷한 크기의 물건에 뭐가 있을까 곰곰이 생각해 봅니다. 가장 먼저 떠오르는 건 라면……. 한 사람의 허기를 채우고 따뜻하고 짭조름한 국물로 사람의 뒤틀린 위장도 제자리로 돌려놓을 수 있는 위력을 가진 물건이지만 그 무게는 책과 비교할 수 없이 가볍지요. 그렇다면 벽시계는 어떤가요. 영원에서 영원까지, 젊음에서 늙음까지, 새벽에서 늦은 밤까지, 이른 봄 생강나무의 노란 꽃부터 가을로 접어든 계수나무 떨켜의 솜사탕 냄새까지, 그 모든 변화를 주도하는 듯 보이는 시계는 어떤가요. 영원의 무게를 짊어진 물건이라는 인식에 비하면 그 물리적 무게는 너무나 가볍지요. 게다가 그 몸체에서 건전지라도 빼내는 날엔

1. 이 글은 이 책의 저자인 천세영 선생님으로부터 교육을 배우는 제자들이 책의 출간을 기뻐하며 함께 쓴 글입니다. 글 속에는 1인칭 화자 '나'가 말하고 있지만, 이 '나'는 우리 제자들 각각의 '나', 모두의 '나'입니다. 이 글을 읽으시는 분들께서는 부디 그렇게 읽어 주시길 바랍니다.

그 영원의 무게에서 영혼이 빠져나간 듯 허망합니다. 물리적 현현은 언제나 그 의미를 모두 담았다고 보기엔 너무 가볍습니다.

하지만 책은 그렇지 않습니다. 책은, 뭐랄까 돌멩이 같은 묵직함이 있습니다. 굳이 거기에 이유를 대자면 아마도 글쓴이의 진심과 그 진심이 지나온 시간이 담겨 있기 때문일 겁니다. 그래서 책은 크든 작든, 두껍든 얇든 같은 무게입니다. 같은 무거움입니다. 책을 읽는 사람마다 글쓴이의 마음에 동의할 수도 있고 그렇지 않을 수도 있겠습니다만 그 사람의 진심만큼은 부인해서는 안 될 것입니다. 사람이 어떤 사람을 좋아할 수도 싫어할 수도 있겠지만, 그 존재 자체를 부정해서는 안 되는 것과 같은 이치라 하겠습니다.

누군가가 자신의 생각을 글로 써서 남기기로 작정했다면 그것은 대단한 결심입니다. 그것은 말의 가벼움과 비견되는 무거운 결단이지요. 혹자는 그것을 교만이라고도 합니다만, 저는 그것을 용기라고 불러야 옳다고 생각합니다. 아무도 교육과 그 자유에 대해 말하기를 어려워할 때, 그것에 대해 말하기로 했다면, 그리고 그것을 글로 남겨 그동안 떠들고 다녔던 말에 대해 책임을 지기로 했다면, 그것을 용기라고 부르는 것이 합당할 것이기 때문입니다.

'국경을 넘어 다른 나라에서의 교육을 우리는 왜 갈망하는가?' 이 질문이 아마도 이 책의 시작이었습니다. 어떤 생각이든지 함께 나누고 함께 고민하기를 즐거워하시는 선생님의 특성상, 그 질문은 곧 저의 질문, 우리 제자들의 질문이 되었습니다. 토요일마다 열리는 얼EARL 세미나[2]에서는 항상 그 질문이 도마 위에 올랐고, 어떤 이야기를

2. EARL은 Educational Administration Research Lab의 약자로, 충남대학교 대학

하든 그 질문으로 귀결되었습니다. 그 질문에 답을 하기 위해서는 교육이 무언지, 우리나라 교육이 무언지, 국경 밖의 교육은 무언지, 교육에서 국경의 의미는 무엇인지 또는 우리는 왜 교육을 받는지, 우리는 왜 공부에서 떠나지 못하는지 등 이런 질문을 하지 않을 수 없었는데, 우리는 참으로 어려운 이 질문을 가지고 끊임없이 끙끙댔었습니다. 생각의 과정 중에 선생님은 국경이 중요한 의미를 갖는 근현대의 교육현상과 대비하여 국경을 초월하는 교육현상을 초국적 교육이라 이름 짓고 구체적으로 공부하기 시작하셨지요. 그러던 중 선생님의 제자 한 명은 우리나라 조기유학 현상을 설명하는 박사학위논문으로 초국적 교육을 증명하는 시도를 하였고, 드디어는 한국연구재단에서 연구비를 받아 연구하기에 이르렀던 것이지요.

질문에 대한 답을 찾아 나가는 과정에서 선생님과 우리 제자들은 여러 난관에 부딪혔습니다. 그 질문에 덧씌워 있는 국가에 대한 우리의 관념, 특히 지난한 현대사를 겪어 오면서 우리가 몽고반점처럼 지니게 된 애국심에 대한 이율배반적 생각이 특히 힘들었습니다. 그 현상과 관념의 이율배반을 하나하나 펼쳐 가지런히 할 때의 마음은 뭐랄까……. 잘 박혀 있는 굳은살을 일부러 떼어 내는 아픔이랄까. 마음의 국경을 열기는 참으로 어려웠습니다. 이렇게 어려웠으니 교육의 국경을 깨기는 얼마나 더 어려웠을까요. 국경 없는 교육을 받아들이는 것은 얼마나 더 어려운 일이었겠습니까. 하지만 초국하고 나니 넓은 세상이 보였고, 기나긴 역사가 짚어졌습니다. 그래서 국경 없이, 그래서 학교 없이 교육을 바라보고 사고할 수 있었습니다. 배움에 국

원에서 교육행정을 공부하는 사람들의 모임을 가리키는 말입니다.

경을 그을 수 없다는 이 책의 주장은 교육의 원형이 자유를 그 바탕으로 하고 있기 때문이라는 것입니다. 그리고 오랜 시간을 들여 돌아왔지만 결국은 그 원형으로 돌아가고 있다는 현상적 증거들을 들이대는 것이었습니다. 그렇습니다. 교육은 그 지향하는 바, 경계를 초월하는 자유입니다.

선생님으로부터 책에 들어갈 마무리 글을 써 보는 게 어떠냐는 제안을 깊은 생각 없이 받아들인 것을 지금 후회하고 있습니다. 이 책이 선생님에게 남다른 의미가 있는 결실이라는 점을 알고 있기 때문입니다. 선생님은 여러 번 "이 책을 잘 쓸 수만 있다면, 이 책을 잘 마무리할 수만 있다면 앞으로 다른 책을 더 쓰지 못한다 해도 괜찮을 것 같아." 이렇게 말씀하셨지요. 이런 절실함이 담긴 책이라면 그 진심의 무게만으로도 이 글을 감당할 수 없었을 것입니다. 그럼에도 제가 이 글을 쓸 수 있는 것은 저는 선생님의 동학同學이기 때문입니다. 선생님은 제자들을 항상 '함께 공부하는 친구들'이라 부르셨습니다. 몇 년에 걸친 세미나와 토론을 거쳐 태어난 이 책 속엔 저의 생각도 저의 고뇌도 때로 저의 아픔도 한 귀퉁이 자리하고 있을 것입니다. 그러니 저는 즐거이 이 글을 써도 되는 것입니다. 아, 그러고 보니 선생님과 우리 제자들은 또 하나의 경계를 초월하고 있나 봅니다.

2013년 3월

참고문헌

강내희(2006). "신자유주의 세계화를 넘어 대안적 세계화로", 문화과학, 47, pp. 33-63.

강무섭(1995). 교육의 세계화 구상. 서울: 한국교육개발원.

강영순(2005). 조기유학에 대한 이해. 교육인적자원부 국외 인적자원정책과.

강지연(2002). 학부모의 교육의식과 자녀 조기유학 선택-서울 강남지역 학부모들을 중심으로. 이화여자대학교 대학원 석사학위 청구논문.

강창동(2006). "한국 초등교육의 학력자본화에 대한 사회적 고찰", 교육문제연구, 제26집, pp. 101-123.

고혜림(2008). 우리아이 미국 초등학교 보내기. 서울: 조선북스.

공은배, 천세영, 최상근(1992). 지방교육재정제도 발전방안연구. 서울: 한국교육개발원.

교육부(1998). 교육50년사.

국방부 전쟁사연구소(2008). 세계 역사 및 전쟁연표.

권대훈(2005). 고등학교 평준화 정책 담론의 사회정치적 성격에 관한 연구. 한국교원대학교 대학원 박사학위 청구논문.

권미경(2009). 조기유학생의 스트레스와 적응에 영향을 미치는 변인. 서울대학교 대학원 박사학위 청구논문.

권효숙(2002). 초등학교 '귀국반' 아동의 적응에 대한 문화기술적 사례 연구. 서울대학교 대학원 박사학위 청구논문.

김경근, 윤혜준(2005). "교육적 동기에 의한 '탈한국'의 개연성이 있는 가족의 특성", 교육사회학연구, 제15권, 3호, pp. 29-50.

김기석(1999). 교육역사사회학. 경기: 교육과학사.

김기석(2008). "세계화 시대 한국교육의 글로벌 위사와 책임", 직업과 인력개발, 2008 여름.

김대식(2001). "조선 서원 강학 활동의 성격", 교육사학연구, 11.

김문식, 김정호(2003). 조선의 왕세자교육. 서울: 김영사.

김성혜(2003). 서울대보다는 하버드를 겨냥하라. 서울: 물푸레.

김소희, 박균섭, 서명석, 이계학, 전명기, 조정호(2004). 근대와 교육 사이의 파열음. 서울: 아이필드.

김양분(2003). "학생들은 이런 이유로 학원과 더 친했다" 사교육기관: 그 속을 해부한다. Educational Development: 2003 7+8.

김영희, 최명선, 이지항(2005). "뉴질랜드 거주 기러기 어머니의 생활실태 연구", 대한 가정학회지, 43권, 11호, pp. 1-12.

김영희, 최명선, 이지항(2006). "뉴질랜드 거주 조기유학생의 생활실태와 사회적 지원방안", 청소년학연구, 13권, 1호, pp. 55-84.

김용일(1997). "교육개혁에서 세계화 담론의 정책적 귀결", 교육행정학연구, 제15권, 제2호.

김원중(2000). 교실붕괴의 심리학적 분석. 교육인류학연구 제3권 제2호, pp. 79-138.

김종철(1989). 한국교육정책연구. 경기: 교육과학사.

김진영, 박성혜(2008). "공교육에 관한 이론적 고찰: 자유주의 관점에서", 한국사회와 행정연구, 19권, 3호, pp. 123-148.

김필동(1999). 차별과 연대: 조선 사회의 신분과 조직. 서울: 문학과 지성사.

김필동(2001). "지식변동의 사회사: 과제와 방법", 한국사회사학회 · 충남대사회과학연구소, 지식변동의 사회사 정기학술대회 자료집.

김현주(2007). 미국 조기유학 청소년의 적응과정 연구-근거이론을 적용하여. 이화여자대학교 대학원 박사학위 청구논문.

김현진(2003). "마지막까지 학생들이 기대는 곳이 학원임에랴" '대입정책' 과외를 잠재울 수 있을까? Educational Development: 2003 7+8.

김훈(2000). 자전거 여행. 서울: 생각의 나무.

김훈(2007). 자전거 여행 1. 서울: 생각의 나무.

김홍원(2005). "조기유학에 관한 국민의식과 실태", 한국교육개발원, 2005년도 제26차 KEDI 교육정책 포럼.
김홍주(2001). 조기유학의 현황 및 국민의식 분석. 한국교육개발원 보고서.
김홍주(2005). "세계화시대의 조기유학과 교육이민", 국회도서관보, 4월호, pp. 29-36.
나병현(2002). "공교육의 의미와 교육의 공공성 문제", 한국교육, 29권, 2호, pp. 549-571.
남미정(2004). "학문의 지형도 속에서 교육학 찾기: 간학문으로서의 교육학", 교육발전논총, 25권, 2호.
노마 히데키(2011). 김진아, 김기연, 박수진 역. 한글의 탄생. 경기: 돌베개.
매일경제. 한글, 소수민족 공식문자로. 2009. 8. 6.
문지영(2007). 홉스 & 로크. 서울: 김영사.
박소화(2010). "조기유학 경험의 초국가성에 대한 근거이론적 분석", 충남대학교 대학원 박사학위논문.
박연호(1994). "16세기 사대부의 교양이념: 위기지학", 국사관 논총.
박연호(1997). "조선전기 향교정책의 성격과 한계", 교육사학연구, 8.
박연호(2002). "교사로서의 공자: 업적과 그 교육사적 의의", 교육사학연구, 12.
박영숙, 박광배, 최상진, Marsella, A, 김주한(2002). "미국 일시거주 한인아동 및 청소년의 사회문화적 적응촉진을 위한 인터넷 상담교육 프로그램의 효과검증", 한국심리학회지, 제21권, 2호, pp. 97-139.
박재윤 외 4명(2008). 세계화 시대의 교육제도 발전방안 연구. 서울: 한국교육개발원.
범우사(2011). 책과 인생. 2011년 5월호.
서덕희(2001). "또다시 묻는 질문, 교육의 공공성이란 무엇인가?", 중등우리교육, 2001년 10월호.
서정복(2007). 프랑스혁명과 나폴레옹시대의 교육개혁사. 충남대학교출판부(CNU Press).
손준종(2005). "누가 교육을 위해 한국을 떠나려고 하는가?-교육 관련 탈

한국 현상의 사회적 성격 분석—", 교육사회학연구, 15(2), pp. 95-120.

손준종(2008). "지구화와 국가교육의 재고", 교육사회학연구, 18(3), pp. 87-110.

손희권(2007). "국가의 교육법의 법리", 한국교육, 37(4), pp. 207-231.

손준홍(2006). 실제로 알고 가는 미국 고등학교. 서울: 명지사.

송호근(2006). 한국의 평등주의, 그 마음의 습관. 서울: 삼성경제연구소.

시오노 나나미(1996). 로마인 이야기 5. 김석희 역. 서울: 한길사.

시오노 나나미(2002). 로마인 이야기 10. 김석희 역. 서울: 한길사.

신동혁, 한윤정(2008). 엄마 난 누구야? 서울: 푸른향기.

신영복(2004). 강의. 경기: 돌베게.

신차균(1986). "르네상스기의 교육이론과 자유교육의 전통", 교육논총, 제6집, pp. 69-94.

신혜림(2005). 미국 공립학교 교환학생 난 이렇게 했다. 서울: 시그마프레스.

심미혜(2001). 미국교육과 아메리칸 커피. 서울: 솔출판사.

안병철(1996). "조기 유학의 현황과 과제: 북가주 조기유학생을 중심으로", 민족과 문화, 제4호, pp. 423-468.

양진건(2003). "고대 Greece 교육의 전통에 관한 연구", 학생생활연구, Vol. 24, pp. 101-116.

염지숙(2003). "교육연구에서 내러티브 탐구(Narrative Inquiry)의 개념, 절차, 그리고 딜레마", 교육인류학연구, 6권, 1호.

오욱환(2008). 조기유학, 유토피아를 향한 출국-조기유학의 복합적 기능과 역기능. 경기: 교육과학사.

오은경(2008). "외부의 통제기제에 노출된 교육현자의 도구화 현상-학교공동체구축의 필요성", 교과교육학연구, 제12권, pp. 861-877.

우석훈(2007). 88만원세대: 절망의 세대에 쓰는 희망의 경제학. 서울: 레디앙미디어.

우용제(1997). "전통사회의 교육(2): 조선사회의 교육", 한국교육사. 서울: 교육과학사. pp. 89-190.

유길준, 허경진 옮김(2004). 서유견문. 서해문집.

유승원(1987). 조선초기 신분제도연구. 서울: 乙酉文化社.

유희언(2008). 조기유학의 초국가적 네트워크 특성과 정체성에 관한 연구. 이화여자대학교 대학원 석사학위 청구논문.

윤봉준(1997). 교육위기 타개는 공교육의 민영화로. 제2회 자유주의 워크숍. 1997.7.9.

윤정일, 신득렬, 이성호, 이용남, 허형(1997). 교육의 이해(개정판). 서울: 학지사.

윤종혁(2003). "30년간 난무하는 경감 대책들 속에서 더욱 튼튼해진 사교육" 사교육비경감대책들… 성과는 무엇인가? Educational Development: 2003 7+8.

이강렬(2007). 꿈을 찾아 떠난 젊은이들. 서울: 황소자리.

이경구(2000). 중세의 정치 이데올로기. 서울: 느티나무.

이기석, 한백우 역해(2007). 논어. 서울: 홍신문화사.

이돈희(2004). 교육정의론. 경기: 교육과학사.

이명주, 주삼환, 천세영(2001). "공장제학교모형의 한계와 21c 서당식 학교모형" Asian Regional Seminar on the Educational Tradition and its Challenge for the 21st Century, 2001. 11. 19-21, 충남대학교 교육발전연구소 주최 국제세미나 자료집.

이미나(2001). "우리 교육 현실에서 본 조기유학의 의미", 서울교육, 2001년 6월, pp. 17-21.

이미륵(1989). 정규화 옮김. 압록강은 흐른다. 서울: 범우사. (원저는 1946년 출간)

이미륵(2003). 정규화 옮김. 어머니. 서울: 계수나무.

이상우(1999). "공자의 교육사상", 생활지도연구, vol. 19.

이석우(1997). "서양 중세 대학의 형성과 전개", 서양사론, 53권, pp. 1-36.

이석우(1999). 대학의 역사. 서울: 한길사.

이성무(1969). "조선초기의 향교", 漢坡 李相玉 박사 회갑기념 논문집.

이성무(1995). 조선양반사회연구. 서울: 一潮閣.

이성무(1998). 한국 과거제도사. 서울: 민음사.
이소정(2005). 너는 어떻게 할래－대치동에서 캐나다로 조기유학 간 이소정의 공부 이야기. 서울: 우리들.
이순형(2007). 조기유학 유형별 분석을 위한 연구. 교육인적자원부.
이영민, 유휘연(2008). "조기유학을 통해 본 교육이민의 초국가적 네트워크와 상징자본화구", 한국도시지리학회지, 제11권, 2호.
이원재(2001). 과거공부를 알아야 우리교육이 보인다. 서울: 문음사.
이윤미(2001). "공교육의 역사성", 교육비평, 겨울호 통권 6호.
이인규(1998). 교육개혁의 성공 조건. 한국교육개발원 주최 교육개혁 대세미나 2차 자료집. 1998. 6. 15.
이재정(2008). 조선출판주식회사. 서울: 안티쿠스.
이정희(2005). "조기유학의 사례와 문제점", 강남교육청 장학사.
이종각(2000). "교육열 개념 재정립. 교육열의 사회문화적 구조", 한국정신문화연구원, pp. 7－52.
이종각(2003). 교육열 바로보기. 서울: 원미사.
이종재(2009). 한국교육발전의 탐구. 경기: 교육과학사.
이종태(1995). "공교육제도 성립에 대한 자유주의적 논거 탐색－Locke의 교육론을 바탕으로", 교육철학, 제13호, pp. 139－162.
이종태(2006). "'교육의 공공성' 개념의 재검토－공공성 논쟁의 분석과 개념의 명료화를 위한 논의", 한국교육, 33권, 3호, pp. 3－29.
이진우(1999). 정보사회의 사회과학인. 정보화 시대의 사회과학인, 계명대학교 사회과학연구소 25주년 기념세미나 자료집.
이진우(2001). "문명사적 변화와 학교교육 내실화 방안", 학교교육내실화 방안, 한국교육과정평가원 워크숍 자료집.
이하영(2008). 열다섯살 하영이의 스웨덴 학교이야기. 양철북.
이호성(1954). 교육자치제와 그 운영. 서울: 문교사.
이홍우(1998). 教育의 目的과 難點. 경기: 교육과학사.
이홍우(2006). 대승기신론통석. 파주: 김영사.
이홍우(2009). 교육의 개념. 서울: 문음사.

임재훈(2005). 미국 현지 조기유학의 사례 분석.
장상호(1997). 학문과 교육(상). 서울: 서울대학교출판부.
장성모, 유한구, 이환기(1997). "인성교육의 동양적 전통". 도덕교육연구, 제9집, pp. 85-126.
장원동(2008). 교육사 및 교육철학의 이해. 서울: 태영출판사.
정규화, 박균(2010). 이미륵평전. 서울: 범우사.
정기오(2003). "사교육에 대한 완전히 새로운 이야기" 공교육의 파행과 사교육 만연: 그 상호 관계. Educational Development: 2003 7+8.
정대현(1990). 지식이란 무엇인가. 서울: 서광사.
정동준(2007). "콩도르세의 교육 안에 보이는 평등", 서양사학연구, pp. 23-49; Condorcet (1847). Memoires sur I'Instruction Publique, oeuvres de condorcet, t7(paris, Firmin didot Freres, pp. 169-172.
정민승(2002). "사회교육의 합리적 책임으로서의 공공성 분석", 교육학연구, 40권, 1호, pp. 249-267.
정봉근, 홍민식(2009). 국제기구의 교육ODA현황과 정책과제: OECD의 ODA논의와 학국교육ODA를 중심으로. 교육과학기술부.
정유성(2006). "국가주의 의무교육 비판연구; 성숙한 시민사회 새로운 교육의 공공성을 위하여", 사회과학연구, 제14권, 2호, pp. 80-106.
정재걸(1989). 조선전기 교화연구. 서울대학교 교육대학원 박사학위 청구논문.
정진아(2005). 지방 여학생, 미국 명문고 유학가다. 경기: 나남출판.
정태수(1995). 대한민국 국가교육계획 1965-1995. 서울: 예지각.
조남진(2006). 헬레니즘 지성사. 서울: 신서원.
조동일(1994). 독서·학문·문화. 서울: 서울대학교출판부.
조명덕(2002). "조기유학 붐의 원인과 문제점 및 해결방안". 현상과 인식, 2002년 겨울호, pp. 132-152.
조삼섭(2006). 조기유학 성공과 실패사례조사 및 학부모 계도를 위한 홍보방안. 서울: 교육인적자원부.
조선일보. '영연방' 캐나다 3위·호주 5위 日은 정치·문화 중위권 그쳐.

2009. 8. 18.
조성기(2005). 유일한 평전. 서울: 작은씨앗.
조연순 외(2003). "개화후기(1906~1910) 초등교육의 성격 탐구", 초등교육연구, 16(2), pp.1-39.
조은(2004). "세계화의 최첨단에 선 한국의 가족: 신글로벌 모자녀 가족 사례 연구", 경제와 사회, 64, pp. 148-171.
조혜영, 최원기, 이경상, Abelmann, N. (2007). "청소년들은 어떻게 조기유학을 결정하게 되는가-미국 소도시 유학생들의 사례". 청소년학연구, 14(4), pp. 115-145.
지쓰카와 마유, 지쓰카와 모토코(2009). 송태숙 역. 핀란드 공부법. 경기: 문학동네. (원저는 2007년 출간)
천세영(1997). "사교육과 과외문제의 시장이론적 검토", 교육재정경제연구, 특집호, pp. 90-93.
천세영(1998a). 신자유주의 정책과 교육의 공공성 문제. pp. 19-42, 1998. 07, 한국교육연구소.
천세영(1998b). 정보사회교육론의 성립가능성 검토. 한국교육연구, 제5권 1호, pp. 1-24, 1998. 06, 한국교육연구소.
천세영(1999a). 정보사회교육론. 원미사.
천세영(1999b). 정보화시대의 사회과학인: 교육학자의 관찰. pp. 113-115, 1999. 11, 계명대학교 사회과학연구소.
천세영(2001a). 정보기술과 교육: 성찰과 대안. 유네스코한국위원회 학술대회자료집(2001. 11. 19), pp. 25-58.
천세영(2001b). 지방정부의 교육인적자원개발을 위한 투자 및 효율화 방안. 한국교육재정경제학회 학술대회자료집(2001. 11. 29.).
천세영(2003). "私교육은 정말 死해야 하는가?"-사교육은 없다! Educational Development: 2008 7+8.
천세영(2006). "공교육의 민영화 동향에 관한 아시아 지역 비교 연구", 인문학연구, 33(2), pp. 436-441.
천세영(2006). "해외 유학에 따른 국가교육재원 유출규모 분석연구", 교육재정경제연구, 15(1), pp. 267-290.
천세영(2009). "우리 교육도 세계를 무대로 삼아야 한다", 헤럴드 경제 5월 21일.
천세영, 박소화(2007). "초국적 교육: Post-nationality의 관점에서 본 조기유학", 인문학연구. 제35권, 제2호, pp. 329-351.
천세영, 한숭희(2006). "평생학습사회에서의 고등교육의 의미와 대학의 위상전환", 평생교육학연구, 12(1), pp. 127-144.
최명표(2008). 이미륵의 소년소설 연구. http://mirokli.com/zbxe/(이미륵 홈페이지)
최양숙(2005). 비동거 가족경험: '기러기아빠'를 중심으로. 연세대학교 대학원 박사학위논문.
최양숙(2008). "자녀의 조기유학으로 인한 분거가족에서 나타나는 사회 심리적 기제". 한국가족학회지, 13(13), pp. 67-97.
최영렬(2008). "교육 및 인재개발 분야 공적개발원조(ODA)의 방향", 직업과 인력개발, 2008 여름.
최취주(2004). 공법적 측면에서 본 공교육원칙의 법리에 관한 연구. 성균관대학교 대학원 박사학위 청구논문.
최효찬(2006). 세계명문가의 자녀교육. 서울: 예담.
하상규(2004). 공자 교육사상의 개념적 이해. 서울: 문음사.
한국교육개발원 교육통계서비스. 2008년 교육통계분석자료집. http://cesi.kedi.re.kr/
한숭희(2004). 평생교육론: 평생학습사회의 교육학. 서울: 학지사.
홍영란(2003). "일류대 神話, 그 지루한 후유증" 학력-학벌신화로 인한 교육적 낭비의 현실과 대책 Educational Development.
홍윤기(2005). 글로벌 네트워크 시대의 국가와 민족. 정보통신정책연구원(21세기 한국메가트렌드 시리즈 II).

Allport, C. (2003a). "Building the Public Interest: GATS and Higher Education and Research", Paper presented at 'Shaping the European Area of Higher Education and Research', EI/GEW Forum, April 10–12, Berlin 2003.

Allport, C. (2003b). "GATS and Tertiary Education", Presentation from the forum on GATS held at RMIT University held on 29 April 2003.

Ames, R. T. & Hall, D. L. (1987). *Thinking through Confucius.* State University of New York Press.

Appadurai, A. (1990). Disjuncture and difference in the global culture economy. *Theory, Culture, and Society, 7,* pp. 295–310.

AUT (2003a). *GATS and Higher Education.* Association of University Teachers.

AUT (2003b). *Trade Liberalisation in Higher Education.*

AUT (2003c). *Globalisation threat to universities.*

AUT/DEA (1999). *Globalisation and Higher Education: Guidence on ethical issues arising from international academic activities.* London: Association of University Teachers & Development Education Association.

Bacon, F. (2007). *Advance of Learning.* 이종구 역. 학문의 진보. 서울: 신원문화사. (원저는 1605년 출간)

Badillo, H. (2006). *One Nation One Standard.* Penguin Books.

Barabási, A. (2010). *Bursts: the hidden pattern behind everything we do.* 강병남, 김명남 역. 버스트: 인간의 행동 속에 숨겨진 법칙. 서울: 동아시아. (원저는 2010년 출간)

Bauer, S. W. (2004a). *The Story of the World #1: Ancient Times.* 이계정 역. 교양 있는 우리 아이를 위한 세계 역사 이야기 1(고대편). 서울: 꼬마이실. (원저는 2004년 출간)

Bauer, S. W. (2004b). *The Story of the World #2: The Middle Ages–From the Fall of Rome to the Rise of the Renaissance.* 최수민 역. 교양 있는 우리 아이를 위한 세계 역사 이야기 2(중세편). 서울: 꼬마이실.

(원저는 2004년 출간)

Bender, T. (2002). *Rethinking American History in a Global Age*. University of California Press.

Berger, P. L. & Luckman, T. (1966). *The Social Construction of Reality*. Anchor Books.

Berry, J. W. (2005). "Acculturation: Living successfully in two cultures", *International Journal of Intercultural Relations, 29*(6), pp. 697-712.

Blumrosen, A. W. & Ruth, G. (2005). *Slave Nation*. Barnes & Noble.

Bolick, C. (2003). *Voucher War*. Washington D.C.: CATO Institute.

Bowen, J. (2004). *A History of Western Education*. —The Modern West: Europe and the New World. Routledge.

Bowen, W. G., Kurzweil, M. A., & Tobin, E. M. (2005). *Equity and Excellence in American Higher Education*. University of Virginia Press.

Boyd, W. (2008). 이홍우, 박재문, 류한구 역. 서양교육사. 경기: 교육과학사. (원저는 1997년 출간)

Brooks, D. (2001). *BOBOS in Paradise*. 형선호 역. 보보스: 디지털 시대의 엘리트. 서울: 동방미디어. (원저는 2000년 출간)

Buchanan, M. (2010). *The Social Atom*. 김희봉 역. 사회적 원자. 서울: 사이언스북스. (원저는 2007년 출간)

Buchanan, P. J. (2006). *State of Emergency*. Thomas Dunne Books.

Bünsche, H. F. (1996). *Grundtexte zur Sozialen Marktwirtschaft*, Stuttgart, New York: Fisher. 한국경제정책연구회 역. 공공재: 유혹, 그리고 죄인의 딜레마. 사회적 시장경제의 이해. 서울: 비봉출판사. pp. 412-452. (원저는 1996년 출간)

Burbules, N. (2000). *Globalization and Education: Social Theory*. Education and Cultural Change. Routledge Press.

Burckhardt, J. (2010). *Die Kultur der Renaissance in Italien*. 이기숙 역.

이탈리아 르네상스의 문화. 경기: 한길사. (원저는 1860년 출간)

Burke, P. (2006). *A Social History of Knowledge: from Gutenberg to Diderot.* 박광식 역. 지식－그 탄생과 유통에 대한 모든 지식. 서울: 현실문화연구. (원저는 2000년 출간)

Carnoy. M. (1990). *Education as a Cultural Imperialism.* 김쾌상 역. 교육과 문화적 식민주의. 서울: 한길사. (원저는 1980년 출간)

Carr, N. (2011). *The Shallows.* 최지향 역. 생각하지 않는 사람들: 인터넷이 우리의 뇌 구조를 바꾸고 있다. 서울: 청림출판. (원저는 2010년 출간)

CERI/OCED (2004). *Internationalization and Trade in Higher Education.*

Chun Se Yeoung (2001). "Digital Knowledge and Its Implication for Education", Abstract, 2001.07, World Council for Comparative Education Societies.

Chun Se Yeoung (2008). *Transnational Education.* CIES 발표자료.

Collinson, P. (2005). *The Reformation.* 이종인 역. 종교개혁. 서울: 을유문화사. (원저는 2004년 출간)

Coons, J. E. & Brennan, P. M. (1999). *By Nature Equal: The Autonomy of a Western Insight.* Princeton University Press.

Coulson, A. (2005). *The Market Education: The Unknown History.* 서은경 역. 위기의 교육과 교육시장. 서울: 나남출판. (원저는 1999년 출간)

Davidson, T. (1900). *The Education of The Greek People And Its Influence On Civilization: New York D.* APPLETION AND COMPANY.

Dawkins, R. (2010). *The Selfish Gene.* 홍영남 역. 이기적 유전자. 서울: 을유문화사.

Debray, R. (2001). *I. F. Suite et Fin.* 강주헌 역. 지식인의 종말. 서울: 예문.

Descartes, R. (2002). *Principia Philosopiha.* 원석영 역. 철학의 원리. 서울: 아카넷.

Drucker, P. (1996). *Post-Capitalist Society.* 이재규 역. 자본주의 이후의 사회. 서울: 한국경제신문사. (원저는 1993년 출간)

EAI(동아시아연구원 국가인적자원패널), 중앙일보사(2007). 2007 교육 및 조기유학 7대도시 조사 결과: 교육환경의 변화와 교육소비자의 전략적 선택. EAI 여론브리핑 제16호 (2007.10.08.).
Eco, U. (1992). *Reflections on the Name of the Rose.* 이워기 역. 나는 장미의 이름을 이렇게 썼다. 서울: 열린 책들. (원저는 1900년 출간)
Ehrlich, P. R. (2008). *Human Nature: Genes, Cultures, and the Human Prospect.* 전방욱 역. 인간의 본성(들). 서울: 이마고. (원저는 2000년 출간)
Engels, V. (1996). *Grundtexte zur Sozialen Marktwirtschaft, Stuttgart.* New York: Fisher. 공공재의 효율적 생산. Horst F. Bünsche. 한국경제정책연구회 역. 사회적 시장경제의 이해. 서울: 비봉출판사: 402-411. (원저는 1981년 출간)
Fiske, E. B. & Ladd H. F. (2004). *Elusive Equity: Education Reform in Post-Apartheid South Africa.* Brookings Institution Press.
Flusser, W. (1998). 윤종석 역. 디지털 시대의 글쓰기. 서울: 문예출판사.
Foray, D. & Bengt-Ake, L. (1996). "The Knowledge-Based Economy: From the Economics of Knowledge to the Learning Economy". OECD. *Employment and Growth in the Knowledge-based Economy.*
Foucault, M. (1994). *Surveiller at punir.* 오생근 역. 감시와 처벌. 서울: 나남출판.
Friedman, M. & Friedman, R. (1980). *Free to Choice.* 민병균, 서재명, 박찬일, 한홍순 역. 선택의 자유. 서울: 협동연구사. (원저는 1979년 출간)
Friedman, M. & Friedman, R. (2005). *Free to Choose.* 민병균, 서재명, 한홍순 역. 선택할 자유. 서울: 자유기업원. (원저는 1990년 출간)
Friedman, M. (1995). *The Role of Government in Education. Robert A. Solo ed. Economies and the Public Interest.* NJ: Rutgers University Press. (http://www.schoolchoices.org/roo/fried1.htm)
Friedman, T. (2003). *The Lexus and the Olive Tree.* 신동욱 역. 렉서스와 올리브나무. 서울: 창해. (원저는 1999년 출간)
Friedman, T. L. (2006). *The World is Flat.* 김상철, 이윤섭, 최정임 역. 세계

는 평평하다. 서울: 창해. (원저는 2005년 출간)

Fuhrmann, H. (2003). *Einladung ins Mittelalter.* 안인희 역. 중세로의 초대. 서울: 이마고.

Gaines, B. R. (1996). "*Convergence to the Information Highway*", pp. 159-166 in WebNet96-World Conference of the Web Society Proceedings. edited by Hermann Maurer.

Gazzaniga, M. S. (2009). *Human: the science behind what makes us unique.* 박인균 역. 왜 인간인가. 서울: 추수밭. (원저는 2008년 출간)

Gerstner, L. V., Seramed, R. D., Doyle, D. P., & Johnston, W. B. (2001). *Reinventing Education.* 김용구, 천세영 외 역. 학교가 달라져야 한다. 미래경영개발연구원. (원저는 1994년 출간)

Gibonns, M. (1998). *Higher Education Relevance in the 21st Century.* UNESCO.

Giddens, A. (1986). *The Constitution of Society: Outline of the Theory of Structuration-Outline of the Theory of Structuration.* Univ of California Press.

Giddens, A. (1991). *A contemporary critique of historical material: vol.1 power property and the state.* 최병두 역. 사적유물론의 현대적 비판. 서울: 나남. (원저는 1981년 출간)

Glick-Schiller, N. (1999). "*Transmigrants and Nation-States: Something Old and Something New in the US Immigrant Experience*", pp. 94-119 in The Handbook of International Migration: The American Experience, edited by Charles Hirschman, Philip Kasinitz, and Josh DeWind. New York: Russell Sage.

Gray, J. (2010). *Straw Dogs: Thoughts on Humans and Other Animals.* 김승진 역. 하찮은 인간, 호모라피엔스. 서울: 이후. (원저는 2002년 출간)

Green, A. (1991). *Education and State Formation.*

Guo, Y. (2005). *Asia's Educational Edge.* Rowman & Littlefield Pub Inc.

Gupta, A. & Ferguson, J. (1992). "Beyond Culture: Space, Identity and the Politics of Difference", *Cultural Anthropology, 7*(1), pp. 6-236-23.

Hales, N. K. (1999). *How We Became Posthuman.* The University of Chicago Press.

Hobson, J. M. & Ramesh, M. (2002). "Globalization Makes of State What States Make of It: Between Agency and Structure in the State/ Globalization Debate", *New Political Economy, 7*(1). http://www.esib.org/commodification/documents/AUTImpact.pdf

Hussain, I. (2007). "Transnational Education: concept and methods", *Turkish Online Journal of distance education, vol. 8,* No. 1.

IDC (2011). *The 2011 Digital Universe Study: Extracting Value from Chaos.*

IIE (2004). *The Opendoors: Report on International Educational Exchange.* Institute of International Education.

Jaynes, J. (2005). *The Origin of Consciousness in the Breakdwon of the Biochameral Mind.* 김득룡, 박주용 역. 의식의 기원. 서울: 한길사. (원저는 2000년 출간)

Jeremy, R. (2010). *The Empathic Civilization.* 이경남 역. 공감의 시대. 서울: 민음사. (원저는 2009년 출간)

KBS 역사스페셜 제작팀(2011). 우리역사 세계와 통하다. 서울: 가디언.

Kearney, M. (1995). *The Localand the Global: The Anthropololgy of Globalization and Transnationalism, Annual Review of Anthropology, 24*(4), pp. 547-565.

Kenneally, C. (2009). *The First Word.* 전소영 역. 언어의 진화: 최초의 언어를 찾아서. 서울: 알마. (원저는 2007년 출간)

Kim, Choong Nam(2007). *The Korean Presidents: Leadership for nation building.* Eastbridge.

Klabau (2010). Punggyeong(Landschaften) 1. April 2010-1jp. Nr.3.

Kristensen, S. (2001). "Learning by Leaving–Towards a Pedagogy for Transnational Mobility in the Context of Vocational Education and Training", *European Journal of Education, Vol. 36,* No. 4, pp. 420–430.

Kurzweil, R. (1999). *The Age of spiritual machines.* 채윤기 역. 21세기 호모사피엔스. 부산: 나노미디어. (원저는 1999년 출간)

Levi, P. (2000). *Les Nechnologies de lintelligence.* 강형식 역. 지능의 테크놀로지. 철학과 현실사.

Levi, P. (2002). *L'inteligence collective.* 권수경 역. 집단지성. 서울: 문학과 지성사.

Levi, P. (2003). *Les Arbres de connaissances.* 강형식 역. 지식의 나무. 철학과 현실사.

Li, Mirok (1984). *Der Andere Dialekt.* Sungshin Women's University Press.

Liston, C. (1999). *Students in Transnational Tertiary Education, Higher Education in Europe, Vol. 24,* No. 3, pp. 425–437.

Lyotard, J. F. (1992). *La condition postmoderne.* 이현복 역. 포스트모던적 조건: 정보사회에서의 지식의 위상. 서울: 서광사.

Maiworm, F. (2001). "ERASMUS: continuity and change in the 1990s", *European Journal of Education, Vol. 36,* No. 4, pp. 459–472.

Manheim, K. (1991). *Ideologie and Utopie.* 임석진 역. 이데올로기와 유토피아. 청아출판사. (원저는 1990년 출간)

Marquardt, M. F. & Vasquez, M. A. (2003). *Globalizing the Sacred.* Rutgers University Press.

Marrou, H. (1982). *A History of Education in Antiquity.* University of Wisconsin Pr.

Marshall, J. D. "Education in the Mode of Information: Some Philosophical Considerations". http://www.ed.uiu.edu/EPS/PES–Yearbook/96_docs/marshall. html.

McGinn, N. et als. (1981). *Education and Development in Korea: Studies of the Modernization of the Republic of Korea: 1945-1975.* Harvard University Press.

Mcluhan, M. (1997). *Understanding media.* 박정규 역. 미디어의 이해. 서울: 커뮤니케이션북스. (원저는 1994년 출간)

Mcluhan, M. (2001). *The Gutenberg Galaxy.* 임상원 역. 구텐베르크 은하계. 서울: 커뮤니케이션북스. (원저는 1962년 출간)

Michaels, W. B. (2007). *The Trouble With Diversity (Reprint, Paperback)—How We Learned to Love Identity and Ignore Inequality.* Henry Holt & Co.

Miller, P. (2010). *The Smart Swarm.* 이한음 역. 스마트 스웜: 가장 단순한 방법으로 세상을 뒤바꾼 가장 영리한 집단. 서울: 김영사. (원저는 2010년 출간)

Mitchell, W. J. (1999). *City of bits.* 이희재 역. 비트의 도시. 서울: 김영사. (원저는 1996년 출간)

Monroe, P. (1999). *A Text-Book on the History of Education.* New York: Macmillan co.

Murray, N. R. (1990). Concepts of the Role of Intellectuals in Social Change Toward Laissez Faire. *Journal of Libertarian Studies, Fall 1990, 9*(2), pp. 44-67.

Nauert, C. (2003). *Humanism and the culture of Renaissance Europe.* 진원숙 역. 휴머니즘과 르네상스 유럽문화. 혜안. (원저는 2000년 출간)

Nunn, A. (2002) *The General Agreement on Trade in Services: An Impact Assessment for Higher Education in the UK.* Association of University Teachers, UK.

Nunn, A. (2005). *The Brain Drain: Academic and Skilled Migration to UK and its Impacts on Africa.* Report to AUT and NATFHE.

OECD (1998). *Human Capital Investment: An International Comparison.*

OECD (2001a). *Governance in the 21st Century.* Paris: Organization for

Economic Cooperation and Development.

OECD (2001b). *Open Services Markets Matter, OECD Policy Brief.* Paris: Organization for Economic Cooperation and Development.

OECD (2001c). *Trade in Education Services: Benefits and Risks.* Paris: Organization for Economic Cooperation and Development.

OECD (2002a). *Current Commitments Under the GATS in Educational Services.* Paris: Organization for Economic Cooperation and Development.

OECD (2002b). '*The Growth of Cross-border Education' in Educational Policy Analysis.* Paris: Organization for Economic Cooperation and Development.

OECD (2002c). *Indicators on Internationalisation and Trade of Post-Secondary Education.* Paris: Organization for Economic Cooperation and Development.

OECD (2004). *Education at Glance.* Paris: Organization for Economic Cooperation and Development. www.oecd.org/edu/eag2004.

OECD (2008). *Education at Glance.* Paris: Organization for Economic Cooperation and Development. www.oecd.org/edu/eag2005.

OECD/CERI (2004). *Internationalization and Trade in Higher Education: Opportunities and Challenges.* Paris: Organization for Economic Cooperation and Development.

Oliver, R. (2000). *The Coming biotech age.* 류현권 역. 바이오테크 혁명. 서울: 청림출판. (원저는 1999년 출간)

Olsen, L. (1997). *Made in America: Immigrant Students in Our Public Schools.* The New Press.

Ong, W. J. (1995). *Orality and literacy.* 이기우 역. 구술문화와 문자문화. 서울: 문예출판사. (원저는 1982년 출간)

Ozden, C. & Maurice, S. (Ed.). (2006). *International Migration, Remittances & The Brain Drain.* The World Bank.

Paul, R. E. (2000). *Human Nature: Genes, Cultures, and the Human Prospect.* Irland Press/ Shearwater Press.

Peter, L. B. & Thomas L. (1966). *The Social Construction of Reality.* Anchor Books.

Poster, M. (1989). 조광제 역. 푸코와 마르크스주의: 생산양식 대 정보양식. 서울: 민맥.

Poster, M. (1993). *The Mode of Information.* Chicago: Chicago University Press.

Postigilione, G. A. (2006). *Education and Social Change in China: Inequality in a Market Economy.* An East Gate Book.

Rashdall, H. (2010). *The Universities of Europe in the Middle Ages, Vol. 1, 2.* Cambridge University Press.

Rawls, J. (2003). *A Theory of Justice.* 황경식 역. 정의론. 서울: 이학사. (원저는 1971년 출간)

Richard, W. (2000). *The Coming Biotech Age(The Business of Bio-Materials).* 류현권 역. 바이오테크 혁명. 서울: 청림출판. (원저는 1999년 출간)

Rifkin, J. (2001). *The Age of Access.* 이희재 역. 소유의 종말. 서울: 민음사. (원저는 2001년 출간)

Rifkin, J. (2010). *The empathic civilization.* 이경남 역. 공감의 시대. 서울: 민음사. (원저는 2009년 출간)

Romilly, J. (2010). Pourquoi la Gréce. 이명훈 역. 왜 그리스인가?: 호메로스에서 플라톤까지 그리스 고전 읽기. 서울: 후마니타스. (원저는 1992년 출간)

Rotberg, I. C. (Ed.). (2004). *Balancing Change and Traditioin in Global Education Reform.* Rowman & Littlefield Education.

Rothbard, M. N. (1990). Concepts of the Role of Intellectuals in Social Change Toward Laissez Faire, *Journal of Libertarian Studies, Fall 1990, 9*(2), pp. 44-67.

Rőtzer, F. (2000). *Megamachine Wissen.* 박진희 역. 거대 기계 지식. 서울: 생각의 나무.

Schwanitz, D. (2001). *Building: Alles was man wissen muss.* 인성기 역. 교양: 사람이 알아야 할 모든 것. 경기: 들녘.

Se Yeoung, Chun (2001). "Digital Knowledge and Its Implication for Education", Abstract, 2001.07, World Council for Comparative Education Societies.

Se yeoung, Chun (2008). Transnational Education, CIES 발표자료.

Seibt, F. (2000). *Glanz und elend des mittelatters.* 차용구 역. 중세의 빛과 그림자. 서울: 까치글방.

Sharan, B. M. (2005). *Qualitative Research and Case Study Applications in Education.* 강윤수 역. 정성연구 방법론과 사례연구. 서울: 교우사. (원저는 1997년 출간)

Shields, D. (2010). *The Thing about Life Is That One Day You'll Be Dead.* 김명남 역. 우리는 언젠가 죽는다. 서울: 문학동네. (원저는 2009년 출간)

Spring, J. (1981). *History of American Education since the 1860s.*

Spring, J. (1986). *American School, 1642-1985.* NY: Longman.

Spring, J. H. (1980). *American Education.* McGraw-Hill College.

Springer, C. (1998). *Electronic eros: bodies and disire in the postindustrial age.* 정준영 역. 사이버에로스: 탈산업시대의 육체와 욕망. 서울: 한나래. (원저는 1996년 출간)

Suarez-Orozco, M. M. & Qin-Hilliad, D. B. (2000). *Globalization: Culture and Education in the New Millennium.* University of California.

Tarrow, S. (2005). *The New Transnational Activism.* Cambridge University Press.

Temple, J. (2000). "Growth Effects of Education And Social Capital in the OECD Countries", OECD ECO/WKP(2000) 36.

The World Bank (2002). *Constructing Knowledge Societies: New Challenges for Tertiary Education.*

Thurow, L. (1997). *The future of capitalism.* 유재훈 역. 자본주의의 미래 서울: 고려원. (원저는 1996년 출간)

Tieraney, B. (1987). *Roadings in Medieval History.* 박은구, 이기영, 이연규 역. 서양중세사 연구. 서울: 탐구당.

Tierney, W. G. (2004). *Competing conceptions of academic governance: negotiating the perfect storm.* The Johns Hopkins University Press.

Tooley, J. (2004). *Education without the state.* 손준종 역. 국가가 필요 없는 교육. 서울: 문음사. (원저는 2007년 출간)

UNESCO (2001a). *Trade in Higher Education and GATS Links.*

Valaskakis, V. (2001). Long-term Trends in Global Governance: From "Westphaia" to "Seattle". *OECD. Governance in the 21st Century,* 45-66.

Vestal, T. M. (1994). *International Education: Its History and Promise for Today.* Praeger Publishers.

Weber, M. (2003). 박성환 역. 경제와 사회 1. 문학과 지성사.

Welch, E. S. (2010). *Shopping in the renaissance: consumer cultures in italy 1400-1600.* 한은경 역. 르네상스 시대의 쇼핑. 에코리브르. (원저는 2005년 출간)

Wells, H. G. (1938). *World Brain.* Ayer Co Pub.

West, E. G. (1994). *Education and the State.* Indianapolis: Liberty Fund.

Wolf, M. (2005). *Why Globalization Works.* Yale NB.

Wong, J. (2006). *Democracy's Promise.* University of Michigan Press.

Zurn, M. (2002). From Interdependence to Globalization, Carlsnaes, Walter, Risse, T. & Simmons, B. (Eds.). *Handbook of International Relations.* London: Sage 235-7: Robertson(2001), 466.

찾아보기

[인명]

[내용]

[주요 책명]

저자 소개

천세영은 서울대학교 사범대학을 졸업하고 동 대학원에서 교육행정학으로 석사 및 박사학위를 취득하였다. 유네스코한국위원회에서 교육프로그램 전문간사로 활동하고, 그 후 한국교육개발원에서 연구원으로 일하다가 1997년부터 충남대학교 교육학과 교수로 재직하고 있다. 1991년에는 미국 피츠버그 대학교 및 2006년에는 조지메이슨 대학교의 풀브라이트재단 초청연구원, 2008년에는 대통령실 교육비서관, 2009~2011년에는 한국교육학술정보원장 등 활발한 연구활동과 정책현장에 참여해 왔다. 주요 저서로는 『정보사회교육론』 『한국교육과 교육재정연구』 『교사와 윤리』 『교육재정현상탐구 I & II』 『스마트교육혁명』 등이 있다.

교육과 자유

- 디지털 시대의 초국적 교육론 -

2013년 3월 20일 1판 1쇄 발행
2019년 1월 11일 1판 2쇄 발행

지은이 • 천세영

펴낸곳 • (주) 학지사
04031 서울특별시 마포구 양화로 15길 20 마인드월드빌딩
대표전화 • 02)330-5114 팩스 • 02)324-2345
등록번호 • 제313-2006-000265호

홈페이지 • http://www.hakjisa.co.kr
페이스북 • https://www.facebook.com/hakjisa

ISBN 978-89-997-0080-0 93370

정가 16,000원